위공(爲公) 박세일 유고집

한반도 선진화와 통일의 꿈

한반도
선진화와
통일의 꿈

1판 1쇄 인쇄 | 2018. 9. 6

펴낸이　한반도선진화재단
등록　　2007년 5월 23일 제2007-000088호
전화　　(02) 2275-8391-2
팩스　　(02) 2266-2795
홈페이지 www.hansun.org

값은 표지에 있습니다.
ISBN 978-89-93093-28-5　03300

위공(爲公) 박세일 유고집

한반도 선진화와 통일의 꿈

위공박세일기념사업위원회 편   한반도선진화재단

발간사

위공 박세일 선생은 대한민국 정부가 수립된 해에 태어나, 산업화, 민주화, 세계화, 선진화와 선진통일 준비에 이르기까지 격동의 세월 70년을 오롯이 나라에 관한 걱정과 공부, 간언(諫言)과 창도(唱導)에 쏟아부었다. 스스로 소지이호(所志以號) 한 아호 위공(爲公)이 시사하듯 선생의 한평생 화두는 대한민국이었다.

위공 선생은 법경제학을 도입하고 안민학(安民學)을 개척하였으며 시대정신으로 '공동체자유주의'를 주창한 선지자였다. 선생은 경제정의, 세계화와 선진화를 주창한 경세가요, 선진통일을 위해 자강(自彊), 동맹과 균세(均勢)의 3원칙을 설파한 통일 운동가였다. 선생은 마음공부에 정진한 수도자였고, 선생께서 귀감으로 삼았던 율곡(栗谷)처럼 지행합일(知行合一)의 가시밭길을 걸었던 선비였다. 사무친 우국충정으로 한때 정치권에 몸담기도 했지만, 입신양명(立身揚名)엔 뜻이 없었고 당리당략은 멀리했다. 선생은 공직자의 표상이요, 지식인의 전범(典範)이자, 제자와 후학의 사표(師表)였다.

위공 선생은 구한말(舊韓末)의 비운이 되풀이되지 않도록 대한민국이 나아갈 길을 찾고자 동도서기(東道西器)와 실사구시(實事求是) 관점의 학문과 정책 연구에 매진하였다. 나아가 유권자의 '합리적인 무관심'과 '불합리한 편견', 일각의 폐쇄적 자학사관(自虐史觀)과 대중인기 영합주의 등에 맞서, 정론(正論) 확산, 대중 계몽과 후학 양성에도 사재를 헐어 가며 심혈을 기울였다.

그리하여 선생은 정치, 외교, 남북통일, 법, 경제, 노동, 교육, 복지 등 다방면에 걸쳐 수많은 저서, 논문과 보고서를 발표하는 한편, 연설, 강연, 기조 발제, 성명, 칼럼 기고, 대담, 인터뷰, 기자회견 등을 통해서도 우리가 꼭 되새겨야 할 뚜렷한 발자취를 남겼다. 특히 선생은 2016년 늦가을 얼마 남지 않은 죽음을 앞둔 병실에서조차 어지러운 탄핵정국의 대한민국에 나침반이 될 '대한민국 국민포럼의 주장·신념·강령'을 집필하기도 했다.

이 책은 위공 선생의 방대한 저작 가운데 이미 발간된 저서와 논문 등은 빼고, 연설, 강연 등 일반인이 쉽게 접할 수 없는 미발간 자료들을 모았다. 맨 앞에 배치한 "나의 인생이력서", "나의 사생관"과 말년에 집필한 "지도자의 길", "대한민국 국민포럼의 주장·신념·강령" 만큼은 널리 읽혔으면 하는 바람이다.

위공 선생의 혜안과 사상, 열정과 도량(度量)이 잊히지 않고, 선생의 거룩한 꿈이 꼭 이루어지기를 간절히 기원한다.

2018. 9. 6.

위공박세일기념사업위원회 위원장 박재완

차례

발간사 · 04

part 1 위공(爲公)의 인생관

나의 인생이력서 · 12
나의 사생관 · 22

part 2 위공(爲公)의 수도분할 반대사유서

한나라당은 지금 죽고 영원히 살 것인가? 아니면 지금 살고 영원히 죽을 것인가? · 44
국회를 떠나며 국민께 드리는 글 · 52
한나라당 선배 · 동료 의원과 당원 동지들께 드리는 글 · 57
나는 왜 국회의원직까지 사퇴하면서 수도분할을 반대했는가? · 63
광역분권 국가운영 관련 한 · 일 공동 기획 세미나 개회사 · 75

part 3 위공(爲公)의 정책집단: 한반도선진화재단

대한민국 어디로 가야 하나? · 80
한반도선진화재단 이사장 취임사 · 95
한반도선진화재단(한선재단)을 창립하며 · 98
한선재단 창립기념 심포지엄 초청인사말 · 103
바른사회시민회의 창립 5주년 축사 · 108
경제정의실천연합(경실련) 20년의 회고와 경실련에 대한 바람 · 111
한선재단 8주년 기념 격려사 · 116

part 4 위공(爲公)의 현실참여 보고서: 선진통일건국연합 창립과 국민생각당(黨) 창당

선진통일건국연합 발기취지문 · 122
선진통일건국연합 국민통일선언문 · 127
대한민국이 가야 할 길 · 132
왜 대중도(大中道)인가? · 142
[국민생각] 당 대표 수락연설 · 156
[국민생각] 당원 동지 여러분! · 166

part 5 위공(爲公)이 꿈꾼 나라: 선진통일

한반도 위기의 본질과 선진화 통일론 · 178
Integration of the Korean Peninsula · 203
통일한반도를 통해 아시아 평화의 시대를 열자 · 212
마음껏 펼쳐라, 대한민국의 꿈을! · 220
통일이냐, 분단이냐? 한반도 통일은 축복이다 · 225
한반도 통일과 한·중 역할 · 257
왜 상생과 통일인가? · 265
동아시아, 어디로 가는가? · 279

part 6 국가·사회완성을 위한 위공(爲公)의 사상과 정책

Why Communitarian Liberalism? · 294
왜 공동체자유주의인가? · 308
지도자의 길 · 327
친애하는 대한민국 국민포럼 동지 여러분! · 365
대한민국 국민포럼의 주장·신념·강령 · 370
국가개조와 보수혁신 · 414
왜 역사교과서 정상화인가? · 442
양극화가 아니라 성장추락이 문제이다 · 456

저작 목록: 저서, 논문, 대담, 인터뷰 등 · 466   **편집후기** · 483

사진 윤상구

part

1

위공(爲公)의 인생관

나의 인생이력서[1]

나는 1948년 그러니까 대한민국이 탄생하던 해 음력 4월 4일에 태어났다. 서울역 뒤에 있는 동네였다고 한다. 아버님은 본래 황해도 해주 분이시고 어머님은 충청남도 광천 분이신데 서울에서 만나 결혼하시고 서울역 뒤 동네에서 나를 낳으셨다. 아버님은 만주에서 공부를 하시다가 학도병으로 끌려갔던 것 같다. 해방 때는 싱가포르에 계시다 귀국하여 고향인 황해도에 가보시니 세상이 이미 공산화되고 있고 아무래도 잘못되는 것 같아 서울로 오셨다고 들었다. 친할아버지께서는 일찍 젊어서 세상을 떠나신 것 같고 아마 기독교하고 인연이 많았던 것 같다.

어머님은 원산사범을 나오신 수재였던 것 같고 외할아버지는 본래가 격동의 시대였기 때문이었던지 세상에 흥미를 느끼지 못하시고 젊어서는 동학(東學)을 하러 집을 떠나 사셨고, 그 이후에는 만주로 넘어가서 불법에 귀의하여 스님이 되어 큰 절의 주지를 하셨다고 들었다. 때때로 주지를 하면서 독립운동을 도왔다는 이야기도 있고, 사실은 스님은 겉의 모습이고 실제는 독립운동이 본업이었다고도 하는 이야기도 들었으나 어느

---

1) 2013년 10월에 위공 선생 스스로 작성한 것임.

쪽인지는 내가 확인할 수는 없었다.

　서울서 태어나 6.25 때는 충남 광천과 호남 남원, 여수를 거쳐 부산으로 피난 갔다가 다시 서울로 돌아왔다. 지금 중앙대학교 부근에 있는 은로국민학교에 다녔고 그 이후 서울중학교, 서울고등학교를 다녔다. 중학교 2학년 여름방학 때 외할머니를 따라 과천에 있는 청계사에 기도를 하러갔다가 불교에 관심을 느껴서 돌아와 학교 도서관에서 수릉엄경을 찾아 읽기 시작하였다. 지금 생각하면 전혀 이해하지도 못하면서 읽었던 것 같다. 그 이후 룸비니라는 불교학생단체에 다녔고 또 고등학교부터는 서경석, 김유환, 임성준 등과 YMCA에도 다녔다. 기독교에 대하여도 호감이 있었던 것 같다.

　고등학교 3년 내내 반장을 하였다. 그것이 작은 계기가 되었는지 모르지만 나는 고등학교 때 공공심이 비교적 많았던 것 같다. 광화문에서 길거리 쓰레기 줍기 운동 같은 활동을 자주 했다. 엘리트는 공공을 위하여 헌신하는 자들이라는 생각을 많이 하였다. 도산 안창호 선생을 좋아 하였다. 중·고등학교 때는 동양사상에 관심이 많아 유교, 불교, 도교 등의 책을 많이 읽었다. 채근담을 특히 좋아하였다. 사심(私心)을 누르는 데는 불교의 무아사상이 그리고 공공심을 키우는 데는 유교의 군자사상, 주자학의 선비사상이 기여하였는지도 모르겠다.

　서울대 법대의 시절을 기억하면 솔직히 학교공부를 한 기억은 별로 없다. 시험 때 급하게 밤샘 하던 기억이 많다. 주로 아르바이트하고 데모하고 그리고 전공 이외의 책을 읽었던 기억이 많다. 좋은 학교 도서관이 있었는데도 그 곳에서 공부한 기억은 전혀 없다. 아버님이 사업에 실패하시고 집안사정이 어려워 우선 아르바이트를 많이 하였다. 아버님이 3학년 때 돌아가시어 그때부터 어머님과 조그만 구멍가게를 시작하였다. 학생들 가르치는 아르바이트를 하루에 2~3개 한 적도 있다. 첫 입학금만 집에서 받고 나머지 학비는 4년 내내 내가 벌어야 했다. 아니 내가 조금이라도 더 벌어 집에 보탬이 되어야 했다.

1학년 때 장기표, 양건, 정일수, 김재천, 홍주관, 유정석, 이종찬, 권병태 등등과 동숭(東崇)학회를 만들었다. 일종의 비판적 학생운동단체였고 그 다음 해에 동숭학회 멤버 모두가 노동문제에 관심을 가지는 사회법학회로 합류하였다. 나는 법대의 이영희, 이협, 김규칠, 조영래, 경제학과의 김근태 선배들과 함께 하는 시간들이 많았다. 이신범, 이인재 후배를 좋아했다.

대학교 2학년 여름에 경북 금룡사에 가서 성철(性徹)스님 밑에서 3,000배를 한 후 한 달간 불법을 배웠다. 그 이후 서울 봉은사에서 대학생 수도부에 들어가 스님들과 함께 생활하면서 한강에서 배를 타고 지금의 대학로에 있는 법대를 다녔다. 약 1년 반 정도를 그렇게 생활했던 것 같다. 그때 많은 영향을 주신 분이 광덕(光德) 스님이고 지도법사가 법정(法頂)스님이었다.

나는 대학 2학년에 올라가면서 고시공부를 하지 않기로 결심하였다. 당시 고시공부는 개인 사업이라고 보았기 때문이다. 공(公)을 위한 사업이라고 보지 아니했다. 지금 생각하면 미숙한 생각이지만 당시에는 그렇게 생각했다. 그리고 2학년 겨울 방학 때부터 일본말을 공부하여 일본책을 읽기 시작하였다. 1960년대 당시에는 우리나라에서 출판된 사회과학 서적 만으로는 우리들의 욕구-역사 · 정치 · 사회 · 경제 등의 분야에 대한 문제의식 - 을 충족시킬 수 없었다. 좀 더 공부를 하여 무엇이 옳은 것이지 무엇이 틀린 것이지 좀 더 아는 것이 급하다고 생각했다.

그러면서 나의 관심이 법학에서 경제학 쪽으로 이동하였다. 특히 봉은사에서 학교를 다니면서 당시 뚝섬에 있는 가발공장 봉제공장 등에서 일하는 여공들을 많이 보았다. 그 때 느낀 것이 우선 대한민국에서 시급한 정의는 법적 정의가 아니라 국부의 증대 즉 경제발전이라고 생각하게 되었다. 한 마디로 '밥이 정의이다.' 라고 생각했다. 그래서 국부증대의 학문인 경제학에 관심을 가지게 되었다. 그 중에서도 경제발전론과 노동경제학에 관심을 가지게 되었다. 노동에 대한 각별한 관심은 경제발전의 목표가 그 사회에 가장 어려운 사람들에게 좋은 직장과 좋은 임금을 주는 데 있다고 생각했기 때문이다.

졸업 후 산업은행에 취직하였다. 여름 내내 데모하다가 또 피해 다니다가 가을이 되어 급하게 몰래가서 입사시험을 치고 다니게 된 곳이 산업은행이었다. 3년 정도 다녔다. 강신철과 같이 법제조사과에 다녔다. 후배들을 모아 경제발전론을 강의하다가 남산에 가서 볼기를 맞고 해외에 나가 공부하기로 결심한다. 1973년 일본으로 넘어가서 동대 경제학부 대학원에 입학하고 2년간 공부했다. 당시 일본에서 민주화운동을 하시던 지명관, 오재식, 김용복 선생들을 조금 도와 드렸다.

그리고 1975년 미국으로 넘어가 코넬 대학교에 가서 경제학 석사, 박사를 하게 된다. 외국에 가서 공부하라고 하신 선생님은 법대 임원택 교수이시다. 나보고 항상 경제학을 공부해야 한다고, 그리고 공부는 애국심을 가지고 해야 한다고 가르치셨다. 미국에 가서 공부하라고 하신 분은 일본 동경대학교의 스미야 미키오 선생이시다. 미키오 선생은 공부는 그 나라에서 가장 어려운 사람들을 위하여 하는 것이라고 하셨고, 일본에서 보다 미국에 가야 공부할 것이 많다고 미국행을 권하셨다. 당시 코넬 대학이 경제발전론과 노동경제학을 많이 가르치는 대학이라서 그 곳으로 가게 되었다.

　유학 중에 매 여름방학마다 뉴욕에 식당이나 야채가게 혹은 가발가게에 아르바이트하러 나가곤 하였다. 학비와 생활비는 학교 장학금으로 충당할 수 있었지만 서울에 계신 어머님과 동생들에게 가능하면 얼마씩이라도 돈을 벌어 보내야 했었다. 뉴욕에서 아르바이트하다가 지금 집사람이 된 사람을 만났다. 당시 미국에 이민 가서 사는 집안의 딸이었다. 결혼은 미국 뉴저지에서 했고 당시 미국 장로교 지도자이신 이승만 목사님이 주례를 해 주셨다. 그 때 시카고에서 최장집, 보스톤에서 김용옥(도올) 등이 축하하러 왔다. 결혼 전날 모여서 대한민국의 앞날에 대하여 세미나를 하였다. 박사학위 논문 심사하는 날 광주사태가 났다. 논문에 대한 질문은 짧았고 '앞으로 대한민국이 어떻게 될 것인가?' 등에 대한 교수님들의 질문이 많았다. 그리고 졸업 후 진로에 대한 이야기가 많았다. 지도교수는 당분간 한국에 가는 것을 보류하고 세계은행에서 일할 것을 권했다. 몇 일간 생각해 보고 귀국하기로 결심하고 1980년 여름에 한국으로 돌아왔다.

　한국개발연구원(KDI)에 들어가서는 주로 노사관계, 노동경제, 소득분배 분야에 대하여 논문을 쓰고 정책연구를 하였다. 그러다가 1985년 서울대학교 법과대학으로 옮겨 법경제학과 미시, 거시, 재정학, 경제발전론 등을 가르쳤다. 법대 교수시절에 연구도 활발히 하였고 논문도 많이 썼다. 그래서 1987년에는 한국경제학회가 40대 소장학자 중 우수 논문을 많이 쓴 학자에게 주는 청람상(靑藍賞)을 받기도 하였다.

　교수와 연구 활동 이외에 사회활동에도 관심이 많아 [경제정의실천연합]의 창립을 서경석 목사와 함께 주도하였다. 사실 당시 동작구 남현동에 있는 우리 집에서 둘이 앉아 이런 저런 세상 이야기를 하다가 경실련 운동을 시작하기로 하였다. 1987년 민주화가 되었으니 '이제는 단순히 정부를 비판하는 것만으로는 안 된다', '반체제운동은 더 이상 옳지 않다', '이제부터는 정책대안을 제시하면서 정부를 비판하는 운동을 하여야 한다'고 생각했다. 그래서 서 목사는 주로 시민운동가들을 모으고, 나는 대학교 교수를 중심으로 정책세력을 모으기로 하여 시작한 것이 경제정의시민연합이었다. 1989년의 일이었다. 이근식, 최광, 강철규, 이각범 등등이 함께 했다.

1994년 겨울 김영삼 정부 소위 문민정부의 청와대에 들어가게 되었다. 대학에 사표를 내고 청와대의 정책기획수석비서관으로 들어가 소위 '세계화 개혁'을 주도하였다. 그래서 1995년부터 청와대에 [세계화추진위원회](이홍구, 김진현 공동위원장)를 만들어 요즈음 로스쿨의 원형이 나온 법조개혁, 교육소비자주권에 기초한 5·31교육개혁, 그리고 복수노조와 정리해고를 수용하는 노동개혁, 생산적 복지를 주장한 복지개혁 등을 주도하였다.

학문과 정치, 환언하면 정책의 이상과 정치의 현실을 조화하는 문제는 결코 쉬운 문제는 아니었다. 분명 문명사적 전환인 세계화 시대가 요구하는 것은 국가시스템과 각종 제도의 개혁과 변화였다. 이것은 시대적 요청이었다. 문제는 국민과 언론, 그리고 각종 기득권 세력을 설득하면서 개혁과 변화를 어떻게 성공시키는가 하는 것이 문제였다. 시대적 요구는 개혁이었지만 개혁의 성공은 당위만으로는 되지 않았다. 청와대 정책기획수석, 사회복지수석을 하는 동안 정말로 많은 것을 배웠다. 당시 40대 후반이라서 물불을 안 가리고 달려들었던 것 같다. 성공도 있었고 실패도 있었다.

1998년 김영삼 정부가 끝나면서 정부를 떠났다. 산사(山寺)를 돌아 다녔다. 입산을 할까도 고민하였으나 나이가 많다고 거부당했다. 산사에 올라갈 때 이율곡 전집과 다산의 목민심서를 가지고 올라갔다. 이율곡 선생께서 선조에게 올리는 각종 건의서를 읽다가 크게 내 자신을 반성하고 내려왔다. 김경원 선배님과 상의하였다. 그 분의 추천으로 미국의 Brookings연구소에 가서 국가개혁과 국가정책에 대한 연구를 다시 시작하기로 하였다. 그 곳에 있는 동안 그들의 공익을 위한 각종 정책연구 활동을 보면서 우리나라에도 이러한 비정파적이고 독립적인 민간정책연구소가 반드시 있어야 한다는 확신을 가지게 된다. 미국서 돌아와 1년간 KDI 정책대학원에서 학생들을 가르치다가 2001년부터 서울대 국제대학원 교수로 자리를 옮겼다.

　그러던 중 2004년 노무현대통령 탄핵사건이 일어나고 그 역풍으로 17대 국회의원선거에서 한나라당이 50석도 어렵다는 여론조사 결과가 나왔다. 나는 이런 사태는 막아야 된다고 생각했다. 민주주의를 위해선 여야가 어느 정도는 세력이 비슷해야지 250석대 50석은 말이 안 된다고 생각했다. 그 당시 천막당사에 있던 박근혜 대표로부터 연락이 왔다. 수차례 만난 후에 17대 총선 공동선대본부장으로 들어가기로 하고 또한 혼자 정치권에 들어가서는 정치개혁을 하지 못할 것이므로 정책세력을 많이 데리고 가겠다고 하여 비례대표공천위원장을 맡기로 한했다. 그래서 2004년 17대 국회에 입성했다. 곧 이어서 여의도연구소장과 당의 정책위 위원장을 맡게 되었다.

　그런데 곧 수도이전, 수도분할 정책이 핫 이슈가 되었다. 나는 대통령선거에서 이기기 위하여 수도를 분할하는 나라는 있을 수 없다고 생각했다. 균형발전을 수도분할을 통하여 하는 나라도 이 세상에 없다고 생각하였다. 수도를 옮기지 말고 서울대학교를 옮기자고 주장했다. 수도분할 법안이 국회를 통과하는 것을 보고 2005년 국회를 떠났다. 도저히 내 자신을 설득할 수 없었고 국민들에게 죄송하다고 생각했기 때문이다.

국회를 나와 우리나라 여러 곳을 돌아보았다. 그리고 이대로 가면 대한민국이 선진국이 되지 못할 것이라고 생각했다. 그래서 2006년 [대한민국 선진화전략]이라는 책을 썼다. 그리고 가까웠던 선·후배, 친구, 교수 등 약 200명과 함께 [한반도선진화재단]이라는 작은 싱크탱크를 만들었다. 마음속으로는 부르킹스를 모델로 하였다. 대한민국의 선진화와 한반도의 통일을 위한 정책연구소를 만들었던 것이다. 그래서 선진화와 통일에 대한 정책연구, 세미나, 보고서, 청년교육 등을 해왔다.

그러던 중 정책연구만으로 안되겠다고 생각하고 선진화와 통일을 위한 국민운동이 필요하다고 판단하여 2010년 11월에 [선진통일건국연합]을 만들었다. 그리고 국내외에 강연을 많이 다녔다. 그러던 중 국민운동만으로도 안 되겠다고 생각하여 [국민생각]이라는 정당을 장기표와 함께 만들었다. 개혁적 보수와 합리적 진보가 함께 하는 대중도(大中道) 정책정당을 하려고 했다. 그래서 정치의 이념양극화, 정치의 지역양극화, 승자독식의 정치, 국가전략과 국가경영부재의 정치 등을 극복하고 선진화와 통일을 위한 정치를 시작해 보려고 했다. 2012년 창당하여 그 해 봄 총선에 참여하였으나 대패하였다.

2013년 8월 서울대학교에서 이제 65세가 넘었으니 명예교수로 추대한다는 소식을 받았다. 나름대로 숨 가쁘게 살아온 인생이 한 고개를 넘는 것 같다. 앞으로 두 가지 길이 있는 것 같다. 하나는 이 세상의 꿈을 접고 마음으로 출가하여 [부처가 되는 길]을 찾아 가는 길이다. 다른 하나는 한반도 전체를 선진화하는 선진통일운동에 내 하반기 인생을 던지는 길이다.

요즈음 국내외 상황을 보니 우리나라는 잘못하다가 통일을 못할 것 같다. 그래서 최근에는 나는 우선 [선진통일의 길]을 위해 좀 더 노력하고, 우리나라가 통일된 후에 부처의 길을 찾아가는 것이 어떨까하는 생각을 한다. 그래서 금년 여름에 [21세기 대한민국의 꿈: 선진통일전략]이라는 책을 썼다. 이 책의 출판기념회를 2013년 11월 12일에 한 후에 내년에는 이 책을 들고 전국적으로 강연을 다니면서 통일의 시대를 맞이하기 위한 통일준비와 의지의 시급성과 비전의 필요성 등을 이야기 할 생각이다.

돌이켜 보니 부끄럽고 부족한 것이 많았던 인생이다. 우선 가족들에게 너무 미안하다. 솔직히 집안 일과 자식들의 일을 제대로 챙기지 못했다. 아마 D⁻학점일 것이다. 그리고 가까웠던 친구들에게도 미안하다. 좀 더 자주 만나고 정(情)도 나누고 하였어야 하는데 하는 생각이 많이 든다. 특히 중·고등학교나 대학의 동기동창들과 졸업 후 많은 시간을 함께 하지 못한 것이 참 미안하다.

나는 1948년에 태어나서 그런지 1948년 등장한 대한민국이 잘되는 것을 항상 마음 속으로 기도하면서 살아 왔다. 나는 나름대로 나라 발전에 기여가 되는 일을 찾아 노력하여 왔다. 대한민국이 가난할 때 나도 무척 가난했고 대한민국의 형편이 나아질 때 나의 형편도 점차 나아져 왔다. 그래서 그런지 언젠가 분명 대한민국이 동아시아에 우뚝 선 [선진통일강국]이 될 것이라고 믿어 왔다. 그리고 지금도 그러한 역사를 반드시 만들어야 한다고 생각한다.

돌이켜 보면 나는 정신적으로는 내불외유(內佛外儒)를 좋아해 왔던 것 같다. 그리고 현실생활 속에는 학문은 현실변화에 기여하는 것이 옳다고 생각했던 것 같다. 그리고 학자는 그 사회에 공론(公論)과 정론을 세우는 자라고 생각했던 것 같다. 그리고 그 공론과 정론을 실천하여야 학문과 인생이 완성된다고 생각했던 것 같다. 생각은 그렇게 하였지만 돌이켜 보면 부끄럽기 짝이 없다.

2013년 가을, 지금 나는 새로운 출발점에 서 있는 것 같기도 하고 이제는 대충 뒤로 물러서는 것이 시대에 대한 예의가 아닌가 하는 생각도 든다. 어떻게 될 지 기다려 보자! 내 자신도 흥미를 가지고 지켜본다.

나의 사생관
-나는 죽음과 삶의 문제를 어떻게 보는가?[2] -

문제의 제기

사람이 죽음에 가까이 갈 때 가장 먼저 강하게 느끼는 감정은 허망함일 것이다. 자신에 대한 〈무기력〉과 삶에 대한 〈허망함〉 그리고 주위 가족 친구들에 대한 〈미안함〉일 것이다.[3] 지금까지 열심히 나름의 목표를 가지

---

[2] 2016년 상반기에 쓴 글로서 다음과 같은 각주가 붙어 있음: "필자는 최근에 죽음의 느낌 앞에 가까이 간 경험이 있다. 그 때 동요하는 자신을 느꼈다. 그래서 죽음과 삶의 문제에 대하여-내 자신을 위하여- 나의 입장과 생각을 정리해야겠다고 생각했다. 그래서 내 자신을 반성하고 경계(警戒)하기 위하여, 내 자신에게 읽히기 위하여 이 글을 쓰기로 하였다."

[3] 어떤 사람들은 죽음 앞에서 공포감을 느낀다고 한다. 그러나 나의 경험에서는-너무 갑작스런 죽음의 느낌과의 대면이어서 그런지 모르지만-그러한 감정은 없었다. 무력감과 허망함과 미안함이 중심이었다. 세상과의 갑작스런 단절이 한없는 무력감과 허망함을 주었다. 그런데 다른 일면 나는 솔직히 해방감도 일부 느꼈다. 그동안 세상을 살면서 여러 가지 세상에 대한 부담감 책임감 그리고 어려움도 많았던 것 같다. 그리고 무력감과 허망감 이외에는 주변 가족 친구 친지 선배 후배 등에 대한 미안함 죄송함이 가장 큰 느낌이었다. 그 동안 제대로 해주지 못한 것에 대한 미안함 이었다. 나의 경우는 공포감은 별로 느끼지 못했다. 내가 앞으로 어떻게 되는가? 윤회를 하게 될 것인가? 아니면 이것으로 모든 것은 끝인가? 단멸인가? 등은 솔직히 큰 관심이 아니었다. 어떻게 되든 무슨 큰 문제인가? 오히려 그 동안 살면서 부족 했던 여러 가지에 대한 반성과 회한이 더 지배적이었다.

고, 나름의 가치를 가지고 살아 왔는데 갑자기 모든 것이-나와 가족과 친구와 세계가 모두 - 한 순간에 물거품같이 아지랑이 같이 사라지는 허망함이 크게 몰려온다. 인간이 언젠가는 죽는다는 사실은, 그래서 이 세상과 작별을 하여야 한다는 사실은 우리가 모두 익히 알고 있다. 다만 그 날이 곧 오지는 않을 것이라는 희망적 가정을 하면서, 그리고 인간은 죽는다는 사실은 외면하고자 하는 인간의 심리가 함께 작동하여 평상시 우리들은 죽음을 그렇게 의식하지 않고 산다. 솔직히 100년, 1000년 살 것 같은 기분으로 열심히 뛰고 있다. 그래서 죽음에 대한 입장을 평시에 나름대로 정리하고 살지 않는 경우가 대부분이다. 그래서 죽음이 가까이 온 것을 알게 되면 크게 당황하게 된다.

죽음이 거대한 무기력, 철저한 허망함 그리고 한없는 미안함을 의미한다면 도대체 우리가 그동안 그렇게 열심히 살아온 이유·가치·의미는 무엇인가? 죽음이 허망함을 준다는 것은 본래 지금까지의 우리의 삶도 허망한 한 바탕의 꿈이란 말이 된다. 과연 꿈인가? 지나가는 유희란 말인가? 그렇다면 무엇을 위하여 그렇게 열심히 뛰어 왔단 말인가?

더욱이 나 개인의 죽음뿐 아니라 모든 인간의 죽음이 본래 허망함이라면 나 개인의 삶만이 허망해 지는 것이 아니라 이 세계의 모든 인간의 삶도, 더 나아가 오랜 역사 속에서 인간이 처절한 투쟁을 통하여 쌓아온 문명과 문화의 가치도 허망해지는 것이 아닌가? 개개인의 삶의 역사가 허망함이라면 인류의 삶의 역사도 허망함일 수 밖에 없는 것이 아닌가? 많은 인류들이 역사와 문명의 발전을 위하여-오늘이 있게 하기 위하여 - 엄청난 희생과 헌신을 하여 왔는데, 한마디로 역사 속에서 피나는 사투(死鬪)를 벌려 왔는데 그 모든 투쟁의 결론이 무기력·허망함·미안함 뿐인가?

내가 보기에 죽음의 가치와 의미를 정확히 이해하고 그에 대한 입장을 정리하는 것이 삶의 가치와 의미를 세우는 데 필수적 전제가 된다고 본다. 단순히 개개인의 삶의 가치와 의미를 세우는 것으로 끝나는 것이 아니다. 인류가 문화와 문명의 진보를 위하여 눈물겨운 투쟁 – 자연과의 투쟁, 과학발전을 위한 노력, 사회개선을 위한 투쟁 등 – 을 하여 온 인류역사의 의미와 가치를 세우는데도 필수적이 된다. 왜냐하면 죽음과 삶은 동전의 양면과 같은 관계이기 때문이다. 그리고 개인의 죽음과 개인의 삶이 깊이 관계되듯이 인류의 죽음과 인류의 삶도 깊이 관계되어 있다. 그래서 개인이든 집단이든 죽음에 대하여 올바른 견해를 세우는 것은 삶을 위하여 올바른 견해를 세우는 것과 같이 대단히 중요한 과제이다.

죽음을 어떻게 보아야 할 것인가? – 死觀

죽음에 대하여 올바른 견해를 세우는 데는 우선 죽음이 가지고 있는 절대단절, 절대부정, 절대고통의 문제를 직면하는 데서 출발하는 것이 옳다고 본다. 이 세상에 많은 종교의 가르침들이 있지만 적어도 생노병사(生老病死)의 문제에 대하여, 특히 늙고 병들고 죽어가는 사람들의 실존적 고통과 아픔의 문제에 대하여, 그 해결의 답을 찾으려고 – 생노병사의 문제를 해결하려고 – 모든 노력과 집중한 종교와 가르침은 초기불교(early buddhism)만한 가르침이 없다고 본다.

싯다르타(석가모니) 자신이 왕의 자리를 버리고 출가한 이유가 바로 생로병사의 문제, 그 늙고 병들고 죽는 고통의 문제를 해결하기 위해서였다. 그리고 당시 인도에서의 인간의 실존적 상황을 추측해 보면 생로병사로 인한 고통이 극심했을 것이다. 지금부터 약 2500년 전 인도의 자연적 기후적 조건을 생각해 보자. 경제적 의료적 조건을 생각해 보자. 부족 간의 전쟁이 반복되는 정치적 조건도 생각해 보자. 당시 인도사회에는 가난하고 병들고 죽어가는 사람들이 너무나 많았지 않았을까 생각한다. 그러한 실존적 상황 속에서 가난하고 병들고 늙고 죽어가는 사람들의 문제를 해결하기 위한 싯다르타의 영적 지적 노력은 더욱 더 처절하였을 것이다.

우리의 몸과 마음의 죽음은 한마디로 무상(無常)과 고(苦) 그리고 무아(無我)라고 볼 수 있다. 이것이 초기불교의 가르침이고 내가 보기에 사실에 맞다. 즉 인간의 몸과 정신작용은 죽음을 통하여 해체되고 정지된다. 이 자체가 너무나 무상하다. 그 동안에 나를 지속적인 존재로 이해하고 나름의 애착을 가지고 내 몸을 키워 왔는데 이것이 모두 꿈같고 구름같고 물거품같이 흐트러지니, 죽음은 참으로 무상이고 그리고 실망이고 좌절이고 따라서 고통이다.

나 (個體我)는 존재하는가?

몸과 정신작용이 죽음 이후 모두 해체되고 흐트러지는 것을 보고 나면, 몸과 정신작용이 중지된 후에도 나라는 실체가 존재하는가, 지속적이고 영원한 내가 몸과 정신을 떠나 별도로 존재하는가 하는 질문이 나온다. 여기에는 두 가지 견해가 있을 수 있다. 하나는 '몸과 정신작용이 중지되고도 지속적인 영원한 내가 따로 존재한다'고 보는 견해가 있다. 다른 하나는 '죽음은 몸과 정신의 완전한 소멸이고 완전한 단절이며 중단이며, 죽음 이후 영원한 것은 아무것도 없으며 영원한 내가 따로 존재하는 것이 아니다'라는 견해가 있을 수 있다. 전자를 상견(常見) 혹은 상주론(常住論), 후자를 단견(斷見) 혹은 단멸론(斷滅論)이라고 한다.

그런데 초기불교는 몸과 정신작용을 떠나 별도의 영원한 지속적인 내가 있다고 보지 않는다. 그러면 죽음은 완전한 단절이고 소멸인가 하면 그렇게 보지도 않는다. 영원하고 지속적인 자아 내지 주체가 - 내 몸과 정신을 사라져도 - 많고 별도로 존재하지 않지만, 내가 살아있을 때 만든 업보와 업력은 사라지지 않고 지속된다고 본다. 이것을 잡아함경(雜阿含經)에서는 유업보무작자(有業報無作者)라고 이야기 하고 있다. 생의 전 과정은 물론 죽음 이후에도 자아는 없지만 업보는 있다는 즉 지속된다는 이야기이다.

본래 몸과 마음은 생사하는 것이라기보다 순간순간 생멸(生滅) 내지 기멸(起滅)한다고 보는 것이 옳지 않을까? 허공에 구름이 생겼다 없어졌다 하는 것과 같지 않을까? 구름이 생겼다 없어졌다 하는 것을 구름이 생사를 한다고 표현하면 어색하지 않을까? 여러 가지 조건 내지 인연이 모여 구름이 생기고 또 여러 가지 조건과 인연이 변화여 흩어지는 것으로 그래서 비가 되고 안개가 되고 하는 것으로 보는 것이 옳지 않을까? 그래서 '삶이란 한편의 구름이 일어나는 것이요, 죽음은 한편의 구름이 사라지는 것이다. 뜬 구름 자체는 본래 실한 바가 없으니, 생사거래도 이와 같다(生也 一片浮雲起 死也 一片浮雲滅 浮雲自體 本無實 生死去來 亦如然)'라는 게송(고려 함허득통화상)이 나온 것이 아닐까?

몸과 마음이라는 것도 삶의 전 과정을 통하여 일정불변한 것이 아니다. 고정되어 있는 것이 아니다. 조건과 인연의 변화에 따라 몸과 마음도 끝임없이 순간 순간 변하고 순간 순간 기멸한다. 그래서 살아가는 전 과정에서도 삶의 모습은 '찰라생 찰라멸/ 조건생 조건멸'의 끝임없는 흐름으로 나타난다. 이 '조건생 조건멸'의 흐름이 바로 업보(業報)이다. 그리고 이 업보는 살아있는 동안 '찰라생 찰라멸/ 조건생 조건멸'하는 것은 물론 죽은 다음에도 새로운 삶으로 연결되는 과정에서도 - 소위 윤회의 과정에서도- 여전히 '찰라생 찰라멸/ 조건생 조건멸'하면서 나타난다. 그래서 이 업보는 기멸하면서 지속되지만 업보 이외에 나라고 하는 별도의 존재 즉 개별아(個別我 즉 小我)는 존재하지 않는다. 그래서 인생은 무상(無常)이고 고(苦) 일뿐 아니라 무아(無我)라는 것이다. 개체아 즉 소아는 없다는 것이다. 그리고 업보가 생에서도 생과 사의 중간에서도 더 나아가 다음 생에서도 '찰라생 찰라멸'의 형식으로 지속적으로 윤회한다는 것이다. 무와의 윤회이고 업보의 윤회이다[4]. 이것이 초기불교의 입장이다.

무아론(無我論)과 업보윤회론(業報輪廻論)

나는 이 두 가지 주장 즉 무아론과 업보윤회론이 옳다고 본다. 우선 무아론에 대하여 생각해 보자. 솔직히 무아론을 받아들이기는 일반인들에게는 대단히 어렵다. 우리 모두는 〈내가 존재한다〉는 의식 속에서 살고 있다. 그리고 그 내가 죽음 후에도 영속되기를, 가능하면 더 좋은 세상 - 기독교적 구원이나 힌두교적 윤회를 통하여 - 으로 갈 수 있게 되기를 희망한다. 그러한 의식이 지배적이기 때문에 유아론이 보다 상식적이고 무아론 비상식적인 것 같이 보인다. 한 가지 지적해 둘 것은 불교의 무아론은 내가 없다는 주장이 아니다. 몸과 마음이라는 현상으로 나는 분명 존재한다. 다만 내 몸과 마음을 떠나 별도로 영원불변한 존재로서의 나는 존재하지

---

4) 각묵스님은 힌두교에서는 불변하는 아트만(자아)이 있어 금생에서 내생으로 재육화(再肉化, reincarnation) 하는 것을 '윤회'라 한다. 그래서 '자아의 윤회'라고 볼 수 있다. 그러나 불교에서는 금생의 흐름이 내생으로 연결되어 다시 태어나는 것 즉 재생(rebirth)을 '윤회'라고 부른다. 그래서 '불교의 윤회'는 '무아의 윤회'라고 불러야 한다고 주장하고 있다.(각묵스님 지음, 『초기불교이해』, 초기불전연구원, 2010, p.467) 명쾌하게 잘 정리된 주장이다. 그러면 여기서 내생으로 연결되는 금생의 흐름이라고 할 때 그 흐름은 무엇인가? 그것이 업보이다.

않는다는 것이다. 이해하기 쉬운 주장은 아니다.

 자세히 살펴보면 사람의 몸은 순간순간 변화한다. 지속된다기 보다는 단절의 중첩적 연속이다. 현대 물리학 생물학도 이 주장을 지지한다. 우리 몸이 살아 있는 동안에도 낡은 세포는 계속하여 죽고 또 새로운 세포가 계속하여 태어난다고 한다. 그래서 우리의 몸은 찰라생 찰라멸의 연속이라고 볼 수 있다. 사람의 마음도 마찬가지다. 얼마나 변화가 빠른가. 지속적 변화보다는 단절적 변화가 지배적이다. 단절적 변화란 한 생각이 나타났다 사라지고 전혀 다른 생각이 나타났다 사라짐을 의미한다.

 결국 몸도 마음도 '조건생 조건멸/찰라생 찰라멸'이다. 그러면 몸과 마음을 떠나 '조건생 조건멸' 하지 않는 별도의 영원한 주체 즉 개체아가 존재하는가? 내 자신을 자세히 살펴보면 내 몸과 마음을 떠난 별도의 내가 별도의 개체아가 존재한다는 증거를 찾을 수 없다. 과학적 합리적 증거가 보이지 않는다. 물론 심정적으로는 영원한 개체아가 있기를 선호하지만 말이다.[5]

 다만 몸과 마음의 '조건생 조건멸' 하는 과정을 인지하고 관찰하는 관찰자 – 깨어 있는자, 환언하면 자기 자신의 몸과 마음을 내면적으로 돌아보는 자, 소위 회광반조(廻光返照)하는 자 – 는 분명 존재하는 것은 같다. 그래서 이

---

[5] 결국 모든 종교 철학은 무아론과 유아론으로 나뉜다고 볼 수 있다. 나는 무아론을 선택하였지만 유아론을 중심으로 한 종교와 철학 -기독교 힌두교 이스람교 등- 도 불교와 같이 무아론을 주장하는 종교나 가르침과 종국적으로 도달하는 세계는 같다고 생각한다. 그렇게 생각하는 이유는 무엇인가? 이 글의 뒷부분을 읽으면 그 이유가 좀더 자연스럽게 이해되지 않을까 생각한다. 나는 기독교의 구원의 길, 힌두교의 완성의 길, 유교의 군자성인의 길, 불교의 해탈과 자성불의 길이 궁극적으로는 모두 같은 세상에 도달한다고 본다. 올라가는 길은 달라도 산의 정상의 세계는 같다고 본다.

관찰자 즉 깨어 있는 마음 – mindfulness 하는 주체 – 이 나의 영원불변의 개체아는 아닌가 하고 생각할 수 있다. 그러나 깊이 생각하면 관찰자 자체도 영원불멸의 존재라기 보다는 우리의 삶 속에서 조건생 조건멸하는 현상으로 보아야 할 것 같다. 그리고 좀 더 깊이 생각하면 세상에는 관찰자와 관찰대상이 각각 존재한다고 보기 보다는, 모든 조건들 – 관찰자(eye), 관찰대상(collar), 그리고 관찰세계(consciousness) 등 – 이 합쳐져서 나타나는 〈관찰자체(seeing)〉만이 존재한다고 보는 것이 더 정확한 것이 아닐까? 관찰자, 관찰대상이 별도로 존재하는 것이 아니라 관찰자와 관찰대상이 만나 나타나는 관찰자체만이 조건과 인연에 따라 생멸한다고 보는 것이 실상에 맞지 않을까 생각한다.

다음은 업보윤회론이다. 내가 이 주장이 옳지 않을까 하고 생각하는 이유는 간단하다. 같은 부모 밑에서 나온 형제 간에 성격과 성품, 능력과 재능 등이 너무 다른 것을 보면 이 세상에 나오기 전부터 차이가 존재하는 것 아닌가 하고 생각한다. 그래서 업보윤회론이 맞다고 생각한다. 또한 시간이 흘러도 인간의 성격과 성품 기질과 능력 등은 참 바뀌지 않는다. 물론 많은 수양을 하고 노력을 하는 경우에는 기질과 능력의 변화를 만들 수도 있다. 그러나 일반적으로는 평생 잘 바뀌지 않는다.

유교에서는 인간에게는 모든 인간에게는 보편적인 소위 본연지성(本然之性: 明德, 良心)과 개인마다 다른 기질지성(氣質之性)이 있다고 주장한다. 그러면서 수양을 통하여 기질지성을 바꾸어 나가 종국적으론 본연지성만이 크게 드러나고 확충되는 성인(聖人)이 되기를 권장한다. 그런데 유교에서는 왜 개인마다 기질지성이 다른지 그에 대한 설명은 없다. 아마 현세 중심의 가르침이고 윤회론이 없기 때문이다. 여하튼 왜 개인마다 기질지성이 다른가에 대한 대답을 업보윤회론에서 찾을 수 있지 않을까 생각한다. 이상의 이유로 나는 업보윤회론이 맞지 않을까 생각한다.

죽음의 고통을 벗어나는 길은 있는가?

그러면 초기 불교의 가르침은 여기서 즉 '인생은 무상하고 고이고 영원한 개체아는 없다' 라고 주장하는 것으로 끝나는가, 아니다. 그 다음이 중요하다. 우리가 그렇게 애착을 가지고 살아온 내 존재가 실제는 무상·고·무아임이라는 사실을 자각하게 되면 지금까지 소중히 아껴온 자기 존재의 나약함과 허망함에 대하여 크게 염오(厭惡/ 넌더리)를 느끼게 된다. 크게 속은 것 같아 실망하고 좌절한다. 그러면서 지금까지의 자신과 이 세상에 대해 가졌던 모든 애착과 갈애가 떨어져 나가게 된다. 즉 이욕(離慾)이 일어난다. 그래서 자신의 삶과 세상에 대한 갈애(渴愛) – 감각적 욕망에 대한 갈애 자신이 영원한 존재이기를 바라는 갈애 – 등등이 없어진다. 그러면 자연히 탐진치(貪嗔痴) – 욕심과 화냄과 어리석음 – 도 소멸한다. 그러면 거기서부터 해탈과 열반의 세계가 열린다. 그래서 초기불교는 삶에 대한 철저한 부정에서 출발하여 생로병사의 고통으로부터의 해방을 향하여 나간다. 즉 〈무상·고·무아〉를 철견(徹見)하고 그 단계를 지나 〈염오·이욕·해탈〉로 나아간다. 아니 그렇게 나아갈 것을 가르친다. 그리고 그렇게 나아가기 위하여 〈12연기〉를 올바로 이해가고 〈팔정도〉를 수행할 것을 요구한다. 12연기를 통하여 고(苦)의 발생구조와 고(苦)의 해체구조를 그리고 윤회(輪廻)의 발생과정과 소멸과정을 정확히 이해할 수 있다. 그리고 팔정도의 실천을 통하여 〈무상·고·무아, 염오·이욕·해탈〉과정과 12연기 – 고와 윤회 – 의 일어남과 사라짐의 전 과정을 마음과 몸으로 체득할 수 있다.

이상이 개략적으로 본 죽음의 문제 생로병사의 문제해결을 위한 초기불교의 답이다. 나는 초기불교의 이러한 가르침이 개개인이 죽음에 당면하여 느끼는 끝없는 허망함, 무력감 그리고 미안함의 문제를 푸는 좋은 답이라고 생각한다. 좋은 가르침이고 좋은 위로라고 생각한다.

삶을 어떻게 보아야 하는가? 生觀

그러면 그것으로 전부인가? 지금까지 생각은 나의 사생관의 전반부에 불과하다. 죽음을 보는 견해가 중심이었다. 이제는 사생관의 후반부가 나와야 한다. 삶에 대한 생각이 나와야 한다.

무상·고·무아를 깨달아, 자신과 세계에 대하여 가지고 있던 모든 애착과 갈애가 사라지고 그래서 탐진치(貪嗔恥)도 영원히 사라지고 그래서 해탈로 간다고 하자. 그래서 나는 개체아에 대한 집착도 사라지고 생로병사의 고통도 벗어나 영원한 열반에 들어가 더 이상 윤회를 안 하게 되었다고 하자. 절대행복과 절대평화의 세계에 들어갔다고 하자. 그러면 전부인가? 그 다음은 없는가? 내가 보기에는 그 다음의 세계가 있다.

인간이 자신의 개체아에 대한 집착과 갈애에서 벗어나 해탈에 들어가면 그 다음 눈에 들어오는 세상이 있다. 주위에 있는 생명들의 고통이다. 사실 개체아(자아)가 없어지면 이웃 생명체들의 고통이 더욱 아프게 느끼게 된다. 개체아가 없어지니 〈공감능력(共感能力)〉(capacity for sympathy) - 유교에서 주장하는 측은지심(惻隱之心) 즉 인(仁)과 같은 개념 - 이 한없이, 아니 무한대로 확장된다. 이웃 사람들은 물론 모든 동물과 식물들 더 나아가 천하의 모든 생명체와 무생명체, 더 나가가 우주의 모든 존재들의 대하여 그들의 존재의 한계와 존재의 고통, 대하여 한없는 연민 즉 대자대비(大慈大悲 -大仁)를 느끼지 않을 수 없다. 그래서 혼자서 열반에 안주할 수 없게 된다.

물론 개체아의 생노병사의 고통이 심할 때는 우선 생노병사의 고통에서 벗어나는 것이 그 개인에게는 가장 시급하고 절실한 당면과제일 수 밖에 없다. 그래서 개인적 목표로 해탈과 열반을 지향한다. 옳은 방향이다. 그러나 해탈과 열반을 이루게 되면 곧 이웃 중생의 문제가 나의 문제가 된다. 전체의 문제가 나의 문제가 된다. 개체아가 없어지니 당연히 더욱 그러하다. 우리는 부처님의 삶을 보면 이 과정을 쉽게 이해할 수 있다. 왜 깨달음을 얻은 후 열반에 드시지 않고 49년 간을 중생을 구제하기 위하여 혼신의 노력을 다 하셨는가를 생각해 보면 알 수 있을 것이다.

'상윳따 니까야'에 보면 부처님께서 제자 60명이 아라한이 되었을 때 즉 개체아가 없어지고 해탈을 얻었을 때 다음과 같이 이야기 하셨다. "비구들이여 나는 모든 속박에서 벗어났다. 그대들도 또한 모든 속박에서 벗어났다. 중생의 이익을 위하여 중생의 행복을 위하여 길를 떠나라. 세상에 대한 자비심을 가지고 존재하는 모든 것에 대한 자비심을 가지고 신들과 인간의 이익과 행복을 위하여 길를 떠나라"- 바른 뜻과 문장을 갖춘 가르침을 설하라 완전하고 청정한 수행의 삶을 보여라 - 이 글을 보아도 반야의 지혜를 통한 해탈은 자비의 보살행으로 자연스럽게 연결되는 것을 알 수 있다.

초기불교에서 대승불교로의 도약

그래서 초기불교의 가르침을 통하여 무상 고 무아 를 배우는 〈반야의 단계〉를 지나 〈염오 · 이욕 · 해탈〉을 이루면 이제는 우주의 모든 존재에 대한 무한 대자대비를 느끼는, 그리고 이들의 이익을 위하여 이들의 고통을 줄이고 행복을 높이는 실천에 노력하는 – 소위 불교적으로는 보살행(菩薩行) 혹은 유교적으로는 군자행(君子行)을 하는 – 〈자비의 단계〉로 들어가게 된다. 여기서부터 대승불교의 행이 시작되는 것이다.

여기서 한 가지 지적해 둘 사항이 있다. 그것은 우리사회에 일각에 초기불교과 대승불교 간의 불필요한 긴장과 갈등과 대립이 보이기 때문이다. 내가 보기에는 우리나라 불자들이 초기불교의 가르침에 따른 교학과 수양을 거친 다음에 대승의 가르침을 배우고 보살행을 실천하면 좋지 않을까 생각한다. 초기불교와 대승불교는 상호 보완적·보충적이라고 생각한다. 생과 사에 대한 철저한 절대부정의 단계, 절대좌절의 단계를 거치지 않고 생과 사에 대한 절대긍정의 단계로 이행하는 것은 사실 생각의 유희가 될 위험이 적지 않기 때문이다.

우리가 일상의 삶 속에서도 대긍정은 반드시 대부정을 경험하여야 하는 경우가 많다. 부정과 좌절 그리고 고통의 깊이가 깊을수록 긍정과 희망의 높이도 높아지는 법이다. 그런데 〈무상·고·무아〉를 철저히 철견하고, 그 생노병사의 고통을 경험하지 아니하고 일체개공(一體皆空) 상락아정(常樂我淨) 등을 노래하면 기분은 좋지만 허구적 관념론이 되기 쉽다. 실제로 생사의 경계에 서면 쉽게 무너져 버린다. 그래서 육조스님께서 작은 도행(道行)도 하지 않으면서 입으로는 종일 공(空)을 말하는 자는 나의 제자가 아니라고 하신 것이 아닐까? 대승이 진정으로 자기 것이 되려면 소승을 학습하는 단계를 진지하게 거쳐야 하는 것 아닐까?

대승의 꽃: 보현보살의 10대 행원

그래서 절대긍정 – 대자유 – 은 반드시 두 가지 단계를 거쳐야 한다고 본다. 하나는 〈무상·고·무아〉에 대한 철견, 그리고 다른 하나는 〈보현보살의 10대 행원〉의 실천이 아닐까? 나는 〈보현보살의 10대 행원〉이 '대승의 최고의 꽃'이라고 생각한다.

〈10대 행원〉을 내가 이해하는 식으로 간단히 다시 한 번 상기해 보자. 첫째, 예경제불(禮敬諸佛)은 실은 예경중생이다. 일체의 중생을 부처님처럼 공경하라는 뜻이다. 둘째, 칭찬여래(稱讚如來)는 실은 칭찬중생이다. 일체중생을 긍정하고 지지하고 찬탄하라는 뜻이다. 셋째, 광수공양(廣修供養)은 실은 중생공양이다. 즉 중생을 이롭게 하고 중생을 섭수하고 중생고(衆生苦)를 대신 받으라는 뜻이다. 넷째, 참회업장(懺悔業障)이란 실은 개체아에 대한 집착, 자아에 대한 애착을 버리고 - 무명을 크게 반성하고 - 나와 중생을 둘로 보지 말라는 뜻이다. 다섯째, 수희공덕(隨喜功德)은 실은 중생이 짓는 모든 선업을 함께 기뻐하라는 것이다. 중생이 불선을 선택할 때는 한없이 슬퍼하고 바른 길 즉 선업을 선택할 때 한없이 기뻐하라는 뜻이다. 여섯째, 청전법륜(請轉法輪)은 중생이 부처님의 법문 - 천지자연의 법문 - 을 마음껏 들을 수 있도록 그래서 깨달음을 얻을 수 있도록 사회적 경제적 조건을 만들어야 한다는 뜻이다. 일곱째, 청불주세(請佛住世)는 먼저 우리가 올바른 정법을 지켜 모범을 보임으로서 중생들이 스스로 선업을 질 수 있도록 하겠다는 뜻이다. 여덟째, 상수불학(常修佛學)은 진정으로 중생을 구하려 한다면 상구보리(上求菩提) 하화중생(下化衆生)을 위하여 일심으로 용맹정진하라는 뜻이다. 아홉째, 항순중생(恒順衆生)이란 병든 중생에게는 어진 의원이 되고 길 잃은 중생에게는 바른 길을 알려주고, 어두운 밤에는 밝은 광명이 되고, 가난한 중생에게는 보배를 주는 것이 그것이 항순중생이다. 열 번째, 보개회향(普皆回向)은 앞에서의 모든 노력으로 인한 공덕이 - 선한 결과가 - 중생들의 공덕이 되도록 하여 모두 중생들이 이롭게 하겠다는 각오이다. 결국 위의 모든 보현행원의 노력들이 중생완성 세계완성을 위하여 기여가 되도록 한다는 의미이다.

삶과 죽음의 사이에서 〈무상·고·무아〉도 철저히 경험하지 않고 또한 대승의 최고의 꽃인 〈보현 10대 행원〉도 제대로 실천하지 않으면서 대승에서 주장하는 생사불이(生死不二)라던가, 색즉시공(色卽是空)이라던가 하는 이야기를 말로만 주장하면 그것은 앞에서 육조스님이 질타하셨듯이 정법에 반하는 것이 될 수 있다. 〈절대고통의 경험〉도 〈절대헌신의 실천〉도 없으면서 대승을 이야기하면 그것은 자신과 세상을 속이는 불선을 결과할 수 있다.

다시 무아론으로: 자성불(自性佛)의 세계

다시 본론으로 돌아가 초기불교와 대승불교를 연결하는 무아론에 대하여 조금 더 생각해보자. 개체아가 '실재하지 않고 무아라면 이것은 무엇을 의미하는가? 이것은 나의 본질이 공(空)이라는 것을 의미하는 것이 아닌가? 인간은 자아 환언하면 개체아는 없지만 그러나 인간은 모든 존재와 마찬가지로 자성(自性)을 가지고 있다. 인간의 자아는 없지만 자성은 있다는 말이다. 어떤 자성인가? 그것은 공성(空性)이다. 공이라는 자성이다. 인간과 세계의 본질은 공성이라는 것이다. 나의 본질도 공이고 공성이다. 그래서 앞에서 본 득통화상의 계송 중에서 3째와 4째 단락이 본래는 "뜬 구름 자체는 철저히 공(空)인데 우리의 꿈같은 몸의 생멸도 역시 이와 같다"(浮雲自體徹底空 幻身生滅亦如然)이었다고 한다. 나는 이 본래의 계송이 보다 정확하게 뜬 그름과 같이 인간이란 존재도 본래가 철저하게 공(空)이라는 사실을 잘 지적하고 있다고 본다.

여기서 공(空)이란 무(無)가 아니다. 내가 없다는 것이 아니다. 공이란 모든 것이 될 수 있는 열린 가능성이다. 내가 개체아를 벗어나면, 이제는 모든 것이 될 수 있다. 내가 별도 될 수 있고 해도 될 수 있고 우주도 될 수 있다. 동양적으로 표현하면 천지자연이 될 수 있다. 나와 천지자연이 둘이 아니게 된다는 것이다. 이것이 대(大)해탈이고 대(大)자유이고 대(大)해방이다. 큰 가능성이다. 여기서 인간이 개체아(자아)를 벗어나 나와 중생을, 나와 자연을, 나와 우주를 두로 보지 않는 세계가 열린다. 인간 한 사람 한 사람이 자성불(自性佛) – 자성 속에 있는 부처님 – 이 되는 세계가 열린다. 그래서 무아의 주장은 사실은 인간의 자성을 철견하고 인간의 대해방을 알리는 소식이다. 많은 분들이 무아를 이야기하면 대단히 혼란스러워하고 무엇인가를 놓친 것 같이 아까워하고 큰 상실감을 느끼는 데 그것은 사실 오해이다. 사실은 큰 〈우주적 자성 실현의 길〉을 열어주는 대축복의 이야기이다.

자아(自我)는 없고 자성(自性)은 있는데, 자성(自性)의 모습이 곧 공성(空性)이고 자성불(自性佛)임을 안 다음에 할 일은 무엇인가? 그것은 자신의 업보를 바꾸어 나가면서 중생구제에 나서는 것이다. 개체아(자아)에 의지해 온 업보를 바꾸어 공성 즉 자성불에 기초한 무한 능력을 갖추어 나가면서 중생을 구제하고 천지만물의 화육을 도와야 한다. 이것이 바로 자성 속에 있는 부처님 – 자성불 – 의 무한공덕을 중생구제 과정에 활용하는, 활공(活功)하는 일이다. 그리고 이것이 바로 개체아(자아)의 틀을 벗어나 공성과 자성불을 완성하는 과정이다.

대승과 유교의 하나 됨: 내불외유(內佛外儒)

불교는 이와 같이 개체아를 벗어나 자성이 공(空)임을 알아 모두가 자성불(自性佛)이 되어 중생을 모두를 자성불(自性佛)의 무한 공덕 – 예컨대 보현의 10대 행원 – 으로 포용하고 갈 것을 가르치고 있다. 그런데 유사하게도 유교는 인심(人心, 사욕: 개체아에 기초한 욕심)을 버리고, 하늘로부터 주어진 인간의 천성 속에 있는 도심(道心, 인의예지)을 개발, 확충하여, 모두가 성인이 되어 – 천지의 마음을 가지고 – 천지자연의 화육을 도울 것을 가르치고 있다. 불교와 유교는 적어도 삶에 대하여는 기본적으로 유사한 발상과 구조를 가지고 있다. 이것이 불교에서는 보살마하살이 되는 길이고 유교에선 군자성인이 되는 길이다.

그래서 죽음의 문제는 초기불교의 가르침에 의하여 입장을 정리한 다음에 삶의 문제는 대승과 유교의 두 가지 가르침을 통합하여 입장을 정리하려는 것이 나의 사생관이다. 왜 대승불교와 유교를 통합하여야 하는가? 하나의 가르침을 선택하면 안 되는가? 내가 보기에는 대승과 유교는 모두 죽음에 대한 가르침 – "죽음의 고통을 이해하고 어떻게 극복할 것인가?"에 대한 답 – 이라고 보기 어렵다. 두 가르침의 중점은 오히려 "어떻게 살 것인가?"에 놓여 있다. 그러나 대승과 유교는 각각의 장점과 특장이 다르다. 그리고 내가 보기에는 대승과 유교 중 어느 하나만으로는 "어떻게 살 것인가?"에 대한 답으로 충분하지 않다고 본다. 그 이유는 다음과 같다.

불교식으로 중생을 구하려면, 유교식으로 만물의 화육을 도우려면, 환언하면 불보살이 되고 군자성인이 되려면 반드시 두 가지를 하여야 한다. 하나는 심학(心學)이고 다른 하나는 이학(理學)이다. 심학(心學)은 〈마음공부〉이다. 불교에서는 소아를 벗어나 공성을 체득하고 대우주의 마음을 가지는 공부이다. 유교에서는 인간의 천성 속에 있는 양심이라는 본연지성을 밝히고 확충하는 공부이다. 이학(理學)은 구체적인 중생의 삶 속에서 〈세상공부〉 – 인간과 세상의 이치를 밝히는 공부 – 이다. 심학(心學) 속에는 당연히 사생관(死生觀)과 수기론(修己論)이 들어 있어야 하고, 이학(理學)

속에는 안민학(安民學), 환언하면 치인학·경세학·제왕학·목민학이 들어 있어야 한다.[6]

중생을 구하고 만물의 화육을 도우려면 자신이 개체아 내지 소아의 틀을 벗어나 천하지심을 가지는 자생불(自性佛, 聖人)이 되어야 함은 물론이다. 그러나 그것만으론 충분하지 않다. 세상의 이치도 알아야 한다. 세상경영과 세상통치의 이론과 방법을 알아야 한다. 중생이 구원받는 좋은 세상을 만들려면 지도자가 탁월하여야 하고 동시에 국가제도와 정책도 훌륭하여야 한다. 그래야 중용에서 이야기 하는 성기성물(成己成物) - 자기완성과 타자완성 - 을 이룰 수 있다. 그래서 불국토(佛國土)도 대동세계(大同世界)도 만들 수 있고 홍익인간사회(弘益人間社會)도 만들 수 있다.

불교에서도 진정으로 상구보리(上求菩提) 하화중생(下化衆生)을 하려는 보살들은 당연히 위의 두 가지 - 심학과 이학 - 를 반드시 다하여야 한다. 또한 유교에서도 진정으로 만물의 화육을 돕는 성인(聖人)이 되려고 한다면 실은 위의 두 가지 - 심학과 이학 - 를 다하여야 한다. 그런데 내가 보기에 대승불교는 심학(心學)에 더 깊이가 있고, 반면에 유교는 이학(理學)에 더 깊이가 있다. 물론 상대적인 이야기이다. 유교에도 특히 성리학에 와서는 심학의 깊이가 간단하지 않다.

그러나 크게 보면 '대승은 심학에 유교는 이학에 상대적 우위가 있다'고 나는 생각한다. 물론 성리학자나 대승학자는 이러한 주장을 결코 받아

---

[6] 안민학은 〈지도자학〉〈국가경영학〉〈개혁관리론〉〈세계전략〉 등등으로 나눌 수 있을 것이다. 이 중 지도자학 속에는 지도자가 마음공부하는 심학이 당연히 들어간다. 그래서 안민학이 심학을 배제하는 것은 아니다. 오히려 국가운영을 위해선 책임자들의 자기수양 -사심(私心)을 줄이고 공심(公心)을 키우는 노력- 이 필수적이라고 보아야 한다. 다만 안민학의 상당부분은 세상경영을 위한 것이기 때문에 이학이 지배적 위치에 있다고 보아야 할 것이다.

들이지 않을 것이다. 그러나 나는 그렇게 생각한다. 그래서 내가 보기에는 내불외유(內佛外儒) – 안으로 부처의 대자대비(大慈大悲)의 마음을 가지고 밖으로는 공자의 제가(齊家)와 치국(治國)의 가르침을 실천궁행하는 자세 – 이 진정한 중생구제와 만물화육에 더 잘 기여하지 않을까 생각한다.

표현을 달리 해보면 대승은 그 기백이 활달 자재 원융하다는 장점이 있는 반면 그 내용이 고원(高遠)하고 때로는 관념적이어서 인간의 삶의 구체적 문제에 대한 해결책 제시에는 약하다. 세상의 이치와 제도에 대한 연구가 너무 약하다. 반면에 유교는 인간 삶의 구체적 문제 – 가족 친구 이웃 군신 등등 – 에 대한 깊이 있는 이치탐구 즉 궁리와 성찰이 깊다. 그래서 문제해결의 구체적 기준과 답(예컨대 3강5륜 등 예법)을 제시할 수 있다. 그러나 반면에 너무 엄숙주의·경건주의의 전통이 강하여 활달 자유 원융하지 하지 못하다.

그래서 중용에서 나오는 표현을 사용하면 앞으로 존덕성(尊德性, 마음공부)는 대승불교에서 도문학(道門學) – 인생경영 중생경영 세상경영 – 은 유교의 가르침에서 배우면 바람직하지 않을까 생각한다. 좀 더 구체적으로 이야기하면 나는 존덕성 – 마음공부 – 을 위해선 대승경전인 화엄경의 〈보현행원품〉이 최고라고 생각한다. 물론 금강경이나 6조단경도 마음공부를 위한 뛰어난 가르침들이다. 그러나 나는 마음 공부는 몸 공부와 함께 해야 완성될 수 있다고 본다. 그런데 〈보현보살의 10대 행원〉이야 말로 금강경이나 6조단경보다 마음과 몸 공부를 함께 할 것을 요구하고 있다. 〈10대 행원〉의 실천은 조용한 산사(山寺)에 앉아서 마음으로 만 할 수 있는 길이 아니다. 마음공부로 얻은 것은 반드시 몸의 실천이 뒤 따라야 완성되는 법이라고 생각한다. 지행합일이 되어야 한다는 것이다. 그런데 〈보현행원〉은 이러한 점을 강조할 뿐 아니라, 실천의 10개의 방향을 구체적으로 제시하고 있다. 그래서 나는 대승행의 최고의 꽃이 보현행원품이라고 생각한다. 그리고 도문학 – 인생경영, 중생경영. 세계경영 – 을 위해선 사서(四書,대학, 논어, 맹자, 중용)가 기본이 되겠지만 종합적 안목을 위해선 이율곡 선생의 〈성학집요〉가 최고라고 생각한다. 특히 이율곡 선생의 성학집요를 높이 평가하는 이유는 그 속에 동양적 안민학(安民學)의 기본적 체계가 잘 정리 되어 있기 때문이다.

맺는 말

그래서 요약하면 나의 사생관은 초기불교의 아함경(니까야)에서 시작하여 보현행원품과 성학집요로 끝난다고 해도 무방하다. 이들의 가르침이 나의 사생관 – 죽음과 삶의 문제를 어떻게 볼 것인가? – 을 세우는데 너무나 크게 영향을 주었기 때문이다. 한 인간의 사생관이란 하늘에서 떨어지는 것이 아니다. 자기가 혼자서 골방에서 만들어 내는 것도 아니다. 죽음과 삶에 대한 여러 성인들의 가르침 속에서 특히 자신에게 와 닫는 것, '아 이것이구나' 하고, 그래 내 개인적 경험 평소의 느낌 생각과 너무나 같구나 하는 그러한 가르침들을 주체적으로 이해하고 정리하고, 그 가르침에 대한 자기점검과 자기성찰을 통하여 자기확신이 서면, 그것이 자신의 사생관이 되는 것이라고 생각한다.

끝으로 지적하고 싶은 것은 사생관은 어느 날 갑자기 완성되는 것도 아니라고 생각한다. 끝임 없는 정신적 육체적 노력을 통하여 〈몸과 마음에 대한 공부〉와 〈세상에 대한 공부〉가 축적되면서 만들어지고 완성되어 가는 것이다. 따라서 갈 길이 먼 작업이다. 무거운 짐을 지고 먼 길을 가는 것과 같은 작업이다. 부처님이 공자님이 예수님이 자신들의 삶을 통하여 우리가 갈 길이 먼 길 임을 보여주셨다. 우리는 그 분들의 뒷길을 따라 생과 사라는 무거운 짐을 지고 꾸역꾸역 우리들의 길은 가야 한다.

우리 각자는 자신 나름의 사생관을 발전시키고, 그 사생관을 매일 매일의 삶 속에서 실천하여 나가면서 완성시켜 나가야 한다. 그리고 그 노력은 모두의 〈마음공부의 완성〉〈세계개조의 완성〉이 이루어 질 때까지 계속 될 것이다. 환언하면 우리 모두가 각자 〈자성불(自性佛)〉이 되어 보현보살의 서원을 가지고 세계개조에 앞장서서, 이 세상이 불국토와 대동세계와 홍익인간사회가 될 때, 그래서 하느님의 뜻이 하늘에서 이루어 진 것 같이 이 땅에서 완전하게 구현될 때 – 지상천국이 이루어 질 때 – 비로소 우리의 노력 – 사생관을 세우고 실천적으로 완성시켜 나가는 노력 – 도 끝날 것이다. 그런데 그 날이 쉽게 오지 않는다면, 우리의 노력도 우주의 역사가 끝날 때까지 영원히 간단없이 지속되어야 할 것이다. 그래서 성기성물(成己成物) – 자기완성과 타자완성 – 에는 영겁의 노력이 필요할지 모른다.

part 2

위공(爲公)의
수도분할 반대사유서

한나라당은 지금 죽고 영원히 살 것인가?
아니면 지금 살고 영원히 죽을 것인가?[1]

친애하는 동지여러분!

저는 당직자(여의도연구소장과 정책위의장)의 한 사람이었기에 그 동안 의총에서의 발언을 자제하여 왔습니다. 그러나 오늘은 [당의 진로]와 그리고 [나라의 발전]이 백척간두에 서 있다고 판단되어, 미리 당 대표께 당직의 사의를 표명하고, 오늘은 한 사람의 의원이자 평당원으로서 이 자리에 섰습니다.

지금 현 정부와 여당은 사실상의 [반쪽 수도이전]을 강행하여 국가 발전에 엄청난 후퇴를 가져오려 하고 있습니다. 국가발전이나 국리민복을 위하여서 이번의 [반쪽 수도이전]은 결코 해서는 안 되는 정책입니다. 반드시 큰 국가적 재앙을 초래할 정책입니다. 몇 가지 주요 이유를 들어 보겠습니다.

---

1) 2005년 3월 2일 반쪽 수도이전과 관련하여 한나라당 의원총회에서 발언한 내용임.

국토 균형발전의 정도(正道)가 아닙니다.

[반쪽 수도이전]은 본래가 정치적 목적으로 추진된 것입니다. 국토의 균형적 발전을 위한 정책에서 시작된 것이 아닙니다. 국가경영의 정도(正道)가 아닙니다. 본래 이 계획은 [지역이기주의]를 부추기고 이를 가지고 득표하겠다는 정치적·정략적 이유로 시작되었고 지금도 같은 목적으로 추진되고 있습니다.

올바른 국토균형발전의 방향은 [선(先) 분권화 후(後) 균형발전]입니다. 중앙부처의 재정과 권한의 지방이양이 우선되어야 진정한 균형발전을 이뤄낼 수 있습니다. 권한을 이양해야지 건물을 움직여서는 의미가 없습니다. 이 세상에 수도를 이전하여 그리고 그것도 반쪽이전을 통하여 균형발전에 성공한 나라는 없습니다.

엄청난 행정의 비효율과 낭비, 국민의 불편과 고통을 가져옵니다.

[반쪽 수도이전]은 엄청난 행정의 비효율과 경제의 낭비를 가져올 것입니다. 당장 드는 예산부담 8조 5,000억원 뿐 아니라 민간투자가 적어도 35조원 이상이 추가되어야 합니다. 이렇게 투자하고도 국무회의, 차관회의 등은 물론이고 예결산심의, 국정감사, 상임위 출석 등 행정의 비효율과 낭비는 이루 말할 수 없을 것입니다. 화상회의는 우리나라와 같은 대면(對面)문화가 강한 나라에서는 전혀 대안이 되지 못합니다.

다수의 공무원들이 [기러기 가족]이 되는 불편은 물론이고 일반 국민 그리고 기업들이 서류를 가지고 서울과 지방을 뛰어다녀야 할 것 입니다. 결국 국가행정의 생산성을 크게 떨어뜨리고 국민 부담과 불편은 한없이 커질 것입니다. 독일의 수도분할이 양 도시 모두의 경쟁력을 크게 떨어뜨린 사례를 지적하고자 합니다.

정치적 갈등, 사회적 혼란, 경제적 비효율이 함께 노정될 것입니다.

현 정부는 [반쪽 수도이전]에 그치지 아니하고 180여개의 공공기관을 지방에 나누어주려 하고 있습니다. 경제적 합리성보다 다음 선거에서의 정치적 이해관계에 기초하여 추진될 이러한 획일적인 대규모 공공기관의 이전은 더욱 큰 정치적 갈등과 사회적 혼란, 그리고 경제적 낭비와 비효율의 결과를 가져올 것입니다.

결코 지역의 균형발전에 기여하는 것도, 국가의 경쟁력 향상에 기여하는 것도 되지 않을 것입니다. 오로지 선거에서의 득표만을 목표로 국가운영은 전혀 고려하지 않은 너무나 반(反)애국적인 처사입니다. 21세기 세계화 시대의 흐름에 역행하는 [평등주의적 개혁]의 완결편입니다.

남북관계의 변화를 감안한 수도이전이 아닙니다.

수도이전을 논한다면 통일시대를 감안한 [수도이전]이어야 합니다. 현재 추진하고 있는 [반쪽 수도의 남하(南下)]는 2030년에 완성을 목표로 하고 있는데 그렇다면 앞으로 25년 후입니다. 이 사이에 남북관계에 큰 변화가 예상되고 그러면 우리는 다시 통일수도를 논하여야 할 것입니다.

[통일 수도]는 한반도 시대를 넘어 동북아시아 시대에 걸 맞는 위치에 두어야 할 것입니다. 남하(南下)가 아니라 북진(北進)의 방향이 옳을 것입니다. 요컨대 현재의 반쪽 수도이전은 [통일]내지 [준(準) 통일]의 새로운 시대에 대한 고려가 전혀 없습니다. 결국 남북관계의 변화가 오면 제2의 새만금이 될 것입니다.

올바른 충청도 균형발전전략이 아닙니다.

[반쪽 수도이전]은 올바른 충청도 균형발전전략이 되지 못합니다. 올바른 충청도 공주연기 발전정책은 그곳에 [행정도시]를 세우는 것이 아니라 [기업도시]를 세우는 것입니다. 즉 정부부처의 일부를 옮기는 것이 아니라, 지역의 특성을 살려 [교육·과학·기업도시]를 세우는 것입니다. 서울에 있는 주요대학을 옮기고 주요 연구소들을 옮기는 것이 올바른 정책방향입니다.

그러나 정부부처를 찢어 놓는 것은 안 됩니다. 당해 지역의 산업적 지역적 장점을 잘 활용하여 새로운 고용기회를 창출할 수 있어야 진정한 발전이고 진정한 도움입니다. 새로운 일자리의 창출이 중요하지 이미 있는 일자리를 지역간의 이동하는 식으로는 진정한 지역발전이 되지 못합니다.

수도서울과 대한민국의 국제경쟁력을 크게 떨어뜨릴 것입니다.

[반쪽 수도이전]은 수도서울의 국제경쟁력을 크게 떨어뜨릴 것입니다. 이제 세계화 동북아 시대에는 국가 간 수도(首都)들과 대도시들이 서로 경쟁하는 시대입니다. 어느 나라 수도가 보다 매력적인가, 어느 나라 수도가 비즈니스하기에 보다 편리한가를 가지고 경쟁합니다. 한 나라 수도의 국제경쟁력이 낮은데 그 나라전체의 국제경쟁력이 높아질 수는 없습니다.

모든 [경제·산업·금융 부처]를 지방에 이전시켜 놓고 어떻게 서울이 동북아의 경제중심지, 금융의 허브가 될 수 있겠습니까? 서울로의 인구집중화도 이제는 더 이상 문제가 되지 않는 시대로 접어들고 있습니다. 아니 오히려 세계화의 진행과 인구 고령화 때문에 부분적인 서울 공동화의 현상도 보입니다. 작년 서울의 경제 성장률이 전국 평균보다 1% 포인트 낮았습니다.

헌재(憲裁)의 결정취지에 정면으로 반(反)하는 정책입니다.

[반쪽 수도이전]은 헌법재판소의 결정 취지와 정신에 정면으로 반하는

것입니다. 이번 결정은 [수도이전]이 가지는 모든 문제점과 [수도분할]이 가지는 또 다른 문제점들을 모두 포함하고 있습니다. 헌법재판소의 결정 취지는 수도이전에는 충분한 국민적 합의와 동의가 필수적이라는 점이었습니다. 그런데 현재 탈법의 형태로 진행되고 있는 [반쪽 수도이전]도 아무런 국민적 합의와 동의의 과정 없이 졸속으로 추진되고 있습니다. 참여정부를 표방하는 정부에서 [국민 참여]는 전혀 배제된 상황에서 반쪽 수도이전이 오로지 정치적 · 정략적 목적으로 추진되고 있습니다.

일본에서는 10년 간의 국민적 논의 후 수도이전을 철회했습니다. 우리는 작년에 헌재에서 위헌결정을 받았는데도 불구하고 금년에 여야가 합의를 했습니다. 우리 국민들 대다수는 대단히 당황스럽고 분노하실 것입니다. 이렇게 잘못된 [위헌적 수도분할] 정책을, 그리고 21세기 세계화 · 선진화라는 시대흐름에 역행하는 [반쪽 수도이전]정책을, 통일 시대의 도래를 무시하는 듯한 [반(反)통일적 수도남진(首都南進)] 정책을 현 정부가 졸속으로 [국민적 합의와 동의 없이] 추진하고 있습니다. 그런데 대단히 불행하게도 우리 한나라당이 이러한 잘못된 정부 정책에 합의해 주었습니다. 여당에게는 표를 가져올지 모르지만 국가에게는 재앙을 가져오는 이러한 정치적 · 정략적 정책에 우리가 동의해 주었습니다.

그래서 국가적 불행과 한나라당의 위기가 함께 왔습니다. 어떻게 할 것입니까? 첫째, 국민적 동의 없이 [반쪽 수도이전]에 동의해 준 우리의 결정을 철회하여야 합니다. 위헌이기 때문입니다. 둘째, 수도이전(부분이든 전체든)은 반드시 국민적 동의(헌법개정절차와 국민투표)가 필요함을 주장하여야 합니다.

이러한 주장은 헌재결정의 정신에도 맞습니다. 비록 반쪽이라 하여도 수도이전에 대한 국민적 동의 없는 여야 간의 동의는 사실상 위헌입니다.

문제는 이러한 우리 입장(당론)의 재조정은 분명 책임있는 공당으로서 정치적 죽음을 의미합니다.

그러나 우리가 오늘 죽어서 나라를 바로 살릴 수 있다면 그 일을 해야합니다. 오늘 우리가 죽어서 한나라당을 영원히 살릴 수 있다면 우리는 그 길을 선택하여야 합니다. 우리의 선택은 '오늘 죽어서 영원히 살 것인가, 아니면 오늘 살고 영원히 죽을 것인가?' 입니다.

나는 우리가 오늘 죽더라고 나라를 살리고 당이 영원히 사는 길을 택하는 것이 애국이고 애당이라고 생각합니다. 그리고 그것이 정도이고 [나라의 선진화]를 주장하는 공당의 정정당당한 태도라고 생각합니다. 개인이든 조직이든 잘못할 수 있습니다. 잘못된 결정을 내릴 수 있습니다. 그러나 잘못인 줄 알면 바로 고쳐야 합니다. 잘못을 고치는 데 늦는다는 것은 없다고 합니다. 특히 당과 나라를 위기에 빠뜨리는 크게 잘못된 결정을 바로 잡는데 너무 늦었다고 할 수는 결코 없습니다.

그리고 나서 국민들에게 석고대죄 하여야 합니다. 충청도에 찾아가 삼천배를 하고, 삼보일배(三步一拜)를 하면서 진정으로 충청도를 위한 정책, 진정으로 나라전체를 위한 정책은 결코 [반쪽의 수도이전]이 아니라 충청도에 [교육·과학·기업도시]를 만드는 것이라는 점을 설득해내야 합니다. 우리가 옳다고 믿는다면 돌을 맞으면서도 설득해야 합니다. 그러면 충청도 도민들도 우리의 충정을 반드시 이해하여 주실 것으로 확신합니다. 왜냐하면 그 방법만이 충청도와 나라전체를 위한 옳은 길이기 때문입니다. 이렇게 해야만이 한나라당은 국민들에게 다시 희망과 꿈을 주는 당이 될 수 있고 결국 승리하는 당이 될 수 있을 것입니다.

오늘의 이러한 상황까지 오게된 데 대해 지금까지 주요당직을 맡고 있던 한 사람으로서 깊은 자괴감과 책임감을 통감합니다. 제가 정책위의장이 되어 살펴보니 이미 특위에서의 여야협상이 너무 많이 진행된 후였습니다. 그러나 분명 잘못되어 가는 결정이었기에 이를 바로잡아보려고 노력하였습니다. 지도부 회의나 집행부 내부회의에서 제 나름대로 격한 발언도 하고 반대 주장도 하면서 노력을 하였습니다. 때로는 제 주장이 너무 편협한 것이 아닌가 하는 반성도 하여 보았습니다. 그러나 [반쪽 수도이전]은 안 된다는 저의 결론은 항상 같았습니다. 그러한 내부 논의과정에서 특위에 참여하여 수고하시는 의원님들에게 결례도 많이 범하였습니다.

저는 평생을 공부하던 사람으로 탄핵 사태 이후 사회가 너무 한쪽으로 쏠릴 때 한나라당을 [이념정당] [비전정당] [정책정당]으로 발전시켜 반드시 21세기 나라의 선진화를 위한 [대안정당]으로 만들어 보겠다는 단심 하나로 입당하였습니다. 그러나 본인의 덕과 능력부족으로 우리 한나라당이 여기까지 오게 된 것에 대하여 의원동지 여러분들에게 무어라 말씀을 드려야 할지 모르겠습니다. 박 대표님을 비롯하여 동료 의원동지 여러분들이 저에게 많은 사랑과 기대를 주셨는데 제대로 보답하지 못하여 죄송한 마음 한이 없습니다.

저는 국민들에게도 큰 죄를 지었다고 생각합니다. 정부의 잘못된 정책을 막아야 하는 야당의 정책위의장으로서 [반쪽 수도이전]이라는 국가적 재앙을 막지 못하고 있는데 대하여 큰 죄책감과 책임감을 느낍니다.

저는 우리 한나라당이 [반쪽 수도이전]을 반대하고 올바른 선택을 하지 않는다면 국회의원직을 사퇴할 것입니다. 그리고 국민들께 엎드려 사죄하고자 합니다. 더 이상 이 자리에 서 있을 수가 없습니다.

저는 한나라당의 영광과 오욕, 승리와 실패 모두를 사랑합니다. 경청하여 주셔서 감사합니다. 여러 의원 및 당원동지 여러분들의 결단과 건승을 기원합니다.

국회를 떠나며 국민께 드리는 글[2]

존경하는 국민 여러분, 저는 이제 국회를 떠나려 합니다. 저를 뽑아주신 국민 여러분께 송구스러운 마음으로 엎드려 사죄의 말씀을 드립니다.

지난 1년간의 의정생활을 돌아보면 부끄럽고 괴로웠던 날이 많았습니다. 국회의원의 책무는 [국가이익]을 우선하고 [국민의 의사]를 국정에 올바르게 반영하는 것입니다. 대통령과 정부의 [독선과 독주]를 견제하는 것입니다. 그러나 우리의 정치는 [국민의 의사]는 묻지 않고 대통령의 눈치를 살피며 당리당략을 위해 [국가이익]을 서슴없이 저버리는 경우가 적지 아니 했습니다. 이러한 현실에 깊은 회의를 느꼈습니다. 국회의원 이전에 국민의 한사람으로서 모욕감과 분노를 느낀 경우도 있었습니다.

저는 최근 여야합의로 [수도분할 법]이 통과되는 것을 지켜보면서 마침내 국회의원직을 국민 여러분께 되돌려드려야겠다는 결심을 하게 되었습니다. 국회의원으로서, 야당의 정책위의장으로서 국민적 고통과 국가적 재앙이 될 [수도분할 법]을 막지 못한 책임감을 통감하면서, 국민께서 국회의원으로서의 저에게 맡긴 기본책무를 더 이상 수행할 수 없다는

---

2) 2005년 3월 15일자 기자회견문임.

판단에 이르게 되었습니다.

첫째, [수도분할 법]은 위헌적 법률입니다. 지난해 헌재판결의 취지는 수도이전은 반드시 [국민적 합의와 동의]를 거쳐야 한다는 것이었습니다. 각종 여론조사에서 볼 수 있듯이 국민 다수는 수도이전이나 수도분할에 대해 반대하거나 이의를 제기하고 있습니다. 그런데도 여야는 [수도이전 법]보다 더 많은 문제점을 가진 [수도분할 법]을 국회에서 통과시켰습니다. 여야 지도부는 국민의 의사와 동의를 구하는 최소한의 절차도 없이 막후합의로 강행처리했습니다. 이 [잘못된 법]을 통과시킨 여야 의원들은 [수도분할 법]이 가져 올 [국민적 고통]과 [국가적 재앙]에 대해 깊이 반성하고 반드시 책임을 져야 합니다. 만일 이 법률이 또 다시 위헌판결을 받게 된다면 이 법을 통과시킨 국회는 스스로 해산하고 국민의 심판을 받아야 마땅할 것입니다.

둘째, [수도분할 법]은 [국가이익]을 우선하기 보다는 여야 간 당리당략을 앞세운 정략적 타협의 기형적 산물입니다. 국가발전이나 국리민복을 위한 입법이 아니라 특정지역을 의식한 여야 간의 선거 전략, 득표 전략의 산물입니다. 그런데 헌법 제46조 제2항은 분명히 국회의원은 당리당략이나 지역이익을 [국가이익]에 우선 시켜서는 안 된다고 규정하고 있습니다. [수도분할 법]은 많은 전문가들이 국가 경쟁력을 떨어뜨리고 국민적 고통과 비용만을 높여 결국은 국민적·국가적 재앙을 가져올 망국의 법으로 보고 있습니다. 수도분할은 (1) 엄청난 국민적 불편과 고통은 물론 (2) 행정의 비효율과 낭비를 가져오고 (3) 수도와 국가의 국제경쟁력을 저하시킬 것입니다. (4) 만약 남북관계가 지속적으로 발전할 경우에는 분명히 제2의 새만금 사업이 될 것입니다. 이처럼 엄청난 국가적·국민적 재앙이 예상되는데도, 어떻게 [수도분할 정책]이 올바른 국토의 균형발전전략이며 충청도 발전전략이 될 수 있습니까?

올바른 국토균형발전을 위해서는 (1) 먼저 21세기 동북아시대에 걸맞는 한반도 공간전략을 수립해야 하고 (2) 중앙정부에서 지방자치단체로 예산과 권한을 분권화해야 하며 (3) 지역의 특화와 자립전략을 우선적으로 세워야 합니다. 그리고 충청지역의 진정한 발전을 위해서 필요한 것은 지역의 특성에 뿌리내린 [교육기업도시]이지, 정략적 타협의 산물인 [분할행정도시]가 아닙니다.

셋째, [수도분할 법] 통과는 3권 분립의 원칙 아래에서 정부의 독주와 독선을 감시·견제·비판하여야 할 국회의 본래 사명을 포기한 입법입니다. 특히 놀라운 것은 여당이 완전히 [거수기 정당]을 하였다는 사실입니다. 아무리 청와대와 총리실이 지시했다고 하여도 헌법기관으로서의 국회의원이 가져야 할 진지한 고뇌의 흔적도 없이 기본 책무조차 포기하고 말았습니다. 소위 이 땅의 민주화를 위해 몸을 던졌다는 세력들이 다수를 이루고 있는 여당의 수준이 이 정도입니까? 앞으로 이 [수도분할 법]이 끼칠 국민적·국가적 재앙에 대해 집권정당으로서 어떻게 책임질 것입니까?

더 답답한 것은 야당이 정부와 여당의 잘못을 견제·비판하지 못하고 무기력한 [들러리 정당]이 되었다는 사실입니다. 야당이 야당의 역할을 포기한 셈이 되었습니다. 모든 일에는 절충해야 할 것이 있고 원칙을 지켜야 할 것이 있으며 서로 협조해야 할 것이 있고 견제해야 할 것이 있습니다. 그러나 야당은 원칙을 지켜야 할 것을 절충했으며 견제해야 할 것을 협조하고 말았습니다. 소금이 소금의 맛을 잃으면 사람들이 버리듯이 야당이 그 맛을 잃으면 국민들이 던져 버린다는 엄중한 역사의 심판을 명심해야 합니다.

앞으로 여당은 2007년 대선에서 가능하면 많은 지역에서 몰표를 얻기 위하여 국가이익보다는 지역이익을 부추기는 여러 가지 인기영합적 [사탕발림 정책]을 내놓을 것입니다. 정부는 수도분할에 그치지 않고 정부 산하의 공공기관 190개를 지방에 나누어 주려고 합니다. 이미 [수도분할법]에 손들어준 야당은 무슨 명분으로 반대하겠습니까.

우리나라 전체 발전의 큰 그림보다는 당장 눈앞의 유권자만 의식하는 정부와 정당들이 지역이익을 우선시하는 지자체 간의 갈등을 어떻게 조정하고 설득하겠습니까? 엄청난 비효율과 낭비, 지역간의 사회적 갈등과 정치적 야합 앞에 [올바른 국가경영]은 무릎을 꿇는 일이 일어나고 말 것입니다.

21세기 국가발전의 지름길은 [자유와 세계경쟁]입니다. [평등과 국내분배]는 국가쇠락으로 가는 지름길입니다. 우리나라와 같은 작은 나라가 세계경쟁에서 이기고 [선진화]하려면 불가피하게 [특화와 집중]을 하여야 합니다. 무조건 지방으로 행정부를 이전하고 전 지역에 공공기관을 골고루 나누어 주면 [균형개발]이 되는 것이 아니라, 엄청난 비효율과 혼란을 가져오고 국가와 사회를 [하향 평준화]시킬 뿐입니다. 많은 나라들이 선진국의 문턱에서 주저앉은 것이 바로 이러한 [인기영합적·평등주의적] 국가정책 때문이었습니다. 결국 남은 것은 세계경쟁에서의 패배이며 제3류 국가로 전락한 국민들입니다. 만일 이러한 일이 우리에게 일어난다면 그 망국의 책임을 누가 질 것이며, 번영 대신 낙후를 물려줄 수 밖에 없다면 우리 후손에게 어떻게 고개를 들 것입니까?

저는 이번에 통과된 [수도분할 법]이 바로 [나라를 망치는 전주곡]인 것 같아 잠을 이룰 수 없었습니다. 국가의 운명보다는 대통령과 정부의 손짓만 쳐다보는 여당, 정부의 독선과 여당의 독주를 막지는 못할지언정 들러리까지 서 주는 야당, 그 어느 곳에서도 제가 국회의원으로서의 사명을 다할 수 있으리라는 희망을 발견할 수 없었습니다.

제1야당의 정책위의장으로서 국가적 재앙인 [수도분할 법]을 저지하도록 당내 지도부를 설득하지 못한 데 대해 책임을 지고 당직의 사의를 표하는 것만으론 부족하다고 생각했습니다. 이 잘못된 [수도분할 법]을 통과시킨 국회에 그 일원으로 자리를 차지하고 있다는 자체가 역사와 국민에 대한 도리가 아니라고 생각하게 됐습니다.

국민 여러분! 지금 우리나라에는 시대가 요구하는 [국민 통합의 개혁]이 아니라 국력을 소진시키는 [국민 분열의 개혁]이 너무 많습니다. 발전을 위한 [합리와 이성]의 개혁이 아니라 [감성과 오만]의 개혁이 너무 많습니다. 우리의 현대사를 [발전·계승]하려는 노력보다 대한민국의 역사를 [부정·청산]하는 움직임이 너무 많습니다.

국민을 사랑하고 역사를 소중히 하기 보다는 국민을 무시하고 역사를 모독하는 태도를 더 많이 보고 있습니다. 정부의 오만과 여당의 독주, 이에 원칙 없이 타협하는 야당의 무기력 앞에 저는 숱한 분노와 좌절감을 맛보았습니다. 이런 상황에서 나름대로 노력을 했지만 결국 돌아온 것은 [수도분할 법] 통과라는 최악의 결과뿐이었습니다.

이제 저는 여의도를 떠나고자 합니다.

저는 비록 국회를 떠나지만 국민 여러분들로부터 떠나지는 않겠습니다. 국회 밖에서 나라를 위해 할 수 있는 일이 무엇인지 열심히 찾아보고, 그 일을 성실히 하겠습니다. 국민들께서 그동안 저와 한나라당에 보내주신 사랑과 기대와 지지에 대하여 그 은혜의 [만분의 일]이라도 갚도록 노력하겠습니다. 국민이 부유해지고 나라가 편안해지는 일이라면 아무리 작은 일이라도 최선의 노력을 다하겠습니다.

국민 여러분 한 분 한 분의 건강과 가내 평안을 기원합니다.

한나라당 선배·동료 의원과
당원 동지들께 드리는 글[3]

존경하는 선배·동료의원, 당원 동지 여러분

저는 오늘 여러분 곁을 떠나고자 합니다. 저의 정치적 이념이나 신념이 여러분들의 이념이나 신념과 달라졌기 때문이 아닙니다. 다만 약속드린 대로 국회를 떠나기 위해서는 이 길 밖에 다른 길이 없기 때문입니다.

지난 2004년 저는 자유주의를 지키고, 국민 분열을 막고, 사회의 균형과 중심을 잡는 데 적은 힘이나마 기여하겠다는 단심(丹心) 하나로 한나라당에 입당했습니다. 대통령에 대한 탄핵 발의 직후 극에 달했던 우리 사회의 좌(左)편향 기류에 큰 위기감을 느꼈기 때문이었습니다. 대한민국에서 자유민주주의가 실패하는 것이 아닌가라는 심각한 우려 속에 입당을 결심했던 것입니다. 다행히 우리는 박근혜 대표님의 온몸을 던진 혼신의 노력에 힘입어 총선에서 선전하여 정치와 사회의 급격한 쏠림현상은 막을 수 있었습니다.

저는 그동안 미력하지만 우리 한나라당을 [이념정당] [비전정당] 그리

---

3) 약속한 대로 국회를 떠나기 위해서는 당을 떠나는 길 밖에 다른 길이 없음을 이야기하면서 2005년 3월 23일 한나라당 동지들에게 보낸 글임.

고 [정책정당]으로 만드는 일에 일조하고자 노력했습니다. 우리나라 정치가 [권력 투쟁형 정치]의 시대를 마감하고 [정책 경쟁형 정치]의 시대로 나아가야 하기 때문입니다. [나라의 선진화]를 위해 [이미지와 이벤트 중심의 정치]가 아니라 [비전과 정책 중심의 정치]가 새롭게 열려야 하기 때문입니다.

이에 따라 우리 한나라당은 당의 이념을 [공동체자유주의]로 정립하고, 당의 노선으로 [개혁적 보수노선]을 선명히 하였으며, 국가발전의 비전으로 [나라 선진화의 길]을 제시했습니다. 여의도연구소를 중심으로 [나라 선진화]를 위한 정치, 경제, 교육, 통일, 복지 등 각 분야별 비전과 전략을 창출하였습니다. 그 연장선 상에서 앞으로는 구체적인 프로그램들이 속속 입안될 것으로 기대합니다.

지난 1월 정책위원회를 맡고서는 국가정책을 선점하고 선도하는 한나라당을 만들기 위해 노력했습니다. [경제, 안보, 교육, 가족, 문화] 등 적어도 5개 분야에서는 한나라당이 확실하게 우월한 정책역량을 가지고 있음을 국민께 보여드리고자 했습니다. [성장 동력의 재가동과 일자리 극대화, 복합안보 강화와 동북아 구상(통일), 평생교육을 통한 인재대국 실현, 가족가치의 재창조, 민족문화와 세계문화의 융합]이란 5대 과제를 국가정책으로 구체화하는 것이 저의 최우선 목표였습니다. 그리하여 우리 한나라당이 국민께 [꿈과 희망을 드리는 정책정당]이 될 수 있음을 보여드리려 했습니다.

그러나 애석하게도 이러한 정책정당으로의 본격적인 자기변화가 시작되는 초기에 [수도분할법] 문제가 대두되었습니다. 저는 지금 이 순간까지도 왜 우리 당이 이 문제에 대하여 그렇게 서둘러 입장을 정했어야 했는지를 알지 못합니다. 여하튼 당 내부는 이 문제로 크게 요동을 쳤습니다.

[현실적 불가피(수용)론]과 [원칙적 불가(반대)론]으로 나뉘어 심각한 갈등을 겪었습니다. [불가피론]이나 [불가론]에 대하여는 이미 당사자들이 각자의 주장과 의견을 밝힌 바 있어 여기서는 재론하지 않겠습니다. 다만 이에 대한 저의 두 가지 견해만은 확실히 밝히고자 합니다.

첫째, 저는 기본적으로 [불가피론]을 주장하는 분이든 [불가론]을 주장하는 분이든 모두 나라를 걱정하고 당을 사랑하는 분들이라고 생각합니다. 다만 [애국·애당]하는 방식이 다를 뿐입니다. 누가 옳았는지는 국민과 역사가 판단할 것입니다. 따라서 저와 정책적 견해를 달리 하는 분들에게 개인적 감정은 전혀 없습니다. 오히려 [불가피론]을 주장하셨던 박근혜 대표님이나 김덕룡 전 원내대표님 그리고 행정수도후속대책특위 위원분들께 제가 의견을 같이 할 수 없었던 점을 미안하게 생각합니다. 저와 정책적 견해는 크게 달라도 그 분들이 당을 위하여 노력하시는 것을 가까이에서 잘 보았기 때문입니다. 특히 저는 그동안 박 대표님께서 고충이 많았던 점을 충분히 이해합니다.

둘째, 저도 당론으로 결정된 [불가피론]을 이해하고 수용하기 위해 나름대로 노력을 했다는 점을 말씀드리고 싶습니다. 그러나 아무리 생각해 보아도 도저히 그것을 받아드릴 수 없었습니다. 저의 지식과 경험 그리고 역사관에 비추어 볼 때 정치적, 정략적 이유로 시작된 수도분할과 190개 공공기관의 획일적 지방이전은 나라를 하향평준화 시키는 망국적 정책이라는 결론을 뒤집을 수가 없었습니다. 특히 저는 [자유주의 또는 시장주의 개혁]을 주장하는 우리 한나라당이 인기영합적인 [평등주의 또는 사회주의 개혁]을 지지할 수는 없다고 판단했습니다. 반쪽 수도이전과 190개 공공기관의 지방배분은 분명히 [평등주의 또는 사회주의 개혁]이고 그 결과는 [나라의 하향평준화]가 될 수밖에 없습니다. 이것은 21세기 세계경쟁의 시대에 역행하는 [국가쇠퇴의 정책]입니다.

결과적으로 국회는 정부의 독선을 막지 못했습니다. 야당은 여당의 독주를 막지 못했습니다. 저는 우리 한나라당이 올바른 당론을 세우는 데 기여하지 못했습니다. 저는 이에 대한 자괴감과 책임감으로 이제 국회와 당을 떠나려 합니다. 그러나 저는 한나라당을 사랑합니다. 한나라당의 영과 욕, 그리고 승리의 역사와 패배의 역사를 모두 사랑합니다. 한나라당의 앞날을 걱정하는 마음도 여전합니다. 그리고 한나라당의 발전과 도약을 기원하는 마음도 변함이 없습니다.

무엇보다 저는 한나라당의 앞길에 영광과 승리의 역사가 있기를 기원합니다. 왜냐하면, 저는 21세기 민족번영과 국가발전의 길은 한나라당이 지향하는 [나라 선진화]에 있고 나라 선진화를 성공시킬 수 있는 이념은 [공동체자유주의]라고 믿기 때문입니다. 그리고 국가적 과제이자 시대적 과제인 [나라 선진화]는 반드시 [건전보수 세력]과 [혁신중도 세력]을 함께 아울러야 달성될 수 있다고 믿기 때문입니다. [개혁보수]의 노선을 견지하면서 [범 중도우파 전국정당]으로 거듭날 때, 한나라당은 정치적으로 성공하고 나라의 선진화를 실현할 수 있다고 굳게 믿기 때문입니다. 아울러 저는 앞으로 한나라당의 혁신과 발전을 믿습니다. 당이 냉철한 자기성찰, 철저한 기득권의 포기, 그리고 과감한 혁신과 개혁을 통해 환골탈태할 수 있을 것으로 기대합니다.

한나라당은 외연의 확산을 위해 당을 [발전적으로 해체]하고 [재창당]할 수 있을 정도로 모든 기득권을 포기해야 할 것입니다. 당원 동지 여러분은 그러한 일을 해 낼 수 있으리라 믿습니다. 나아가 한나라당은 내포적 심화를 위해 당을 [지성 뿐 아니라 야성]을 가진 [전투적 자유주의자]들의 모임으로, [자유화 이념과 선진화 비전의 결사체]로, 그리고 [선진화

정책과 자유화 전략의 공동체]로 거듭날 수 있어야 할 것입니다. 당원 동지 여러분은 그 일도 해 낼 수 있으리라 믿습니다. 이 두 가지 일을 모두 해내야 우리 한나라당은 승리할 수 있을 것입니다. 비록 지금 당을 떠나지만, 저의 마음은 언제나 여러분과 함께 할 것입니다. 저는 새로운 분야에서 나라와 역사를 위하여 일할 수 있는 길을 찾으려 합니다. 그리고 그 새로운 일에 성실히 매진하겠습니다. 당의 발전을 위하여 밖에서 도울 수 있는 길이 있는지도 열심히 찾아보겠습니다.

그동안 박 대표님을 비롯한 선배 동료 의원 여러분들과 당원동지 여러분들이 저에게 베풀어 주신 사랑과 격려에 충심으로 감사드립니다. 특히 여러 의원님들께서 일일이 서명하시며 저의 떠남을 말려 주신 것, 눈물겹도록 고맙습니다. 한 분 한 분께 깊이 감사드립니다. 다만 제가 그 뜻을 따를 수 없어 엎드려 사죄드립니다. 앞으로 제가 어디서 무슨 일을 하더라도 어떤 형태로든 여러분들의 은혜에 조금이라도 보답할 수 있게 되기를 소망합니다.

동지 여러분!

더욱 발전하시고 반드시 승리하시길 기도하겠습니다.

국회의원직 사퇴 기자회견(2005. 3. 15 국회기자회견장)

나는 왜 국회의원직까지 사퇴하면서
수도분할을 반대했는가?[4]

　수도이전공약은 분명히 대통령 선거 전략의 하나로 시작되었습니다. 노무현 대통령 선거에서 특정지역의 몰표를 얻기 위하여 수도이전을 공약한 것입니다. 대통령 스스로도 이번 선거에서 수도이전 공약으로 "재미 좀 보았다"고 이야기하였습니다. 선거에서 한 지역의 몰표를 얻기 위하여 한 나라의 수도이전을 공약하는 나라가 이 세상에 어디 다른 곳에 있을 수 있습니까? 대단히 당혹스러운 일입니다. 우리나라가 언제부터 대통령 선거 때마다 수도를 이전 할지도 모르는 나라가 되어야 합니까? 대단히 부끄러운 일입니다. 거기에 야당도 반대하면 그 지역의 표를 잃을까 걱정하여 여당 공약에 손을 들어주는 결정을 하는 나라가 되었습니다.

　수도이전은 선거 전략으로 혹은 정치적 계산 만으로 결정할 사항이 아니라 보다 폭넓은 국민적 이해와 합의와 동의가 필요하다고 하여 헌법재판소에서는 위헌판결을 내렸습니다. 그랬더니 '부처의 2/3만 이전하면 수도이전이 아니지 않는가' 강변하면서 이제는 수도분할을 강행하고 있습

---

4) 2005년 하반기에 쓴 글로 보임.

니다.

그런데 수도권에 인구과밀화를 막기 위하여 수도이전을 해야 한다고 지난 2년 반 동안 국론을 분열시키던 정부가 수도분할 결정을 하고 나서 몇개월도 지나지 않아, 정반대 방향의 「8·31 부동산대책」을 발표하였습니다. 다시 수도권에 수개의 신도시를 개발하고 주택공급을 늘리겠다고 나서고 있습니다. 수도권 인구집중을 막기 위하여 25년간 45조원을 들여서 50만 명의 행정중심복합도시를 지방에 만들겠다고 하더니, 이제는 다시 수도권에 5년 이내에 120만 명이 거주할 수 있는 30만 가구를 추가로 공급하겠다는 정책을 발표하였습니다. 이것이 정상적인 국정운영입니까? 정부정책의 일관성과 종합성이 전혀 없습니다. 결국 수도이전도 선거전략을 위한 즉흥적 결정이었음을 스스로 증명한 셈입니다.

어떻게 이러한 일이 일어날 수 있습니까? 아무리 우리나라가 작은 나라라 하여도 대명천지 개명(開明)된 시대에서 어떻게 이러한 일이 일어날 수 있습니까? 이것이 문명국가입니까? 이것은 한마디로 우리나라 정치의 총체적 실패를 의미한다고 생각합니다. 우리나라의 정치가 더 이상 정치이기를 포기한 자포자기 선언입니다. 여당이 더 이상 국정운영을 맡을 능력도 의사도 책임감도 없다는 것을 보여주었습니다. 오로지 정략적 고려뿐이라는 사실을 여실히 보여주었습니다. 야당도 여당의 잘못을 견제해야 하는 야당의 길을 포기한 셈이 되었습니다. 한마디로 이번의 수도분할 결정은 우리정치의 파산(破産)선언이라고 생각합니다.

몇 달 전에 브라질을 방문한 적이 있습니다. 여행 가이드 하는 분이 묻지도 않았는데 브라질의 잘 나가던 경제가 선진국에 진입하지 못하고 가라앉은 가장 큰 이유는 무리한 수도이전 때문이라고 설명하였습니다. 그리고 '한국에서 오신 여행자들에게는 이 이야기를 하지 말라'고 하는 한국 대사관의 지침까지 있었다는 말도 하였습니다. 손으로 해를 가릴 수는 없습니다.

저는 국회에 있을 때 정부에서 저를 설득하기 위하여 온 사람들에게 "중부권의 균형개발을 위해서는 서울대 등 서울의 몇 개 명문대의 이전을 유도하는 방법을 강구해보자. 지금 예상하는 수도 이전 경비 45조의 1/10만 지원하여도 수 개의 대학이 기꺼이 옮겨가려 할 것이다. 그래서 동북아 최대의 대학타운을 건설하고 일본과 중국 그리고 동남아에서 유학생들이 몰려 올 정도로 최고의 교육연구 단지를 만들어 보자"고 호소한 적이 있습니다. 그래야 진정한 지역개발의 효과도 생긴다고 하였습니다. 수도분할 가지고는 지역개발 효과도 없고 국가운영의 비효율과 불공평만 커져 결국 나라 경쟁력만 크게 해치는 결과가 될 것이라고 간곡히 호소하였습니다.

대학은 반드시 수도에 있을 필요가 없지만 정부부처는 나누어 놓아서는 국정운영이 안 됩니다. 분명히 말씀드리지만 수도분할은 수도이전보다 더 나쁜 정책입니다. 제가 30년간 나라발전의 문제를 연구하였지만 수도분할 이전이나 176개의 공공단체의 지방강제 이전을 통하여 수도의 인구집중을 막고 국가균형발전을 도모하는 나라는 이 세상에 없습니다. 아니 그렇게 하여 성공한 나라는 더더욱 없습니다.

물론 중요대학의 이전 만이 수도인구분산과 국가균형발전을 위한 대안이 된다고 주장하는 것은 아닙니다. 제가 이야기하고자 하는 것은 수도권 인구 분산과 국가균형발전을 위한 올바른 정책은 얼마든지 있다는 사실입니다. 예컨대 동북아(東北亞)시대에 걸맞게 국토의 종합 공간계획을 수립하고 지방자치단체에 예산과 규제권(規制權)을 이양하는 일부터 시작할 수 있습니다. 그리고 지방별로 지역특화와 자립전략을 세워 추진하도록 하고 부족한 부분을 중앙에서 지원할 수도 있을 것입니다. 한마디로 답은 수도분할이 아니라 지방분권입니다.

저는 이번 수도분할 결정으로 우리나라의 정치는 더 이상 정치이기를 스스로 포기했다고 생각합니다. 도대체 정치란 무엇입니까? 정치란 한 시대 나라 공동체(共同體)가 발전하기 위하여 풀어야 할 당면과제들을 집합적으로 해결하는 노력입니다. 그런데 이 시대 많은 국민들이 가장 불안해 하고 고통을 받고 있는 문제들, 예컨대 실직(失職)과 불경기 등 국민들의 경제적 고통, 사교육비와 교실붕괴 등 교육적 고통의 문제에 대하여 우리의 정치는 과연 무엇을 하여 왔고 무엇을 하고 있습니까? 우리의 미래가 달려있는 나라 선진화의 과제에 대하여 우리의 정치는 무슨 준비를 하고 있습니까? 21세기 선진국의 높은 기술 장벽과 후진국의 빠른 추격 사이에서 우리는 앞으로 무엇을 해서 먹고 살 것인가? 하는 문제에 대하여 우리 정치권은 무슨 답을 주고 있습니까?

이 모든 문제에 대하여 우리 정치는 속수무책으로 무력, 무능, 무책임함을 보이고 있습니다. 그러면서 나라를 국흥(國興)이 아니라 국망(國亡)으로 이끌어 가는 수도분할이라는 비(非)이성적·반(反)애국적 결정을 우리 정치는 거뜬히 해치우고 있습니다. 오직 선거에서의 득표 전략에 유리할지 모른다는 계산 하나 만으로 말입니다. 그러한 결정을 내리신 분들이 얼굴을 들고 지금도 거리를 활보하고 있습니다. 그리고 시도 때도 없이 국민들의 민생과는 아무관계 없는 연정(聯政), 선거법, 개헌논쟁 만을 하고 있습니다. 이것은 무엇을 의미합니까?

정치가 더 이상 정상(正常)의 정치이기를 포기했다는 사실입니다. 국민의 고통을 해결하고 시대의 과제를 풀어주는 것이 정치가 아니고, 국리(國利)와 민복(民福)을 위한 것이 정치가 아니라, 정치의 목적이 권력 그 자체가 되었다는 것입니다. 정치의 자기목적화(自己目的化)입니다. 즉 정치에서 이제는 권력이 목적이 되고 국민은 수단이 되어 가고 있습니다. 국민은 권력의 주체(主體)가 아니라 객체(客體)가 되어 가고 있고 여론조작의 대상이 되어가고 있습니다. 이제 정치는 더이상 국민의 정치, 국민을 위한 정치가 아니라 정치인 저희들만의 잔치가 되어 가고 있고 국민들은 구경꾼이 되고 있습니다. 한마디로 정치실종(政治失踪), 국민주권실종(國民主權失踪)의 시대입니다.

정치가 정상의 정치이기를 포기하고도 어떻게 유지될 수 있는가? 어떻게 수도분할이라는 비(非)이성적 반(反)애국적 결정을 할 수 있고, 또한 그러한 결정을 하고도 우리의 정치는 아무 일 없었다는 듯이 유지될 수 있는가? 그것도 권위주의를 깨고 민주화에 성공하였다는 이 시대에서 말입니다. 아니 소위 민주화세력이 정권을 잡고 있다는 이 시대에서 말입니다.

저는 지난 수개월간 어떻게 우리의 정치권이 수도분할이라는 비(非)이성적·반(反)애국적 결정을 그렇게 쉽게 내릴 수 있었는가? 하는 문제를 깊이 생각해 보았습니다. 나라의 미래가 걱정이 되었기 때문입니다. 그리고 그 고민 속에서 저는 우리 정치의 현주소를 볼 수 있었습니다. 우리의 정치가 얼마나 허구(虛構)이고 거짓이며 얼마나 취약하고 사상누각(砂上樓閣)인가를 알 수 있었습니다.

우리나라 정치는 지금 두 가지 큰 중병(重病)을 앓고 있습니다. 첫째의 문제는 우리나라 정당은 [비전과 정책 중심의 정책정당]이 아니라 [지역과 개인중심의 이익정당]이라는 사실입니다. 결국 우리나라에는 아직 근대적 정당이 없다는 사실입니다. 둘째의 문제는 우리나라의 정치는 지금 민주화(民主化)로 가는 것이 아니라 유사(類似)민주화 즉 포퓰리즘(대중영합주의 내지 대중조작주의)으로 가고 있다는 사실입니다. 요컨대 우리의 정치가 오늘날 근대적 정책정당도 없이 유사민주화로 가고 있기 때문에 우리나라에서는 수도분할과 176개의 공공기관의 강제지방이전이라는 비(非)이성적·반(反)역사적·반(反)애국적인 정치적 결정을 얼마든지 할 수 있는 것입니다.

첫째, 우리정치에는 [이념과 정책중심의 근대적 정책정당]이 없고 [지역과 개인중심의 전근대적 이익정당]이 지배적입니다. 정치적 이념이나 국가비전을 함께 하기 때문에 모인 공적인 정당이 아니고 대통령을 만들기 위하여, 혹은 만든 다음 그 개인의 권력유지를 위한 지극히 사적인 이익(利益)정당입니다. 따라서 대통령 선거에 실패하거나 대통령 임기가 끝나면 많은 정당이 다시 이합집산을 하게 됩니다. 따라서 엄밀히 이야기하면 근대적 정당이 아니라 [전(前)근대적 붕당(朋黨)]만이 있습니다. 따라서 정당조직도 지극히 사사로운 사적성격을 가집니다.

이렇게 [이념부재 정책부재의 붕당(朋黨)]이 오늘날 우리의 정당이기 때문에 수도분할이라는 국익에 반하는 비이성적 결정을 쉽게 내릴 수 있게 되었던 것입니다. 오직 대통령의 권력유지나 차기후보의 권력쟁취에 유리하다면, 환언하면 득표(得票)전략에 유리하다면 나라야 어떻게 되든 관심이 없는 것이 현재의 정당지배구조입니다. 물론 이러한 붕당(朋黨)구조 사당(私黨)구조 속에서 골병드는 것은 국민들입니다. 또한 우리나라 정당구조는 기본적으로 [지역(地域)정당]입니다. 결코 [전국(全國)정당]이 아닙니다. 지역의 이해관계나 연고를 중심으로 조직된 지역정당이기 때문에 특정지역이라는 [부분(部分)이익]에는 열심이지만 나라전체라는 [국가(國家)이익]은 경시(輕視)하는 경향이 생깁니다. 따라서 정권획득도 국가전체에 이익이 되는 국가발전정책과 비전을 내세워 경쟁하기 보다는, 지역이익에 영합하고 지역정서를 자극하면서, 지역야합을 통하여 정권을 획득하려 합니다. 그 지역의 주민들을 정치인들의 볼모로 삼아서 말입니다. 이번의 수도이전의 공약도 바로 이러한 지역야합의 과정에서 나온 정략입니다. 이러한 지역야합이 가능한 이유도 실은 우리의 정당이 정치적 이상과 정책을 같이하는 공적(公的)인 정책정당이 아니기 때문에 가능합니다.

[비전정치의 부재] [정책정당의 부재]가 바로 지역주의와 지역야합의 온상이 되고 있습니다. 지역주의는 선거법으로 고쳐지지 않습니다. 지역구조의 극복은 현재의 정당지배구조를 [이익정당]에서 [정책정당]으로 바꾸어야 가능 합니다. 그런데 무(無)비전과 무(無)정책의 정당구조가 지역주의와 결합하면 결국 권력추구자체가 정치의 목적이 됩니다. 그리고 지역야합을 통하여 권력을 획득하면 그때부터 권력의 사물화(私物化)현상이 일어납니다. 그러니 득표를 위하여서는 비록 국익에 해(害)가 되도 수단방법을 안 가리게 되고, 이러한 상황 속에서 우리정치가 수도분할이라는 비이성적 정책을 만들어 낼 수 있었던 것입니다.

둘째, 오늘날 우리나라 정치가 앓고 있는 병은 포퓰리즘(populism)입니다. 우리나라 정치는 오늘날 민주화로 가고 있는 것이 아니라 유사(類似)민주화 즉 포퓰리즘(대중영합주의 내지 대중조작주의)으로 가고 있습니다. 이것이 수도분할이란 비이성적이고 반애국적인 정책이 우리나라에서 가능하게 된 두 번째 이유입니다. 포퓰리즘이란 대중적 정서(情緒)를 중시하는 정치행태입니다. 대중적 이성과 지성을 존중하는 것이 아니라 대중적 정서와 감정을 중시합니다. 그런데 이 포퓰리즘에는 두 가지가 있습니다. 하나는 기존의 대중정서에 영합하는 소극적 포퓰리즘이고 다른 하나는 새로운 대중적 정서와 감정을 창출하고 조작하는 적극적 포퓰리즘입니다.

　이번의 수도분할추진에서 여당은 대중정서에 영합하는 소극적 포퓰리즘의 단계를 넘어서고 있습니다. 적극적으로 대중정서와 감정을 만들고 조작하여 자신들의 정치적 기반확대에 유리하게 이끌어 가려는 적극적 공격적 포퓰리즘의 양상을 보여주고 있습니다. 즉 여당은 선거가 끝난 후에는 특정지역의 득표를 위해 수도이전을 공약한 것이 아니라 국토의 균형발전을 위해 수도를 이전하는 것이라고 하루아침에 입장을 180도 바꾸었습니다. 그리고 서울과 지방으로 국민을 양분(兩分)하여 이들 간의 정서적 대립과 갈등을 조장하기 시작하였습니다. 수도이전을 반대하는 것은 서울에 사는 사람들이 자신들의 기득권을 지키기 위한 주장이라고 선전하고 선동하기 시작하였습니다. 그리하여 자신들의 정치적 지지를 확대하고 조직화하기 시작하였습니다. 가장 전형적인 포퓰리즘의 방식입니다.

　적극적 포퓰리즘은 항상 세상을 선(善)과 악(惡)으로 나누고, 가진 자와 못가진 자로 나누고, 기득권층과 비(非)기득권 층으로 나누어 대립시키고 갈등시킵니다. 소위 [편 가르기]가 그것입니다. 그리고 정치적 상대(相對)를 기득권층, 가진 자 등으로 부르며 사회적 악을 대변하는 측으로 몰아 붙입니다. 대중들의 이성적(理性的) 판단이 아니라 감정적(感情的) 정서에 호소합니다. 그리하여 대중들을 사고정지(思考停止)의 상태로 몰아가면서, 대중들의 감성을 자극하고 선동합니다. 이 과정에서 당연히 정책전문가들은 배제됩니다. 정책전문가들을, 외국에서 공부하였으니 기득권세력이라고까지 몰아 붙입니다. 그리고 아마추어들이 나서기 시작합니다. 그리고 그 결과는 편가르기 및 선동(煽動)정치의 만연, 아마추어리즘의 천국, 유사(類似)민주주의의 승리, 자유(自由)민주주의의 실패입니다.

또한 포퓰리즘은 국정과제를 가능한 단순화(單純化)하고 구호화(口號化)합니다. 국토의 균형개발이라는 문제는 대단히 중요한 국정과제입니다. 그런데 이 문제를 극도로 단순화하여 수도가 이전되어야 균형개발이 가능하다고 강변하고 이것을 막는 것은 서울에 사는 기득권층이라고 국민들을 분열시킵니다. 최근의 부동산대책도 마찬가지입니다. 부동산가격 안정은 대단히 중요한 정책과제입니다. 그리고 여러 정책수단을 종합적 복합적으로 사용하여야 성공할 수 있습니다. 그런데 부동산가격이 안 잡히는 것은 서울에 사는 사람 특히 강남(江南)에 사는 사람들이 저항하기 때문이라고 주장합니다. 자신들의 정책의 무능을 특정지역에 사는 사람들의 문제로 단순화하여 공격합니다. 심지어는 우리나라의 교육문제가 안 풀리는 이유가 서울대학교 때문이라고 공격합니다. 이것이 정상적인 국가운영입니까? 전형적인 [국민분열주의자]들의 공격적 포퓰리즘이고 유사(類似)민주주의입니다.

포퓰리즘이 성하면 특정 정파의 [부분이익]이 국가의 장래라는 [전체이익]을 볼모로 만듭니다. 특정 정파의 단기이익이 장기적 국가발전을 해치게 됩니다. 물론 여당의 이러한 횡포를 막아야 하는 것이 야당의 역할입니다. 그런데 불행하게도 우리나라 야당자체도 아직 [정책정당]으로서의 자기정체성(自己正體性)을 확실히 가지지 못하고 과거 정당의 체질이 아직 많이 남아있습니다. 그래서 이들도 특정지역의 득표에서 불리하지 않을까하는 소극적 포퓰리즘에 빠져 자신들의 본연의 역할을 방기한 셈이 되었습니다.

이상과 같이 (1) 우리나라에 [비전정당] [정책정당] [전국정당]으로서의 근대적 정당이 없다는 사실과 (2) 우리나라의 민주화가 지금 유사(類似)민주화 즉 포퓰리즘의 늪에 빠져 있다는 사실, 이 두 가지가 어떻게 작동하여 우리나라에서 수도분할이라는 엄청난 망국적 결정을 할 수 있게 되었는가에 대한 답(答)이 된다고 생각합니다. 이 문제를 올바로 풀지 못하면 우리정치는 앞으로 더욱 많은 [정치실패(政治失敗)]를 양산할 것입니다. 수도분할 이상 가는 크게 잘못된 결정도 얼마든지 해 낼 수 있게 될 것입니다. 국내정책에서 뿐 아니라 통일·외교·안보정책에서도 더 크게 잘못된 결정을 할 수 있을 것입니다. 요즈음 저는 사실 그것을 더 걱정합니다.

그러면 어떻게 하여야 합니까? 첫째, 우리 정당의 지배구조를 [이익정당]에서 [정책정당]으로 바꾸어야 합니다. 우리의 정당을 권력투쟁형의 [이익정당 구조]에서 비전과 정책경쟁형의 [세계관(世界觀)정당구조]로 바꾸어야 합니다. [지역정당]의 질곡을 넘어서 [비전정당] [전국정당]이 나와야 합니다. 그리고 개인(個人)정당(대통령이나 대통령 후보가 주인인 정당)이 아니라 시민(市民)정당(시민당원이 주인인 정당)이 나와야 합니다. 우리의 정당구조가 개인중심의 이익정당 구조로 남아 있는 한, 우리의 정치는 국민의 경제고통과 교육고통은 외면한 채 정치인 자신들의 잔치를 계속할 수가 있습니다. 오늘날 우리사회에서 연장(聯政)이나 개헌(改憲)이라는 용어가 난무하는 것도 바로 우리의 정당이 [국민무시(國民無視)의 정치]가 가능한 [지역과 개인중심의 이익정당구조]이기 때문입니다. 따라서 이를 반드시 [비전과 정책에 기반을 둔 시민정당구조]로 바꾸어 나가야 합니다.

과연 지금 여당과 야당이 이러한 변화를 해낼 수 있겠습니까? 반드시 해내야 한다고 생각합니다. 현재의 여당과 야당 속에도 이러한 문제의식을 가진 정치 지도자들이 많다고 생각합니다. 그들이 보다 적극적·조직적으로 자기 목소리를 내기 시작하여야 합니다. 그리고 나라의 미래를 생각하는 [정치적 자유민주화세력] [경제적 선진화세력]들도 나서야 합니다. 그래서 현재의 이익정당구조를 정책정당구조로 바꾸어 나가야 합니다.

둘째, 유사민주화인 포퓰리즘의 진행을 막고 자유민주주의의 승리로 나가도록 하여야 합니다. 현재 진행되는 포퓰리즘을 이대로 두면 우리나라의 민주화는 반드시 실패하게 됩니다. 정치적 민주화뿐 아니라 경제적으로 선진국에 진입하는 것도 불가능하게 됩니다. 많은 신생 민주화 국가들이 자유민주주의의 정착에 실패하는 가장 큰 이유가 권위주의를 극복하고 난 후 포퓰리즘의 등장을 막지 못하였기 때문입니다. 마찬가지로, 많은 경제적 후진국(後進國)이 중진국(中進國)까지는 발전한 후에 선진국(先進國)에 진입하지 못하는 가장 큰 이유가 바로 포퓰리즘의 등장을 막지 못하였기 때문입니다. 포퓰리즘이 진행되면 국가정책과제는 하나도 제대로 풀리지 않으면서 국민은 심각히 분열하고 대립하게 됩니다. 그 결과로 사회적 혼란, 경제적 침체, 정치적 갈등은 격화되고, 최종적으로는 정치적 경제적 무질서(無秩序) 내지 무정부(無政府)상태에 빠지게 됩니다. 자유민주주의의 정착도 경제의 선진화도 모두 실패하게 됩니다. 결국 다시 극좌(極左) 내지 극우(極右)의 권위주의 정부가 등장하여 질서를 잡아야 하는 악순환을 겪게 됩니다. 우리는 이러한 민주화의 실패, 선진화의 실패가 이 땅에서 일어나지 않도록 반드시 막아야 합니다. 그러려면 유사민주화 즉 포퓰리즘의 번창을 막아야 합니다. 이를 위해서는 시민적(市民的) 자각과 성찰이 선행(先行)하여야 합니다. 우리 모두가 오늘의 정치가 포퓰리즘인 것을 인식하는 것이 그리고 이 길은 민주주의 실패의 길임을 아는 것이 우선 중요합니다. 그리고 이를 알리는 [국민계몽운동(國民啓蒙運動)]을 벌여야 합니다. 이제 진정으로 밑으로부터의 [자유민주화 운동]이 일어나야 합니다. 밑으로부터 올바른 [선진화 운동]이 일어나야 합니다. 우리는 권력을 잡은 직업적인 운동권이 포퓰리스트적인 선동가로 변화하는 것을 보았습니다. 이제는 성찰적 국민, 깨어있는 국민, 민주시민의식을 가진 국민만이 민주화를 지켜 내는 굳건한 토대임을 알게 되었습니다. 이제는 국민적 각성과 성찰만이 선동정치의 유혹, 포퓰리즘의 유혹을 벗어날 수 있는 길임을 우리 모두가 행동으로 보여 주어야 합니다.

결론적으로, 앞으로는 특정 지역이나 정파의 부분이익이 아니라 국민과 국가의 전체이익을 대변하는 [정당정책(政黨政策)]이 나와야 합니다. 대중적 감성과 단기적 정파적 이익이 아니라 국민적 이성과 장기적 국가 비전을 존중하는 [세계관(世界觀)정당]이 나와야 합니다. 이와 동시에 [밑으로부터의 국민운동(國民運動)]이 일어나야 합니다. 포퓰리즘은 국가를 망치고 민주주의를 실패시키고 우리 경제의 선진화를 가로 막는 가장 큰 장애라는 문제의식에 대한 국민적 자각과 반성이 일어나야 합니다. 이러한 변화와 자각이 일어나야 수도분할과 공공기관의 강제이전이라는 망국적 포퓰리즘적 정책은 광정(匡正)될 수 있을 것입니다. 그리고 또한 앞으로는 이러한 비(非)이성적·반(反)역사적·반(反)애국적 정책발상은 다시는 우리나라에서 반복되지 않게 될 것입니다. 그리하여 다시는 뜻있는 국민들을 외국 사람들 앞에서, 우리의 선조와 후손들 앞에서, 얼굴을 들 수 없을 정도로, 부끄럽고 자괴(自塊)스럽게 만드는 일은 이 땅에서 영원히 없어져야 할 것입니다.

광역분권 국가운영 관련
한·일 공동 기획 세미나 개회사[5]

　존경하는 에구치 가츠히코 일본 PHP종합연구소 대표이사님, 미야와키 아츠시 교수님을 비롯한 일본 전문가 대표 여러분, 그리고 존경하는 최인기 통합민주당 정책위 의장님, 오랜 동안 지방분권과 자치에 깊은 관심을 가지고 계신 허태열 한나라당 의원님, 그리고 대한민국의 지방분권과 지방자치에 큰 책임을 맡고 계신 원세훈 행정안전부 장관님과 김문수 경기도지사님, 그리고 내외 귀빈여러분. "21세기 광역분권형 국가운영의 전략개발"을 모색하기 위한 뜻 깊은 오늘의 한·일 공동 기획 세미나에 함께 하여 주셔서 진심으로 감사드립니다.

　이번 세미나는 대한민국 새 정부의 출범과 함께 앞으로 지방분권과 자치가 크게 확대되고 강력히 추진되리라 기대되는 시점에 열리게 되어 더욱 뜻깊고 시의적절한 행사라고 생각됩니다. 일본의 지방분권 개혁사례를 통해 한국과 일본의 핵심전문가들이 21세기 바람직한 지방분권의 방

---

5) 2008년 5월 6일 한반도선진화재단이 일본 PHP종합연구소 및 조선일보와 공동으로 "21세기 광역분권형 국가운영: 지방행정단위 개편과 중앙-지방정부 역할의 재조명"을 주제로 개최한 세미나에서의 개회사임.

향과 전략을 공유할 수 있게 되면, 앞으로 대한민국의 지방분권과 자치가 획기적으로 발전하는 데 크게 기여할 수 있으리라 확신합니다.

내외 귀빈 여러분!

오늘날 세계 각국은 글로벌 경쟁력 강화를 위해 지방행정구조를 광역경제권으로 개편하려는 혁신적 발상의 전환을 경쟁적으로 시도하고 있습니다. 국가 간 경쟁체제가 아니라 지역 간 경쟁체제로 국가 경쟁의 패러다임을 전환하면서 많은 나라들이 지방분권과 자치의 강화와 더불어 지방행정체계의 광역화를 지향하고 있습니다.

2005년 현재 일인당 국민소득이 3만 불이 넘는 선진국이 20개국이 됩니다. 이들 중 11나라가 인구규모가 500만에서 1,500만명 정도의 작은 나라들입니다. 소위 강소국입니다. 나머지 9개국은 대부분 연방제를 하거나 사실상 연방제와 가까운 분권형 국가경영을 하고 있습니다. 일본도 이제 경제적 연방제라고도 불리울 수 있는 도주제를 도입하기로 결정하고 추진 중인 것으로 알고 있습니다. 이제 인구규모가 500만 내지 1,500만명 정도의 적정규모가 아니면 세계화가 요구하는 자기변화와 개혁을 순발력을 가지고 역동적으로 해낼 수 없습니다. 또한 지방자치를 강화하여 현장성을 높이지 않으면 발전전략의 실효성을 높일 수 없습니다. 그래서 인구규모가 큰 중앙집권적 국가에서는 지방분권과 자치를 강화하여 나라를 사실상 수개의 강소국으로 나누는 경제적 연방제를 도입하는 것이 21세기 세계화시대 국정운영의 바람직한 방향이 되고 있습니다.

이러한 시대적 변화를 배경으로 한반도선진화재단은 일본 PHP종합연구소 및 조선일보와 공동으로 한국과 일본의 핵심전문가들을 한자리에 모시고 "21세기 광역분권형 국가운영의 전략개발"을 모색하기 위한 세미나를 오늘 개최하게 되었습니다.

  본 세미나에서 일본의 지방분권과 자치행정체계의 문제는 무엇이었으며, 어떠한 개혁이 논의되어 왔고, 이러한 일본의 분권과 자치 그리고 행정체계 개편이 우리나라에 주는 시사점과 교훈은 무엇인지 살펴볼 것입니다. 이번 세미나를 통해 세계화 · 정보화 시대의 급변하는 국내외 환경 속에서 한국에서의 지방분권의 실질적 정착과 지방정부의 역할이 재조명될 것입니다. 특히 광역분권형 국가운영체계를 바탕으로 하는 지방행정단위의 개편 방향과 새로운 중앙과 지방정부 사이 바람직한 역할분담에 대한 비전과 전략이 도출되리라 기대하고 있습니다.

  내외 귀빈 여러분!

  여러 모로 바쁘신 중에 이번 한 · 일 공동 기획 세미나에 참석하여 이 자리를 빛나게 하여 주신 것에 대하여 다시 한번 감사드립니다.

  끝으로 이 세미나의 성공적 진행을 위해 많은 도움과 관심을 보여 주신 행정안전부, 서울특별시, 경기도, 경기개발연구원, 대구경북연구원, 전남발전연구원, 충남발전연구원, 그리고 조선일보와 한국경제연구원 및 한나라당과 통합민주당의 정책위원회에 다시 한번 감사의 말씀을 올립니다. 대단히 고맙습니다.

part
3

위공(爲公)의 정책집단

한반도선진화재단

대한민국 어디로 가야 하나?[1]

21세기 국가목표: 선진화

우리는 지난 반세기 동안 해방 직후에는 [건국], 1960~1970년대에는 [산업화], 그리고 1980~1990년대에는 [민주화]라는 시대적 국가과제들을 모두 성공적으로 달성하면서 숨 가쁘게 달려 왔습니다. 우여곡절도 많았으나 크게 보아 빛나는 "승리의 역사"였습니다. 그리하여 이제 명실상부한 정치적 경제적 중진국에 도달하였습니다. 그러면 21세기에 들어선 우리나라의 시대적 국가과제는 무엇이 되어야 합니까? 한마디로 건국 – 산업화 – 민주화 다음의 국가과제는 [선진화]가 되어야 한다고 생각합니다. 모든 분야에서 우리나라가 명실상부한 선진국이 되는 것, 세계의 일류국가가 되는 것입니다.

그러면 선진국이란 어떠한 나라입니까? 우선 경제적으로는 일인당 국민소득수준이 3만 달러 이상은 되어야 합니다. 이를 달성하기 위하여서는 세계문명표준인 글로벌 스탠더드(global standards)를 우리 문화에 맞게

---

1) 2006년 6월 2일 도산아카데미 창립 17주년 기념세미나 발표논문임.

도입하는 [세계화 개혁]을 성공시켜 내야 합니다. 그리고 특히 정치 경제 사회 문화 모든 분야에서 민간의 창의와 자유를 확대하는 민영화, 탈규제 등의 [자유화 개혁]을 이루어 내야 우리는 경제적 선진국에 진입할 수 있습니다.

정치적으로는 명실공히 [자유민주주의]를 정착시키는 것이 선진화입니다. 인치(人治)가 아니라 법치(法治)가 서야 합니다. 권력의 횡포도 막아야 하고 격앙된 여론의 폭력도 막아야 합니다. 소수의 기본권을 보호하기 위하여 다수의 폭력도 견제하여야 합니다. 국민참여는 확대되어야 하나 반드시 국민성찰이 함께 가야 하고, 지도자는 원칙과 가치를 지키고, 대중영합의 포퓰리즘의 유혹을 벗어나야 선진 정치입니다. 민주화에는 성공하였으나 자유화에는 실패하는 나라들이 의외로 많습니다. 자유화까지 성공하려면 특히 [포퓰리즘과 선동정치], [분열과 증오의 정치], [이미지와 이벤트 정치], 그리고 [반(反)법치주의와 반(反)입헌주의] 등을 경계하여야 합니다.

다음으로 사회적 선진국이 되기 위하여서는 무엇보다 먼저 가족가치가 복원되어야 합니다. 그리고 학교공동체가 진정한 [도덕과 학습공동체]로 재창조되어야 합니다. 나아가 이웃 사이에 여러 종류의 [따뜻한 공동체], [품격있는 공동체]를 많이 만들어 나가야 합니다. 가족과 학교의 가치를 복원하고 이웃의 어려움을 함께 나누고 서로 돕는 [공동체 운동]의 확산없이 우리는 선진국에 진입할 수 없습니다.

문화적으로는 일상의 삶 자체가 문화가 되고 예술이 되어야 선진국입니다. 모든 국민들이 국내외의 고급문화와 고급예술을 골고루 향유할 수 있어야 합니다. 우리 고유의 예술과 문화를 올바로 발전시키고 이웃나라의 문화와 융합시켜 [아시아의 보편문화]를 만들고 더 나아가 [세계의 보편문화]를 만드는 데 기여하여야 합니다.

국제적으로는 선진국이란 이웃나라의 신뢰와 존경을 받는 나라가 되는 것입니다. 세계와 인류의 보편적 발전에 기여하는 [모범국가]가 되는 것입니다. 그래서 [부유한 국민이 사는 덕 있는 나라], 즉 부민덕국(富民德國)을 만드는 것이 선진화입니다.

요약하면 선진화란 한마디로 우리 대한민국을 21세기 이 지구촌에 [우뚝 선 일류국가], [일류 선진국]으로 만드는 일입니다. 우리 민족이 수천 년 꿈꾸어 오던 그러한 [아름다운 나라], [자랑스러운 나라]를 만드는 것입니다.

그런데 이러한 자랑스런 선진국이 되는 일은 결코 쉬운 일이 아닙니다. 지난 100년간 선진국 진입에 성공한 나라는 [일본] 밖에 없습니다. 많은 나라들이 선진국 진입을 앞에 두고 주저 않았습니다. 아르헨티나, 브라질, 체코 등 많은 나라들이 중진국에서 선진국 진입에 실패하고 후진국으로 추락하여 버렸습니다. 일본 같은 성공국가는 국가 지도층이 국가목표를 선진국 진입에 두고 국가전략을 바로 세우고, 국민모두와 혼연일체가 되어 단호하게 밀고 나갔습니다. 그러나 실패국가의 경우는 대부분 지도층은 대중인기영합의 포퓰리즘에 빠져 국가전략을 바르게 세우고 일관성 있게 추진하지 못했고, 국민들은 각종 이익집단으로 분열 갈등하여 국력이 하나로 모아지지 아니했습니다. 결국 국가목표를 선진화에 두고 선진화 전략을 바로 세우고 국민 모두가 한마음 한뜻으로 단결하여 단호하게 밀고 나갔는지 여부에 바로 그 차이가 있었습니다.

3대 선진화 개혁

우리나라가 앞으로 선진화에 성공하려면 3가지 개혁에 성공하여야 합니다.

첫째는 [세계화 개혁]입니다. 세계화 개혁은 두 가지 주요 내용을 가지고 있습니다. 하나는 세계문명표준(global standards)을 우리나라에 도입하는 것이고 다른 하나는 세계를 향한 우리의 세계전략을 수립하는 것입니다. 종합적이고 체계적인 [세계경영전략](외교 통상 문화 등)을 세우는 것입니다. 우선 세계문명표준을 우리의 문화와 의식에 맞게 도입하여 이 땅에 정착시켜야 합니다. 소위 정치 · 행정 · 경제 · 기업 · 교육 · 언론 · 사회 · 문화 · 예술 등 모든 분야에서 글로벌 스탠더드를 가능한 빠르게 배워 우리 것으로 제도화 관행화하여야 합니다. 세계문명표준을 자기 것으로 만들어야 합니다. 그리고 더 나아가서는 우리가 세계문명표준을 만드는데 기여할 수 있어야 합니다. 우리의 제도적 문화적 장점을 보편화하여 우선 [아시아문명표준]을 만드는데 기여하고 나아가 [세계문명표준]을 만드는데 기여하여야 합니다.

세계화 개혁의 또 다른 한 분야는 국가차원의 [세계경영전략]을 세워 나가는 것입니다. 최근 수백 년 간 우리나라는 독자적인 세계전략을 수립하고 추진하지 못하였습니다. 이제는 독자적인 세계전략을 수립하지 않을 수 없는 시대에 들어가고 있습니다. 이제는 우리가 정치 · 외교 · 군사 · 통상 · 교육 · 문화 · 예술 등의 분야에서 어떠한 [세계경영 청사진]을 가지고 나가야 하는가를 세워야 합니다. 그리고 그것을 일관성 있게 추진할 제도적 장치도 만들어야 합니다.

둘째는 [자유화 개혁]입니다. 지난 300여년 간 인류의 눈부신 발전 – 정치적·경제적·사회·문화적 발전 – 을 가져온 가장 큰 동인은 [자유주의의 확산]이었습니다. 개인의 존엄과 창의와 자유의 확대와 더불어 인류는 발전하여 왔습니다. 21세기 미래의 국가발전도 국민 개개인의 삶의 질의 향상도 바로 이 [자유의 확산과 심화]에서 시작될 것입니다. 따라서 우리나라 정치 경제 사회 문화 등 모든 분야의 자유화를 추진하여야 합니다. 개인의 창의를 촉진하고 개인의 자유로운 판단과 선택의 폭을 확대하는 노력이 모든 시스템 개혁의 기본방향이 되어야 하고 기본철학이 되어야 할 것입니다.

선진화를 위한 이 자유화 개혁이 가장 먼저 일어나야 할 분야가 우리나라의 교육입니다. 선진화에 성공하기 위해서는 세계적으로 경쟁력 있는 인재를 양성해야 하고, 이를 위해선 교육현장에서 끊임없는 창의와 혁신이 일어나야 합니다. 그런데 우리나라에서는 관치(官治)교육과 학교의 폐쇄적·경직적 지배구조(school governance)가 이러한 교육현장에서의 창의와 혁신을 막고 있습니다. 이를 타파하지 않고는 교육의 선진화도 나라의 선진화도 불가능합니다. 선진화의 성공을 위하여서는 [교육의 자유화]와 [책무성 제고]가 가장 시급합니다.

셋째는 [공동체 개혁]입니다. 공동체의 재창조입니다. 가족의 가치와 의미를 새로운 시대에 맞게 복원하고 학교 공동체를 진정한 인격양성과 공동학습의 공동체로 재창조하여야 합니다. 그리고 나아가 이웃 사랑과 이웃 나눔의 다양한 사회공동체를 만들어 가야 합니다. 이웃이야 어떠하든 나만 잘 살면 된다는 이기적 공리적 개인주의는 후진적 현상입니다. 도덕적 개인주의, 유덕(有德)한 자유주의가 나와야 선진국이 될 수 있습니다. 사회공동체의 활성화와 함께 역사공동체와 자연공동체를 재창조하고 복원해야 합니다. 단순한 환경보호와 자연파괴를 막는 차원이 아니라 환경과 생태계 그 자체를 복원하는 노력이 필요합니다. 특히 중요한 것이 [역사공동체]입니다. 국가의 품격을 결정하는 것은 국민들이 가지고 있는 자국의 역사에 대한 자긍심과 자부심이라고 합니다. 자국의 역사를 일방적으로 매도하고 부정하면 역사공동체는 파괴되고 국민들은 자기존재의 역사적 정체성과 정당성을 잃고 정신적 도덕적 아노미에 빠집니다. 따라서 역사의 명과 암을 함께 보는 균형있는 역사의식과 과거의 역사교훈을 발전적으로 계승하려는 역사관을 가지는 것은 개인의 행복과 국가발전에 대단히 중요합니다.

이상과 같이 [세계화, 자유화, 그리고 공동체]라는 가치와 기준을 가지고 우리사회의 모든 분야를 바꾸어 나가야 우리는 선진화에 성공할 수 있습니다. 그런데 이렇게 중차대한 선진화라는 국가목표 내지 시대적 국가과제를 눈앞에 두고 오늘날 우리 대한민국이 크게 흔들리고 있습니다. 혼란과 분열, 대립과 갈등이 심각합니다. 좌절과 증오까지 나타나고 있습니다. 왜 이렇게 되었습니까? 크게 보면 두 가지 이유 때문이라고 생각합니다.

반(反)선진화 사상과 세력

가장 큰 이유는 우리나라의 선진화를 가로막는 반(反)선진화 사상과 세력이 우리 사회에 등장하였기 때문입니다. 이들은 수정주의(修正主義 revisionism) 사관이라는 좌파적 역사관에 의지하여 대한민국의 역사적 정통성과 정당성을 부정하고 우리의 역사를 정의가 실패하고 기회주의가 성공한 역사라고 폄하하고 있습니다. 대한민국을 친일파와 민족분열주의자가 세운 나라라고 비난하고 민족상잔의 6·25전쟁을 '민족해방전쟁이니, 누가 먼저 전쟁을 일으켰는가는 중요하지 않다'느니 하면서 자신들의 편향된 주장을 강변합니다. 산업화의 성공을 외국자본의 이익에 봉사하기 위해 노동착취 위에 건설한 신(新)식민주의적 매판경제라고 호도하고 있습니다. 이런 잘못된 인식을 바탕으로 대한민국의 자랑스러운 역사보다는 부정적이고 자학적인 역사만 어린 학생들에게 가르쳐서야 되겠습니까? 이러한 부정적이고 극단적인 역사관을 가진 이들은 과거 역사 속에서 빛과 어둠을 가려서 밝은 성과를 발전적으로 계승하려 하지 않고 역사의 전면적 부정과 청산을 주장합니다. 그리하여 이들은 '오욕의 역사를 이대로 두고 일인당 국민소득 3만 달러에 간들 무슨 소용이 있느냐'고 주장하면서 역사청산을 주장하고 있습니다. 그 결과 지금 우리나라 16개의 과거사위원회에서 년간 1,800억을 쓰면서 600명이 역사청산에 온 힘을 기울이고 있습니다.

우리나라 근현대사에 대한 연구가 부족한 것은 사실이고 아직 정리되지 못한 부분이 많은 것은 사실입니다. 따라서 우리의 근현대사가 보다 심층적으로 연구되고 정리되어야 하는 것은 대단히 시급하고 바람직한 일입니다. 그러나 이러한 역사정리는 예컨대 [현대사 연구소]를 만들어 역사학자들에게 맡겨야지 [과거사위원회]를 만들어 정치인들이 나설 일은 아닙니다. 특히 특정 이념적 성향을 가진 사람들이 나서서 역사를 일방적으로 재단하게 하여서는 아니 될 것입니다.

이들 반(反)선진화 그룹(사상과 세력)은 또 21세기 국가발전의 원리인 민간창의와 시장자율을 중시하는 [자유주의 개혁]을 외면하고 기계적이고 획일적인 [국가주도의 평등주의 개혁]을 앞세우고 있습니다. 우리경제의 선진화를 위하여서도 그리고 작금의 실업과 빈곤의 문제를 해결하기 위하여서도 가장 시급한 것이 [투자율을 높이는 것]입니다. 그런데 국가정책 책임자들이 투자율을 높이기 위한 투자환경 개선에 노력하기 보다는 반(反)기업적 언행을, 부자를 죄악시 하는 듯한 언행을 함부로 하고, 더 나아가 최근에는 억지로 국민을 가진 자와 못가진 자로 나누어 대립시키는 듯한 [양극화 논쟁]을 부추기고 있습니다. 그러니 민간투자는 한없이 추락하고 있습니다.

그동안 우리나라 투자증가율은 1990년대 전반기에는 연 평균 10%의 높은 수준을 유지하여 왔습니다. 1990년대 후반기에는 IMF 사태로 투자 증가율이 크게 하락하였어도 연 평균 5%수준은 유지되고 있었습니다. 그런데 지난 5년간 우리나라 투자증가율은 연 평균 1.1%에 머무르고 있습니다. 왜 투자율이 이렇게 떨어집니까? 정치에 대한 불신과 정책의 불확실성 때문입니다. 우리나라 정책최고책임자가 언급한 [남북문제만 잘 풀리면 경제는 깽판 나도 좋다]라는 이야기도 정치와 정책에 대한 불신과 불확실성을 크게 높이는 데 기여하고 있습니다. 이러한 상황에서 어떻게 투자가 살아나길 기대할 수 있습니까? 그런데 현재의 낮은 투자율은 미래의 낮은 성장률을 의미하고, 미래의 성장률이 낮게 예상될 때 현재의 투자는 더욱 더 위축됩니다.

더 나아가 이들 반(反)선진화 그룹은 시대가 요구하는 [교육의 자유주의 개혁]을 외면하고 중·고등학교의 평준화를 풀기는 커녕 역으로 대학까지 평준화하려 하고 있습니다. 그러니 교실은 붕괴되고 학교교육은 공동화되고 고등교육은 국제경쟁력을 잃고 있습니다. 우리나라에서 최고라고 하는 서울대학교가 세계대학순위에서는 93위를 하고 있습니다. 동경대가 16위, 북경대가 15위, 싱가폴 국립대가 22위, 홍콩대가 41위, 인도공대가 50위를 하는데 우리나라 최고대학은 93위를 하고 있는 것이 우리 교육의 현실입니다. 물론 이 기준은 절대적인 것은 아닙니다. 그러나 국제적으로 우리나라 고등교육이 서 있는 상대적 위상을 보여주는 것만은 틀림없습니다.

또한 이들의 [평등주의적 개혁사상]은 국토의 균형개발이라는 명목으로 행정수도이전(수도분할)과 170여개의 공공기관의 획일적 지방이전을 추진하고 있습니다. 이 세상에 수도를 이전하고 공공기관을 강제로 지방에 분산시켜 균형발전에 성공하는 나라는 없습니다. 사회주의국가에서도 이러한 무모한 낭비는 없었습니다. 여기에 혁신도시 기업도시정책까지 가세하니 전반적인 경기침체 속에서 전국의 부동산 가격만 올려놓았습니다. 그 결과는 관주도의 불평등 증대입니다.

결국 투자가 부진하고 교육의 국제경쟁력이 하락하고 부동산정책까지 실패하면서 나타나는 현상이 오늘날 우리 사회가 경험하는 [실업과 빈곤의 증대]이고 [중산층의 몰락과 신 빈곤층의 대두]의 문제입니다. 부익부(富益富) 없는 빈익빈(貧益貧)이고 보다 정확하게는 상류층도 줄고 중산층도 줄고 빈곤층만 늘어난 [모든 소득계층의 하방(下方)이동 현상]입니다. 상류층(평균소득의 150% 이상)은 2003년 22.7%에서 2005년 21.8%로 줄었고 중산층도 같은 기간 52.4%에서 51.2%로 줄었고, 반면 중하층과 빈곤층(평균소득의 70%미만)만 24.9%에서 27.0%로 크게 늘어났습니다.

그런데 투자의 부진과 교육의 국제경쟁력의 하락 그리고 경기하락과 성장둔화 때문에 나타나는 이러한 [모든 소득 계층의 하방이동 현상]을 있지도 않은 [양극화]라는 포퓰리즘적 구호를 가지고 오도하려 하고 있습니다. 그 동안의 자신들의 국정운영의 실패를 마치 그 동안 가진 자들은 세금을 적게 내서 어려운 사람들이 더 어렵게 된 것처럼 오도하고 있습니다.

일에는 순서가 있습니다. 신 빈곤층의 문제나 소득계층의 하방이동의 문제를 해결하려면 우선 투자환경을 개선하여 경기를 회복시키고 교육개혁을 통하여 성장잠재력을 확충하여 나가면서 높은 경제성장률을 달성하는 것이 무엇보다 먼저 할 일입니다. 그리고 고도성장이 회복되어도 질병 연로 등 여러 사정으로 쉽게 경제적 여건 개선이 어려운 계층에 대한 특별대책(사회안전망)을 강구하여야 할 것입니다. 그런데 지금은 성장이 추락하는 상황에서 실효성 없는 복지논의만 하고 있는 셈입니다.

이들 반(反)선진화 세력은 외교와 안보문제까지도 국내정치에 이용하는 것을 서슴지 않아 왔습니다. 민족의 사활이 걸린 통일문제까지도 [정파적 프로젝트]로, 때로는 개인의 [사적 프로젝트]로 만드는 데 주저하지 않았습니다. 북한이 요구하는 만남의 대가를 주고 같이 사진 찍고 남북합의를 하고 오지만 그 합의가 진정으로 지켜질 것이라고 믿는 사람은 거의 없습니다. 아니 왜 약속을 안 지키느냐고 묻는 사람도 없습니다. 그러니 북한은 1992년 남북의 총리들이 함께 [한반도 비(非)핵화 선언]에 사인을 하고도 비밀리에 핵무기를 계속 개발하여 왔습니다. 그리고 우리는 2000년 6.15 남북정상회담에서도 왜 그동안 비핵화선언을 안 지켰는가를 묻지 아니했습니다. 과거의 약속의 불이행을 묻지 않고 또 새로운 약속과 선언을 만드는 데만 급급하였습니다. 남북의 진정한 신뢰회복이 목적이 아니라 국내정치에의 이용이 목적이었기 때문입니다. 그 결과 북한은 핵개발을 계속하면서 그 결과 한반도의 위험은 계속 고조되어 왔고, 남북 간 주민들 사이의 진정한 화해와 신뢰는 쌓이지 않고, 오히려 남남 갈등만 증폭되어 오고 있습니다.

그런데 최근에 오면서 대중정서에 영합하고 이념적 요소가 과잉한 [코드 외교]까지 가세하였습니다. 사실에 기초한 실사구시의 외교가 아니라 개인의 주관과 세계관이 크게 작용하는 이념적 외교를 하여 왔습니다. 또한 외교는 국가의 명운이 관련되기 때문에 신중함과 냉철함이 기본이 되어야 하는데, 마치 장난하듯이 도박하듯이 함부로 말하고 가볍게 행동하여 왔습니다. 그 결과 결국 오랜 우방(友邦)들과의 신뢰만 훼손시키고 새로운 친구들도 제대로 만들지 못하면서 스스로 고립무원의 길로 나아가고 있습니다. 이렇게 천방지축의 [코드 외교]가 계속되는 한, 국익보다 정치적 이해가 앞서는 [정파 외교]가 계속되는 한, 대한민국의 선진화는 이룩할 수 없습니다.

선진화 주체세력의 부재

대한민국이 흔들리는 두 번째 이유는 우리나라의 국가목표인 선진화를 이루어 낼 [선진화 주체세력]이 형성되지 못하기 때문입니다. 과거 건국의 시기, 산업화의 시기, 민주화의 시기 등 각각의 시기에는 그 시대적 과제를 성공시키는 것을 자신들의 역사적 사명으로 믿고 멸사봉공하는 역사적 주체들이 있었습니다. [건국의 주체], [산업화의 주체], 그리고 [민주화의 주체]가 있었습니다. 그러나 오늘날 이 시대 이 역사는 [대한민국의 선진화]를 요구하는데 이를 위하여 자신의 몸과 마음을 던지는 역사적 [선진화 주체]는 아직 형성되어 있지 못했습니다.

불행하게도 우리의 정치권은 아직 선진화의 주체가 되지 못하고 있습니다. 우리나라의 여당은 [낡은 이념의 덫]에 걸려 있고 야당은 [작은 이익의 덫]에 걸려 있습니다. 모두가 나라를 바르게 이끌어갈 [미래비전과 전략]보다는 대중영합적인 포퓰리즘의 경쟁과 이미지와 이벤트 정치의 늪에 빠져 있습니다.

여당은 빨리 이념적 정체성의 혼란에서 벗어나야 합니다. 반(反)체제적 좌파와의 관계를 확실하게 단절하여야 합니다. 그러하지 않고는 도도한 역사의 흐름에 역행하는 반(反)선진화세력으로 전락할 것입니다. 야당도 구태와 무사안일을 박차고 일어나야 합니다. 작은 기득권들을 포기하고 밑바닥에서 새롭게 출발하여야 합니다. 그러하지 않으면 결과적으로 반(反)선진화 세력을 도와주는 크나큰 역사적 우를 범하게 될 것입니다. 여야가 가능한 빨리 자기정리와 자기쇄신을 하고 거듭나서 여야 모두가 21세기 대한민국의 선진화를 위한 비전과 정책을 제시하면서 [선진화 비전경쟁과 정책경쟁]에 나서야 합니다. 시대에 맞지 않는 지난 시대의 낡은 생각과 낡은 관행은 이제 확실하게 접어야 합니다. 당연히 이러한 미래의 방향으로 나아가야 할 정치권의 변화가 너무 더디고 느립니다. 앞으로 나아갈 듯 하다가 수시로 다시 과거로 회귀하고 있습니다. 너무 답답하고 안타까워 국민들의 마음만 새까맣게 타들어 가고 있습니다.

세계조류는 호호탕탕 흐르고 있습니다. 시대는 더이상 우리를 기다려 주지 않습니다. 앞으로 대한민국의 총인구가 감소를 시작하기 전인 15년 안에 우리는 반드시 선진국에 진입하여야 합니다. 만일 이 기간 동안에 우리가 선진국에 진입하지 못하면 (1) 저(低)출산과 고령화로 인한 성장 동력의 추락과 증대하는 재정부담 (2) 추격하여 오는 중국과 인도의 저임금, 고품질의 경쟁 압력 (3) 높아져 가는 선진국의 과학기술 장벽과 증대하는 기술격차, (4) 통일과정에 예상되는 경제적·사회적 부담 등으로 우리는 영원히 추락하는 후진국을 후손들에게 물려줄지 모릅니다.

15년 내 선진국 진입을 위하여 앞으로 5년이 가장 결정적 시기가 될 것입니다. 우리 모두가 5년 이내에 획기적으로 뼈를 깎는 자기쇄신이 없으면, [세계화, 자유화, 그리고 공동체]를 향한 자기 혁신이 없으면, 우리는 영원히 선진국 진입에 실패하게 될 것입니다. 온갖 고난을 겪으면서 반만년의 유구한 역사를 달려온 우리 민족이 바로 눈앞에 선진국 진입을 앞에 두고 이대로 주저앉을 수는 없습니다. 만일 그렇게 되면 나중에 무슨 면목으로 선조와 후손들을 대할 것이며, 그 때 가서 아무리 통탄하여도 돌이킬 수 없게 됩니다.

결국 누구도 우리의 내일을, 우리의 운명을 대신하여 줄 수 없습니다. 만일 우리의 정치지도자들이 선진화의 역사를 만들기 위한 자기쇄신과 자기준비를 제대로 못한다면 최후 수단으로 우리 국민들이라도 일어나야 합니다. 한편으로는 정치권의 대대적인 혁신을 요구하면서 다른 한편으로는 국민 스스로가 자구적인 노력에 나설 수밖에 없습니다. 우리 국민들이 스스로를 조직화하여 선진화를 밀고 나갈 수밖에 없습니다. 이를 위하여 두 가지를 해야 한다고 생각합니다.

무엇을 할 것인가?

첫째는 올바른 대통령, 선진화를 이루어낼 수 있는 의지와 비전과 정책을 가진, 그리고 그러한 경륜과 국정능력을 가진 [선진화 대통령]을 뽑는 운동을 벌려야 합니다. 그리고 선진화 세력이 국가운영을 담당하도록 만들어야 합니다. 한마디로 선진화 대통령을 뽑고 선진화 세력이 국정운영을 맡도록 하는 [선진화 유권자운동]을 벌려야 합니다.

그러나 이러한 유권자 운동은 반드시 [무엇이 올바른 선진화의 비전이고 선진화의 정책인가]를 국민들에 미리 알리는 [선진화 정책운동]과 함께 진행되어야 합니다. 그래야 [수도이전]과 같은 망국적인 포퓰리즘 공약이, 그리고 [양극화]와 같은 시대에 맞지 않는 선동적 정책 담론이 다시는 이 땅에 등장하지 못할 것입니다. 함석헌 선생께서는 "생각하는 국민이어야 산다"고 말씀하셨습니다. 이제는 "깨어 있는 국민이어야 나라를 구할 수 있다"고 생각합니다.

그러기 위하여서는 선하고 의기있는 이 땅의 지성인들과 전문가들을 모아 [선진화 싱크탱크]를 만들어 올바른 선진화의 이념과 비전 그리고 전략과 정책을 연구하여 제시하도록 하여야 합니다. 그리고 그것을 우리 모두가 함께 공부하여야 합니다. 국민 모두가 깨어 있어야 합니다. 그리하여 더 이상 [인기 영합적 선동정치], [근거 없는 폭로정치], [분열과 증오의 정치]가 우리의 정치와 선거문화를 지배하지 못하게 만들어야 합니다.

둘째는 대한민국의 선진화는 [선진화 대통령]만 뽑는다고 되지 않습니다. 우리 모두가 선진국민이 되기 위한 노력을 하여야 합니다. 우리의 민주시민의식, 그리고 시민적 도덕 및 윤리수준을 선진국 수준으로 높이는 의식개혁운동과 생활실천운동이 필요합니다. 가족과 학교의 재창조운동이 필요하고, 각종 자원봉사, 사랑과 나눔, 노블리스 오블리주(noblesse oblige) 등을 활성화하는 [공동체운동]이 필요합니다. 또한 반(反)선진화 세력이 우리 사회에 만연시킨 좌파적 역사관, 획일적 평등주의, 폐쇄적 민족주의, 반(反)법치주의, 반(反)시장주의, 반(反)지성주의 그리고 대중영합의 포퓰리즘 등 반(反)선진화사상을 광정하여 나가야 합니다. 그리고 우리가 선진국민이 되려면, 반부(反富)정서, 노동경시(勞動輕視)문화, 직업정신과 윤리의 취약 등 후진(後進)의식도 고쳐 나가야 합니다. 이를 위하여 청소년 교육과 시민교육이 매우 중요합니다. 결국 이 일은 시대를 앞서 가는 지식인운동, 전문가운동과 시민운동이 함께 해 내야 할 분야입니다.

이와 같이 우리 스스로를 바꾸고 동시에 정치 지도자들을 바꾸는 노력을 모두가 힘을 합쳐서 조직적으로 하여 간다면 우리는 반드시 선진화에 성공할 수 있을 것입니다. 옛말에 우공이산(愚公移山)이라고 노력하면 노인도 산을 옮길 수 있다고 했습니다. 신채호 선생께서는 "마음이 역사를 만든다"고 하였습니다. 우리 국민들이 진정으로 선진조국을 보기를 원한다면 우리 후손들에게 선진조국을 물려 줄 것을 희망한다면 우리는 반드시 이루어 낼 수 있을 것입니다. 이순신 장군께서 남은 배 12척으로 300여 척의 일본 배를 향해가는 비장한 각오로, 분열과 갈등을 넘어, 선진대한민국을 향하여, 모두가 대동단결하여 나아간다면 우리는 반드시 선진화에 성공할 것입니다. 그리하여 한반도 전체가 펄럭이는 태극기의 물결 아래서 아름다운 선진의 나라로 새롭게 태어날 것입니다.

한반도선진화재단 이사장 취임사[2]

'역사는 사람들의 생각이 만든다'고 생각합니다. 따라서 사회지도층과 국민 모두가 [올바른 생각] 즉 [정견(正見)과 정론(正論)]을 가질 때 역사는 바르게 발전한다고 생각합니다.

지금 우리사회에는 크게 역사를 역주행(逆走行)하는 생각들(지난 19세기와 20세기의 낡은 사상, 이미 실패한 생각들)이 횡행하고 있습니다. 대한민국의 정통성을 부정하는 [역사관], 폐쇄적인 민족주의에 기초한 [세계관], 획일적 결과평등을 주장하는 [교육관], 투자와 성장 없이 분배만을 강조하는 [경제관], 그리고 헌법경시와 법치 외면의 [정치문화], 국민통합보다는 분열과 대립을 조장하는 [정책 포퓰리즘] 등등 잘못된 생각이 많고, 이에 기초한 잘못된 정책들이 난무하고 있습니다. 이들 생각과 정책이 대한민국의 선진화를 가로 막고 있습니다. 이러한 생각과 정책들을 바로 세우는데, 즉 이 시대 [나라의 정론]을 세우는데 우리 재단이 크게 기여하기를 소망하고 그러한 방향으로 노력하고자 합니다. 그래서 대한민국 역사의 진운

---

2) 한반도선진화재단은 2006년 3월 재단설립준비위원회 발족, 6월 발기인대회 개최, 8월 국회 재단법인 설립 허가, 9월 재단법인 설립등기 완료 등의 과정을 거쳐 출범하였고, 위공(爲公) 선생이 초대 이사장직을 맡음.

을 [한반도 선진화]의 방향으로 돌리는데 기여하고자 합니다.

본 재단은 앞으로 세 가지 원칙을 지켜나가도록 할 생각입니다.

첫째, 국익·공익 우선의 원칙입니다.

우리의 모든 연구, 교육, 공동체 활동은 국가의 전체(全體)이익, 사회전체의 장기(長期)이익을 지향할 것입니다. 따라서 사회의 부분이익의 추구나 정파적 이익추구는 제외될 것입니다. 물론 개인의 사적 이익의 추구도 있어선 아니 될 것입니다. 소위 공공적 지식인(public intellectual)들이 하는 기본적으로 비정파적 (non-partisan) 활동이 될 것입니다.

둘째, 전문성·탁월성 우선의 원칙입니다.

우리의 연구결과가 특정 정치적 단체(정부나 여당 야당 등)에게 유리(有利)한가 불리한가는 전혀 고려되어서는 아니 될 것입니다. 오로지 우리의 연구와 교육이 학문적 전문성과 이론적 탁월성에서 얼마나 정직하고 훌륭한가가 문제가 되어야 할 것입니다. 지적 정직성(integrity)과 전문성과 탁월성이 우리 연구 및 교육활동의 생명이 되어야 할 것입니다.

셋째, 현장성·실천성 중시의 원칙입니다.

우리는 단순한 연구 교육기관을 만들려고 하는 것이 아닙니다. 단순한 연구를 위한 연구기관이 아닙니다. 분명히 실천을 위한 연구(action-oriented research)기관이고, 역사를 바꾸기 위한 교육(education for change/transformational education)기관을 지향해야 합니다. 따라서 우리의 연구와 교육은 항상 구체적 현장 중심적 그리고 실천적일 것입니다.

우리의 선진화 노력은 [대한민국의 선진화]의 단계를 넘어 [한반도 전체의 선진화]로 발전되어 나가야 한다고 봅니다. 그리고 앞으로 우리 재단은 [한반도 전체의 관점]에서 [한민족 전체의 입장]에서 생각하고 행동하며 나아가야 할 것입니다. 그리하여 적어도 15년 내에 남한의 선진화, 30년 내에 북한의 선진화까지를 이룰 것을 목표로 나아가야 할 것입니다.

이 모든 것을 위하여 이미 역사가 100년이 되는 미국의 Brookings Institution이 우리의 벤치마킹이 될 수 있지 않을까 생각합니다. 오늘 이 자리에서 우리의 시작은 비록 작지만, 앞으로 보다 많은 분들의 애국애족의 마음이 모여, 보다 크고 장대한 미래재단을 만들어 갈 수 있기를 간절히 기원하는 바입니다.

한반도선진화재단(한선재단)을 창립하며[3]

2006년 현재 대한민국은 절체절명의 위기에 직면해 있습니다. 그 위기의 실체는 19세기 말 대한제국이 당시 지구적 표준(global standards)의 적극적 수용에 실패함으로써 부국강병을 이루지 못하고 일제의 식민지로 전락할 때와 크게 다르지 않습니다. 지금 우리의 위기는 정치 경제 사회 문화 등 각 분야별로 21세기 지구 문명 표준의 적극적인 수용과 창조를 통해 선진국(先進國)으로 도약하는 국흥(國興)을 이루어 내느냐 아니면 후진국으로의 추락이라는 21세기적 국망(國亡)을 겪느냐 하는 위기인 것입니다.

최빈국에서 중진국 선두주자로 급성장해서 서구학자들로부터 대표적인 성공적 발전모델로 찬사를 받던 대한민국이 어쩌다 이렇게 되었는지 참으로 안타깝습니다. 대한민국의 현대사는 비록 우여곡절과 시행착오도 많았으나 크게보면 자랑스러운 발전의 역사였습니다. 우리는 1940~1950년대 해방의 혼란과 6·25전쟁의 비극을 극복하면서 자유대한민국의 건국과 호국을 성공적으로 이루어냈고, 1960~1970년대에는 1963년 일인

---

[3] 이글은 한선재단 창립대회(2006.9.28.)를 앞두고 제작한 "대한민국 선진화, 한반도선진화재단이 만들겠습니다"라는 제목의 팜플렛에 실린 내용임. 이 팜플렛에는 이 글 외에도 한선재단의 설립목적과 재단 운영 원칙, 업무 추진 계획 등이 실려 있음.

당 국민소득 100불에서 1995년 1만불의 중진국으로의 도약을 가능케 한 세계에 유례없는 압축적 산업화를 성공시켰습니다. 그리고 1980년대는 불가능할 것처럼 여겨졌던 민주화까지 이루어냈습니다. 이 모든 것이 세계만방에 대한민국의 저력을 보여준 일대쾌거가 아닐 수 없습니다. 1990년대가 시작되었을 때 우리 국민 모두는 건국과 산업화 그리고 민주화를 잇는 [대한민국의 선진화]를 꿈꾸기 시작하였습니다. 그러나 21세기에 들어선지 6년이 지났는데도 그 꿈이 이루어질지 여부조차 확실하지 않은 상황 입니다. 이렇게 된데는 선진국으로의 도약을 향한 1995년의 세계화개혁이 미완으로 끝나고, 1997년에 닥친 외환위기가 한몫을 했습니다. IMF 관리체제의 등장으로 고통스러운 기업 및 금융의 구조조정의 시기를 겪으면서 선진국으로의 도약이 늦춰졌습니다. 그러나 보다 근본적인 원인은 1990년대 대한민국의 리더십이 21세기 문명사적 변화인 세계화 · 정보화라는 시대의 변화를 미리 읽고 선진국 도약을 위한 올바른 비전과 발전전략을 제시하고 이를 강력하고 일관성있게 추진하지 못한 데 있다고 생각합니다.

이 같은 국가리더십의 문제는 21세기 들어서서도 별로 개선되지 않고 있습니다. 오늘날 우리의 최대의 안보위기는 북한의 핵개발과 개혁 · 개방의 거부에서 오고있습니다. 북한은 실패한 체제를 고집하면서 북한주민들을 볼모로 핵무기를 개발하고 국제사회에로의 책임있는 일원으로서의 참여를 거부하고 있습니다. 그로 인해 북한의 급변사태의 가능성이 높아지고 있고 이것이 우리의 최대의 안보위기입니다. 그런데 우리는 이문제를 외면하고 있습니다. 지난 19세기적인 담론인 '자주국방'을 내세워 미국으로부터 전시작전통제권의 단독행사를 서두르고 있고, 이로 인한 불필요한 국론분열이 심각합니다. 또한 지금은 세계경쟁의 시대로서 새로운 부와 가치를 창조하는 혁신적 기업과 창조적 기업인들을 최대한 지원하고 격려하여야 함에도 우리사회 일각에서는 끊임없이 기업과 부에 대한 부정적인 담론을 생산하고 있습니다. 때로는 정치 리더십이 앞장서는 경우도 적지 않습니다. 그 결과 기업의 투자마인드는 크게 위축되고 성장과 고용은 모두 하락하고 비정규직 등 신빈곤층만 양산되는 경제위기를 자초하고 있습니다. 더구나 교육정책에 나타나는 기계적·획일적 평등주의는 대한민국의 교육의 국제경쟁력을 하락시켜 선진국으로의 도약을 담당할 글로벌 인재의 육성을 불가능하게 하고있습니다. 또한 우리사회 일각에서 풍미하는 대한민국 역사에 대한 자학(自虐)과 왜곡(歪曲)의 수정주의 역사관은 우리역사에 대한 우리국민들의 자긍심을 파괴하고 차세대의 애국과 애족의 정신을 크게 훼손하고 있습니다.

한반도선진화재단은 우리가 이같은 절체절명의 국가적 위기들을 조속히 극복하지 못하면 선진국 진입에 실패할 뿐만 아니라 후진국으로의 추락이라는 국망(國亡)을 당할지도 모른다는 위기의식에서 출범하였습니다. 그리하여 재단은 모든 힘을 모아 대한민국의 선진국 진입을 위한 비전과 정책을 연구해 내고, 이를 청소년과 시민을 대상으로 교육함으로서 대한민국의 선진화에 기여하려합니다. 나아가 한반도전체의 통일과 선진화에 기여하려 합니다. 이러한 시대적 소명의식을 안고 오늘 그 역사적인 첫걸음을 내디디게 되었습니다. 우리가 지향하는 대한민국의 선진화는 무엇이고 그것은 어떻게 이룰 수 있겠습니까?

먼저 경제적으로 선진화는 자유시장 경제의 창달을 통한 일인당 국민소득 3만달러 시대로의 진입을 의미합니다. 세계 약 220개국 중 20위 안에 드는 것을 의미합니다. 정치적 선진화는 법치주의, 3권분립, 언론의 자유, 사법부의 독립, 대의민주주의 등을 통하여 자유민주주의가 완전한 정착을 이루는 것을 의미합니다. 사회적 선진화는 경제성장을 통해 이룩한 국부를 바탕으로 낙후지역 취약계층에 교육 및 훈련기회를 확충하여 모든 사람들이 중산층으로 도약 할 수 있는 '따뜻한 사회공동체'를 형성하는 것입니다. 마지막으로 국제적 선진화의 과제는 이웃나라의 신뢰와 존경을 받으면서 인류의 보편적 발전에 기여하는 '모범국가'로 거듭나는 것입니다. 이들 각 부문의 선진화는 관련 선진화 비전 및 정책의 개발과 이들 정책에 관한 국민적 합의가 전제될 때 성공적으로 이루어질 것입니다.

이 점에서 오늘날의 국가위기의 책임을 정치 리더십에게만 물어서는 안된다고 봅니다. 선진화에 대한 비전과 확신을 가진 지식인 전문가 세력이 앞장서 정치 리더십을 바르게 이끌지 못하고 국가발전에 관한 올바른 국민적 여론과 시대적 담론을 주도하지 못한데도 큰 책임이 있다고 생각합니다. 한반도선진화재단이 대한민국의 선진화 실천방안으로서 선진화 비전 및 정책의 연구와 교육을 선택한 것도 실은 이러한 문제의식에서 입니다.

한반도선진화재단은 선진화 정책의 연구와 교육에 매진함으로써 대한민국선진화를 지향하는 우리사회의 지식인 전문가 세력의 구심점 역할을 자임하고자 합니다. 오늘날 우리나라가 명실공히 세계일류 국가인 선진국이 되어야 한다는데 대하여서는 여와야 진보와 보수는 물론 국민 모두가 공감하고 있는 것 같습니다. 그러나 선진화를 위한 정책의 내용과 방향 그리고 우선순위 등에서는 견해의 차이가 있을 수 있습니다.

따라서 재단은 대한민국의 역사적 정통성과 헌법적 가치의 존중하면서 대한민국의 선진화에 동의하는, 그러나 선진화 달성 방법에서는 차이를 보이는 모든 보수와 진보세력 모든 좌파와 우파세력을 다 아울러 나가려 합니다. 이를 위해 재단은 앞으로도 중요 국가 정책문제에 대하여 여야 간, 진보와 보수 간, 합리적 정책과 가치토론의 장을 만들어 나갈 계획입니다. 역사적으로 돌아보건대 오늘날의 선진화 노력의 기원은 19세기 말로 거슬러 올라갑니다. 구한말 부국강병을 목표로 한 근대화의 첫 개혁 시도였던 갑신정변을 주도했던 김옥균, 박영효, 홍영식 등 1세대 개화세력과 일본의 식민지배 기도에 맞서 대한제국의 개혁을 위해 마지막 노력을 다했던 독립협회와 만민공동회의 서재필, 이승만 등 2세대 개화세력이 바로 선진화를 위해 노력한 선배들입니다.

일제강점 36년의 치욕을 극복하고 대한민국을 건국할 수 있었던 것도 이들 개화세력의 전통을 이어 받은 상해 임시정부와 미국 구미(歐美)위원회의 외교적 독립노력이 없었으면 불가능했었다고 생각합니다. 이같은 역사적 사실은 우리에게 선진화 운동에 좀더 숙연하게 참가할 것을 요구합니다. 앞으로 1세기 뒤에 이땅에서 살아갈 우리 후손들이 선진국 국민의 일원으로 풍요로운 삶을 살 수 있도록 하는 것이 지금 우리 선진화 세력에게 주어진 역사적 소명이기 때문입니다. 19세기 말과 20세기 초의 개화운동이 없었다면 독립운동은 물론 자유민주주의와 시장경제라는 지구문명표준으로의 건국을 기대하기 어려웠을 것과 마찬가지로 한반도선진화재단은 22세기 대한민국 국민들이 21세기초의 선진화 운동이 있었기에 자신들이 선진국 국민으로서의 삶을 살 수 있게 되었다고 평가하게 되기를 희망하며 그 첫걸음을 내딛고자 합니다. 이미 사회각곳에서 대한민국의 선진화를 위해 묵묵히 애쓰고 계신 선진화 동지들과 국민 여러분의 지도와 격려를 기대합니다.

한선재단 창립기념 심포지엄 초청인사말[4]

안녕하십니까? 한반도선진화재단의 박세일 이사장입니다. 한반도선진화재단은 '선진화 비전과 정책의 연구 및 교육을 통하여 대한민국의 선진화를 이루고, 나아가 한반도 전체의 선진화와 통일에 기여'하기 위하여 만든 재단입니다.

대한민국의 현대사는 격변의 시대였습니다. 1940~1950년대에는 해방의 혼돈과 전쟁의 와중에서도 자유민주주의의 초석을 다진 '건국의 시대', 1960~1970년대에는 절대빈곤의 탈출과 중진국 경제의 기반을 다진 '산업화의 시대', 1980~1990년대에는 획기적 인권신장과 정치적 자유를 이룬 '민주화의 시대'를 거쳐 왔습니다. 우여곡절도 많았지만 크게 보아 성공과 발전의 역사였습니다. 이렇게 성공과 발전의 역사를 가진 대한민국이 21세기의 문턱에서 새로운 국가목표와 국정방향을 세우지 못하고, 국민의 역량을 하나로 결집하지 못한 채, 크게 흔들리고 있습니다. 선진

---

4) 한반도선진화재단이 2006. 9. 28. 각 정당의 정책위의장들과 진보와 보수의 대표적 지식인들을 모시고 "대한민국 선진화 어떻게 이룰 것인가?"를 주제로 창립기념 심포지엄 개최를 공지할 목적으로 쓴 초청인사말임.

국 진입을 앞에 두고 급격한 성장잠재력의 하락으로 나타나는 중진국의 함정에 빠지려 하고 있습니다. 이를 극복하기 위하여서 가장 시급한 것은 건국과 산업화와 민주화의 경험과 교훈을 아우르며 21세기 미래로 나아갈 새로운 국가적 어젠다(National Agenda)를 세우는 일이라고 생각합니다. 새로운 국가비전과 목표를 세우는 일입니다.

저희는 21세기 우리 시대의 국가목표, 국가과제는 명실공히 세계일류국가인 선진국에 진입하는 [대한민국의 선진화]라고 생각합니다. 우선 일인당 국민소득 3만불대의 진입이 시급합니다. 그리고 정치적으로는 엄정한 법치주의와 자유민주주의의 정착, 사회적으로는 '따뜻한 사회공동체'의 형성, 국제적으로는 인류의 보편적 발전에 기여하는 '모범국가' 등을 이루어 내야 합니다.

이러한 선진국에의 성공적 진입은 정치 경제 등 우리사회 각 분야 지도자들의 확고한 선진화 비전과 리더쉽이 있어야 하고, 또한 국민적 합의와 능동적 참여가 있어야 합니다. 그런데 우리 주위에는 선진화를 가로막는 '법치 경시사상', '결과 평등주의', '포퓰리즘' 같은 반(反)선진화사상과 '직업윤리의 부재' '집단이기주의' 등과 같은 후진의식이 횡행하고 있습니다. 그러면서 사회는 분열, 갈등하고 있으며 국론의 대립은 오히려 커지고 있습니다. 한쪽에서는 자유와 경쟁시장의 중요성을 이야기하면 다른 쪽에서는 복지와 형평을 위한 정부규제를 강조합니다. 한 쪽에서는 투자와 성장회복을 강조하면 다른 쪽에서는 양극화를 문제 삼고 균형성장을 주장합니다. 한 쪽에서는 세계화와 자유무역을 주장하면 다른 쪽에서는 반(反)세계화와 보호무역을 소리 높입니다. 한 쪽에서는 교육의 수월성과 국제경쟁력을 주장하면 다른 쪽에서는 교육의 형평성과 자주적 민족

교육을 주장합니다. 한 쪽에서는 한미 공조와 세계 공조를 주장하면 다른 쪽에서는 미중(美中) 간 중개자 역할과 민족공조를 강조합니다. 한 쪽에서는 대한민국의 역사를 승리의 역사로 보는데 반하여 다른 쪽에서는 정의가 실패한 역사로 봅니다. 이러한 사상과 이념의 차이, 세계관 역사관 가치관의 깊은 골을 이대로 남겨두고 대한민국의 국민통합은 이룰 수 없고 더 나아가 대한민국의 국가발전 즉 나라 선진화도 이루어 낼 수 없습니다.

늦었지만 이제부터라도 국민통합과 국가발전을 위하여 대한민국 선진화의 비전과 전략에 대하여 진지한 사회적 논의를 시작하여야 합니다.

첫째로 21세기 우리는 어떠한 나라를 만들고자 하는가? 즉 우리가 세워야 할 선진화된 나라의 모습과 그 나라가 지켜야 할 가치·이념·원칙 등에 대한 사회적 논의를 시작해야 합니다. 우선 사회 지도층이 앞장서서 시작하여 분열하고 갈등하는 국민의 이념 가치 사상을 크게 하나로 묶어 나가야 합니다.

둘째로 그러한 "선진한국을 만들기 위해 우리는 어떠한 전략과 정책을 가져야 하는가?"에 대하여 논의를 시작하여야 합니다. 즉 선진화를 이루기 위한 분야별 제도개혁과 정책방향에 관한 논의와 합의가 있어야 합니다. 요컨대 대한민국의 선진화를 위한 비전과 전략에 대한 진지한 사회적 공론화를 시작하여야 한다고 생각합니다.

오늘날 보수진영과 진보진영 모두가 [대한민국의 선진화]라는 대의(大義)에는 합의하고 있습니다. 21세기에는 우리나라가 명실공히 세계일류국가인 선진국이 되어야 한다는 국가목표에는 여야, 좌우는 물론 국민 각계각층이 다 공감하고 있습니다. 물론 진보와 보수 간에 어떤 나라를 선진국으로 보는가에 대하여 강조점의 차이가 있을 수 있을 것입니다. 또한 선진화를 위한 정책의 방향, 정책의 우선순위 등에도 여야 간 좌우 간 견해의 차이가 있을 수 있습니다.

그러나 저희는 차이점보다 공통점이 더 많을 것이라고 생각합니다. 왜냐하면 19세기와 20세기 인류의 역사적 정치적 경험은 어떠한 것이 진정으로 지속가능한 선진국이고, 어떠한 것이 진정으로 선진화를 이루어낼 수 있는 효과적 전략이고 정책인지에 대하여 이미 많은 교훈과 결론을 주고 있기 때문입니다. 이미 21세기 세계화·정보화 시대에 국리민복을 위한 올바른 국가정책은 무엇인가에 대한 정답은 상당부분 나와 있다고 볼 수 있습니다.

저희들은 지금 우리사회에서의 진보와 보수의 대립, 좌와 우의 대립은 실제 국가운영의 철학의 차이, 정책의 차이보다 많이 과장되고 필요 이상으로 부풀려졌다고 생각합니다. 이론적·논리적 차이보다 감성적·정서적 거품이 너무 많다고 봅니다. 이제는 더 이상 이러한 상태를 방치하여서는 아니 된다고 생각합니다. 불필요한 분열과 갈등을 막고 국민통합과 국가발전을 위해 진진(津津)한 지적 합의와 정서적 통합의 노력이 필요하다고 생각합니다.

이를 위하여 진보와 보수, 좌와 우는 각 진영이 지향하는 '가치와 이념과 원칙'을 확실히 밝히고, 동시에 자신들이 주장하는 선진화를 위한 '전략과 정책'의 내용과 우선순위들을 구체적으로 제시하여야 합니다. 이념적·감성적·정서적 구호대결에서 정책적·합리적·과학적 논쟁으로 바꾸어야 합니다. 그래야 공통점이 무엇이고 차이점이 무엇인지도 확실히 드러나고 그 과정에서 서로가 서로를 올바로 이해하게 되고, 서로가 서로에게서 배우게 됩니다. 그래야 자기성찰과 반성, 자기교정과 발전의 기회도 갖게 됩니다. 이러한 [진화적 과정]이 있어야 국민통합도 가능하고 선진화의 비전과 전략에 대한 사회적 합의 도출도 가능하다고 생각합니다.

이러한 노력의 일환으로 이번에 한반도선진화재단이 여야 각 정당의 정책위의장들을 모시고 그리고 뉴 라이트와 뉴 레프트의 대표적 지식인들을 모시고 '대한민국 선진화, 무엇을 어떻게 이룰 것인가?'라는 주제를 가지고 창립기념 심포지엄을 개최하고자 합니다. 그리고 가능한 추상적 일반적 논의를 피하고 구체적 실천적 논쟁을 촉진하기 위하여 논제를 두 가지 분야 즉 (1) 외교와 안보 (2) 경제와 교육 분야에 집중하여, 두 가지 분야에 대한 각 정당과 뉴 라이트와 뉴 레프트의 선진화 비전과 전략을 제시해 주시기를 부탁드리려 합니다.

앞으로도 저희 재단은 대한민국의 선진화를 위한 각 분야별 국가정책 과제에 대하여 여야 간 그리고 진보와 보수간 정책토론과 가치논쟁의 장을 지속적으로 만들어 나가고자 합니다. 그러한 노력 속에서 우리는 국민통합도 이루어 낼 수 있고 선진화라는 국가발전목표와 전략에 대한 국민적 합의도 이루어 낼 수 있다고 굳게 믿습니다.

바쁘신 중에서도 참석하시어 자리를 빛내주시고 저희와 함께 선진화에 대한 사회적 중지를 모아 주시기를 간절히 기원합니다.

바른사회시민회의 창립 5주년 축사[5]

바른사회시민회의 창립 5주년을 축하드립니다.

특히 지난 5년간은 우리나라가 3가지 도전에 직면하여 국가운영이 표류하고 후진하고 한없이 추락하던 시기였습니다.

하나는 민주화가 대중영합주의(포퓰리즘)의 늪에 빠져 자유화로 나아가지 못하였습니다. 포퓰리즘 때문에 수시로 헌법의 원리가 무시되고 법치주의가 약화되고, 사법권의 독립이 도전 받았습니다. 일부 언론이 특정 이념적 정파의 나팔 수 역할을 했고 공무원의 정치적 중립이 지켜지지 아니했습니다. 선거를 통하여 정부를 뽑는다는 민주화에는 성공하였으나 국민의 자유와 존엄, 생명과 재산을 하늘처럼 떠받들어야 하는 자유화 즉 자유민주주의의 정착에는 성공하지 못하였습니다. 일부 선동가에 의한 시민사회권력 노동권력 등을 앞세운 대중독재의 경향까지 보였습니다.

둘째는 시장경제가 평등화의 주술에 빠져 그 활력을 잃고 성장률이 떨어지고 신(新)빈곤층이 양산되었습니다. 세계화 정보화의 시대에 [평등과 균형발전]을 내세워 앞서가는 사람들을 폄하하고 뒤처지는 사람들을 더

---

5) 2007년 3월 12일 바른사회시민회의 창립 5주년 기념식에서의 축사임.

욱 어렵게 만들었습니다. 주지하듯이 세계화시대 국가경쟁력은 [교육과 도시]에서 나옵니다. 교육을 평준화로 묶고 도시발전을 수도권 규제, 수도 분할, 나아가 170개 공공기관의 강제 지방배분 등으로 막고 있습니다. 흔히 이야기하는 균형발전은 잘못된 생각입니다. 바른 길은 발전균형입니다. 발전을 통한 균형이지 균형을 통한 발전은 없습니다. 그것이 지난 200년간 인류의 역사경험에서 나온 교훈입니다.

셋째는 이 땅에 [반(反) 대한민국세력]이 등장하여 대한민국의 역사 정통성과 정치적·법적 정당성을 파괴하려 했습니다. 대한민국 역사는 정의가 실패하고 기회주의자가 승리한 역사라고 대한민국의 역사공동체를 본격적으로 파괴하였습니다. 심지어는 처음에는 6.25가 북침이라고 주장하다가, 반대의 역사적 자료가 나오니, 이제는 6.25전쟁은 민족해방전쟁이기 때문에 누가 일으켰냐는 중요하지 않다고 하는 망발을 하고 있습니다. 최근에는 6.25는 내전이라고까지 주장하고 있습니다. 도대체 남의 나라 내전에 세계에서 16개국이 참전하였단 말입니까? 이렇게 국민의 역사이해를 오도시키고 국민을 혼란 분열시키는데 앞장서 왔습니다.

이 3가지가 지난 5년 간의 모든 국정혼란과 국가후퇴의 근본 원인입니다. 따라서 이 잘못된 생각과 세력을 설득하고 제압하는 일은 이 시대에 사는 [나라를 사랑하는 모든 지식인 전문인 그리고 깨어 있는 국민]들의 사명입니다.

지난 5년간 바로 이 일에 바른사회시민회의가 앞장서 왔습니다. [역사의 대의]에 맞는 길을 묵묵히 걸어왔다고 봅니다. 그 결과로 우리사회가 올바른 방향으로 변화하기 시작하고 있습니다. 그러나 아직은 시작에 불과하다고 생각합니다.

이 시대는 위 3가지의 도전을 넘어서 우리나라를 세계일류국가 일류선진국가로 만들 [선진화의 시대]를 열 것을 요구하기 때문입니다. 해방이후 건국의 시대, 1960~1970년대의 산업화의 시대, 그리고 1980~1990년대의 민주화의 시대를 넘어서 21세기 선진화의 시대를 열 것을 요구하고 있습니다. 또한 그러한 선진화를 이루어 낼 선진화 세력, [선진화를 위한 역사적 주체세력]를 만들 것을 요구하고 있습니다.

우선 가장 시급한 것은 [반(反) 대한민국세력]을 몰아내고 [대한민국세력]이 정치적으로 승리하는 것입니다. 그러나 그 다음은 이 대한민국세력을 진정한 자유민주주의세력, 진정한 시장경제세력, 그리고 진정한 법치주의세력으로 만들어 [진정한 선진화세력, 선진화주체]로 바꾸어 나가야 합니다. 왜냐하면 로마가 하루아침에 건설될 수 없듯이 자유민주주의는 그리고 시장경제는 그리고 법치주의는 하루아침에 건설될 수 없기 때문입니다.

앞으로 [바른사회시민회의]가 더욱 더 무한 발전하시어 대한민국에 [바른사회, 선진국가]를 건설하는 그 날까지 더욱 더 선전하실 것을, 그리고 반드시 승리하실 것을 간절히 기원하고 강력한 연대와 지지의 뜻을 전하는 바입니다. 승리하십시오.

경제정의실천연합(경실련) 20년의
회고와 경실련에 대한 바람[6]

경실련 20년의 회고

이제는 오래 전의 이야기가 되었다. "앞으로 우리사회에서 체제 내의 시민운동과 전문가집단(교수, 학자 등)이 함께 하는 운동이 필요하지 않겠는가?" 하는 생각을 처음 하게 된 것은 1980년대 말이었다고 기억한다. 사실은 관악구 남현동에 있는 나의 집에서 중학교 때부터 친구였던 서경석 목사와 둘이서 세상 돌아가는 일을 이야기하다가 이러한 생각을 같이 하게 되었다.

당시는 1980년대 민주화 운동의 일익을 담당하였던 반체제적(反體制的) 재야운동(在野運動)이 사회 운동의 주류를 형성하고 있었다. 그런데 우리가 보기에 이제 우리사회도 1987년을 계기로 민주화가 되었기 때문에, 더 이상 반(反)체제 운동은 시대가 필요로 하는 올바른 운동이 아니라고 생각했다. 그래서 이제는 반(反)체제가 아니라 [체제 내(體制內) 운동(運動)]이 필요하다고 생각하였다. 체제 내 운동이라면 선진국의 시민운동이

---

6) 2009년 9월 경제정의실천연합 창립 20년에 즈음하여 쓴 글임.

우리에게 참고가 되어야 하는데, 우리나라의 경우는 단순한 시민운동만으로는 부족하지 않는가 하는 생각을 하였다.

왜냐하면 [체제 내 운동]이라면 정부가 하는 일에 무조건 반대하거나 저항하는 것이 아니라, 정책적 대안을 제시하면서 비판하는 것이 정도(正道)라고 생각하였다. 그래서 시민과 정부를 설득할 수 있어야 하고 그래야 정부의 정책을 올바른 방향으로 유도할 수 있는 것이 아닌가 생각했다. 요컨대 정부비판이 단순한 [비판을 위한 비판]이 아니라 진정으로 국리민복을 위한 [대안을 가진 생산적 비판]이 될 수 있어야 하고, 그러려면 반드시 교수 학자 등 정책전문가들과 함께 하는 운동을 조직하여야 한다고 생각했다. 그래서 시민들이 관심을 가지는 정책과제(당시는 부동산 가격 급등이 큰 문제)를 사회적 이슈로 만드는 시민운동과 생산적 정책대안을 만드는 전문가 운동을 결합한 경제정의실천연합(경실련)이란 운동이 우리나라에서 최초로 탄생하게 되었다. 2~3주 후에 나는 이근식 교수 등 학자들에게 연락하고, 서목사는 신대균 목사 등 시민운동가들을 조직하여 우선 준비모임을 하자고 약속하였다. 첫 준비모임을 영등포의 신대균 목사 자택에서 열었던 것으로 기억한다. 이렇게 경실련은 시작되었다.

나는 1989년부터 1994년 말까지 5년간 경실련 활동을 열심히 하였다. 학교 강의만 마치면 나머지 시간은 대부분 경실련 회의에서 보낸 기간이었다. 1993년부터 정책위원장을 하면서 경실련이 세계화 시대 우리나라 [시민-전문가 운동]을 선도할 수 있는 운동이 되기를 희망하였다. 그래서 새로운 젊은 교수들을 대거 영입하였다. 사실 이분들이 오늘날 우리 사회 각계각층에서 큰 역할을 하고 있다. 그리고 당시까지는 경실련 활동이 정부정책이 나오면 그 정책을 보고 비판하며 정책대안을 마련하여 보완하는 수준이었다면, 앞으로는 경실련이 [세계화 시대의 국가비전과 미래정책]을 미리 연구하여 선도적으로 제시하면서 정부와 시민사회를 앞서서 이끌고 가야 한다고 생각했다. 그러한 역량을 가져야 한다고 생각했다.

그러한 꿈을 가지고 바쁘게 움직이는 와중에, 나는 1994년 12월에 청와대 정책기획수석으로 들어가고 청와대에서 세계화 개혁을 직접 책임지게 되었다. 청와대 재직 3년 간 나는 의도적으로 경실련과의 관계를 끊었다. 시민운동에 정치가 개입하면 시민운동을 망친다고 보았기 때문이다. 내가 세계화 개혁의 일환으로 사법개혁을 추진하다가 한 동안 정치적으로 어려울 때가 있었다. 주위의 보좌관들이 사법개혁은 국가의 장래를 위하여 올바른 일이니 경실련에 도움을 요청하면 어떠냐고 했다. 나는 절대 그래선 안 된다고 했다. 청와대 수석회의 때도 시민운동에 대한 이야기가 나오면 나는 항상 시민운동은 독자의 영역이 있어야 하므로 정치는 아무리 선의에서 출발하였다 하여도 어떤 형태로든 - 지원이든 억압이든 - 시민운동과 관계하면 안 된다고 주장하곤 했다. 그것이 내 소신이었기 때문이다.

그런데 1998년 정권이 바뀌면서 청와대에 시민사회비서관이 생겼다. 나는 우리나라의 시민운동의 미래에 먹구름이 끼는 것을 느꼈다. 그리고 정권이 한 차례 더 바뀌면서 이제는 시민사회수석이 생기는 것을 보았다. 이제는 폭풍우가 옴을 느꼈다. 주지하듯이 민주주의의 발전을 위하여 건강한 시민사회는 필수적이다. 그런데 대단히 애석하게도 - 민주화세력이 집권하면서 - 오히려 우리나라의 시민사회가 후퇴하기 시작한다는 것을 느꼈다. 참 역사의 아이러니이다. 나는 가까운 장래 우리 사회에서도 건강한 시민사회의 새로운 싹이 다시 움트기를 기원한다. 대한민국의 민주주의와 선진화를 위하여다.

경실련에 대한 바람 (조직, 정책 노선 등)

지난 20년간 우리나라에서는 경실련을 시작으로 여러 시민운동단체들이 등장하기 시작하였다. 참여연대, 환경운동연합 등등이 조직되고 많은 활동을 하게 되었다. 그리고 사회적 영향력도 커졌다. 그런데 큰 문제가 발생하였다. [시민운동의 정치화(政治化) 내지 이념화(理念化)] 경향이다. 이것이 사실 대한민국의 시민운동을 망쳤다고 본다. 참여연대, 환경연합 등 전국조직을 가진 시민단체들이 소위 좌파적 혹은 진보적 정당 내지 정권과 연대하기 시작하였다. 본래 시민운동은 특정 이념을 지향하는 운동이 아니다. 공동선이라는 가치를 지향하는 운동이다. 그런데 시민운동에서 이런 가치 지향성이 사라지고 그 대신 권력 지향성 내지 이익 지향성이 강해지기 시작한다. 그러면 더 이상 시민운동이 아니라 정치운동이 되어 버린다. 더 나아가 이들 시민단체는 소위 좌파 내지 진보정권의 시기에 권력과 결탁한 기득권 세력이 되기 시작하였다. 이러한 와중에 경실련의 잘한 것과 부족한 것을 생각한다. 잘한 것은 비교적 다른 단체와는 달리 정치의 유혹에 휩쓸리지 아니했다는 것이다. 특정이념이나 현실적 이익보다 가치와 원칙을 지키는 정직한 시민운동을 하려고 노력했다는 이야기이다. 정치의 바람에 휘둘리지 아니했다는 것은 아주 잘 한 일이다.

그런데 한 가지 부족한 일은 여와 야, 진보와 보수 등에 신경을 쓰지 말고, 국민적 시민적 과제에 대하여 공동선의 입장에서 옳은 답을 구하여 소신을 가지고 확실하게 주장하고 나서야 했다. 내가 보기에 그 점이 약했던 것 같다. 사회적으로 보다 적극적인 시민단체의 발언이 필요한 경우에도 경실련의 발언이 보이지 않는 경우가 많았다. 물론 때로는 적극적으로 발언을 하여도 언론이 잘 실어주지 않는 경우도 있었다. 그러나 그 점을 감안하여도 최근 수년간 경실련의 활동이 크게 돋보이지 아니했다. 두 가지 이유 중 하나는 정치적 휩쓸림에 빠지지 아니하려고 하다가 자연 발언과 행동이 소극적이 되었을 가능성이고 다른 하나는 그 동안 국민적 시민적 과제에 대한 관심과 심층적 연구가 부족하였을 수도 있다. 그 어느 경우든 우리는 철저히 반성해야 한다.

나는 경실련의 연구결과나 입장표명이 정부에게 유리하냐 불리하냐, 혹은 속칭 진보적 결론인가 보수적 결론인가 등에 신경을 쓰지 않는 것이 옳다고 생각한다. 오로지 그 분야의 이론적 전문가와 현장 전문가들이 모여 머리를 맞대고 찾은 정답이라면 이를 확실하게 주장하여야 한다. [지적 정직성]이 가장 중요하다고 본다. 그래서 경실련의 주장은 항상 국익과 공익이라는 [공동선을 위한 최선과 최고의 정답]이 되어야 한다. 그 결론이 특정의 정파에 유리하냐 불리하냐는 전혀 문제가 되어서는 아니된다고 생각한다. 그러면 거기서부터 모든 문제가 풀리기 시작한다.

한 가지 더 부탁한다면 이제 경실련은 보다 본격적으로 시민 속으로 더 들어가는 것이 좋다고 본다. 시민들의 일상 속으로, 그리고 시민들이 살고 있는 지역사회의 삶 속으로 들어가야 한다. 그래서 그 곳에서 새로운 이슈를 발견하고 그들과 함께 그 문제들을 풀어 나가는 노력을 보다 강화하여야 한다고 생각한다. [작은 풀뿌리 운동]들을 보다 많이 할수록 좋다고 본다. 나는 앞으로 우리나라의 시민운동이 새롭게 거듭나기 위하여 다시 풀뿌리 운동으로 돌아가야 하고 거기서부터 다시 출발하여야 한다고 생각한다. 그래야 거기서 새로운 싹이 나올 것이다.

이상을 요약하면 경실련은 정책연구의 질을 높일 것, 그리고 정책대안을 주장하는 더 대담해야 할 것이고 시민과 지역사회의 일상으로 깊이 들어가 거기서 새로운 이슈를 찾을 것이다. 경실련의 무한발전을 기원한다.

한선재단 8주년 기념 격려사[7]

중국의 양계초가 조선이 망한 것은 '일본 때문이 아니라 스스로 망한 것이다. 국가 리더십 때문에 망했다. 부패, 가렴주구, 분열, 목표상실 때문에 망했다'고 하였다.

내가 보기에 나라가 흥하는 것도 내부요인이 일차적 요인이다. 우리 대한민국의 미래가 어찌 될 것인가? 선진화를 해 낼 것인가? 통일에 성공할 것인가? 이 모두가 사실은 우리에게 달려 있다. 우리나라가 흥해도 우리 때문에 흥할 것이고, 어려워지는 것도 우리 때문에 어려워 질 것이다.

지금 우리나라는 위기적 상황에 있다. 국정표류와 국민불안이 심하다. 왜 이렇게 되었는가? 그 가장 큰 이유는 국가가 목표를 상실했기 때문이다. 왜 대한민국이어야 하는가? 대한민국이란 나라는 어떠한 나라이어야 하는가? 대한민국의 비전과 이상, 꿈과 목표가 무엇인가가 안 보인다. 그러니 대한민국이 가지는 의미와 가치가 표류하고 있다.

지난 70여 년간 건국과 산업화와 민주화까지 우리나라는 시대별로 공동의 꿈, 모두가 공유하는 목표와 이상이 있었다. 대한민국의 가치와 의미가

---

[7] 2014년 9월 4일 한반도선진화재단 창립 8주년 기념식의 격려사임.

있었다. 그런데 21세기 들어와 우리사회 일각에서 21세기 대한민국의 국가목표로 선진화를 주장했고 통일을 주장했지만 정치권이 이것을 자기 목표로 체화하지 못했다. 새로운 비전으로 국민들을 설득하지도 리드하지도 못했다.

그러면서 정치권도 국민도 모두가 목표 없이 가치와 의미 없이, 너 나 할 것 없이 막 살기 시작했다. 그러니 물질과 권력추구 뿐이었다. 그것이 분열과 대립과 혼란을 가져왔다. 공동의 이상, 꿈, 목표가 없으니 공동의 가치와 의미를 가질 수 없고, 따라서 파편화된 개인들의 욕심과 억지와 고집 만이 난무하게 되었다. 대한민국이란 국가공동체에 공동의 가치와 목표가 없어졌으니, 이 사회에 연대도 신뢰도 행복도 없어지게 되었다.

한반도선진화재단은 왜 존재해야 하는가? 존재의미와 가치 그리고 목표가 무엇인가? 이것을 항상 생각해야 한다고 본다.

한선재단의 목적·비전·존재 이유는 첫째는 선진과 통일이라는 국가비전과 목표를 세워 대한민국이 공동의 목표를 그래서 공동의 가치와 의미를 가질 수 있도록 만드는 일이다. 한마디로 '국가 목적성'과 국가의 '가치 공동체성'의 회복을 도모하는 일이다. 둘째는 21세기 한반도의 선진과 통일을 이루어 내기 위한 구체적 '국가개조의 전략'을 세우고 이를 중심으로 사회적 공론/정론을 창출해 내는 일이다. 선공후사(先公後私)와 애민애족(愛民愛族)의 선비정신을 가진 선비 학자, 선비 공직자, 선비 기업인, 선비 노동자, 선비 언론인, 선비 문화인 등등이 모여 국시(國是)와 공론(公論)을 세우는 일을 하는 곳이 한선재단이어야 한다.

지금 대한민국은 4대 위기에 봉착해 있다. 그래서 국민들이 국가개조를 기다리고 있다.

(1) 안보와 통일의 위기이다. 우리는 이 나라를 과연 제대로 지켜내고

통일의 시대를 열수 있는가?

(2) 민주주의의 위기이다. 민주주의의 천민화와 포퓰리즘화를 막고 우리 정치가 과연 국가이익을 지킬 수 있는가? 우리의 민주주의가 과연 민본(民本)과 위민(爲民)을 해 낼 수 있는가? 중장기 국익/공익을 실현시킬 수 있는가?

(3) 세계화의 위기이다. 구조적 저성장과 분배 양극화를 극복할 전략이 무엇인가?

(4) 국민정신 · 국민윤리의 위기이다. 지금의 에토스(ethos), 지금의 정신자본(mental-capital)을 가지고 과연 선진화와 통일을 해 낼 수 있는가?

선진화와 통일이라는 국가비전 목표를 확실히 제시하고 이 4가지 위기 각각에 대하여 공론/정론을 세워야 한다. 그래서 선진통일과 국가개조의 길을 밝혀야 한다. 나는 한선재단이 항상 '21세기 민간 집현전(民間 集賢殿)'이 되기를 희망해 왔고 지금도 기대하고 있다. 우리의 능력보다 밖의 기대가 많다. 더욱 분발하여야 한다. 두 가지 마음이 필요하다.

하나는 국가개조의 공론을 세울 때 도덕경에 나오는 '이천하 관천하(以天下 觀天下)' 즉 사심을 버리고 천하의 마음 즉 백성의 마음을 항상 살피며 이를 기준으로 공론을 세우고 의견을 제시하여야 한다. 그래서 무엇보다 사심이 없어야 한다. 그래서 옛날부터 선비/호걸은 고개를 돌리면 신선이 된다고도 했고 내불외유(內佛外儒)라고도 했다.

다른 하나는 역사의식이다. 우리가 가져야 할 역사의식을 가장 잘 표현한 것이 서산(西山)대사의 시이다

"하얀 눈이 온 밤에 깊은 산길을 홀로 가도 오랑캐처럼 걷지 마라. 누군가 뒤에 오는 사람이 이 발자국을 보면 자기의 길을 찾을지 모른지 않는가?"

오늘 여기에 한선재단을 사랑하는 분들이 많이 모였다. 한선재단의 정책위 기획위 여러분, 우리 모두는 항상 백성을 편안하게 해드리는 마음과 역사를 소중히 하는 마음을 가져야 한다고 생각한다. 어려운 속에서 그 동안 기여가 참 많았다. 그래서 앞으로 더욱 기대도 많다. 더욱 분발하고 대담해 주시길 바란다. 시대가 어려울수록 선비의 우국(憂國)의 병은 깊어지지만, 구국(救國)의 의지는 더욱 더 강해진다는 말이 있다. 우리 모두 참고할 이야기이다. 건승을 빈다.

part
4

위공(爲公)의 현실참여 보고서

선진통일건국연합 창립과 국민생각당(黨) 창당

선진통일건국연합 발기취지문[1]

한반도의 선진화와 통일을 위한 21세기 신민(新民)운동의 깃발을 높이 들며!

한반도는 지금 기로에 서 있습니다!

100년 전 신채호 선생은 근대화와 독립을 위해 '20세기 신(新)국민운동'의 필요성을 호소한 바 있습니다. 제국열강의 틈바구니에서 국가의 리더십이 획기적으로 변하고, 국민 또한 '신(新)국민'으로 새롭게 태어나지 않는다면 대한제국의 미래는 어두울 것이라는 경종이었습니다. 100년 후인 오늘날 한반도의 안팎의 환경은 100년 전과 매우 흡사합니다. 국가 리더십은 흔들리고 국민들은 분열하고 불안하고 동요하고 있습니다. 과연 한반도가 21세기 국가와 민족의 과제인 '선진화와 통일'을 이룩하여 21세기 신동북아의 시대를 열고 세계중심국가로 우뚝 설 수 있을 것인가? 아니면 선진화의 문턱에서 좌절하고 통일에 실패할 것인가? 중차대한 기로에 서있습니다. 만일 통일에 실패하여 새로운 분단이 시작되면 동북아는

---

[1] 2010년 11월 23일 선진통일건국연합 발기인대회에서 채택된 발기취지문임.

새로운 갈등과 대립이라는 신(新)냉전의 시대로 들어가고 우리의 선진국 진입도 실패할 것입니다.

위기는 내부에 있으며 국민대통합이 절실합니다!

시대와 세계의 시대의 변화를 보지 못하고 당리당략에 젖어 낡은 정치만을 과잉 생산해내는 정치권, 국가정책의 원칙과 일관성을 지키지 못하고 인기영합적인 포퓰리즘의 덫에 걸린 정부, 국민통합보다는 오히려 사회갈등을 부추기는 일부 시민사회 및 전문가집단, 공동체와 타인을 배려하고 존중하는 선진국 일류시민에 못 미치는 우리의 국민의식 등 국가발전과 민족의 도약을 가로막는 장애들이 너무 많습니다. 이들을 바로잡지 않고서는 대한민국의 미래는 없습니다. 이를 위하여 가장 시급한 것이 지역·이념·계층·세대·종교를 뛰어 넘는 국민대통합입니다. 이러한 국민대통합을 반드시 이루어 내어 국가목표와 비전 그리고 국가전략에 대한 국민적 합의와 지지를 이끌어 내야 합니다.

우리의 결단에 따라 한반도의 미래가 바뀝니다!

선진화와 통일은 국민 모두가 변하고 힘을 모을 때만 가능합니다. 새로운 리더십의 창출과 국민의 가치관 및 의식을 변화시켜내는 일이 시급합니다. 자원이 부족한 반도국가, 대한민국을 업그레이드하기 위한 유일한 길은 우리 스스로를 새롭게 일신(一新)하는, 즉 신민(新民)하는 것입니다. 낡은 제도와 관행과 의식, 그리고 물질주의와 이기주의를 혁파하는 대대적인 '국가개조(國家改造)' 작업이 필요한 때입니다. 제도혁명과 도덕혁명이 함께 일어나야 합니다. 이 모든 것이 우리 스스로의 결단에 달려 있습니다.

선진화 정책운동의 경험을 바탕으로 이제 국민운동의 깃발을 높이 듭니다!

나라 전체가 변하지 않고서는 선진화와 통일은 없다는 절박한 심정으로 새로운 국민운동의 깃발을 올립니다. 우리는 대한민국 건국과 산업화 그리고 민주화의 성과를 이어받아 선진화와 통일을 위한 '21세기 신민(新民)운동'을 전개해 나갈 것입니다. 우리는 선진화와 통일을 염원하는 국민의 뜻을 한데 모아 새로운 대한민국을 재창조해 나갈 것입니다. 제도와 의식을 함께 바꾸는 국민운동을 전개해 나갈 것입니다.

선진화와 통일을 위한 국민운동은 공동체자유주의를 바탕으로 합니다!

우리는 인류발전과 개인의 행복은 개개인의 인격적 존엄, 그리고 개개인의 자유와 창의에서 온다고 주장하는 '자유주의'를 옹호합니다. 나아가 자유주의가 발전하고 지속가능하기 위해서는 반드시 개개인이 자기 각성에 기초하여 공동체의 가치와 연대를 자발적으로 소중히 해야 한다고 생각합니다. 사회공동체 · 역사공동체 · 자연공동체를 소중히 하는 자유주의! 이것이 바로 '공동체자유주의'이고, 이것이 선진화와 통일의 기본철학이 되어야 한다고 생각합니다. 또한 우리가 지향하는 21세기 한반도의 모습인 창조국가 · 조화사회 · 통일한국의 기본이념이 되어야 한다고 생각합니다.

우리는 선진화와 통일을 위해 다음과 같은 사업을 강력히 추진하겠습니다!

하나, '한국판 노블리스 오블리주' 공동체운동을 전개해 나갈 것입니다. 21세기 대한민국의 도덕재무장 운동입니다. 모든 국민이 각자의 소질과 능력을 가지고 적극 참여하고 솔선수범하는 공동체의식과 연대의 강화운동을 펼칠 것입니다.

하나, 선진화를 위한 정책운동선진화와 통일을 위한 올바른 국가전략과 정책방향을 토론하고 공론화하는 국가전략 국민대토론회를 전국적으로 개최해 나갈 것입니다. 그리고 중요한 국가 사회적 현안에 대해서는 실천적 대안을 제시하면서 우리의 입장을 밝혀 나갈 것입니다.

하나, 국가경영형 가치(價値)정치를 위한 개혁운동
당리당략과 포퓰리즘을 떨치고 권력지향의 정치에서 국가경영의 정치로, 이익지향의 정치에서 가치지향의 정치로 바꿀 수 있는 새로운 '정치제도와 문화의 틀'을 제시할 것입니다. 그리고 새로운 선진통일의 국가리더십과 선진시민을 창출하기 위해 정치지도자교육과 민주시민교육의 강화를 주요사업으로 설정하고 이를 앞장서 프로그램화하고 제도화 해 나갈 것입니다.

하나, 한반도선진화통일운동
자유민주주의 시장경제·법치주의·민족자결주의·세계평화주의에 입각한 한반도 통일시대를 앞당기기 위해, 선진적인 통일운동을 전개해 나갈 것입니다. 통일비전 제시, 통일과정에 대한 정책적 준비, 신 동북아시대를 열 준비, 이웃 4강에 대한 설득, 국민적 합의 도출, 북한 동포에 대한 인도적 지원, 개혁개방 노력에 대한 협력 등을 보다 강화하고 조직화해 나갈 것입니다.

모두가 한 마음으로 새로운 역사창조를 향하여 함께 나아갑시다!

뭉치면 살고 흩어지면 죽는다는 말이 있습니다. 한반도는 분명 중대한 역사적 전환점에 서 있습니다. 우리는 지금 확고한 국가비전을 가지고 국민화합과 국민대통합을 이루어 내야 합니다. 그리고 이에 기초하여 선진화와 통일이라는 민족의 대업을 반드시 성취해야 합니다. 그래서 100년 후 후손들이 자랑할 수 있는 빛나는 역사를 남겨주어야 합니다.

여러분! 선진과 통일을 위한 21세기 신민(新民)운동, 새로운 역사의 주체세력을 형성하는 운동에 적극 지지 동참해 주시기를 호소 드립니다.

선진통일건국연합 국민통일선언문[2]

통일인가, 새로운 분단인가? 지금, 우리 대한민국은 국가와 민족의 명운을 결정하는 역사적 갈림길에 서 있다. 또 다시 우리는 강대국의 패권질서 속에서 변방속국의 오욕의 역사로 회귀할 것인가, 그리하여 통일에 실패하고 새로운 한반도 분단을 허용할 것인가 아니면, 우리의 결단과 단결로, 강대국의 지배와 개입 속에 세계변방국가로 살아온 지난 2000년의 고난의 역사를 끝장낼 것인가? 그리하여 통일에 성공하여 21세기 세계중심국가로 세계 일등국가로 새롭게 태어나 인류의 번영과 평화에 공헌할 것인가? 앞으로 5~10년 사이 우리의 결단이 우리의 후손과 동아시아 100년의 미래 역사를 결정할 것이다.

1945년 해방 이후 대한민국의 현대사는, 각종고난과 시련 속에서도 성공과 승리의 역사였다. 우리는 건국과 호국, 그리고 산업화와 민주화를 성공시켜 세계 역사상 유례가 없는 국가도약을 이루어냈다. 그러나 불행

---

[2] 선진통일건국연합은 2010년 11월 23일 발기인대회 개최, 그 후의 선진통일리더십 과정 개설과 지역별 창립대회, 정관 확정, 상임의장 선출 등의 과정을 거쳐 2011년 6월 6일 창립대회를 개최함. 이 글은 창립대회에서 낭독되었음.

히도 대한민국은 민족과 영토와 체제의 3중 분단 아래 심화된 남남갈등과 남북대결로 인하여 명실상부한 선진국 대열로, 세계중심국가로 진입하지 못하고 있다.

이제, 우리는 통일을 향한 결단을 내려야 한다. 식민지시대와 분단시대의 100년을 마감하고 '선진통일한국'을 창조하여, 한반도와 동북아에 새로운 역사의 장을 펼치기 위한 용단을 내려야 한다.

우리가 추구해야 할 통일은 단순히 분단 이전으로 돌아가는 통일, 남과 북간의 장벽만을 허무는 '재(再)통일(reunification)'이 결코 아니다. 남한의 자유민주주의와 북한의 수령독재체제를 접목하는 '제3의 길'로의 통일은 더더욱 아니다.

한반도 통일은 인간의 존엄과 자유의 존중을 기본으로 공동체적 가치와 연대를 소중히 하는 '공동체자유주의'의 방향에서 추진되고 성취되어야한다. 한반도 통일은 자유와 공동체를 중시하는 '새로운 통일국가의 창조'와 '새로운 통일국민의 탄생'을 목표로 하는 '신(新)통일(new unification)'이어야 한다. 8천만 우리 국민이 주인이 되어 한반도에 [자유와 민주주의, 시장경제, 법치주의, 열린 민족자결주의, 세계평화주의]를 실현하는 '선진통일한국 창조'의 대역사(大役事)인 것이다.

한반도 통일은 무한의 가치가 있다. 무엇보다 먼저 통일은, 북녘동포들을 굶주림과 질병, 정치폭압과 인권유린으로부터 해방시키고 그들에게 자유와 행복을 안겨줄 것이다. 또한 한반도 통일은 민족의 자긍심을 회복하고 민족의 정기와 기상을 드높이어 새로운 '한민족 융성의 시대'를 열게 할 것이다. 더 나아가 한반도통일은 한반도가 만주와 극동시베리아와 함께 발전하며 새로운 번영과 평화의 '신(新)동북아시대'를 창조하게 될 것이다. 우리의 통일은 통일한반도를 21세기 아시아시대 '자유·평화·번영'의 새로운 중심으로, 그리고 세계중심국가로 우뚝 서게 할 것이다.

이제, 우리는 민족웅비와 국가웅비의 출발점이 될 통일을 위해 무엇부터 해야 할 것인가? 무엇보다 먼저, 우리 국민 모두는 뜨거운 통일 열정과 올바른 통일사상을 가져야 한다. 북녘동포들을 억압과 굶주림의 고통으로부터 해방시키겠다는, 그리고 선진통일의 세계중심국가를 창조하겠다는 강고한 의지와 열정을 가져야 한다.

통일의 진정한 장애는 우리 내부의 분열과 혼란에 있을 뿐, 더 이상 우리 바깥에 있지 않다. 국민적 합의를 바탕으로 통일을 최고의 국가목표로 정하고, 올바른 통일사상을 중심으로 국민대 통합을 이루어나가야 한다. 1945년 해방이 도둑처럼 찾아왔지만 광복을 대비하지 않아 남북분단을 초래했다. 통일의 기회가 갑작스럽게 닥칠 때를 능동적으로 대비하고 있어야 한다. 정부와 기업 그리고 시민사회가 모든 분야에서 만반의 준비를 갖추어야 한다. 또한 평화통일을 원한다면 안보에 빈틈이 없어야 한다. 한반도에는 6·25전쟁도 냉전도 아직 끝나지 않았다. 철통같은 안보역량의 강화와 통일에 대한 적극적 준비만이 한반도의 평화통일을 담보할 것이다.

통일은 우리의 힘으로 자주적으로 추진해야 한다. 이를 위해 우리의 정신적·경제적·군사적 통일역량을 크게 강화해야 한다.

이와 함께 국제사회의 지지와 협력을 적극 이끌어내는 통일외교의 노력 또한 매우 중요하다. 국민과 정부가 하나가 되어 한반도 통일의 미래상과 비전을 제시하고, 통일이 이웃나라 이웃국민들 모두에게 이익이 된다는 것을, 그리고 한반도 통일이 동북아시아의 평화와 번영을 위해 반드시 필요하다는 것을 적극 설득해야 한다.

아울러 북녘동포들에게 자유, 평화, 번영의 메시지를 끊임없이 전달해야 한다. 북녘동포들에게 대한민국의 실상과 자유세계를 올바르게 이해할 수 있게 하며, 한반도 통일의 꿈과 희망을 전달해야 한다. 우리 국민의 동포애와 통일에 대한 열정과 의지를 느끼게 해야 한다. 과거의 잘잘못을 묻지 말고 새로운 미래로 함께 나아갈 것을 설득해야 한다. 그래서 북한에도 우리와 함께 통일의 시대를 열 '선진통일세력'이 등장하도록 적극 지원해야 한다.

통일은 내일의 일이 아니다. 우리의 선택사항도 아니다. 통일은 역사의 대의(大義)이며, 한민족의 시대적 소명이다. 지금 우리가 통일을 주체적으로 주도하지 않으면, 새로운 분단의 사슬이 영원히 우리 한반도를 짓누를 것이다. 그러면 한민족의 미래는 없다! 한반도 선진화의 꿈도, 동북아 중심국가 세계일등국가의 꿈도 모두 사라진다.

오늘 우리는 한반도 선진통일의 대장정에 나서는 역사적 출발점에 서 있다. 100년 후 우리 후손들에게 자존과 자긍의 선진통일조국을 물려주겠다는 담대하고 결연한 의지를 다지기 위해 이 자리에 모였다.

아! 통일의 시대가 다가오고 있다.

우리 모두 한반도의 선진화와 통일을 향한 21세기 신(新)국민운동의 깃발을 높이 들고 나가자!

우리 모두 '선진통일한국'을 창조하는 그날까지 피와 눈물과 땀을 바쳐 통일운동에 헌신할 것임을 세계만방에 고(告)하고자 한다!

애국애족의 선열들이여, 세계의 양심이여, 우리를 외호(外護)하소서!

[선진통일 5대 실천강령]

하나, 우리는 올바른 통일사상을 학습하고 국민의 통일의지와 정신과 열정을 드높이는 [국민 통일학습공동체 운동]을 전개한다.

하나, 우리는 [21세기 만민공동회의]를 조직하여 지역 이념 세대를 뛰어넘는 [국민통일대헌장]을 함께 만들어 나감으로써 선진통일을 위한 [국론통일 국민대통합 운동]에 앞장선다.

하나, 우리는 모든 국민이 참여하는 [통일기금 모금운동]을 전개한다.

하나, 우리는 탈북동포들과 함께 [통일지도자양성계획]을 실천하고, 북한동포와 해외동포가 함께 참여하는 [선진통일 글로벌 네트워크]를 조직한다.

하나, 우리는 이웃나라 국민들에게 한반도 통일이 [신동북아의 번영과 영구평화]에 공헌함을 적극 설득해나간다.

대한민국이 가야 할 길[3]

우리는 어디로 가야 하는가?

대한민국은 어디로 가고 있는가? 아니 어디로 가야 하는가? 그러기 위하여 우리는 지금 어떠한 문제들을 풀어야 하고, 이 문제를 풀기 위하여 어떠한 방향으로 어떻게 국력을 모아야 하는가? 이 문제의식은 결국 다음과 같은 3가지 문제로 정리될 수 있다. 첫째, 대한민국의 국가목표 국가비전은 무엇이어야 하는가? 둘째, 그 국가목표를 달성하기 위하여 풀어야 할 시급한 국가과제는 무엇인가? 셋째, 그 국가과제를 풀기 위하여 우리는 어떠한 국가전략을 세워나가야 하는가?

21세기 대한민국의 국가비전 내지 국가목표는 [선진화와 통일]이라고 생각한다. 대한민국을 모든 분야에서 세계 2등 국가에서 [세계 상등국가]로 만드는 것이다. 그리고 분단을 끝내고 통일한반도를 이루어 내는 것이다. 그리하여 동북아에 우뚝 선 [세계중심일류국가]가 되는 것이 21세기 대한민국의 꿈이다. 우리는 고구려멸망 이후 청일전쟁까지 1500년 정

---

[3] 2011년 11월 8일 한반도선진화재단이 주최한 "무너진 한국정치, 어떻게 살리나:시대를 선도하는 가치정당 필요"라는 제목의 심포지엄에서 발표한 기조발제문임.

도 중국의 변방국가로 살아 왔다. 그 이후는 일본의 변방으로 그리고는 미국과 소련의 변방으로 살아 왔다. 선진화와 통일을 이루어 더 이상 세계변방국가가 아닌 [세계 중심국가]로 도약해야 한다. 이것이 우리의 꿈이다. 그래야 이 한반도 위에 [홍익인간의 행복공동체]가 등장하게 된다.

시급한 국가과제는 어떠한 것들이 있는가

첫째가 [통일의 문제]이다.

현재 진행되고 있는 동아시아의 질서변화와 북한의 체제변화를 어떻게 한반도 통일의 시대를 여는 방향으로 이끌고 갈 것인가? 지금으로선 분단의 고착화 내지 새로운 분단의 위험이 높아지고 있다. 그래서 어떻게 하여 새로운 분단이 아니라 민족 도약의 통일의 시대를 열 것인가? 이것이 국운을 좌우하는 국가과제이다. 만일 지금 빠르게 다가오는 통일의 기회를 잃게 되면 통일은 물론 대한민국의 선진화도 불가능하게 되어 우리는 분단3류 국가로 전락할 것이고 역사에 천추의 한을 남길 것이다.

둘째는 [신 성장동력의 문제]이다.

지금까지 후진국에서 중진국까지 올라 올 때와는 크게 다른 새로운 비교우위(comparative advantage) 부문, 즉 신 성장부문을 창출하여야 한다. 이 부분이 안되면 선진화의 경제적 기초도 어렵고 현재 시급히 요구되는 일자리 창출도 이루어지지 않는다. 이와 관련하여 가장 중요한 두 가지 정책과제가 있다. 하나는 [교육개혁]이고 다른 하나는 [도시혁신]이다. 1995

년 [5·31교육개혁]을 보완 발전시킨 제2의 교육개혁이 필요하고, 도시 특히 지방도시 발전전략은 지금까지와는 180도 달라져야 한다.

셋째는 신 복지사회 즉 [안민사회(安民社會)의 구축] 문제이다.

21세기 복지는 늘어나는 각종 사회 경제 위험(실업·질병·노령·가족해체·정보격차 등)을 최소화하는 안심사회 내지 안민사회의 구축에 있다. 21세기에는 두 가지가 변화하고 있다. 우선 고용의 패턴과 구조가 장기고용에서 단기로, 정규고용에서 유연고용으로 [고용체계] 자체가 변화하고 있다. 그리고 다른 하나는 인구의 고령화가 급속히 진행되고 있다. 따라서 이러한 변화 속에서 증가하는 각종 사회적 경제적 위험을 최소화하는 [고용·훈련·복지의 황금의 3각망]을 21세기에 맞게 새롭게 구축해야 한다. 그래야 21세기 안심사회 내지 안민사회를 실현할 수 있다.

넷째는 [국민통합]이다.

현재와 같은 이념분열, 지역분열, 세대분열, 계층분열을 이대로 두고는 대한민국의 선진화도 통일도 불가능하다. 서로 다른 것들이 모여 협력공생하며 새로운 것을 만들어 나가는 것이 발전이다. 그런데 서로 다른 것들이 모여 각자 자기주장을 절대화하면서 대립 갈등만 하면 새로운 것은 창조되지 못하고 그 공동체는 결국 주저 앉게 된다. 서로 다른 것이 장점이 되는 사회는 발전하고 서로 다른 것이 단점이 되는 사회는 후퇴한다.

이러한 국가과제를 풀어야 하는데 대한민국이 국내외로 처한 환경은 간단하지 않다. 우선 세계의 권력 중심이 대서양에서 태평양으로 이동하고 있다. 아니 태평양을 넘어 아시아로 이동하고 있다. 그리고 세계권력이 미국중심의 일극(uni-polar)구조에서 빠르게 다극화(multi-polar)하고 있다. 아니 더 나아가 분권화하고 분사화하고 있다. 이제 국가뿐 아니라 지방정부도 기업도, 개인도 중요한 행위주체가 되고 있다. 그리고 중국의 미래가 인류의 평화와 발전, 그리고 우리의 통일문제 해결에 큰 의미를 가지는 데, 과연 중국이 앞으로 책임 있는 대국으로 평화적 굴기를 계속할 것인가, 아니면 패권적 전쟁국가로 돌아설 것인가도 실은 확실하지 않다.

다른 한편 금융의 세계화가 세계경제의 불안정성을 크게 높이고 있고 가속화하는 자원과 에너지 부족이 인류미래에 대한 불확실성을 함께 높이고 있다. 그러면서 자유민주주의가 과연 21세기 지속가능할 것인가에 대하여도 의문이 커지고 있다. 민주주의가 포퓰리즘과 결합하면서 재정위기가 국정실패를 결과하는 경향이 증가하기 때문이다. 여기에 SNS 시대가 밀려오면서 감성이 이성을, 아마추어가 프로를 밀어내는 경향까지 나타나고 있다.

한마디로 불확실성과 불안정성이 극히 높아지고 예측불가능성이 높아지는 21세기이다. 이러한 환경변화 속에서, 우리 대한민국은 통일과 선진화는 물론 국민통합도 해야 한다. 따라서 중요한 것이 종합적 국가전략이다. 이제 전략이 중요해지는 시대이다. 환경의 변화가 급격할수록 종합적이고 일관성 있는 국가전략이 나라의 성패를 결정한다.

그러면 누가 앞의 4가지 핵심국가과제를 제시하고 올바른 종합적 국가전략을 세워 이를 제대로 추진할 수 있을까? 그래서 대한민국의 선진화와 통일을 성공적으로 이루어 나갈 수 있을까? 과연 어느 세력이 어느 역사주체가 21세기 대한민국의 대업을 이루어 나갈 것인가?

구(舊)체제는 실패하고 있다.

우리나라는 1948년 국가수립 이후 산업화와 민주화를 성공적으로 이루어낸 자랑스러운 나라이다. 대한민국의 산업화와 민주화를 성공시킨 대한민국의 중심세력, 주류세력 – 산업화세력과 민주화세력 – 은 그 동안의 노력과 성과에 대하여 크게 찬사를 받아야 마땅하다. 그런데 21세기에 들어오면서 이 자랑스러운 대한민국의 역사를 이끌어 온 대한민국의 중심세력, 대한민국의 주류세력이 급속히 동요하고 자기 동력을 잃더니 최근에는 급속히 와해의 길로 들어가고 있다. 대한민국을 둘러 싼 역사의 새로운 도전은 안과 밖으로 많아지는데 그 역사의 격랑을 헤치고 나갈 역사의 주체는 한없이 약화되고 파편화되고 유동화되고 있다. 이것이 오늘날 대한민국에서 정당정치의 위기로 나타나고 있다.

정치일반에 대한 불신은 어제 오늘의 일이 아니지만 어떻게 해서 국민이 정당 정치 자체를 거부할 정도로 그 불신의 정도가 높아졌는가? 왜 이렇게 되었는가? 두 가지 이유가 있다고 본다.

하나는 우리 사회의 주류세력이 [국가가치(國家價値)]를 소홀히 했기 때문이다. [대한민국의 정체성과 정당성]을 바르게 계승 발전시키는 데 실패하였기 때문이다. 한 나라가 지향하는 가치, 소중히 하는 가치를 잃게 되면 그 나라는 정신적으로 해체하게 된다. 신채호 선생께서 이야기하셨듯이 [형식적 국가]는 존재하지만 [정신적 국가]는 사라지게 된다. 그러면 국가는 실패의 길로 들어선다.

대한민국이 소중히 하는 국가가치는 무엇인가? 자유민주주의, 시장경제, 법치주의, 세계 평화주의 등의 헌법적 가치가 아닌가? 또한 자주독립정신, 역사주인의식 그리고 애국애족의 마음이 그 아닌가? 한마디로 자유와 공동체, 그리고 나라사랑이다. 그런데 대한민국 역사의 중심세력, 이 사회의 주류세력들이 그 동안 얼마나 치열한 자유주의자로, 얼마나 헌신적인 공동체주의자로, 얼마나 자기희생의 애국애족자로 자기가치를 소중히 하여 왔는가? 이런 질문을 하지 않을 수 없다.

둘째 이유는 우리나라 정당정치에 공(公)이 없어졌기 때문이다. 정치에 [공(公)의 부재], [사(私)의 과잉]이 문제이다. 한마디로 우리 정치에 선공주의(先公主義)가 없어졌기 때문이다. 정당정치가 국가발전이나 민생안정이라는 공적 가치를 위해서가 아니라 정치인 개개인이 대통령이 되고 국회의원이 되기 위한 사적 이해관계를 위하여 존재하는 셈이 되었기 때문이다. 그래서 정당이 정치적 이념과 비전을 같이 하는 동지적 가치집단이 아니라 국회의원이 되기 위한 패거리의 붕당집단이 되었다.

그러니 정당정치에 국가경영은 없고 권력투쟁만 있다. 항상 무제한의 무한대결이다. 정당정치에 국가정책은 찾을 수 없고 선거공학만 난무한다. 그러니 국민들이 가장 고통스러워하는 취업문제 양극화문제 등 민생문제에 대한 책임있는 종합정책 구상이 전혀 나오지 않는다. 우선 선거에서 표가 되는 각종 인기영합적 포퓰리즘 정책만 요란하다. 참으로 무책임하기 짝이 없다. 국민들은 다 알고 있다. 정당정치가 이미 사물화(私物化)되고 소수 정치지도자들에게 사유화(私有化) 되어있다는 사실을 잘 알고 있다. 그러니 정치에 대하여 좌절할 수 밖에 없고 정당을 거절할 수 밖에 없다.

대한민국의 선진화와 통일을 이루어 내기 위하여 올바른 국가전략을 세우고 국가과제를 바르게 풀어 나가야 할 역사의 신(新)주체가 나와야 한다. 그런데 오늘 대한민국의 정당정치가 이러한 역사적 사명을 외면하고 스스로 자기부정의 길로 들어선다면 결국 우리 국민은 새로운 역사주체,

새로운 정치주체를 만드는 일을 시작하지 않을 수 없게 된다.

한반도 역사도약을 위한 신(新)정치

선진과 통일의 시대를 열기 위해서는, 한반도 위에 [홍익인간의 행복공동체]를 만들기 위해서는 새로운 역사주체 새로운 정치주체가 우리사회에 나와야 한다. 그리고 이 새로운 정치주체의 이념은 공동체를 소중히 하는 자유주의가 되어야 할 것이다. 즉 [공동체자유주의]여야 할 것이다. 여기서 공동체는 [사회공동체] [역사공동체] 그리고 [자연공동체]가 다 포함해야 한다. 이웃에 대한 섬김과 나눔, 역사에 대한 존중과 자긍심, 생태계에 대한 배려와 경외를 가지는 자유주의, 즉 공동체를 사랑하는 그러면서도 개개인의 존엄과 창의와 자유를 존중하는 자유주의를 해야 한다.

이러한 공동체자유주의를 실현하기 위해서는 소위 [개혁적 보수]와 [합리적 진보]를 모두 묶어야 한다. 극단적 입장만을 빼고는 모두가 대동단결해야 한다. 그래서 선진통일세력, [홍익인간의 선진통일 행복세력]을 만들어야 한다. 현재와 같은 분열과 갈등과 대립을 이대로 두고는 국가발전은 커녕 국민행복도 불가능하다. 반드시 개혁보수와 합리진보가 대동단결하여야 대한민국의 국민통합도 선진화도, 나아가 통일도 성공할 수 있다.

오늘날과 같은 21세기 초(超) 세계화시대, 초(超) 정보화시대 국가를 발전시키고 국민을 행복하게 만들 국가정책에는 이미 어느 정도 정답이 나와 있다. 좌파와 우파, 진보와 보수 사이에 큰 차이가 있을 수 없다. 선진화를 위해선 성장도 복지도, 발전도 형평도 모두 중요한 것이다. 통일을 위해선 친미도 친중도 온건도 강경도 모두 중요한 것이다. 양자택일의 문제가 아니라 어떻게 그 나라와 그 상황에 맞게 두 가지를 잘 종합하고 조화하는가의 문제이다. 이 효율적인 종합과 공정한 조화를 위해 반드시 국민통합을 이루어 내야 하고 국민통합을 통해 집단지혜를 동원해 내야 한다.

한반도의 역사도약을 위하여 등장하는 새로운 역사주체, 새로운 정치주체를 만들어 내야 할 정치조직은 다음의 5가지 특징을 가져야 한다고 생각한다.

첫째, 비전조직이고 가치조직이어야 한다. 대한민국의 국가비전과 국가가치를 제시하고 이 비전과 가치에 동의하는 사람들이 모인 가치조직이어야 한다.

둘째, 국가전략과 국가정책을 가진 조직이어야 한다. 국가비전과 국가가치를 실현하기 위한 종합적 체계적 국가전략을 제시할 수 있고 각 부문별 국가정책이 준비된 조직이어야 한다.

셋째, 국민대통합을 위한 조직이어야 한다. 조직의 제1차적 목적을 국민대통합에 두어야 할 뿐 아니라, 조직구성에서도 상이한 이념 지역 세대 계층이 모두 참여하는 조직이어야 한다.

넷째, 네트워크(NETWORK)형 회원 중심의 열린 조직이어야 한다. 더 이상 권위적·수직적 상하조직이 아니라 수평적·상호적 소통과 교류가 활발하고 상황변화에 대응력이 높고 유연성이 높은 항상 열려 있는

Network 형 조직이어야 한다. 그리고 회원이 중심이 되는 조직이어야 한다. 앞으로 국민과 정부는 협치(協治)해야 하고 여야의 정치지도자들은 공치(公治)해야 한다.

다섯째, 선공(先公)하는 진성(眞性)조직이어야 한다. 선진과 통일을 반드시 이루겠다는 구국과 보국에 뜻을 같이하는 평생 동지적 결사가 되어야 한다. 단순히 국회의원이 되기 위한 조직이어서는 아니 된다. 우리나라 정당정치에 대의(大義)와 공(公)을 살려 내는 조직이어야 한다.

신(新)체제인가 구(舊)체제인가? 개혁인가 수구인가?

이제 우리 앞에 두 가지 길이 있다. 구체제의 해체를 기다리는 길이 하나이고, 다른 하나는 적극적으로 신체제를 창조하는 일이다. 이율곡 선생께서 선조에게 올린 상소에서 다음과 같은 취지의 말씀을 하신 적이 있다. "이제 조선(朝鮮)은 다 낡은 집과 같습니다. 기와는 깨지고 기둥은 기울어지고 비는 줄줄 새고 바람이 사방에서 들어오고 있습니다. 이대로 두면 분명 망합니다. 그러니 한번 혼신의 노력으로 개혁을 해 봅시다. 개혁한다고 100% 성공한다는 보장은 없습니다. 그러나 이대로 앉아 망하는 것을 기다릴 수 없지 않습니까? 죽든 살든 모두가 힘을 모아 한번 개혁을 해 조선을 살려 봅시다."

지금까지 대한민국을 이끌어 온 주류세력은 그동안 대한민국의 산업화와 민주화를 위하여 혁혁한 공을 세워 왔다. 그러나 이제 선진화와 통일을 위해서 새로운 역사주체가 새로운 정치주체가 등장하여야 하는 시기이다. 지금까지의 산업화와 민주화의 성과와 전통을 이어 받아 발전적으로 계승하면서 이제는 선진화와 통일이라는 새로운 고지를 향하여 뛰어야 하는 시대이다. 이제는 우리 모두가 구(舊)체제에 대하여 [미워도 다시 한번]이 아니라 [뜨거운 안녕]을 해야 할 때 이다. 그리고 신체제를 만들기 위하여 모두가 구두끈을 다시 매야 할 때이다. 우리의 후손들에게 [홍익인간의 선진통일행복]의 시대를 물려주기 위한 것이다. 우리는 이것이 이 시대의 천명(天命)이라고 생각한다.

왜 대중도(大中道)인가?[4]

1. 무엇이 대(大)중도인가?

일반적으로 소(小)중도는 국민의 정치적 견해를 보수 진보 중도 혹은 좌 우 중도를 나눌 때의 중도가 소(小)중도이다. 그래서 소중도는 진보와 보수, 좌와 우 사이의 중간적 입장을 의미한다. 그러나 대(大)중도란 소(小)중도와는 다르다. 대(大)중도는 소(小)중도는 물론이고 보수와 진보, 좌와 우의 주장의 합리적인 부분을 모두 아우르고 포용하는 입장을 의미한다. 비합리적인 극우(極右)나 시대착오적인 극좌(極左)는 배제한다. 그러나 나머지 소위 개혁적 보수와 합리적 진보는 모두 아우르는 것이 대(大)중도이다.

대(大)중도의 중요한 특징은 우선 진보와 보수의 가치를 모두 소중히 생각하나 결코 절대화(絶對化)하지 않는다. 보수와 진보가 각자 자기의 가치를 절대화하면 상대의 주장을 죄악시하게 되어 극좌나 극우로 달려간다. 그러면서 폭력화한다. 그것은 크게 잘못된 길이다. 대(大)중도는 20세기적 좌와 우, 보수와 진보가 주장하던 자유냐 평등이냐, 시장이냐 국가

---

[4] 2011년 12월 5일 한반도선진화재단이 주최한 "시대의 요구에 답하다: 왜 대 중도정당인가?" 라는 제목의 세미나에서 발표한 글임.

냐, 성장이냐 복지냐, 발전이냐 환경이냐, 개인이냐 공동체냐, 세계냐 민족이냐, 동맹이냐 자주냐, 전문성이냐 대중성이냐 등등의 문제를 모두 상대적 가치 내지 상대적 진리의 문제로 본다. 어느 한편 만을 절대적 진리라고 보지 않는다. 그래서 대(大)중도의 입장은 자유냐 평등이냐의 문제가 선택의 문제가 되지 않고 자유도 평등도 포괄하는 조합과 융합의 문제가 된다. 그래서 시장도, 국가도, 성장도, 복지도, 개인도, 공동체도, 세계도, 민족도, 동맹도, 자주도 모두 중요한 가치, 그러나 절대적 가치가 아닌 상대적 가치가 된다. 그래서 좌와 우의 가치를 상대화하여 국가발전과 국리민복을 위하여 시대에 맞게(이를 時中이라고 한다) 적절히 조화하여 활용하는 것이, 환언하면 그 시대에 맞는 양자의 최적의 결합을 찾는 것이 대(大)중도의 입장이다. 이것이 바로 유가의 중용(中庸)의 정신이고 불가의 중도(中道)의 정신이고 도가의 대도(大道)의 정신이다. 그리고 기독교의 사랑이다.

대(大)중도는 좌와 우, 진보와 보수의 가치를 단순히 상대적 가치로 볼 뿐 아니라 그 관계를 상호 대립적이기 보다는 상호 보완적으로 본다. 따라서 상대의 주장을 올바로 이해하려고 노력한다. 그래서 좌는 우에서 배우고 우는 좌에서 배울 때 진정 훌륭한 좌가 되고 훌륭한 우가 된다고 생각한다. 보수가 진보의 주장을 무시하고 진보가 보수의 주장을 외면할 때 보수와 진보 모두가 후진보수 후진진보가 된다. 그래서 선진진보가 되고 선진보수가 되려면 반드시 상대의 주장을 잘 들어야 한다.(이것을 선청(善聽)이라고 한다)

그러면 좌와 우, 진보와 보수를 왜 절대화하지 않고 상대화 하는가? 그 이유는 좌와 우, 혹은 진보와 보수는 모두 인간의 생각의 산물, 즉 사고의 산물이기 때문이다. 우리 삶의 참 모습 그대로가 아니다. 실재의 논리가 아니라 사고의 논리이다. 사고는 실재가 아니다. 우리의 생생한 삶의 모습 속에는 좌와 우의 가치가, 진보와 보수의 가치가 서로 원융의 모습으로 나타난다. 예컨대 자유와 성장을 주장하는 보수와 평등과 복지를 주장하는 진보가 각각의 주장을 절대화 하여 상대를 완전 부정하면 반(反)생명, 비(非)진리가 되기 쉽다. 스스로 자기부정에 빠지게 된다. 왜냐하면 평등을 거부하는 자유는 오래 지속할 수 없기 때문이다. 또한 자유를 거부하는 평등은 결국 평등까지 잃게 된다. 마찬가지로 성장을 거부하는 복지는 지속가능하지 않다. 반면에 복지를 거부하는 성장은 복지도 성장도 모두 잃게 된다.

왜 그럴까? 인간은 본래가 독자적이면서 관계적 존재이기 때문이다. 우리의 생각과 사고의 영역에서는 자유와 평등이 나누어지고, 성장과 복지가 나누어지지만, 우리 삶의 실재의 영역에서는 항상 자유와 평등이 원융하고 있다. 성장과 복지는 함께 어우러져 있다. 그래서 자유와 평등은, 성장과 복지는 같은 것이라고 할 수도 없지만 서로 완전히 다른 것이라고 할 수도 없게 된다. 즉 불일이불이(不一而不異)가 된다. 그래서 구체적 삶 속에는 오로지 공생적 자유, 복지적 성장이 되어야 오래 간다. 즉 공동체 자유주의(communitarian liberalism)가 있을 뿐이다. 이러한 시각에서 진보와 보수, 좌와 우를 모두 상대적 공생적 관계로 이해하고 이들을 균형 조화하면서 최적의 정책결합을 찾아 국가발전과 국민행복의 방향으로 나가야 한다고 보는 것이 대(大)중도의 입장이다. 그러면 대(大)중도는 모든 가치를 상대적으로만 보는가? 아니다. 대 중도의 입장은 인간의 존엄과 자유 그리고 기본적 인권은 절대적 가치로 본다. 좌와 우, 진보와 보수의 주장은 모두 아우르지만 '자유와 독재'는 물론 '인권과 반(反)인권'은 함께 아우르지 않는다. 아니 아우르지 못한다. 대(大)중도는 많은 사상을 포용하지만 인간의 존엄과 가치를 부정하는 사상까지 포용하지는 않는다. 인간의 존엄과 가치를 부정하는 사상은 그 것이 좌파독재이든 우파독재이든 진보적 독재이든 보수적 독재이든, 이들 모두를 거부하고 이들과 단호히 투쟁하는 것이, 그래서 인간의 존엄과 가치를 드높이는 것이 대(大)중도의 입장이다.

다음의 문제는 구체적 국가정책의 수립에서 대(大)중도는 좌의 가치와 우의 가치를 어떻게 조화하고 균형시켜야 하는가? 예컨대 시장의 자유와 정부의 개입을 어떤 수준에서 적절하게 조화하고 균형시켜야 하는가? 그 시대 그 나라에 맞는 즉 소위 시중(時中)에 맞는 양자의 최적의 결합을 어떻게 만들어 내야 하는가의 문제가 등장 한다. 이 문제를 풀려면 그 나라가 처한 구체적 시대적 상황과 여건, 풀어야 할 국정과제의 우선순위, 그리고 중장기 국가목표 등을 종합적으로 감안하여 결정해야 한다. 다만 일반론을 이야기 한다면 다음과 같은 기준을 제시할 수 있다. (1) 어느 나라든 경제발전의 초기단계에는 그리고 (2) 그 나라의 경제규모가 작은 규모일수록 시장의 자유보다는 정부의 지도적 역할이 상대적으로 더 중요하다. 그러나 초기의 경제발전이 어느 정도 성공한 이후인 발전의 중기 내지 후기단계로 갈수록 그리고 그 나라의 경제규모가 크면 클수록 시장의 역할이 증대하고 정부의 역할은 줄어들어야 한다. 또한 분야로 나누어 보면 (3) 경제발전분야에는 시장의 역할이 그리고 사회발전분야에는 정부의 역할이 상대적으로 더 중요하다고 볼 수 있다. 물론 그 나라의 문화, 전통, 국민의식 등도 좌와 우의 최적 결합에 중요한 결정요인이 된다.

왜 지금 대(大) 중도인가?

우리사회에서 지금 왜 대(大)중도를 주장해야 하는가? 가장 큰 이유는 지금 우리나라 정당정치가 가지고 있는 구조적·문화적 한계 때문이다. 우리나라 정당정치는 지역패권과 이념패권에 기초해 있는 양당구조이다. 과거에는 지역패권에, 최근에는 지역과 이념패권 모두에 기생하며 권력투쟁을 하고 있는 양당구조이다. 따라서 갈등과 대립조장적이고 국론과 국민분열적이다. 여기에 승자독식(勝者獨食)의 정치문화가 가세되어 왔다. 그래서 현재의 기득권 양당제는 정치를 생사를 건 극한투쟁의 장으로 만들고 있다. 그러면 국가발전은 있을 수 없다. 국가비전과 국가전략을 소중히 하는 정치, 국가경영과 정책경쟁을 소중히 하는 정치는 원천적으로 불가능하게 된다. 오직 대권을 잡기 위한, 국회의원이 되기 위한, 생사를 건 극한적 권력투쟁 그리고 수단과 방법을 가리지 않는 천민적 선거공학 만이 모든 정치과정을 지배하게 된다. 그 결과는 정치실패이고 국정표류이고 나아가 심하면 국가실패까지 갈 수 있다.

과거에는 몰표를 얻기 위하여 지역을 볼모로 하여 왔으나 요즈음은 몰표를 얻기 위하여 이념을 볼모로 하고 있다. 시대착오적인 극우와 극좌의 주장을 배제한다면, 사실 보수와 진보, 좌와 우의 주장은 국가정책의 내용에서 서로 수렴되는 경향이 큰 것이 21세기의 특징이다. 21세기 세계화 정보화 시대 어느 나라가 성장을 무시하고 복지만 이야기 하는 나라가 있을 수 있는가? 또한 어느 나라가 복지를 외면하고 성장만 이야기 하는 나라가 있을 수 있는가?

시장이냐 정부냐 하는 논쟁도 마찬가지이다. 이제는 단순히 시장이냐 정부냐의 문제가 아니다. 21세기에는 우선 (1) 시장과 정부의 각자의 장단

점을 분석하여 각각의 올바른 역할과 비중을 정한 다음에 (2) 곧 어떻게 하면 시장의 단점을 줄여 [좋은 시장], 그리고 정부의 단점을 줄여 [좋은 정부]를 만드느냐의 문제도 함께 고민하면서 종합적 국가정책을 세워야 하는 시대이다. 이렇게 구체적으로 들어가면 정책전문가들이 보기에는 사실 좌와 우, 보수와 진보 사이에 큰 정책적 의견차이가 있을 수 없다. 내가 보기엔 대부분의 국가정책 과제에서 70~80% 정도는 좌와 우가 같은 의견으로 수렴되지 않을 수 없다. 나머지는 건강한 차이이고 이것은 시간이 가면서 정책의 성공과 실패를 보면서 수정 보완 할 수 있는 여지를 주기 때문에 오히려 바람직하다.

그런데 우리나라의 현재의 보수와 진보가 권력투쟁을 하는 현재의 기득권 양당구조는 오히려 좌와 우간의 정책수렴과 정책협조를 대단히 어렵게 하고 있다. 아니 불가능하게 하고 있다. 실제로는 크지도 않은 좌우 간의 정책차이를 필요 이상으로 과장하고 양극화하면서 이념을 볼모로 하여, 특정 이념집단의 목표를 얻는 전략에 치중하고 있기 때문이다. 그래서 현재의 기득권 양당구조는 모든 정책이슈를 양극화시켜 대화와 절충의 여지가 거의 없는 극단적 양자택일의 관계로 만든다. 성장이냐 복지냐, 친FTA냐 아니면 반FTA냐, 교육의 수월성이냐 형평성이냐, 친기업이냐 친노동이냐, 대북포용이냐, 대북봉쇄냐, 반미냐 등등으로 정책을 극단적으로 양분화 양극화시키고 있다. 그래서 상대를 악마로 그리고 자신은 천사로 이미지화하는 [이미지 양극화 전략]을 쓰면서 모든 정책논쟁을 극히 비합리적인 방향으로 몰고 가고 있다. 과거에는 지역감정을 대대적으로 조장하여 지역패권을 만들어 권력투쟁을 하는 기득권 양당구조였다면, 요즈음은 일반 국민들 사이에 막연히 들어 있는 — 아직 제대로 정리되지 않은 — 진보정서와 보수정서를 자극하고 조장하여 양극화하는 이념패권을 만들어 그것을 가지고 권력투쟁의 수단으로 쓰는 양당정치를 하고 있다.

이렇게 기득권 양당구조가 추진하는 [이념양극화 전략], [이미지 양극화 과정]에서 희생되는 것은 국가비전과 국가전략이고, 국가경영과 민생대책이다. 그것이 오늘날 우리 정치의 실상이다. 그런데 이미 앞에서도 강조하였지만 본래는 올바른 국가전략과 올바른 국가경영의 대부분은 일견 상이한 가치를 어떻게 잘 조화시켜 나가느냐에서 출발하는 것이다. 예컨대 경제성장을 적극적으로 추진하면서도 가능한 약자(弱者)의 복지가 빠르게 개선되는 방법을 찾는 것이 유능한 정부이다. 성장을 해도 과거처럼 고용이 빠르게 늘지 않는다고 성장전략을 포기하는 것은 유능한 정부가 아니다. 어떻게 해서든 고용창출력이 높은 성장전략을 찾아내는 것이 유능한 정부이다. 사실은 친미(親美)가 반드시 반중(反中)이 아니다. 그 반대도 마찬가지이다. 친미(親美)를 하면서도 친중(親中)을 하여 한반도통일의 기회의 문을 여는 것이 유능한 정치이다. 그리고 정책적으로는 친(親)기업이 반드시 반(反)노동자가 아니다. 그 반대로 친(親)노동이 반드시 반(反)기업이 아니다. 결국은 상이한 가치, 상이한 목표를 잘 조정하고 조화하여, 그 시대 그 나라의 실정에 맞게 합리적 정책 패키지를 만드는 것이 생산적 정치이고 유능한 정부이다.

그런데 지금의 기득권 양당구조는 국가발전과 국리민복을 위한 국가정책을 다루는 자리에서도, 이념패권을 볼모로 쓰기 위하여, 실제는 크지도 않는 정책의 차이를 침소봉대하고 양극화시키면서, 마치 [선과 악의 대결]처럼 만들어 국론분열 국민 분열에 앞장 서는 경우가 너무 많다. 이래서 어떻게 나라가 발전하겠는가? 어떻게 대한민국이 선진화와 통일을 이루겠는가? 더 비극적인 것은 이렇게 국민을 분열시키는 [기득권 양당제도]가 우리나라 정치문화에서 대단히 나쁜 전통의 하나인 [승자독식의 정치문화]와 깊이 결합되어 있다는 점이다. 이것이 우리나라의 정치발전을 더욱 막고 있다. 승자독식이란 양당제에 기초하여 한 당이 정권을 잡으면 국가운영을 그 당만이 완전 독점하는 경향을 의미한다. 그런데 이 승자독식의 문화가 심해지면 경우에 따라서는 같은 당이라고 해도 한 정파가 대통령을 내면, 다른 정파는 국가운영에서 모두 배제되는 악성 승자독식의 문화까지 등장한다.

도대체 정치란 무엇인가? 정치란 본래가 여러 정파의 지도자들이 함께 국정을 운영하는 것이어야 한다. 그것이 민의 수렴의 민주정치이고, 국론통일과 국민통합의 정치이다. 그래서 민주정치가 성공하려면 여러 정파의 지도자들이 함께 나라 일을 상의하고 운영하는 공치(共治)의 문화가 발전해야 한다. 그런데 정 반대로 승자독식의 단치(單治)의 문화가 지배하면 그 나라의 정치는 사느냐 죽느냐의 결사항쟁의 정치가 된다. 끝없는 극한투쟁의 정치가 일상화된다. 그러한 사이에서 민주주의의 원칙이 수시로 무시되고, 올바른 국가경영도 올바른 민생 대책도 모두 헌신짝처럼 버려진다. 오직 한 두 가지 인기영합적인 포퓰리즘 정책만 난무한다.

우리나라에선 민족의 명운이 걸려있는 통일문제까지도 정파적으로 권력투쟁에 이용하여 왔다. 한쪽에서는 무조건 온건을 다른 한쪽에서는 무조건 강경을 주장하여 왔다. 어떻게 올바른 통일정책이 온건과 강경의 양자택일 속에 있겠는가? 북한의 변화를 유도하는 통일정책이라면 온건도 강경도 모두 필요한 수단이 아니겠는가? 그런데 지금까지 우리나라 기득권 양당제는 이런 식의 양자 택일적 국가운영에 앞장서 왔다. 이래 가지고는 안 된다. 기득권 양당제가 악성 승자독식 문화와 결합되어 모든 국가정책 이슈를 양극화하고 모든 정치 이미지를 선과 악으로 극단화하는 전략을 계속하면 대한민국은 앞으로 한 발짝도 나가기 어렵게 된다.

지금 우리의 주변을 돌아보자. 한반도를 둘러 싼 국내외의 상황변화가 사실은 대한민국의 선진화와 통일을 대단히 어렵게 만드는 방향으로 나가고 있다. 우선 동북아 내지 동아시아에서 중국과 미국의 패권경쟁이 격화되는 조짐이 있다. 중국이 대륙세력을 만족하지 않고 해양세력이 되려고 나서고 있다. 2009년을 계기로 대외정책이 온건합리 노선에서 강경팽창 노선으로 바뀌고 있다. 미국도 21세기가 아시아의 시대가 됨을 인식하고 지금까지의 유럽 중심에서 아시아 중심으로, 특히 동아시아 중심으로 그 대외정책의 중심축을 이동시키고 있다. 여기에 러시아와 일본도 한반도에 좀 더 적극적으로 영향력을 미치려 한다. 자신들의 미래가 동북아의 미래와 밀접히 관련되어 있다는 사실을, 그리고 동북아의 미래의 중심에 한반도 문제가 있다는 사실을 새롭게 깨닫고 있다.

세계경제는 상당기간 어려워질 것으로 보인다. 지난 30년 이상 세계경제는 한 마디로 소위 부채 위에서 과잉소비를 하면서 경제적 풍요를 누려왔다. 그 결과 많은 나라들이 개인부채이든 국가부채이든 엄청난 부채 더미 위에 놓여있다. 이제는 상당기간 지난 기간과 같은 풍요는 어려울 것이다. 앞으로는 정부든 개인이든 허리 띠를 졸라매고 기술혁신과 생산성 경쟁에 나서야 한다. 따라서 상당기간 많은 나라가 경기침체 실업 빈곤 양극화 등의 문제에 시달릴 것이다. 그리고 그러한 경제적 어려움은 곧 사회적 불만과 정치적 분노로 표출되면서 선동가, 포퓰리스트 등의 등장이 용이해 질 것이고, 그 결과 자유민주주의체제 자체가 흔들리는 나라들도 많아 질 것이다.

우리나라도 예외가 아니다. 특히 우리나라는 경제의 해외의존도가 대단히 높다. G20국가 중에서 최고이다. 수출이 GDP의 43~45% 수준, 수입이 38~40%수준이다. (참고로 중국은 수출이 25% 수입이 20% 수준이다) 따라서 우리 경제는 세계경제에 의해 대단히 큰 영향을 받는다. 앞으로 우리나라에서도 경기침체, 실업, 빈곤, 양극화 등의 문제가 더욱 악화될 여지가 크다. 그래서 우리 내부의 지역 간, 이념 간, 계층 간, 세대 간의 정치적 경제적 사회적 갈등과 대립이 크게 증폭될 위험이 많다. 성장보다는 복지에 대한 요구가 급증하고 있다. 개인의 국가에 대한 기여보다는 국가가 왜 개인의 어려움을 안 풀어주느냐는 불만이 폭발하고 있다. 분명 기득권 양당제 속에 안주하고 있는 정치권에서는 이러한 문제에 대한 책임 있는 종합적 정책 제시보다는 한두 가지 인기영합적인 포퓰리즘 정책을 찾아내어 이것을 가지고 선거에서 표 몰이를 하는 데만 관심을 보일지 모른다. 그러나 이러다가는 선진화와 통일의 기회도 모두 물 건너 갈 수 있다. 이래선 안 된다. 솔직히 한반도가 놓인 안과 밖의 상황을 보면 우리나라가 이렇게 더듬거릴 시간이 없다.

정리해 보자. 한마디로 지금 국제관계는 100여년 전, 구(舊) 한국말 세계열강들이 한반도를 중심으로 각축을 벌이던 때로 돌아가는 것 같다. 동시에 국내정치를 보면 1945년 해방직후 좌우대립이 극심하던 혼란기로 돌아가는 느낌이다. 구 한국말 세계열강들이 우리 한반도를 병탄하려 호시탐탐 노릴 때, 우리 내부는 수구(守舊)와 개화(開化)로 나누어 대립과 갈등이 극심했다. 그 결과 세계변화에 올바로 대응하지 못하고 1910년 결국 나라를 일본에 병탄 당하는 치욕의 역사를 맞이하게 되었다. 마찬가지로 1945년 해방 후 좌우 간의 극한대립은 결국은 6·25 전쟁이라고 하는 민족상잔의 비극을 결과하게 되었다. 이 모든 것이 세계와 국제 관계의 변화에 올바로 대응하지 못하고, 정치 지도자들 간의 무한 분열과 극한 대립 만이 격화될 때 힘없는 우리 국민들이 치러야 할 한반도 역사의 비극들이었다.

우리는 더 이상 이와 같은 역사의 비극을 되풀이해서 안 된다. 그래서 우리는 지금 대(大)중도 정당의 필요성을 역설하는 것이다. 이제는 지역패권과 이념패권을 극복하고, 그리고 승자독식의 문화를 넘어서는, 새로운 대(大)중도 통합정당운동이 나와야 한다. 그래서 지역패권뿐 아니라 이념패권을 깨고 – 이념패권의 허구성을 극복하고 좌우, 진보보수의 가치를 합리적 정책논의로 수렴하여 – 국민의 절대 다수가 동의하는 국가비전과 전략을 만들어 앞으로 나가야 한다. 그러한 과정에서 여러 정파의 견해를 수렴하고 모두가 함께 국정에 참여하고, 책임을 함께 지는 공치(共治)의 문화를 세워나감으로서, 승자독식의 악성정치문화도 함께 타파해야 한다. 그래야 비로소 우리나라가 선진화와 통일에 성공하여 21세기 동아시아에서 우뚝 서는 세계중심국가, 세계일류국가의 신(新) 역사를 창조할 수 있을 것이다. 21세기 대한민국의 꿈을 실현시킬 수 있는 것이다.

대(大)중도 정당의 몇 가지 특징

지금까지 대한민국의 산업화 민주화를 이끌어 온 기존의 정치세력은 나름의 큰 기여가 많았다. 기득권 양당제가 산업화에도 민주화에도 기여한 면이 있다. 그러나 이제 21세기 우리의 국가과제가 선진화와 통일로 바뀌었다. 이제는 과거 민주화시대와 달리 무한대결이 선(善)인 시대가 아니다. 이제는 세계가 경쟁하는 국가경영의 시대이다. 상이한 정치주체들의 합의와 협력의 조직화가 필수적으로 중요한 시대이다. 선진과 통일의 시대를 열 새로운 정치주체 새로운 역사주체를 만들기 위한 대(大)중도 신당은 다음과 같은 몇 가지 특징을 가져야 할 것이다.

첫째, 보수 진보를 모두 아우르는, 그리고 호남 영남 충청 등을 모두 아우르는, 그리고 다양한 계층과 노장청 세대를 모두 아우르는 [국민통합정당]을 지향해야 한다. 그래서 결국 각각의 이념 지역 계층 세대를 대표하는 지도자들이 함께 당을 공동운영하는 공치의 구조와 공치의 문화를 가져야 한다. 또한 이 [국민통합정당]은 반드시 차세대 정치지도자를 길러내는 정당이 되어야 한다. 이를 위하여 당 안에 [정치지도자 아카데미]를 만들어 전국에서 젊고 유능한 인재들을 찾아내어 정치를 바르게 교육해야 한다. 공인으로서의 품성과 정치능력이 준비가 되면 지자체선거부터 내보내야 한다. 그 이후 지속적으로 정치리더십의 성장을 도와, 나중에는 국회의원선거까지 내보내는 식으로 정치인재들을 길러내야 한다. 훌륭한 차세대 정치지도자를 길러내는 [차세대 미래정당]이 되어야 한다.

둘째, 국가비전과 국가전략을 소중히 하는 [가치정당, 정책정당]이 되어야 한다. 단순한 권력투쟁이 목적인 이익정당이 아니라 국가목표(선진화와 통일)와 국가가치(헌법가치)를 생명처럼 소중히 하는 가치정당이 되어야 한다. 그리고 대한민국의 모든 국정과제에 대하여 구체적 정책을 준비하여 이를 가지고 국민들에게 지지를 호소하는 정책정당이 되어야 한다. 이를 위하여 [당의 이념과 정책연구소]가 정당의 중심에 놓이는 정당구조를 가져야 할 것이다. 다시 강조하지만 대(大)중도정당은 가치집단이지 이익집단이 아니다.

셋째, 인물중심, 명망가 중심의 당 – 사당(私黨) 내지 붕당(朋黨) – 이 아니라, 당원과 지지자 그리고 일반국민이 중심이 되는 공당(公黨), 즉 [국민중심의 정당]이 되어야 한다. 지금까지의 기득권 양당구조에서는 정당 활동이 과도하게 국회의원 중심의 원내 활동에만 집중되어 있었다. 당원의 활동도 별로 없고 당의 원외활동도 거의 없었다. 정치는 여의도에 포획되어 있었고, 여의도 밖의 국민생활과 민생 현장 속으로는 들어오지 아니했다. 그래서 정치는 민생과 무관한 것이 되어 왔다. 대(大)중도정당은 정치를 여의도에서 해방시켜 국민의 생활 민생의 현장 속으로 끌고 들어가야 한다. 원외활동 중심, 국민중심의 정당이 되어야 한다. 그래서 새로운 국정의 방향과 우선순위를 국민과의 소통 속에서 찾아내야 한다. 이를 위하여 전국적으로 지역별 직종별로 [21세기 만민공동회의]를 조직해야 한다. 그래서 당과 국민이 지속적 반복적 조직적으로 만나 국정과제와 지역현안 등을 토론하면서, 현장의 고충과 의견도 수렴하고, 당이 준비한 정책도 설명하면서, 서로 공감대와 신뢰를 넓혀 나가는 노력을 해야 한다. 예컨대, 청춘 콘서트, 주부 콘서트, 자영업주 콘서트, 노인 콘서트, 등등이 1년 내내 계속 진행되어야 한다. 그래야 국민 속에 살아 숨 쉬는 국민중심정당이 될 수 있다. 사실 안철수 교수가 한 청춘 콘서트는 우리나라에 제대로 된 국민중심의 정당이 있었다면 그 정당이 평상시에 했어야 할 원외 활동이라고 본다.

넷째, 대 중도신당은 on-line과 off-line을 결합하는 열린 network 정당이 되어야 할 것이다. 특히 젊은 층의 참여를 극대화하기 위하여 정당의 on-line화는 필수적이다. 그러나 아직 internet에 익숙하지 않은 노·장년 세대를 위하여 종래의 off-line 정당구조와 활동도 함께 추진해야 한다. 특히 중요한 것은 당이 열린 구조를 가져야 한다는 것이다. On-line으로 모두가 쉽게 당의 지지자가 될 수 있고, 또한 on-line으로 일정한 정당교육을 받으면 모두가 쉽게 당원이 될 수 있어야 할 것이다. 다만 피선거권은 당비를 일정기간 납부한 당원에만 한정할 수도 있을 것이다. 당의 이념정책연구소가 준비한 정책에 대하여도 on-line 안에 공론의 장을 만들어 당원과 지지자들의 의견이 수시로 당과, 그리고 당원 상호간에, 자유롭게 소통되고 교류되는 체제를 갖추어야 할 것이다.

대(大)중도 선진통일신당은 한마디로 대한민국의 선진화와 한반도의 통일의 시대를 열 21세기 새로운 역사주체, 21세기 새로운 정치주체를 만들어 나가는 신(新)정당운동, 신(新)정치문화운동이라고 보아야 한다. 우리는 더 이상 지역패권 이념패권에 안주하여 권력 잡기에만 그리고 자기들 끼리 권력나누기에만 몰두하는 기득권 양당구조를 가지고는 대한민국의 선진화도 통일도 불가능하다고 본다. 그래서 나온 국민들의 자발적 자구운동 내지 자조운동이 바로 대(大)중도신당운동이다. 한마디로 대(大)중도신당운동은 21세기 의병운동이다. 19세기 말 의병은 나라의 독립과 자주를, 개화와 근대화를 기득권 정치세력에게 맡길 수 없어, 망국으로 가는 나라의 운명을 바로 잡기 위하여 나온 국민들의 자구운동이었다.

지금 우리는 비슷한 국난(國難)의 시대를 맞고 있다. 다시 강조하지만 지금 대한민국에는 두 시대의 다른 어려움이 동시에 중첩되어 나타나고 있다. 하나는 19세기 말 한반도를 둘러쌓고 4대 열강들이 각축하는 예측 불허의 불안과 위기의 시대, 다른 하나는 1945년 해방 후의 극심한 좌우대립의 혼란과 혼돈의 시대. 이 두 시대가 동시에 중첩되어 나타나는 것이 오늘의 대한민국이다. 가히 국가위기의 시대이다. 따라서 우리는 비상한 각오를 하여야 한다. 그래서 안과 밖의 도전을 극복하고 국가부흥을 이루어 나가야 할, 대(大)중도신당운동을 보다 열정적으로 건곤일척의 각오로 추진해야 한다. 이것이 이 시대를 사는 우리의 역사적 소명이고 천명(天命)이다.

[국민생각] 당 대표 수락연설[5]

**풍부한 경륜(經綸),
통절(痛切)한 반성,
새로운 대한민국**

오직 한 생각

대한민국의 오늘과 내일을 걱정하는 마음으로 이 자리에 함께 해주신 당원 동지 여러분, 그리고 국민 여러분!

오늘 우리는 참으로 무거운 마음으로 이 자리를 함께 하고 있습니다. 축하와 격려를 받아야 할 축제의 장이 되어야 하는데, 이토록 마음이 무거운 이유는 무엇입니까?

21세기 대한민국, 지금 우리는 어디로 가고 있습니까?

우리들의 부모와 선배들이 피땀으로 일군 이 나라, 어디로 가고 있습니까?

---

5) 2012년 2월 13일 [국민생각]창당대회에서 당대표 수락연설임.

젊은이들이 희망을 잃은 이 나라, 지금 어디로 표류하고 있습니까?
중년 가장(家長)들이 불안에 떠는 이 나라, 도대체 누구의 나라입니까?
그리고 대한민국의 정치와 정치인들,
과연 지금 어디서 무엇을 하고 있습니까?

그들은 아직도
영남과 호남의 지역주의에 의지하여
보수와 진보의 이념패권에 의지하여 국민을 분열시키면서
특정지역 특정이념 집단에서
몰표를 얻는 권력투쟁에만 몰두하고 있습니다.
한마디로 기득권 양당구조에 안주해 있습니다.

설익은 정책, 정제되지 않은 언어, 끝임없이 너와 나를 가르는 편가름,
모든 낡은 구태정치의 중심에 기득권 여당과 기득권 야당이 안주하고
있습니다. 그리고 이미지와 인기만을 위한 선심성 선거공약,
국민을 속이는 무책임한 포퓰리즘 정책만 남발하고 있습니다.

대한민국의 미래비전도 국민들의 민생의 고통도 이들에게는
남의 나라 이야기가 되고 있습니다.

저는 오늘 이 자리를 통절한 반성의 자리로 삼으려 합니다.
선배님들께 깊은 사죄의 말씀을 올립니다.
우리 후배세대들에게도 미안하고 죄스러운 마음 금할 수 없습니다.

이 나라 대한민국이 이렇게 깊은 수렁에 빠진 것은 오로지 우리들의 탓입니다.
나라가 위와 아래로 나뉘고, 동과 서로 갈라진 것,
또한 보수 진보로 갈려져 분열과 갈등의 이전투구의 난장판이 된 것,
이 모두 우리의 탓입니다.

나라에 대한 사랑이 크게 부족했고
국민과 공동체의 미래를 위한 고뇌와 실천이 부족했습니다.

특히 이 자리에는 그동안 사회 곳곳에서 묵묵히 나라와 국민을 위해 일해오신 많은 분들이 함께 하고 있습니다.
그래서 우리의 반성과 통한이 더욱 무거울 수 밖에 없는 것입니다.
죄송합니다. 정말 죄송합니다.

국민여러분!
존경하는 당원동지 여러분

우리는 통절한 반성 위에서 표류하는 대한민국을 살리겠다는 새로운 결단을 해야 합니다. [대한민국의 꿈과 희망]을 다시 살려 내겠다는 구국의 운동을 시작해야 합니다.
21세기 대한민국의 꿈은 무엇입니까?
오늘날 사라져 가는 우리의 꿈, 그러나 국민생각 속에 아직 숨 쉬고 있는 우리의 꿈은 과연 무엇입니까?
그것은 [통일과 선진화]입니다.

한반도가 통일되고 남과 북이 함께 선진화하는 것입니다.

그래서 21세기 동북아에서 [가장 아름다운 세계일류국가], [가장 위대한 세계중심국가]를 만드는 것입니다.

이를 위하여 우리는 오직 한 생각,

'국민생각'만을 앞세우며 나갈 것입니다.

과거에 대한 통한의 반성 위에서 새로운 대한민국의 꿈을 실현하기 위해 모두가 하나 되어 나아갈 것입니다.

우리는 이것이 바로 이 시대의 국가적 과제이며 역사의 대의이고 명령이라고 생각합니다.

여러분!

한반도의 통일과 선진화를 향한 이 역사적 대의에 동의하십니까?

이 위대한 길에 저와 함께 동참하시겠습니까?

여러분! 감사합니다.

존경하는 당원동지 여러분!

영원히 함께 가야할 대한민국 국민 여러분!

오늘 우리는 [국민생각]을 창당합니다.

새로운 정당, 미래정당, 국민생각이 출범합니다.

이제 분명하게 말씀드립니다

우리 [국민생각], 과연 어떤 정당인지, 무엇을 추구하는지

분명히 말씀드립니다.

첫째, 우리 [국민생각]은 아름다운 [세대조화의 정당]이 될 것입니다. 우리 국민생각에는 그동안 나라를 위해 열심히 일해 온 경륜 높은 분들이 모든 사심을 내려놓고 동참하고 있습니다. 그리고 새로운 마인드, 새로운 패러다임을 펼쳐나갈 젊고 패기 넘치는
젊은이들 또한 함께 하고 있습니다.
경륜과 패기!
세대의 융합의 아름다운 조화가 바로 우리 [국민생각]입니다. 따라서 우리 국민생각은 낡은 이념다툼, 진부한 세대간 갈등, 국민 편 가르기를 넘어선 새로운 개념의 국민정당, 새로운 개념의 미래정당이 될 것입니다.

둘째, 모든 국민생각을 하나로 아우르는, 그야말로 진정한 [정책융합의 정당]이 될 것입니다.
우리 [국민생각]의 문호는 활짝 열려 있습니다.
합리적인 진보, 개혁적인 보수가 함께 합니다.
복지를 걱정하는 인물, 성장을 추구하는 이들이 함께 합니다.
정치민주화와 더불어 경제 민주화를 고민하는 분들이 함께 합니다.
대기업의 경쟁력과 중소기업의 자생력을 동시에 중시하는,
시장 질서를 활성화하면서 정부의 적절한 규제 또한 필요하다는 합리적인 전문가들이 우리 [국민생각]의 정책을 이끌 것입니다.

우리 [국민생각]은 잘 알고 있습니다.
무엇이 포퓰리즘이고, 무엇이 합리적인 정책인지 잘 알고 있습니다.
어떻게 해야 복지는 확장되고 양질의 일자리가 늘어나며,

조화로운 성장과 분배가 가능한지,
우리 [국민생각]은 잘 알고 있습니다.
어떻게 해야 망국적인 양극화가 해소되고,
계층간 지역간 세대간 통합을 이룰 수 있는지,
우리 [국민생각]은 잘 알고 있습니다.
이 모든 [좋은 생각]들을 모아 우리 [국민생각]은
우리 헌정사상 유일무이한 [국민통합의 정책정당]이
될 것임을 분명하게 천명합니다.

셋째, [국민생각]은 [비전과 가치의 정당]입니다.
한반도의 통일과 남과 북의 선진화를 국가목표로 하는 [비전정당],
대한민국의 헌법적 가치를 존중하는 [가치정당]이 될 것입니다.
우리는 아니, [국민생각]은 잘 알고 있습니다.
김정일 사망 이후 한반도 통일의 기회가 빠르게 다가 오고 있다는 사실,
우리의 적극적 통일전략이 없으면 북한이 중국의 변방 식민지, 제2의 티베트가 될 위험이 커지고 있다는 사실을 [국민생각]은 잘 알고 있습니다. 지금까지의 소극적 분단관리정책, 현상유지정책 만으로 안 되고, 반드시 적극적 통일정책이 나와야 한반도통일의 미래가 열린다는 사실을 우리 국민생각은 잘 알고 있습니다.
그래서 [국민생각]은 적극적 통일정책을 추진할 것입니다.
또한 우리 국민생각은 국가는 이익집단이 아니라 [가치공동체]라는 사실을 알고 있습니다.
그래서 국가가치를 소중히 해야 하고 우리 대한민국의 국가가치는 헌법에 나오는 인간의 존엄과 자유, 그리고 민주주의 시장경제 법치주의

세계평화주의라는 사실을 잘 알고 있습니다.
그래서 [국민생각]은 이들 국가가치를 확실하게 지키고 크게 발전시키는 정당이 될 것입니다.

[국민생각]은 이 3가지 [세대조화], [정책융합], [비전과 가치]를 반드시 잘 실천하여 그 결과물을, 자랑스러운 통일된 한반도, 아름다운 세계중심의 선진대국이라는 결과물을 만들어 국민 여러분께 바치겠습니다!

당원동지 여러분, 그리고 국민 여러분!

오늘 첫발을 내딛는 우리 [국민생각]!
우리들 앞길에 얼마나 많은 고난이 우리를 기다리고 있는지 잘 알고 있습니다.
그러나 반드시 극복하겠습니다.
난마처럼 얽힌 우리 문제들, 올바른 가치와 원칙을 위에서 하나 하나 매듭 풀어 나가겠습니다.

그리하여 우리의 부모와 선배세대가 물려준 자랑스러운 대한민국
우리 후배세대 우리의 후손들이 살아가야할 영원한 내나라 대한민국,

반드시 부강한 나라로 만들겠습니다.
반드시 통일된 나라로 만들겠습니다.
더 이상 정치 후진국, 3류 분단국가가 아니라
정치 선진국, 통일된 세계일류국가로 만들겠습니다.

더 이상 강대국의 눈치를 보는 [세계변방국가]가 아니라,
세계사를 선도하는 [세계중심국가]로 만들겠습니다.
그래서 아름다운 내 조국 [위대한 대한민국]을
우리 후세대에 물려주겠습니다.
여러분 이 결의에 동의하십니까? 감사합니다!

존경하는 당원 동지여러분!

저는 사실 오늘 매우 두렵고 또한 설레는 마음으로 이 자리에 섰습니다. 평생 학교 캠퍼스에 살던 사람이 정치혁명과 역사혁명을 하겠다고 나섰습니다. 어찌 두렵지 않겠습니까?

그러나 저는 지난 60년 대한민국의 꿈을 제 자신의 꿈으로 알면서 살아 왔습니다. 그 동안 산업화의 꿈을, 그리고 민주화의 꿈을 꾸면서 살아 왔습니다.
요즈음 저는 21세기 대한민국을 동북아에 우선 [통일된 세계일류국가, 세계중심국가]로 만들고자 하는 새로운 꿈을 꾸고 있습니다.
왜 설레지 않겠습니까?

이제 저는 당원동지들 여러분들과 함께 정치혁명을 이루고, 21세기 대한민국의 꿈인 통일과 남북한의 선진화를 실현하는데 저의 모든 것을 바치려 합니다.

여러분, 저와 함께 해주시겠습니까?

고난의 길에 서슴없이 동참하시겠습니까?

감사합니다.
오늘 이 자리,
역사는 반드시 기억하고 기록할 것입니다.
오늘, 우리 [국민생각]의 출범으로부터
21세기의 대한민국 역사는 새로이 시작됐다고 우리의 역사책들은 기록할 것입니다.
저는 감히 선언합니다.
여러분이 있어, 우리 [국민생각]이 있어 대한민국 또한 영원할 것이라고 저는 감히 선언합니다!

가장 낮은 곳에서 가장 멀리 보겠습니다.
가장 낮은 자세로 오로지 국민생각만을 하늘처럼 떠받들며
오로지 대한민국만을 생각하며 앞으로 나아가겠습니다.
그리고 항상 함께 하겠습니다.
바로 여러분들과 함께 하겠습니다.

감사합니다.

시대의 요구에 답하다: 왜 대(大)중도 정당인가? (2011. 12. 5 프란치스코 교육회관)

[국민생각] 당원 동지 여러분![6]

무엇보다 먼저 이번 총선 결과가 당원동지 여러분의 기대에 전혀 부응하지 못한데 대하여 큰 사죄의 말씀을 드립니다. 어려운 여건 속에서도 적극적인 참여와 많은 지지를 해 주셨는데 뜻을 이루지 못해 정말 죄송합니다. 우선 제 자신부터 나라에 대한 걱정이 앞서고 또한 우리가 주장하는 대의(大義)가 옳다는 것만 믿고, 철저한 선거전략 수립, 그리고 조직, 홍보, 자금능력 등에 대한 사전 분석과 준비가 너무나 부족하였던 점을 깊이 반성하고 사죄드립니다. 저 자신이 지역구에서 직접 뛰면서 조직의 준비 부족과 능력 부족을 뼈저리게 느꼈습니다.

분명 패배 원인은 상당 부분 제 자신의 능력과 전략 부족에 있었습니다. 당의 대표로서 무한책임을 느낍니다. 아무리 반성하고 자책하여도 지나침이 없을 것입니다. 당원동지들과 국민여러분들에게 석고대죄 합니다. 그러나 이번 총선 패배의 원인을 회고해 보면 우리의 미시적 전략 부실만큼이나 정치와 선거구도의 거시적 변화도 큰 영향을 주었습니다. 특히 선거구도의 급격한 거시적 변화는 우리가 감당하기에는 역부족이었습니다.

---

6) 국회의원 선거 후인 2014년 4월 17일 [국민생각]당원동지들에게 감사를 담아 발표한 글임.

작년 서울시장 선거 때 만해도 기득권 양당구조에 대한 국민적 불만이 하늘을 찔렀습니다. 그래서 새로운 제3의 대안정당이 등장할 정치적 공간이 커졌었고, 또한 그것이 당시의 국민적 여망이었습니다.

작년 가을 [국민생각]은 다음과 같은 주장을 한 적이 있습니다. "지금 우리나라는 총체적 위기에 빠져있습니다. 국가적 리더십은 붕괴됐습니다. 경제적 양극화는 갈수록 심각해지고 있습니다. 이념 갈등, 지역 갈등, 세대 갈등은 온 나라를 갈기갈기 찢어놓고 있습니다. 그러나 무엇보다 가장 심각한 위기는 우리나라에 이러한 상황을 극복해낼 수 있는 역사 주체와 정치 주체가 없다는 것입니다. 현재 정치권은 기득권 양당구조를 고착화시키고 있습니다. 지역패권과 이념패권을 통해 갈등구조를 증폭시키고 있습니다. 승자독식의 정치가 만연해 있습니다. 한 정당이 집권하면 모든 권력을 독점하고 있습니다. 그러니 우리나라 정치에는 국가 비전과 국가 전략이 없습니다. 권력투쟁과 당리당략이 우선이고, 민족의 명운이 걸려있는 통일문제도 국내 정치투쟁에 이용하고 있습니다. 이러한 정치세력과 이러한 정치구조가 세계중심국가, 세계일류국가, 통일된 대한민국을 만들어낼 수 있겠습니까? 이제 우리는 새로운 역사주체, 새로운 정치주체를 만들어내야 합니다. 개혁적 보수와 합리적 진보를 모두 아우르는 [국민통합]의 주체를 만들어내야 합니다. 이익정치에 종지부를 찍고 새로운 비전과 전략을 통해서 [가치정치]를 이뤄낼 수 있는 새로운 정치주제가 등장해야 합니다. 승자독식의 정치문화를 타파하고 권력 나눔과 공동경영의 통치철학, 즉 공치(公治)를 실천하는 [열린 정치]세력을 만들어내야 합니다."

이것이 당시 우리들의 문제의식이었고, 이러한 배경 하에서 정치를 지역패권과 이념패권으로 양극화해 온 기득권 양당제를 극복하기 위하여,

그리고 더 나아가 승자독식의 정치문화를 극복하기 위하여, 등장한 제3의 대안정당이 바로 [국민생각]이었습니다. 더 이상 국민과 국론을 지역이나 이념의 양극화로 분열시키지 말고 지역·이념·세대 등을 넘어 국민을 대통합하면서 [선진과 통일]이라는 21세기 대한민국의 국가적 목적을 향하여 같이 나아가는, 혼자 독식하는 것이 아니라 공치(共治)하는 정치주체를 만들자는 노력이었습니다. 그래서 선진화 통일을 위하여 [개혁적 보수]와 [합리적 진보]가 함께하고 영남과 호남이 함께 하고 노장청(老壯靑)이 함께하자고 호소하였던 것입니다. 극단적 주장을 하는 극좌와 극우를 제외하고 다수의 국민이 함께 나갈 수 있는 국민통합의 정치의 장, 단순한 권력투쟁이 아니라 국가경영을 중시하는 가치정치의 장을 만들려는 것이 [국민생각]의 대의였습니다.

그런데 작년 말 김정일 사망 이후 민주통합당이 급속히 좌향좌 하고 금년 들어 통합진보당과 선거연대를 하면서, 보수 세력의 위기의식이 급속히 높아졌습니다. 한마디로 진보세력의 통합과 정책노선의 급격한 좌향좌가 이번 총선에서 [묻지마 보수결집]을 가져왔습니다. 그 결과 이번 선거에서 기득권 양당제의 문제를 극복할 공간은 급속히 축소되고, 오히려 우리나라의 정치와 이념의 양극화현상은 더욱 더 심해졌습니다. 한마디로 대한민국의 정치가 이번 선거에서 시대착오적인 [좌파적 진보]와 변화에 소극적인 [기득권 보수]라는 두 극단의 진영으로 나뉘어져 버렸습니다. 이러한 격화된 양극화구조 속에서 선거를 치루니 아무도 [기득권 보수]냐, [개혁적 보수]냐를 묻지 않았습니다. 또한 시대착오적 [종북 진보]냐 사회민주주의적 [합리 진보]냐를 묻지 않았습니다. 더욱 심각한 것은 지난 4년간 새누리당과 민주통합당이 과연 무엇을 하여 왔는가, 국정을 어떻게 운영하여 왔는가를 전혀 묻지 않게 되었습니다. 세종시 문제

해결 실패, 북한인권법 통과 실패, 복지 포퓰리즘의 경쟁적 도입 , 전교조의 잘못된 이념과 역사 교육문제 해결 실패, 반 FTA라는 시대착오적 주장, 성장과 일자리 창출 정책의 부재, 부동산 정책의 실패, 통일 정책의 부재, 해군기지건설 반대, 민간인 사찰 등등 지난 4년간 여야가 국가전략과 민생정책을 얼마나 왜곡하고 실패시켜 왔는지를 전혀 묻지 않았습니다. 그리고 대부분의 국민들은 무조건 거대 기득권 양당 중에서 하나를 선택하는 '묻지마' 투표를 했습니다. 인물이나 주장을 자세히 살펴보지 않았습니다. 후보자가 어느 정당에 속해 있는지만을 보고 '묻지마' 투표를 한 것이었습니다. 그래서 [국민생각]은 물론이고 무소속까지 포함한 모든 대안 정당들이 설 자리가 없었습니다. 그 결과의 하나가 [국민생각]의 참담한 패배였습니다.

　이번 선거를 통해 현재의 기득권 양당구조가 더욱 강화된 것은 선진화와 통일이라는 대의에서 볼 때 대단히 불행한 일이라고 생각합니다. 우선 선진화는 시간만 가면 저절로 되는 것이 아닙니다. 올바른 국가 목표와 국가전략을 세워야 하고, 그 전략을 효과적이고 성공적으로 집행해야 합니다. 그런데 지금처럼 모든 정책논의를 권력투쟁의 유·불리로 판단하는 현재의 기득권 양당구조를 가지고 국정담론을 끊임없이 양극화시키는 현재의 상황에서 과연 합리적 국가정책의 선택이 가능할 것인지, 그래서 선진화를 해낼 수 있을 것인지 크게 우려됩니다. 최근에 여야를 막론하고 서로 경쟁하듯이 내놓은 무상 시리즈, 즉 복지 포퓰리즘 정책을 보면 쉽게 이해할 수 있으실 것입니다. 통일의 문제도 마찬가지입니다. 통일 자체가 목표가 아니라 통일을 국내 권력투쟁의 수단으로 만들어 버린, 대한민국의 기득권 양당구조가 과연 통일대업을 수행할 수 있을지에 대해 근본적인 회의가 없을 수 없습니다. 그 동안 보수든 진보든 분단의 관리 내지 현상유지를 목표로 하는 대북정책은 있었지만 진정한 남북통일을 위한 통일정책은 없었습니다. 강경정책이냐 온건정책이냐는 정책수단이지 정책목표는 아닙니다.

이와 관련하여 특히 제가 걱정하는 것은 이러한 정치와 이념의 양극화, 즉 보수와 진보의 양극화가 지금 한반도를 중심으로 새롭게 등장하는 중국과 미국 간의 긴장과 갈등의 증대, 즉 [신 냉전(new cold war) 구조]와 깊이 맞물려 앞으로 한반도의 통일과 선진화에 큰 장애가 될 것 같다는 사실입니다. 구체적으로 보면 한편으로는 욱일승천하는 중국과 연계되어 좌파적 내지 친북적 진보가 국내에서 더 세를 얻게 될 것입니다. 그리고 다른 한편에는 앞으로도 상당기간 아시아에서 영향력을 가지고 있을 미국과 연계되어, 기득권 내지 수구적 보수가 더욱 목소리를 높일 것이라는 사실입니다. 이렇게 신 냉전구조를 배경으로 정치와 이념의 양극화가 더욱 심화되면, 결국 우리 정치에서 [종북 진보]와 [수구 보수]의 영향력이 커지게 되고 그러면 한반도의 선진화와 통일은 더욱 어려워지게 됩니다. 그래서 더욱더 우리 [국민생각]이 주장하는 [개혁보수]와 [합리진보]가 만나 국민통합을 이루고 선진과 통일이라는 국가비전을 중심으로 대동단결하여 함께 미래로 나가자는 주장은 민족사적으로 대단히 옳은 주장이 되는 것입니다.

국제적으로 진행되는 신 냉전구조의 진전은 국내 정치적으로는 분명 국내의 정치와 이념의 양극화, 즉 좌파적 진보와 기득권 보수로의 양극화 현상과 함께 진행될 것입니다. 그리고 서로 상부상조의 관계가 될 것입니다. 여기에 어려움의 핵심이 있습니다. 즉 국제적으로 신 냉전구조의 정착 내지 고착화는 국내적으로는 기득권 양당구조의 강화와 궤를 같이 한다는 사실입니다. 바꾸어 말하자면 수구적 보수와 친북적 좌파는 기본적으로 신 냉전구조에 기생하여 확산되는 세력이 될 것입니다.

따라서 다시 강조하지만 개혁보수와 합리진보가 함께 국민대통합을 이루어 나가자고 하는 [국민생각]은 동북아에 신 냉전구조의 정착을 막고 그래서 대한민국의 선진과 통일을 이루겠다는 역사적 특히 민족사적 대의를 가지고 있습니다. 나아가 우리 [국민생각]은 신 냉전구조의 등장을 극복하고 통일과 선진화를 이룬 후에 동북아에 진정한 호혜평등의 평화와 번영의 역사를 창조해야 한다고 주장하여 왔습니다. 그래서 우리는 통일한반도가 중국·일본과 어깨를 나란히 하는 21세기 동아시아공동체의 세계를 만드는, 그리고 그 속에서 통일한반도가 세계일등국가가 되는 꿈을 꿔 왔습니다. 이러한 꿈들이 실현될 때 지난 수천 년간의 수직적인 중화패권주의 역사에 종지부를 찍고 진정한 호혜평등의 동아시아 공동체적, 수평적 국제관계가 동북아에서도 비로소 가능하게 될 것입니다. 이것은 오랜 동안 지배와 전쟁과 식민 등에 시달려온 동아시아인 모두의 오랜 숙원입니다. 아시아 역사의 대의입니다. 우리는 그 대의를 실천해야 합니다.

친애하는 당원동지여러분!

따라서 선진과 통일을 위한 우리의 깃발은 내릴 수 없습니다. 국민통합과 국가비전을 위한 우리의 깃발은 내릴 수 없습니다. 21세기는 한민족 웅비의 역사를 쓸 때이며, 동시에 동아시아 역사발전에서도 크나큰 패러다임의 전환이 일어날 시기이기 때문입니다. 그래서 한반도의 선진과 통일은 민족사적이면서도 인류사적 대의가 됩니다.

여기서 지난 7년을 돌이켜 볼 필요가 있다고 생각합니다. '대한민국이 과연 선진국이 될 수 있을까' 하는 문제의식이 강하게 일어난 것은 수도 분할이라는 망국적 포퓰리즘 정책이 국회를 통과한 이후라고 생각합니다. 그래서 산업화와 민주화를 성공적으로 해 온 자랑스러운 대한민국이 왜 선진화라는 국가과제를 맞이하여 흔들리고 있는가, 어떻게 하면 선진화를 성공시킬 것인가 등에 대한 답을 찾아 쓴 책이 바로 졸저 [대한민국 선진화전략](2006)입니다. 여기서 저는 3가지를 주장했습니다. 우리나라가 선진화와 통일이 되려면 선진화와 통일을 위한 국가전략과 정책을 연구하는 전문가들의 싱크탱크가 있어야 한다. 그래서 인기영합적인 표만을 의식하는 무책임한 국가정책이 아니라 과학적이고 합리적인 선진화정책과 통일정책이 제시되어야 한다. 그러나 선진화와 통일은 제도와 정책만으로는 부족하다. 반드시 국민의 의식과 정신개혁이 함께 해야 한다. 선진과 통일에 성공하려면 반드시 선진통일을 위한 국민운동이 있어야 한다. 그리고 마지막으로 선진과 통일을 이루려면 선진통일을 목표로 헌신하는 정치세력 내지 역사주체가 등장하여야 한다는 것입니다. 과거 산업화시대에는 산업화의 정치적 주체가 있었고 민주화시대에도 민주화의 정치적 주체가 있었듯이, 선진과 통일의 시대에도 선진과 통일을 위한 정치적 주체 역사적 주체가 있어야 한다고 주장했습니다.

그래서 [싱크탱크]와 [국민운동] 그리고 [정당운동]이 어울려 함께 나가야 대한민국의 선진화와 통일이 성공할 수 있다고 믿었던 것입니다. 따라서 우리가 생각하는 정당은 단순히 원내중심의 정당이 아니라 싱크탱크와 국민운동과의 연계를 중시하는, 즉 원외활동을 크게 중시하는 정당, 즉 원외중심 정당구조를 생각했던 것입니다. 이러한 생각을 배경으로 하여 2006년에 [한반도선진화재단]이 출범하였고 2011년 [선진통일건국연합]이라는 국민운동단체가 결성되었던 것입니다. 그리고 2012년 [국민생각]이라는 선진과 통일을 위한 개혁보수와 합리진보를 모으는 국민통합의 정당이 등장했던 것입니다. 그런데 이러한 배경을 가지고 등장한 [국민생각]이 이번 19대 총선에서 원내진출에 완전히 실패했습니다. 강화된 기득권 양당구조 그리고 이를 지원하는 일부 언론세력이 합세하면서 우리의 원내진출은 철저히 차단될 수밖에 없었습니다. 그리고 이미 지적한 대로 실패의 배경에는 북한의 김정일 사망과 현재 동북아에서 진행되고 있는 신 냉전구조의 등장도 큰 요인으로 작용했습니다.

친애하는 당원 동지여러분!

그러나 우리는 아무리 국내외 여건이 어려워도 우리의 초심을 잊어서는 안 된다고 생각합니다. 이 시대의 사명, 역사의 소명을 잊어서는 안 된다고 생각합니다. 원래 [국민생각]은 이 나라를 구하는 의병(義兵)의 정신으로 모였습니다. 따라서 관군(官軍)과의 싸움에서 보면 조직에서도, 자금에서도, 장비에서도 모든 면에서 열세였습니다. 거기에 [묻지마 보수결속] [묻지마 진보통합]이라는 정치와 이념 양극화의 일진광풍이 불어, 우리 의병들 모두가 대패하였습니다. 이제는 후퇴할 수밖에 없는 상황이 되었습니다. 그래서 과거의 의병들이 그러하듯이 각자의 고향으로 돌아가 농사를 짓듯이 종래의 생업을 다시 일구어야 할 것 같습니다. 그러나 시절이 맞지 않아 후퇴가 불가피하더라도, 결코 우리의 깃발을 접어서는 안 된다고 생각합니다. 의병은 반드시 개별 전투에서 승리하여야 그 뜻이 높아지는 것이 아닙니다. 개별 전쟁에서는 비록 패배하더라도 그 정신이 숭고하고 그 열정이 뜨거우면 그 깃발의 가치는 높아지는 것입니다.

일단 우리는 일상으로 돌아가십시다. 국민들의 가장 어려운 삶의 밑바닥으로 가십시다. 모두 겸허한 마음으로 우리 역사의 밑바닥으로 가십시다. 민족 분단과 갈등 그리고 고난의 역사가 점철된 가장 밑바닥으로 가십시다. 그래서 거기서 다시 일어날 준비를 하십시다. 때가 될 때, 시대와 국민이 우리를 요구할 때, 우리 모두가 더욱 강하고 더욱 뜨거운 마음으로 다시 만납시다. 끝까지 합심 매진하여 21세기 대한민국의 꿈인 선진화와 통일을 이루어냅시다. 국민통합의 정치, 국가비전의 정치, 국가경영의 정치를 통하여 선진통일조국을 만들어 세계일등 국가를 후손들에게, 그리고 동북아의 평화와 번영의 시대를 이웃나라와 그 국민들에게 선사합시다.

우리는 어디에 있든 쉬지 않고 행군해야 합니다. 우리의 꿈과 희망을 높이 세우고 나가야 합니다. 우리의 꿈과 희망을 유권자들이 이해하고 동의해주시면 국민들과 함께 꿈과 희망의 실현을 위해 노력할 것입니다. 그러나 만일 유권자들께서 이해와 지지를 해주시지 않는다면, 우리는 언젠가 이해와 지지의 날이 반드시 올 것을 기다리며, 아니 확신하며 쉬지 않고 우리의 꿈과 희망을 가지고, 선명한 깃발을 더욱 높이 들고 앞으로 더욱 앞으로 나아 갈 것입니다.

친애하는 당원동지 여러분!

밖으로 우리가 팽창할 수 없을 때 우리의 구국의 마음과 혁명의 정신은 더욱 치열하게 타오를 것입니다. 오늘의 처절한 실패가 내일의 빛나는 도약의 확실한 밑거름이 될 것입니다. 오늘 실패의 역사가 선진과 통일을 향한 한반도 역사의 비상을 가져오는 큰 계기가 될 것입니다. 우리의 몸도 마음도 모두 부서지는 처참한 실패 속에서도, 우리의 뜨거운 나라사랑과 [국민생각]만은, 선진과 통일을 향한 우리의 선명한 깃발만은 반드시 지켜 나갑시다. 그래서 언젠가 다시 이 시대가 우리를 요구할 때, 국민과 역사의 밑바닥에서 용솟음쳐 올라옵시다. 다시 거병의 나팔이 불 때까지 더욱 더 자중자애하시고 더 많은 철저한 준비 있으시길 그리고 항상 여여(如如) 하시길 기원합니다.

그 동안 당원동지들이 보여주신 헌신과 열정 그리고 연대와 지지에 대하여 한없는 감사와 존경의 마음을 보냅니다. 또한 당 대표로서 그 동안의 부덕함과 부족함에 대하여 다시 한 번 크게 사죄드립니다. 이 모든 감사와 사죄의 마음을 하나로 묶어 당원 동지들 모두에게 엎드려 큰 절을 드립니다. 참으로 죄송하고, 참으로 감사하였습니다.

part
5

위공(爲公)이 꿈꾼 나라
선진통일

한반도 위기의 본질과 선진화 통일론[1]

대북통일정책에 대한 반성

1945년 이후 1970년대 초반까지는 남한의 국력이 북한의 국력보다 약(弱)한 수세(守勢)의 시대였다. 남한은 자기 힘을 키우고 스스로를 지키기 급급했다. 그래서 적극적인 통일정책을 가질 수 없었다. 그러나 1970년대 중반이후 남한과 북한의 힘이 역전(逆轉)되었다. 그렇다면 국력이 역전된 남한은 산업화에 성공한 국력을 가지고 – 적어도 1980년대 초부터는 북한의 동포를 구하기 위한 [적극적 통일정책]을 추진하였어야 했다. 그리고 1980년대 말 냉전이 끝난 후부터는 – 이제는 한·중, 한·러의 정상적 외교관계가 가능하게 되었으므로 이웃 4강을 상대로 [적극적 통일외교]를 강화했어야 했다. 그러나 우리는 그렇게 하지 않았다. 그것이 사실 대한민국의 대북통일정책에서 가장 큰 문제였다.

지난 30여 년간 우리나라의 대북통일정책은 다음과 같은 3가지 큰 잘못이 있었다. 그리고 특히 지난 10여 년간 이러한 문제점들은 더욱 악화

---

[1] 2009년 9월 2일 화해상생마당이 주최한 "전환기에 선 한반도: 통일과 평화의 새로운 모색"이라는 제목의 심포지엄에서 발표한 글임.

되었다.

통일정책 없는 대북정책 뿐이었다.

대한민국에서는 지난 30여 년간 – 특히 지난 10년간 더 심했지만 – 통일에 대한 확고한 의지도, 현실성 있는 전략도 보이지 아니했다. 한마디로 통일정책이 없었다. 그 점에서는 보수정권이든 진보정권이든 큰 차이가 없었다. 목표가 무엇인지 확실하지 않은 대북정책만이 있었다. 북한을 어떻게 다룰 것인가 하는 정책만 있었지 어떠한 통일을 어떻게 이룰 것인가 하는 확실한 의지를 담은 정책은 없었다. 대북 유화정책이냐 아니면 대북 압박정책이냐의 논쟁은 많았지만, 어느 쪽도 최종목표가 무엇이고, 그 목표와 자신들이 주장하는 정책수단 간에 어떠한 정합성이 있는지에 대한 설득력 있는 설명이 없었다.[2]

그래서 통일이란 목표는 없어지고 유화정책 혹은 압박정책 그 자체가 목적이 되어 버렸다. 목표와 수단 사이에 혼돈이 발생했고 그 결과로 국민갈등과 분열이 증폭되었다. 반면 북한은 항상 확고한 통일의지와 뚜렷한 통일정책을 가지고 있었다. 연방제 통일방안이란 대남적화(對南赤化) 전략이 있었고, 그를 구체적으로 실천하는 지속적 노력도 있었고 지금 현재도 진행 중에 있다.

물론 남한에도 여야와 국민의 합의가 있었던 [민족공동체통일방안]이 있다. 기본적으로 북의 변화와 개혁을 통한 흡수통일방안이다. 그 방

---

2) 북한을 온건하게 대하면 북한이 개혁개방으로 나간다는 논리도 증거도 빈약하였다. 마찬가지로 강경하면 북한이 변한다고 하는 논리도 증거도 빈약하였다. 앞으로 우리에게 진정 필요한 것은 북한을 확실히 변화시킬 '새로운 온건'이고 '새로운 강경'이라고 하겠다.

향은 옳았지만 실천이 – 치열하고 일관성있는 실천이 – 뒤따르지 못했다. 통일의지와 실천이 따르지 못하면 모든 통일론은 [명분론]으로 그친다. 또한 남한에서의 여러 통일담론 중에는 북한의 장점과 남한의 장점을 묶어 제3의 정치경제체제를 만들어 보자는 주장(중간체제론, 통합국가론 등)도 있었다. 그러나 이것은 종교적 관념적 수준의 이야기이지, 사회과학적으로 의미 있는 주장은 아니었다. 체제선택에 있어 본래 남한의 상대주의(相對主義)(자유민주주의)와 북한의 절대주의(絶對主義)(수령절대주의)사이에 중간은 없기 때문이다.

한마디로 그동안 남한(南韓)에는 적극적 통일정책도 현실적 통일담론도 없었다. 더구나 최근 10여 년 동안 정부가 나서서 북한을 자극하면 안 된다고 통일논의 자체를 – 흡수통일론을 포함하여 – 거론하지 못하게 하여 왔다. 동시에 통일의 가치나 이익은 이야기하지 않고 통일비용이 엄청나게 크다는 사실만을 과장 선전하였다. 그 결과 우리사회에서 통일에 대한 열정도 약해지고 의지도 사라졌다. 건국 이후 우리 국가목표의 하나였던 통일이란 국가목표가 상실되었다. 그리고 1990년 초 동구권과 소련이 붕괴된 이후–체제경쟁이 끝났으므로 – 사실은 보다 적극적으로 한반도 통일의 전략을 논하여야 하는데, 우리 사회 일각에서는 그 반대로 통일에 침묵하면서 그 대신 평화만을 이야기하기 시작하였다. 그러나 한반도에서 통일 없는 평화가 과연 가능한 것인가, 그리고 가능하지 않은 것을 주장하는 것은 무엇을 의도하는가? 등에 대한 성찰이 없었다.

[한반도 통일구상]을 가진 4강(强)에 대한 [적극적 통일외교]가 없었다. 그 동안의 우리 외교는 [한반도 통일구상] 내지 [동아시아 미래

구상] 없는 개별국가별 외교정책 뿐이었다.[3] 한마디로 냉전종식 후–이제는 본격적으로 4강에 대한 적극적 통일외교가 가능한데도 – 지난 20년간 이웃 4강에 대한 대한민국의 외교정책을 보면, 통일을 향한 종합적인 전략적 구상 – 예컨대 한반도의 통일전략과 동아시아의 미래구상 – 하에서 나온 것이 아니었다. 대(對)미국 · 대(對)중국 등 개별 국가별 외교정책이 따로따로 구상되고 추진되어 왔다. 개별 국가별 정책들 간에 서로 긴밀한 내적 전략적 연계가 보이지 아니했다. 한마디로 하나의 [종합적 비전과 구상] 속에서 추진되는 이웃 4강에 대한 [적극적 통일외교]가 없었다. 지난 30년간의 [적극적 통일정책의 부재]가 지난 20년간의 [적극적 통일외교]가 없었던 주된 원인으로 판단된다.

대북(對北)정책도 (당국자 정책)만 있고 (북한 동포정책)은 없었다.

우리가 진정으로 통일을 목표로 하면 당연히 북한 당국자 정책 이외에 [적극적인 북한 동포정책]을 전개했어야 했다. 우리는 통일과정에서 북한 동포의 자유의사와 선택을 존중하여야 한다. 따라서 북한 동포들에게 남한 동포들의 뜨거운 [동포사랑과 통일의지]를 전해야 했고, 올바른 민족통일의 방향을 적극 설득해야 했다. 통일이 되어야 한반도의 평화도 번영도 가능하다는 사실을 적극적으로 알리면서, 통일과정에는 절대 보복이나 지난 과거의 공과(功過)에 대한 비판은 있을 수 없고, 오직 화해와 자유

---

3) 냉전시대에 우리는 미국의 세계전략에 편승하고 있었다. 그래서 독자적인 세계전략이 없었다. 그러나 냉전이 끝난 이후에는 자기의 세계전략을 당연히 가져야 했다. 그런데 아직도 우리는 냉전적 시대의 옛 사고의 습관–大國의존적 사고– 이 남아 우리 자신의 세계전략을 가지는 노력을 소홀히 하여 왔다. 부끄러운 일이다.

뿐이라는 사실 등도 적극 알려야 했다. 그런데 그러한 노력이 거의 없었다. 즉 북한동포를 위한 체계적이고 지속적인 심리적·정치적 설득과정이 거의 없었다. 한마디로 북한동포 사이에 [올바른 통일세력의 형성]을 지지하고 지원하는 노력이 거의 없었다.

이상이 그동안 대북통일정책에서 우리의 3가지 잘못이다. 이를 요약하면 지난 30여 년 간 - 짧게는 지난 20년 간 - 우리 정부와 정치권은 국내적으로는 적극적으로 통일을 추진하고, 국제적으로는 통일에 유리한 여건을 만들어 간다는 열정과 의지와 노력이 절대적으로 부족했다. 상황을 적극적으로 변화시키고 돌파하려는 [통일정책]은 없었고, 북한이 도발하는 상황변화에 소극적·수동적으로 대응하는 [대북정책]이 그 중심에 있었다.

지금까지 대북정책은 분단의 돌파가 아니라 분단유지가 주된 관심이었다. 그래서 (1) 통일을 위해 북한에서 성장하고 있는 통일세력 - 북한의 정상(국가)화와 근대(국가)화를 지향하는 통일세력 - 을 지원하는 노력도 거의 없었고, (2) 우리의 한반도 통일비전과 구상을 가지고 이웃 4강을 적극 설득하려는 통일외교 노력도 없었다. 또한 (3) 국민들에게 통일의 의미와 가치를 알리고, 분단의 배리(背理)와 분단의 고통을 알리는 [올바른 통일교육]도 없었다. 오히려 (4) 때로는 정부가 - 특히 지난 10년간 - 적극 나서서 [한국주도의 통일]을 두려워하고 타부(taboo)시 하는 방향으로 국민들을 끌고 나갔다. 그래서 한 통계자료는 국민의 통일의지가 91.6%(1994)에서 63.8%(2007)로 떨어졌다고 한다.

그래서 우리의 대북정책은 온갖 현란한 수사에도 불구하고 통일이라는 목적 내지 방향을 잃은 허구의 정책이 되었다. 그리고 '유화정책이어야 하는가, 압박정책이어야 하는가', '친미(親美)가 애국이냐, 반미(反美)가 애국이냐', '북은 핵개발의 의지와 기술이 있느냐, 없느냐', '북핵은 협상용이냐, 아니냐', 등등의 공허한 논쟁만을 부추겨왔다. 그리고 그 결과 국론만 분열시켜 왔다. 그러나 우리가 소모적 논쟁에 휩싸여 있는 동안 북한은 핵 개발에 성공하고 이미 2차례의 핵실험을 완료했다. 이러는 사이에 북한동포의 삶의 질은 지속적으로 악화되어 왔다.

대북통일정책 실패의 원인과 결과

그러면 왜 이러한 일이 일어났는가? 왜 통일정책은 없고 대북정책만 있었는가?

대북통일정책 실패의 원인

대북정책이 지도자의 사익추구(私益追求)의 도구로 활용됐다.

대북정책을 추진하던 주체들이 대북정책을 개인적 목적이나 국내정치에 이용했기 때문이다. 국가이익과 동포사랑을 외면했기 때문이다. 이들에게 대북정책의 목표는 통일이 아니라 주로 국내 권력투쟁에서의 유리한 고지의 선점 – 정치적 정파적 이익의 확보 – 에 있었다. 그래서 온갖 공론(空論)과 희론(戱論)이 난무하였다. 그럴 듯하고 듣기는 좋지만, 사실은 대단히 국민을 오도하는 주장들이 많았다. 예컨대, 2000년 6·15선언 직후, 어느 정치지도자는 이제 [한반도에서 전쟁은 영원히 사라졌다]고 공언했다. 그런데 2002년 6월 서해교전에서 우리 장병 6명이 전사하고 19명이 부상했다. 한마디로 [통일 포퓰리즘]의 극치가 아닐 수 없다. 이렇게 대북정책을 국내정치에 이용하다보니 당연히 정책의 일관성이 없어졌고, 국민은 정책의 진정성을 믿지 아니 했다.

또한 대북정책이 국내정치에서의 권력투쟁의 수단이었기 때문에, 대북정책의 수립과정에서 처음부터 여야(與野)의 합의, 전문가의 동의(同意), 국민적 합의를 구할 필요가 없었다. 또한 추진과정에서 [정책의 투명성]을 확보할 필요가 없었다. 대북정책도 4강 외교도 국가와 국민전체의 명운이 걸린 문제인데, 초당적(超黨的) 노력 – 국민전체의 지혜를 모으는 노력 – 은 거의 보이지 아니했다. 오로지 정치적 정파적 주장과 이익에 대한 고려뿐이었다. 그리고 그 결과는 항상 국론분열이었다.

대북정책은 대통령 개인의 이념과 소신의 산물이었다.

언제부터인지 우리나라에서 대북통일정책은 대통령 개인이 마음대로 정하는 정책이 되었다. 모든 국가정책은 헌법적 가치를 지키며, 전문가 의견의 수렴, 여야의 토론과 합의, 묵시적 명시적 국민의 동의 등을 거치며 형성되고 추진되는 것이 원칙이다. 그런데 우리나라에서 대북정책만은 전문가의 의견수렴이나 여야합의나 국민의 동의 없이 대통령 개인의 소신에 따라 – 때로는 헌법적 기본원칙도 무시하면서, 대통령 개인의 이념적 성향에 따라 – 추진할 수 있는 정책이 되어 버렸다.

우리 대한민국 통일의 대원칙은 헌법 제4조가 천명한 자유민주주의적 평화통일이고, 통일 방안은 여당과 야당, 그리고 국민의 합의가 있었던 [민족공동체통일방안]이다. 비록 명분론이라고 해도 [민족공동체통일방안]이 우리 대한민국의 공식(公式)의 통일방안이다. 그리고 북한의 공식 통일방안은 [고려민주연방공화국창립방안]이라는 대남적화(對南赤化) 통일론이다.

그런데 6·15공동선언에서 어떠한 과정과 어떤 근거를 가지고, 이 두

방안의 통일론에 큰 차이가 없다는 합의를 공동선언문에 담았는지 알 수가 없다. 6·15선언이 사전이나 사후에 국회의 동의나 국민이나 전문가들의 의견을 수렴했다는 이야기를 들은 적도 없다. 6·15선언의 법적 성격이 무엇이며, 헌법일탈은 없었는지 따져 봐야 할 것이다.[4]

헌법에는 명백히 대통령에게 어떠한 통일방안도 자유민주주의적 기본질서에 입각한 통일방안이어야 하고, [국가의 독립], 북한지역을 포함한 [영토의 보전], [국가의 계속성], 자유민주주의 원칙을 지키는 [헌법수호] 등을 반드시 전제해야 한다는 헌법적 의무를 부과하고 있다. 그 동안 우리나라 대통령들의 대북정책이 이들 헌법적 원칙에 얼마나 합치하였으며, 헌법 위반 내지 헌법 불일치는 없었는가에 대해 확실히 점검하고 깊이 반성해야 한다.[5]

이처럼 우리의 대북정책은 대통령의 이념과 소신에 따라 정권이 바뀔 때마다 우왕좌왕하는 모습을 보였다. 대통령의 이념적 성향에 따라 입헌주의(constitutionalism)를 파괴하는 일까지 있었고, 대통령의 소신에 따라 대북정책의 원칙과 그 기조가 180도 달라지는 천박하고 경박한 모습까지 보여 왔다.

그러면 이상과 같은 문제점들이 가져온 결과는 무엇인가?

---

4) 왜 북한은 6.15 선언을 고집하는가? 그 이유는 무엇일까? 그들은 왜 1992년 남북기본합의서에 대하여는 침묵하는가? 마찬가지로 남한의 일부 인사들은 왜 6.15를 남측의 이명박 정부가 수용할 것을 주장하면서 남북기본합의서를 북측이 이행할 것은 촉구하지 않는가? 그들은 왜 북한은 상수(常數)로 취급하여 변화를 요구하지 않으면서 남한만을 변수(變數)로 취급하여 변화하지 않는다고 비판하는가? 그래서 그들은 왜 북한의 변화는 가져오지 못하면서 남한의 변화만 -남한의 분열만 - 을 결과하는가?
5) 특히 대한민국의 민주화 투쟁에 적극 참여한 민주화세력의 일부가 우리 헌법 제4조가 천명한 자유민주주의적 통일원칙에 반대하는 자기모순 과 혼란을 어떻게 이해하여야 할 것인가?

대북통일정책 실패의 결과

애국애족의 정신과 국가 및 민족이익의 실종이다.

지도자도 국민도 이 시대에 우리의 진정한 국가이익이 무엇인지, 민족이익이 무엇인지를 잊고 살게 되었다. 왜 통일이 필요한지, 애국애족이 무엇인지를 잊고 살게 되었다.

북한문제, 통일문제의 핵심은 북한 동포들의 고통의 문제이다. 지금부터 100여 년 전, 1896년에 창간된 독립신문 사설 중에는 "불쌍하다, 불쌍하다. 하지만 이 세상에서 가장 불쌍한 사람들은 조선의 여편네 들이다."라는 글이 있었다. 나는 21세기 이 개명된 세상에서 "불쌍하다, 불쌍하다. 하지만 이 세상에서 가장 불쌍한 사람들은 북한에서 사는 우리 동포들이다."라고 생각한다. 이것이 북한문제, 우리 통일문제의 핵심이어야 한다고 생각한다. 북한동포의 고난에 대한 아픔이 진정한 애국애족이고 민족가치이고 국가이익이다. 그리고 그것이 우리가 통일을 서둘러야 하는 가장 큰 이유이다.

그런데 통일의지가 약화되고, 애국애족의 정신이 실종되어도, 국론이 분열되고, 북한동포의 고통이 깊어만 가도, 우리나라의 정치·사회 지도자들은 민족을 살리는 통일을 외면하고, 오로지 당파적 정파적 이익추구에만 여념이 없었다. 우리사회의 통일이라는 국가 목표의 상실과 그 동안의 공허한 국론의 분열이 북한으로 하여금 엉뚱한 환상을 가지게 하여, 북의 정상국가화를 더욱 어렵게 했고 북한동포의 고통을 가중시키는데 크게 기여해 왔다. 그런데 이 점을 걱정하는 이야기는 들리지 아니했다.

한반도 역사에 대한 우리의 자기 주도성을 상실하고 있다.

우리가 우리 민족의 문제, 한반도 통일의 문제를 국내권력투쟁을 위하여 정파적으로 이용하고, 통일에의 진정성도, 통일을 향한 의지도 약하니, 주변 4강(强)들이 우리나라를 가볍게 생각하게 되었다. 그래서 그들이 우리를 대신하여 한반도 역사를 쓰려는 생각을 하고 있다. 대한민국의 미래를 그들이 그리려 하고 있다. 그런데도 우리는 분노하지 않고 있다. 이미 우리는 국가운명에 대한 [자기 주도성]과 [자기 책임성]을 포기한 모양이다.

미국이 한반도에 대하여 어떠한 태도인지, 중국이 어떠한 입장인지가 중요한 것이 아니다. 그 이전에 대한민국이 한반도에 대하여 어떤 입장인지, 아니 어떠한 입장이어야 하는지가 가장 중요하다. 그런데 이를 세우는 노력을 하지 않았다. 우리의 정부도 학계도 미국과 중국의 태도와 입장변화에만 온갖 관심을 보여 왔다. [한미공조]와 [한중협력]을 돈독하게 유지하는 것은 물론 중요하다. 하지만 그 이전에 우리의 국가이익과 우리의 국가목표가 무엇인지를 먼저 확실히 하여야 한다. 그런데 우리는 지금까지 국가이익과 목표를 확실히 하는 노력이 너무도 부족했다. 정계에도 관계에도 부족했고, 학계도 결코 예외가 아니었다.[6] 그래서 지금은 국가와 민족의 자기상실의 시대라고 할 수 있다.

---

6) 나는 국내외 학자들이 모인 국제회의에 갈 때마다, 미국의 대북정책과 중국의 대북정책이 어떠한가? 또한 최근에 어떠한 변화가 감지되는가? 등에 대한 많은 발표와 토론을 흔히 본다. 또한 북한이 이에 대하여 어떠한 반응을 하는가? 그 이유는 무엇인가? 등등 그러나 대한민국이 어떠한 전략을 가지고 북한과 미국과 중국을 대하여야 하고 이들을 어느 방향으로 설득하여 가야 하는가? 하는 문제에 대한 깊이 있는 발표와 토론은 별로 보지 못했다. 그래서 스스로에게 묻는다. 도대체 우리는 왜 학문을 하는가?

새로운 위기단계로의 진입과 두 가지 도전의 등장

새로운 위기단계로의 진입

이러한 상황 속에서 한반도의 역사는 이미 새로운 단계로 진입하였다. 한마디로 [분단의 시대]에서 [통일의 시대]로 들어갔다. 좀 더 구체적으로 이야기하면, 이제는 단순한 [분단관리의 시대]가 아니다. 아니 이미 더 이상 분단관리가 가능한 시대가 아니다. 이미 북한 [체제위기의 시대]가 진행되고 있을 뿐 아니라 깊어지고 있다. 그리고 곧 한반도 [신질서 창출의 시대]가 열릴 것이다.

시간적으로 한반도의 역사를 (1) 분단관리 (2) 체제위기 (3) 신질서창출로 구분하여 본다면 이미 제2단계에 깊숙이 들어 와 있다. 이제는 더 이상 어떻게 [분단관리]를 할 것인가가 아니라, 어떻게 [북한의 체제위기]를 통일한반도라는 [신질서창출]로 연결시킬 것인가가 중요해 진 시기이다. 이젠 더 이상 [대북정책]이 중요한 시기가 아니라, [적극적 통일정책]이 중요한 – 4강 통일외교를 포함하여 – 시기에 이미 들어와 있다.

왜 체제위기라고 보는가? 우리는 오랫동안 북한의 개혁개방을 적극 지지하며 여러 지원노력을 해 왔다. 그러나 불행하게도 (1) 북한은 개혁개방을 하지 못할 것이다. 김정일 체제의 유지가 안 된다고 보기 때문이다. 또한 불행하게도 (2) 북한은 핵 문제를 풀지 못할 것이다. 핵은 김정일 체제의 생존이 걸린 문제이기 때문이다. 따라서 어떠한 보상을 하여도 김정일 위원장에게는 핵보유의 이익이 너무 크다고 본다. 그리고 (3) 북한의 국내정치는 이미 충성과 억압이 동시에 존재하는 [전체주의 시대]를 지나 억압만이 존재하는 [순수폭정의 시대]로 들어갔다. (4) 국내경제는 종래의 [중앙집권적 약탈경제체제]에서 규율의 붕괴와 부패의 만연을 수반하는 [

분권화된 약탈경제체제]로 넘어 갔다. 전형적인 실패국가(failed state)의 모습을 보여주는 모든 상황이 진행되고 있다.

결국 북한은 스스로의 선택에 의하여 체제위기를 심화시키고 있다. 손자(孫子)가 이야기한 전승재적(戰勝在敵)의 상황이다. 스스로 [실패국가의 길]로 나아가고 있는 셈이다. 여기에 2006년 제1차 핵실험, 2009년 제2차 핵실험이라는 북한 지도자의 치명적 정책실패가 겹쳤다. 결국 북한은 체제실패 내지 국가실패 즉 경착륙(hard landing) 이외의 길이 보이지 않는다.

두 가지의 도전

그러면 어떻게 할 것인가? 우리의 앞을 가로 막고 있는 두 가지 도전을 극복하여야 한다.

4강의 이해와 우리의 이해가 다르기 때문에 발생하는 도전이다.

우리의 목표는 한반도 통일이다. 그런데 주변 4강의 대(對)한반도정책의 목표는 한반도 통일에 있지 않다. 이 점을 우리는 한시라도 잊어서는 아니 된다.

미국은 핵문제해결이 최고의 목표이다. 그것도 핵 폐기(denuclearization)이냐 핵확산방지(nonproliferation)이냐가 거론되는 수준이다. 물론 미국은 대한민국 주도의 한반도 통일에 대하여는 부정적이지는 않다. 그렇다고 한반도 통일에 적극적이지도 않다.[7] 중국의 최고목표는 변방(邊方)의 안정 – 북의 buffer zone으로서의 역할유지 – 에 있다. 그래서 포스트 김정일 시

---

7) 통일한반도가 장기적으로 어떠한 positioning을 할 것인지 확신이 없기 때문이다. 아직 미국이 동아시아에 대한 중단기정책구상은 있으나, 장기전략구상이 없기 때문이다.

대에도 친중(親中)정권의 등장을 기대하고 있다. 따라서 [한반도의 평화와 안정]이란 명분아래 가능한 한 [한반도 통일]은 피하려고 한다.

그래서 이들 4강의 이해관계에 기초하여 한반도 미래가 그려지고, 우리가 우리의 국가이익을 적극적으로 반영시키지 않는다면, 남북통일의 가능성은 거의 없다고 본다. 친중(親中)쿠테타나 혹은 미·중의 담합(Korea passing)에 의하여 북한의 체제위기는 새로운 분단의 등장과 새로운 [분단의 반(半)영구화]로 이어질 가능성이 가장 크다. 그러면 한 번 더 천추의 한이 되는 한반도 분단이 되풀이 될 것이다. 이것이 지금 한반도가 당면한 위기의 본질이다.

대한민국이 통일의지와 능력을 가지고 있는가에 대한 도전이다.

과연 대한민국이 북한의 체제위기를 민족통일의 계기로 전환시킬 수 있는가, 그러한 의지와 능력을 가지고 있는가, 그리고 민족통일을 위해 철저한 준비를 하고 있는가 하는 도전이다.

북한의 체제위기는 이미 돌이킬 수 없는 수준에 들어가 있다. 그것을 [강 넘어 불]을 보듯 하고 있는, 오늘의 대한민국이 과연 북한의 위기를 만족통일의 기회로 만들 수 있을까? 우리에게 통일을 향한 위기돌파의 의지와 열정과 전략이 있는가?

이번 미국의 클린턴 전(前)대통령의 방북 이후에도 우리나라 학자와 언론의 논조는 아직도 유화책이 바람직하다는 주장과 무시 내지 압박정책이 바람직하다는 주장으로 갈라져 있다. 아무런 의미 없는 공허한 논쟁으로 국론을 분열시키고 있다. 국론의 분열이 아니라 국론이 엉뚱한 곳에서 떠돌고 있고 국력이 낭비되고 있다. 그런데도 우리 사회의 일부 지식인과 언론들은 이를 고치려 하지 않고, 오히려 갈등을 조장하고 있다. 다수의 정치인들은 이 국론의 혼란과 분열을 당리당략에 이용하려 하고 있다. 이것이 두 번째 도전이다.

과연 이 두 가지 도전, 새로운 분단의 발생과 새로운 [분단의 반(半)영구화]의 가능성을 어떻게 막고, 북한의 체제위기를 민족통일의 계기로 만들어 갈 것인가? 어떻게 엉뚱한 곳에서 헤매고 있는 국론을 바로 잡고, 통일에의 의지와 각오를 바로 세우며, 국론을 통일하고, 통일을 위한 철저한 전략적 준비를 할 것인가? 우리의 국가역량이, 지도자의 각오와 자세가, 국민들의 식견과 애국심이, 그리고 지식인과 언론인들의 정론(正論)과 헌신이, 과연 이 일을 해 낼 수 있는가?

선진화 포용통일론(선진화 통일론)을 향하여

그러면 어떻게 할 것인가? 한반도의 선진화를 위하여 북한을 끌어안고 통일을 향하여 뛰어가는 [선진화 포용통일론]이 필요하다. 이 선진화 통일론이 성공하기 위해서는 다음의 몇 가지 준비가 필요하다.

통일의지를 확실히 세우고 [통일국론의 통일]부터 시작하여야 한다.

한반도의 통일여부는 무엇보다 우리 지도자와 국민의 생각과 의지에 달려 있다. 이웃 4강의 생각과 견해보다 우리의 생각과 의지가 더 중요하다. 따라서 우리의 통일의지를 확실히 세워야 한다. 이를 위하여 정부와 여야(與野)와 국민이 함께 [통일대강(統一大綱)]을 만들어 이를 중심으로 국론을 통일하여 나가야 한다. 통일대강에는 다음의 내용이 들어가야 한다.

선진화 통일의 가치와 의미를 밝혀야 한다.

[선진화 통일의 가치]는 동포를 사랑하는 동포애에서 출발하여 우리 민족의 [희망의 미래]를 여는 데 있음을 밝혀야 한다. [선진화 통일의 가치]는 나라사랑과 민족사랑에서 출발하여, 북한동포의 고통을 종식시키고, 통일된 한반도 전체를 정치적 경제적으로 선진화시켜, 동아시아의 – 나아가 세계의 – 번영과 평화에 크게 기여하는, [세계일류국가]를 만드는 데 있음을 밝혀야 한다.

이와 동시에 [선진화 통일의 의미]는 남북이 모두 잘 사는, 남한과 북한을 모두 선진화시키는 [선진화 통일]을 이룩함으로서, 우리나라가 국제사회에서의 민족의 자존과 위상을 높이고, 오랜 [변방의 역사]를 끝내고 [세계중심국가]로 일대 도약하는 데 있음을 밝혀야 한다. 이제 21세기 세계화·정보화시대라는 대격변의 전환기에 더 이상 [분단된 조국]으로서는 민족의 자존과 긍지를 지킬 수 없을 뿐만 아니라, 국가의 번영과 평화도, 세계발전과 인류 진보에의 기여도 할 수 없다는 사실을 확실히 밝혀야 한다.

[선진화 통일]은 북한의 정상(국가)화(正常國家化)와 근대(국가)화(近代國家化)가 수반되어야 한다.

[선진화 통일]이 되려면 북한의 정상(국가)화와 근대(국가)화가 반드시 함께 이루어 져야 한다. 정상국가화는 세계문명표준인 국제규범을 준수(핵 포기 등)하고, 국제평화에 적극 기여하는 국가로의 일대변신을 의미한다. 그리고 근대국가화는 1단계로 산업화를 그리고 2단계로는 민주화를

이룩하는 것을 의미한다. 산업화는 북한 동포들에게 '기아로부터의 자유'를 주는 것을 의미하고, 민주화는 '억압으로부터의 자유'를 주는 것을 의미한다. 북한의 정상(국가)화와 근대(국가)화는 한반도 전체가 선진화의 길로 나아가는 첫 시작이 될 것이다.

반드시 민족통일을 이루겠다는 [국가적 국민적 의지]를 밝혀야 한다.

우리나라 지도자와 국민 모두가 민족통일을 위한 헌신과 희생의 각오가 되어 있음을 밝혀야 한다. 분단에의 안주, 통일의 회피가 얼마나 우리 민족과 북녘동포들에게 죄가 되는가, 역사의 죄인이 되는가, 그리고 국가발전과 국민이익에 반하는 것인가, 인류의 보편적 발전에 역행하는가를 밝혀야 한다.

통일을 당파(黨派)나 정파적(政派的) 이해에 이용하지 않을 것을 천명하여야 한다.

다시는 민족의 숙원인 통일이 당파적·정파적 권력투쟁의 수단으로 전락하는 잘못 - 너무나 부끄러운 잘못 - 이 반복되어서는 안 된다는 것을 밝혀야 한다. 그래서 반드시 앞으로는 통일정책은 전문가의 의견수렴, 여야의 토론과 합의, 그리고 국민의 동의와 지지 속에서 수립되고 투명하게 추진되어야 함을 밝혀야 한다.

이상과 같은 통일대강을 만들고 차세대는 물론 국민 모두에게 '통일교육'을 강화하여 동포사랑과 나라사랑의 마음을 키우고, 통일의 정당성과 당위성을 적극 알려 나가야 한다.

우리의 통일구상과 의지를 대내외에 천명하는 [적극적 통일외교]를 벌려야 한다.

한반도 통일문제는 내부적으로는 민족문제이지만 외부적으로는 [동아시아 질서 재편]의 문제이다. 그래서 통일을 이루기 위하여서는 주변 4강의 이해와 협조가 필수적이다. 따라서 통일에 우호적 국제환경을 조성하기 위하여 먼저 우리의 [한반도 미래구상]을 만들어 4강에게 제시하고 그들을 적극 설득하여야 한다.

통일한반도가 진정한 동북아 번영과 평화에 필수적임을 밝혀야 한다.

한반도 통일없이 동북아에 번영과 평화는 있을 수 없음을 확실하게 천명하고 이를 4강에게 적극 설명하여야 한다.[8] 역(逆)으로 분단의 지속이나 혹은 새로운 분단의 탄생은 동북아의 분열과 전쟁 그리고 빈곤의 구조적 원인이 됨을 밝혀야 한다. 미국의 주관심인 북핵문제도, 중국의 주관심인 중국변방의 안정의 문제도, 오로지 한반도 통일을 통하여서만 확실하게 달성될 수 있음을 설득하여야 한다. 그리고 통일한반도는 어떠한 패권에도 반대하는 반패권주의(反覇權主義)를 천명하고 장기적으로 [평화자주외교]를 지향한다는 것을 확실히 하여야 한다.[9]

그리고 이웃 4강이 안심할 수 있도록 통일된 한반도의 미래상에 대한

---

8) 2009년 7월 27~28일 양일간 제1차 미중(美中) 전략경제대화가 워싱턴에서 개최되었다. 여기서 미국과 중국은 (1) 6자 회담의 중요성, (2) 한반도 비핵화 노력지속, (3) 한반도와 동북아에서의 평화와 안정유지 등 3대 원칙에 합의하였다고 한다. 우리는 이 중 마지막 원칙인 한반도와 동북아의 평화와 안정의 유지는 분단된 한반도를 전제로 하여서는 불가능함을 미국과 중국에게 지속적으로 강력하게 설득해 나가야 한다.
9) 장기적으로 통일한반도는 [평화중립]과 [독립자주]를 지향하게 될 것이다.

몇 가지 원칙을 천명하여야 한다. (1) 한반도 비핵화의 원칙 (2) 자유민주주의와 시장경제 및 자유무역의 원칙 (3) 다자간 평화안보체제의 원칙 (4) 열린 동북아공동체구상의 원칙 등을 천명하여야 한다.

동아시아의 번영과 평화의 길로서 [3국정립평화론(三國鼎立平和論)]을 제시하여야 한다.

역사적으로 동아시아 지역을 두 국가가 지배하게 되면 – 한반도의 분단을 전제로 한 – 이 두 국가의 대립구조는 반드시 [패권(霸權)경쟁]을 일으켜 이 지역의 갈등과 전쟁과 빈곤을 결과하는 근본 요인이 되어 왔다. 이러한 소위 2국대립패권론의 폐해를 우리는 크게 강조하여야 한다. 그리고 동아시아의 평화를 위한 대안으로 한·중·일 3국이 정립(鼎立)을 하면 – 솥의 3다리가 솥의 안정을 보장해주는 것처럼 – 동아시아는 구조적으로 안정과 평화를 얻을 수 있다는 [3국정립평화론]을 주장하여야 한다.[10]

이 [삼국정립평화론]의 합리성과 타당성을 4강들에게 적극 설득하는 [통일외교]를 – 민관(民官)이 함께 – 적극적으로 펼쳐나가야 한다. 그래서 남북분단의 현상유지나 새로운 분단은 4강 모두에게 큰 손해가 된다는 사실을 설득하여야 한다. 특히 한반도 분단이 중국의 이익에 크게 역행한다는 사실을 강조하여야 한다.[11] 아니 한반도 통일이 중국에게 큰 이익이

---

10) 앞으로 통일한반도는 동북아에서 중국 일본과 더불어 반드시 일극(一極)을 이룰 수 있을 것이다. 그래서 한반도가 통일만 되면 동북아의 3극 중 하나가 되고 동아시아의 4극(한국, 중국, 일본 그리고 아세안) 중 하나가 될 것이다.
11) 중국은 한반도 통일 전에는 분단유지 내지 현상유지에 노력할지 모르나, 일단 통일이 되면 한반도와의 관계를 크게 격상시켜 한반도를 [평화 중립지대]로 유도하여 미국의 동아시아 패권을 견제하려 할 가능성이 높다.

됨을 강조하여야 한다.[12]

신채호(申采浩)선생은 100여 년 전에 "조선(朝鮮)의 독립없이 동아시아의 평화가 불가능하다"고 주장하셨다. 그의 주장을 외면했기 때문에 결국 동아시아는 3차에 걸친 큰 전화(戰禍)를 겪게 되었다. 지금 우리는 [한반도의 통일없이 동아시아의 번영과 평화는 불가능하다]고 크게 외쳐야 한다.

한반도 통일 후의 [북한개발계획]과 [동북아개발계획]에 대한 청사진을 제시하여야 한다.

통일 후 북한을 정치적으로 안정시키고 경제적으로 발전시킬 계획을 제시하여야 한다. 통일과정에서 질서있는 변화를 위한 치밀한 준비, 북한 재건을 위한 지원과 국내외 투자 동원, 과거 남한의 산업화와 민주화 과정의 실패를 반복하지 않을 대책, 남북주민들의 정신적 심리적 문화적 통합정책 등등 철저한 계획을 준비하여야 한다.

그리고 더 나아가 통일 후 북한, 만주, 그리고 연해주 등 동북아지역 전체를 발전시킬 청사진을 제시하면서 한·중·러·일 4국의 [동북아 공동개발계획]을 제안하여야 한다.[13] 물론 미국·유럽연합(EU)등의 적극적 참여도 구해야 한다. 이를 위하여 [동북아 개발은행] 등의 설립도 제안할 수 있을 것이다.

---

12) 예컨대 한반도의 통일은 동아시아의 번영과 평화에는 물론 중국의 대만문제 해결에도 기여할 수 있음을 강조하여야 한다.
13) 우리는 중국에게 중국의 동북방지역, 특히 만주지역의 경제적 국제적 발전은 한반도가 분단되고 북한이 비정상국가, 전근대국가로 남아 있는 한 절대 불가능함을 잘 설명하여야 한다.

한반도 통일 후의 [동북아평화구조]에 대한 청사진을 제시하여야 한다.

[삼국정립평화론]의 실천을 위한 [민관(民官)이 함께 하는 동아시아평화회의], [정부(政府)중심의 다자간(多者間) 안보회의] 등을 앞 장서 주장하고 나가야 한다. 그리고 필요한 시점이 되면 이 지역의 불필요한 지역분쟁을 관리하는 [삼국 공동 위기관리그룹(contingency activity group)]등도 제안해야 할 것이다.[14]

장기적으로는 유럽의 유럽연합(EU)과 유사한 아시아연합(AU)를 동아시아에 만들어 나가는 노력을 경주하고, 이 아시아연합이 아시아의 번영과 평화를 가져올 21세기 [아시아 시대]의 꿈이고 목표임을 밝혀야 한다.

한반도 통일 후의 [한미동맹의 미래비전]을 제시하여야 한다.

앞으로 한미(韓美)동맹은 [한반도의 통일]을 적극 지지하고 그 이후 [동아시아 삼국 정립의 평화구조]를 정착시키기 위해, 함께 노력하는 동맹으로 발전시켜야 한다. 단순한 [한반도의 군사동맹]을 넘어서, 한 단계 높은 [동아시아 지역의 가치동맹]으로 발전시켜야 한다. 필요하다면 통일 후 북한지역에 미군주둔의 불필요함도 천명하여야 한다.

이러한 한반도 미래구상을 가지고 4강 통일외교를 혼신의 노력으로 적극 전개하여야 한다.

---

14) 안중근 선생께서 [삼국 공동군단(共同軍團)]을 제안하신 바 있다. 유사한 취지라고 생각한다.

선진화 통일의 추진을 위해 강력한 민관(民官)합동의 [선진화통일추진기구]를 만들어야 한다.

가장 중요한 것이 북한 [동포의 마음]을 얻는 일이다.

뜨거운 동포사랑 속에서 북한의 동포가 우리를 원하도록, 우리가 그들의 희망이 될 수 있도록, 최선의 노력을 하여야 한다. 통일대업에 합류하면, 과거는 서로 묻지 않고, 한반도의 선진화에 동참하여, 함께 나아가자는 확고한 의사전달과 의지표명이 있어야 한다. 그래서 북한사회에 [올바른 통일세력], 즉 [선진화 통일세력]을 만들고 그들을 적극 지원하여야 한다. 그동안은 대(對)당국자 전략만 있었고 대민전략이 없었다는 사실과 북한에 올바른 [선진화 통일세력]을 지원하기 위한 정치전 심리전이 전혀 없었다는 사실은 진정 만시지탄(晩時之歎)의 한이 된다. 진정 우리 스스로에게 그리고 이웃나라들에게 심히 부끄러운 일이다.

김정일 이후 두 가지 시나리오 모두에 대비하여야 한다.

하나의 시나리오는 혼란이다. 이때 우리가 어떻게 그 혼란을 안정으로 바꾸어 나갈 것인가에 대한 대책을 구체적으로 가지고 있어야 한다. 그리고 북한의 혼란기에 남한이 북한을 안정화시킬 능력과 의지가 있다는 사실을 이웃 4강들에게 확실히 보여 주어야 한다. 북한이 혼란에 빠지면 질서유지와 인도주의적 재난방지 - 긴급 구호중심의 원조 - 를 위해 신속하고 막대한 개입이 필요하다. 남한이 이를 주도적으로 효과적으로 할 수 있음을 특히 중국에게 확실히 보이는 것이 대단히 중요하다.

다른 하나의 시나리오는 새로운 집권층의 등장이다. 그러나 문제는 이 새로운 집권층도 현재 진행되는 체제위기 내지 국가실패의 진전을 막기 어려울 것이다. 새로운 집권층이 생존을 위하여 외세에 투항할 수 있다. 그러면 일시적인 체제안정을 이루고, 그 외세의 지도와 지원 아래, 개혁개방을 시도할 수 있다. 그러나 성공하지도 오래가지도 못할 것이다. 새로운 집권층이 나와도 현재의 체제는 개혁개방이 요구하는 최소한의 자유도 허용될 수 있는 체제가 아니기 때문이다. 또한 외세에 의존하여서는 오래가지 못할 것이다. 과거의 한반도에 있던 안동도호부의 역사를 보라. 8년을 넘기지 못하고 한반도에서 축출되었다.

반면에 북한의 새로운 집권층이 남한과 [선진화 통일]을 위하여 합작하기로 한다면 체제안정도 이루고 정상화(비핵화 등)와 근대화(산업화와 민주화)를 남북한이 함께 만들어 나갈 수 있다. 남한의 국민들은 북한의 정치안정과 산업화 등을 위하여 혼신의 협력과 노력을 다할 것이다. 그래서 한반도 전체의 선진화에 성공할 수 있을 것이다.

다시 강조하지만 북한의 모든 동포들과 지도층의 다수를 어떻게 [선진화 통일세력]으로 만들 것인가 – 외세에 투항하지 않고, 남북기본합의서(1992)에서 합의한 우리민족끼리의 자주적 통일의 방향으로 가도록 – 에 대한 근본대책이 있어야 한다. 그리고 어떻게 하여 앞으로 북한의 정상(국가)화 그리고 근대(국가)화(산업화와 민주화)의 성공을 위하여, [남북의 선진화 통일세력]이 함께 협력하고 공동 노력할 것인가에 대한 전략과 정책이 있어야 한다.

정부 내에 범부처적 [종합전략추진체계]를 만들어야 한다.

여야 합의로, 민관합의로, 통일대강과 한반도미래구상을 만드는 일, 이를 기초로 4강에 대한 통일외교와, 대국민 통일교육을 강화하는 일, 그리고 북한의 동포들을 포용하고 설득하는 각종노력을 조직화하는 일, 북한의 급변사태가 남북통일로 이어지도록 하는 각종 전략의 수립과 집행 등 민관합동의 선진화 통일과제들을 체계적으로 구상하고 추진하기 위한 정부내 [종합적 전략추진체계]가 필요하다.

끝으로 특히 2가지가 중요하다. 하나는 가능한 한 빨리 [4강과의 한반도 전략대화]를 시작하는 것이다. 한반도의 위기관리문제와 그 이후 신질서창출의 문제에 대한 전략적 협력적 대화를 시작하여야 한다. 우리가 이를 적극적으로 주도하여야 한다. 전략대화를 통하여 우선 급한 것이 북의 급변사태 대응과정에서 미국과 중국 어느 한편의 일방적인 영향력이 과도하게 작용하는 것을 막는 안전장치를 준비하는 것이다. 예컨대 (1) 군사적 분쟁소지를 막기 위한 [3국 공동위기관리그룹]의 구성 (2) 인도적 위기극복을 위한 협력방식 (3) 대량살상무기의 해체협력방식 (4) 국가 및 사회 질서회복 협력방식 등등을 생각할 수 있다.

다른 하나는 대한민국의 북한지역 관리주도권을 확보하기 위한 [국제법적 합의의 틀]을 마련하는 것이다. 북한의 문제는 반드시 대한민국이 북한의 통일세력과 함께 주도하고 4강이 이를 적극 협력하는 방향으로 나가야 할 것이다.

이 모든 것들을 우리가 적극 주도하여야 할 것이다. 도대체 우리의 문제를 우리가 적극적으로 나서지 않으면 누가 우리를 위하여 이 일을 하겠는가?

맺는말

과연 우리가 이러한 민족적 대사업인 [한반도 선진화 통일사업]을 제대로 해낼 수 있는가? 그러한 각오와 능력, 헌신성과 투쟁성을 가지고 있는가? 그러한 리더십을 가지고 있는가? 그러한 깨어있는 지성과 언론이 있는가? 국민들의 마음가짐은 어떠한가? 적지 않은 의문이 가는 것도 사실이다. 그러나 나는 궁극적으로는 성공한다고 믿는다.

첫째는 통일은 역사적 대의(大義)이기 때문이다. 우리민족의 번영을 위하여서도 동아시아의 평화를 위하여서도 통일 이외에는 다른 길이 없다. 더 이상 분단의 지속이나 새로운 분단의 등장은 결코 정답이 될 수 없다. 그렇다면 빠르게 가느냐 돌아가느냐의 완급의 문제는 있을 수 있지만, [한반도 선진화 통일]은 반드시 오게 되어 있다.

둘째는 우리 민족의 역동성을 믿기 때문이다. 지난 역사를 보면 지도자들이 분탕질을 쳐놓아도 결국은 국민들의 역동성이 이를 바로 세운 경우가 많았기 때문이다. 당분간 국론의 분열도 사회의 갈등도 깊어질지 모른다. 그러나 그 분열이 깊어질수록, 화해의 시기는 더 빨리 다가오고, 통합의 기운도 더 빨리 커지리라 믿는다.

이를 위하여 이 시대의 지식인 언론인들이 [냉전시대의 미망] 그리고 [민주화시대의 미망] 등과 같은 모든 미망을 벗어던지고, 우리 한반도의 현실을 있는 그대로 보기 시작하고, - 개인이나 정파적 이익을 떠나 - 민족과 국가의 이익을 중심에 놓고 생각하기 시작하면, 우리의 나아갈 올바른 길이 반드시 보인다고 생각한다.[15] 그것이 바로 선진화 통일을 위한 대장정의 시작이고 오늘의 모임도 그러한 방향으로의 진일보가 되기를 간절히 희망한다.

---

15) 우리가 나아갈 방향을 올바로 찾으려면 우선 사물을 있는 그대로 여실(如實)하게 보아야 한다. 그리고 이념적 편견이나 개인적 욕심 없이 보아야 한다. 그러면 정답을 얻을 수 있다고 생각한다. 불가에서는 이것을 성성(惺惺)(mindful)하다고 한다. 그리고 현대 심리학에서는 우리마음이 성성할 때 가장 창조적이 될 수 있다고 한다.

Integration of the Korean Peninsula[16]

Ladies and Gentlemen,

Thank you for your presence at our conference.

Today, we are gathered here to discuss the future of North East Asia and Asia as a whole.

We are here to create together a prosperous, advanced, and peaceful future for North East Asia and Asia as a whole, and to put an end to the region being a place of confrontation, conflict, and poverty.

The decisions that we will make in the next five to ten years will determine whether the coming century of North East Asia will be remembered as the era of unprecedented peace and prosperity.

North East Asia and the greater Asia is facing a crucial transition period in which the rise of a new international order, unprecedented since the advent of civilization, is now expected. Historically, international relations in North East Asia have adhered to a strict vertical structure. China had

---

16) Keynote speech at the International Symposium "Integration of the Korean Peninsula: Transition Strategies and Visions for the Common Prosperity in Northeast Asia" April 7, 2011.

been the author of an unrivaled regional hegemony for over 2000 years until the rise of Japan to great power status in the early 1900s. Chinese ethnocentrism and Japanese imperialism were the ideologies that prevailed throughout this period.

This vertical feature of international relations in North East Asia persisted throughout the post-World War II and Cold War era. However, by the end of the Cold War, East Asian countries began seeking new values to fundamentally restructure the international order in East Asia.

I believe that today's international order must reflect the world view of our time -the 21st century era of democracy, globalization and information. In accordance to which, the new international order in East Asia must fully reflect the values of mutual respect and cooperation, and be firmly based upon the equality and independence of sovereign states.

I believe that the idea of multilateralism based upon the equal participation of regional members, and not the unilateralism of sheer power politics, can serve as the key notion in providing proper solutions to the various problems in this region. Furthermore, only when such values are preserved and practiced through mutual respect and cooperation, can democracy, globalization and the free flow of information take root in this region. Only such a regime will enable the creation of the North East Asian Community, and further even an Asian Community, not only in the area of economic cooperation, but also in the security sphere.

East Asia, at the 21st century juncture, faces two paths of historical development. One path points to economic development and prosperity, eventually leading to peace and harmony in the region. The creation of a true economic community will bring forth development and prosperity which will in turn lead to the establishment of a community of common security. Under this scenario, the future of Asia will be labeled as a time of peace and prosperity.

The other path will lead us toward confrontation and conflict, which will result in poverty and degeneration. The failure to create a community of trust will usher a new era of Cold War, characterized by endless conflict and perpetual confrontation. Under this scenario, poverty and degeneration, instead of development and prosperity, will dictate the future.

At this point, I would like to first note that the unification of the Korean Peninsula is imperative in generating a community of trust. As long as the Korean Peninsula remains divided, the concept of an East Asian Economic and Security Community (EAESC) is simply inconceivable. It should also be remembered that the problem of a divided Korean Peninsula is not merely an issue just concerning the two Koreas, but an issue that concerns the entire East Asia region.

It is quite understandable that China prefers peace and stability to preserve its economy and to secure its historic growth. However, as long the Korean Peninsula remains divided, China may not witness such peace and stability. On the other hand, after the integration of the Korean Peninsula, the entire East Asia region, notably China, will find itself in a peaceful and stable state made possible by the cooperative mechanisms of EAESC in securing peace and stability, and generating growth and prosperity through, for example, the development of Dongbei and Yeonhaeju areas.

Japan is already a mature, developed country. Nevertheless, it is now becoming increasingly effete mainly due to its high structural budget deficit and aging population. To revitalize itself more effectively, Japan would require external momentum from outside the nation's own structure and capacity. I believe that such momentum can be found through Japan's participation in the integration of the Korean Peninsula and in its contributions to the establishment of the East Asian Economic and Security Community.

For the United States, the development of a horizontal international order in East Asia based upon the idea of multilateralism seems to be in its primary interest as it is the only way through which the vision of a prosperous and peaceful North-East Asia becomes conceivable. In this sense, the United States will find itself increasingly more at ease when a genuine system of peace and prosperity arises in this region after the unification of the Korean Peninsula.

Russia is a great power whose geographic region stretches across Eurasia. As today's global economy shifts to Asia, Russia needs to transform its Euro-centric nation planning to one which is more Asia-centric. It also needs to cooperate with EAESC in order to facilitate the advancement of Eastern Russia and further its power substantially.

In this fashion, the integration of the Korean Peninsula, and the rise of EAESC will be beneficial to all member states of the entire Asian Community. It can thus be concluded that establishing a successful East Asia Economic and Security community is necessary for the advancement, prosperity, peace, and stability in the region.

What should we do, in our present time, to achieve the integration of the Korean Peninsula and also to achieve the development of EAESC?

To answer this question, I look to the world renowned scholars from the five participating countries in this Conference. I firmly believe that your wisdom and experience will greatly contribute to answering this question as well as providing insight to our overall initiative.

At the outset, I believe we must first conceive two visions.

First, a vision of peace and security in East Asia. This vision, based on multilateralism, must be something that can be agreed upon by all states in East Asia. Subsequently, we must develop a specific roadmap and effective strategies. We should also build basic frameworks for a collective economic and security community.

Second, a vision for the integration of the Korean Peninsula. This vision must also be based on multilateralism, shared by not only the people of the two Koreas but also by their neighboring countries. A detailed roadmap of this vision must include integration strategies and mechanisms that could manage the overall integration process successfully.

Before sharing our opinions, however, I want to discuss a more detailed agenda on the integration of the Korean Peninsula.

With regard to security:

First, the unified Korea should honor the principle of nuclear non-proliferation. Moreover, countries in East Asia should create a sphere of nuclear non-proliferation in East Asia and Asia as a whole, and also develop and expand a non-nuclear corridor in the region.

Second, the united Korea and the East Asian countries must establish the East Asia Economic and Security Community (EAESC) which will further develop collective security systems for the region.

Third, the United States forces in Korea must remain in the region until the security community of East Asia is firmly established. Their presence will be advantageous for many other East Asian countries as well.

With respect to the integration of the Korean Peninsula: Our first priority is to ensure the current North Korean regime's cooperation with nuclear non-proliferation, free trade policy and reform. We will support this effort by all means.

However, if the current regime fails to take the initiative and faces an inevitable regime change, we hope that a new regime that complies with nuclear non-proliferation, free trade policies and cooperation with South Korea could possibly arise. Once a new regime appears, the two Korean regimes can form a united front which will facilitate the unification process.

Moreover, once achieving integration, the United Korea-or Greater Korea-will actively initiate the establishment of a peaceful and prosperous new East Asia in close cooperation with China, Japan, Russia, and the United States.

Second, the two Koreas should maintain separate administrations during the early stage of the integration process. We should establish a special economic and administrative zone in North Korea. Also during this period, the exchange of people, goods and services may be limited. However such regulations-separate administration and limited exchange-are necessary before full-fledged integration for the successful transition of a planned economy into a market economy and also for building a sound base for North Korea's endogenous growth and development.

Third, there must be a detailed blueprint for North Korea's open door policy and reform.

In addition, a blueprint for the overall integration process with South Korea is also desirable.

I think the integration process will require at least three stages.

The first stage is a preparatory stage for North Korean reform and the implementation of open-door policy. Reform efforts should start with transforming North Korea's communist economic system into one based on the free market economy. It should then be followed by building a sound base for endogenous growth and development in North Korea.

The second stage involves the integration of economic and social structures in South and North Korea. This integration process must begin only after North Korea's successful transition into a free market economy. The integration process must advance systematically from commodity market integration to capital market integration and finally to labor market integration.

The final stage is the integration of political and legal infrastructure in South and North Korea. Efforts should be made to establish one unified political and legal system in the Korean peninsula.

We must develop a concrete blueprint for all three stages of integration as well as for the transition period. Some may question whether such a step-by-step process for integration is feasible when it comes to a time of abrupt change in North Korea. A sudden change may require temporary measures; but the integration process will eventually need all three stages as chaos subsides. Depending on the situation, integration may proceed in a tight manner, allowing for the compression of some tasks. Or it may even take longer by implementing each step more thoroughly. Regardless, the three-step-process must be implemented as there is no short-cut in achieving the successful unification of the Korean Peninsula.

Lastly, I would like to reemphasize that the issue of unifying Korea is not contained within the borders of the peninsula. It is a historical assignment for all North East Asian countries. This is because a united Korea is the first and foremost step in the path leading to establishing peace and prosperity in East Asia. The integration process requires not only the will and compliance of the two Koreas, but also active participation and cooperation from other North East Asian and East Asian countries.

Even with such a collective approach, however, there is still one problem that consistently hinders the progression of the integration process. That is, the persistence of Cold War ideology or mentality which tenuously grips onto the 20th century perception of the world. A culture of fundamental mistrust in the international community exacerbates the mentality and practice of confrontation. Clearly the Cold War ended two decades ago. The 21st century world we are now living in is a completely different international political milieu. Today's international relations are based on mutual respect, cooperation, and peaceful co-existence.

This is why we need a new ideology such as Asian Peace Philosophy or Asian Peace Theory.

I would like to encourage that every scholar in this room endeavor to eradicate Cold War ideology or mentality and lingering mistrust, and to establish a new visionary ideology centering upon the idea of the Asian Peace Philosophy or Asian Peace Theory. It is my sincere hope that every expert in this room may actively share his or her wisdom and experiences so that we together can bring about the integrated Korean Peninsula, and the peaceful and prosperous North East Asia.

Great historical changes always start from humble beginnings. And it all begins with a small idea.

Our vision and the initiative may be beyond the scope of our gathering today. However, this meeting will serve as the very small idea and an event that changes the world.

This is why we are gathered here today, to create the future of the 21st century North East Asia and Asia as a whole.

Thank you very much.

통일한반도를 통해 아시아 평화의 시대를 열자[17]

오늘 우리는 동북아의 미래 더 나아가 아시아의 미래를 논의하기 위해 이 자리에 모였습니다. 우리는 오늘 [실패의 동북아]가 아니라 [성공의 동북아], 갈등과 대립 그리고 가난의 아시아가 아니라, 발전과 번영 그리고 평화의 아시아를 위하여 이 자리에 모였습니다.

지금부터 5년 내지 10년 안에 우리들이 과연 어떠한 결단을 내리느냐에 따라 동북아와 아시아 100년의 미래역사가 과연 평화와 번영의 시대가 될 수 있는지, 아니면 전쟁과 낙후의 시대가 될 것인지 그 여부가 결정된다고 봅니다. 왜냐하면 동북아, 그리고 아시아는 지금 문명사적으로 새로운 국제질서, 새로운 국제적 가치의 등장을 기대하는 과도기에 있기 때문입니다.

주지하다시피 지난 2000년 간 동아시아의 국제질서는 항상 중앙과 변두리가 위계적으로 관계하는 [수직적 국제질서]였습니다. 오랫동안 중국

---

17) 2011년 4월 7~8일 한반도선진화재단, 조선일보, 국제공공정책연구센터(일본)가 공동주최한 국제 심포지엄 "한반도 통일전략과 동북아 공동번영의 비전 (Integration of the Korean Peninsula: Transition Strategies and Visions for the Common Prosperity in Northeast Asia)"에서 발표한 기조발제의 한글본임.

의 [패권적 중화주의]가 아시아의 중심에 있었고 근세에는 일본의 [침략적 제국주의]가 아시아의 중심에 서려고 했습니다. 그리고 제2차 세계대전 이후에는 냉전의 시대로 여전히 아시아의 국제질서는 동과 서라는 두 축을 중심으로 위계적이고 수직적이었습니다.

이제 냉전이 끝난 이후 세계는 새로운 동북아 질서, 동아시아 질서를, 그리고 그 새로운 질서를 뒷받침할 새로운 국제적 가치관인 아시아 평화철학 내지 아시아 평화론을 요구하고 있습니다. 21세기 세계화·정보화·민주화 시대에 걸맞는 바람직한 새로운 동아시아 질서는 호혜 평등한 주권국가들 간의 상호존중과 협력의 수평적 관계가 되어야 한다고 생각합니다. 그리고 대국에 의한 일방주의(unilateralism)가 아니라 모든 국가들이 평등하게 참여하는 다자주의(multilateralism)에 기초해 이 지역의 각종 문제들을 풀어나가야 한다고 생각합니다. 그래야만 이 지역에서 세계화, 정보화, 민주화가 성공할 수 있으며, 장기적으로는 [동아시아공동체] 더 나아가 [아시아공동체]를 만들어 나갈 수 있다고 생각합니다. 그리고 단순히 [경제 공동체]로만 그치지 않고 [안보 공동체]로 발전할 수 있다고 생각합니다.

21세기 동북아시아, 우리 앞에는 두 개의 길이 놓여 있습니다. 하나는 발전과 번영, 그리고 그 결과로서의 평화와 화목의 길입니다. 동북아와 동아시아에 진정한 [경제 공동체]가 만들어지면 곧 발전과 번영이 오고 이 과정에서 쌓인 신뢰를 바탕으로 [안보 공동체]가 만들어질 것입니다. 그러면 아시아의 미래는 번영과 평화가 될 것입니다. 다른 하나는 갈등과 대립, 그리고 그 결과로서의 빈곤과 낙후의 길입니다. 동북아에 다자주의에 기초한 [경제·안보 공동체]라는 [신뢰공동체]를 만드는 일에 실패하면 동북아에서는 다시 신 냉전(new cold war)이 시작될 것이며, 무한 갈등과 무한 대립의 시대로 돌아갈 것입니다. 그러면 발전과 번영은 기대할 수 없고, 결국은 낙후와 빈곤의 시대로 회귀하게 될 것입니다.

그런데 동북아에 다자주의에 기초한 [경제·안보 공동체]라는 신뢰공동체를 만들어 나가는데 성공하려면 불가결한 한 가지 전제가 있습니다. 그것이 바로 [한반도 통일]입니다. 한반도가 분단되어 있는 한 동북아 공동체는 불가능하며 아시아의 미래는 번영과 평화의 방향으로 나가지 못합니다. 따라서 우리가 잊어서는 안 되는 것은 한반도의 문제는 한민족만의 문제가 아니라 동북아는 물론 동아시아, 나아가 아시아 전체의 미래가 걸린 문제라는 사실입니다. 중국이 자국의 경제 발전을 위해 변방의 안정을 원하는 것은 당연하다고 봅니다. 그러나 진정한 변방의 안정은 한반도 분단이 지속되는 한 올 수 없습니다. 한반도가 통일된 이후 우리 모두가 동북 3성과 연해주의 개발 등을 통해 [신 동북아 시대]를 열어나가면서 동북아에 [경제·안보 공동체]를 만들어 나가는 일을 성공시켜야만 비로소 중국의 변방은 태평성대가 될 것이고 중국은 화평굴기(peaceful rising)를 계속할 수 있을 것입니다. 일본은 이미 성숙한 선진 국가입니다. 그러나 구조적 재정적자와 급속한 고령화, 소자화로 인하여 빠르게 활기를 잃고 있습니다. 일본경제사회가 한 번 더 도약하고 활기를 되찾을 수 있는 길은 국내보다 국외에서 찾아야 한다고 생각합니다. 한마디로 동북아공동체, 아시아공동체 구성을 주도하는 데서 찾아야 한다고 생각합니다. 그런데 한반도 통일이 전제되지 않고는 동북아 공동체, 아시아 공동체는 현실화될 수 없습니다. 러시아는 유럽과 아시아에 걸쳐있는 유라시아의 대국입니다. 지금 세계 경제권력의 중심은 빠르게 아시아로 이동하고 있습니다. 우리는 러시아가 21세기 더욱 발전하려면 지금까지의 [유럽 중심의 러시아]에서 [아시아 중심의 러시아]로 전환해야 한다고 생각합니다. 한반도 통일 이후 동북아공동체가 성공하게 되면 반드시 시베리아개발 그리고 중앙아시아와의 경제협력 등을 통하여 [신 유라시아 시대]를 여는 방향으로 역사발전이 이루어지리라 확신합니다. 그렇게 되면 러시아와 동아시아 모두의 이익이 될 것입니다. 미국의 최대 관심은 동북아, 동아시아에서 새로운 팽창적 패권주의가 등장하지 않고 수평적 국제질서와 다자주의에 기초한 [경제·안보 공동체]가 등장하는 것이라고 생각합니다. 그래야 번영과 평화의 동아시아가 가능하기 때문입니다. 미국은 갈수록 제1의 세계질서 창조자 내지 리더로서의 역할이 점점 힘들어질 것입니다. 따라서 동아시아에서 자생적 평화와 번영의 질서가 만들어지는 것이 미국에게도 큰 이익이 될 것입니다.

이와 같이 [한반도의 통일]과 그 이후 다자주의에 기초한 동북아 [경제·안보 공동체]의 등장은 모든 나라들에게 큰 이익이 되는 바람직한 미래가 될 것입니다. 그러면 [한반도의 통일]과 [신 동북아 시대]내지 [신 동아시아 시대]를 열기 위해 우리는 지금 무엇을 해야 하는가 하는 문제가 등장합니다. 실은 이 문제를 풀기 위하여 오늘 이 자리에 5개 국가의 석학들이 모였습니다. 여러분들의 지혜와 경륜이 이 문제를 푸는데 크게 빛이 되고 힘이 되리라 생각합니다.

저는 우선 두 가지를 준비해야 한다고 생각합니다. 하나는 다자주의에 기초한 [동북아, 동아시아의 안보 비전]이 나와야 한다고 생각합니다. 그리고 그 비전은 모든 관련 국가들이 동의할 수 있는 내용이 되어야 할 것입니다. 통일한반도를 포함하여 동북아, 동아시아에 어떠한 집단안보가 가능한가, 집단안보 실현을 위한 비전과 전략은 무엇인가, 그리고 실천을 위한 구체적인 로드맵은 무엇이어야 하는가 등이 나와야 할 것입니다. 다른 하나는 한반도 [통일 이후의 비전]과 [통일과정의 전략]이 나와야 합니다. 남북한 주민들이 수용할 수 있는 합리적 내용, 그리고 이웃나라들이 지지할 수 있는 합리적 내용이 나와야 할 것입니다. 이러한 [통일 이후의 비전]과 [통일과정의 전략] 그리고 그 전 과정을 안정적으로 관리할 수 있는 구체적 로드맵이 나와야 합니다.

　이상의 두 가지 문제에 대한 본인의 생각은 다음과 같습니다. 먼저 안보와 관련해서는 첫째, 통일한반도는 비핵화의 원칙을 지켜나가야 합니다. 동북아에 비핵회랑을 만들어 이를 점차 확대시켜 나가야 한다고 생각합니다. 둘째, 통일한반도는 다자주의에 기초한 [동북아의 안보공동체], [집단적 평화체제] 구축을 위해 적극 앞장서야 합니다. 군축을 포함하여 [아시아의 영구평화]를 위한 제도적 노력과 신뢰체제 구축에 앞장서야 합니다. 셋째, 주한미군은 [동북아의 안보공동체]가 성공적으로 정착할 때까지 [남한에만] 계속 주둔해야 한다고 생각합니다. 그것이 모든 관계국들에게 이익이 됩니다.

　다음 한반도 통일과 관련해서는 첫째, 북한정권이 비핵화와 개혁·개방의 길을 가는 것을 우리는 무엇보다 희망하고 환영하고 지지합니다. 그러나 북한정권이 개혁·개방을 못하고 그 결과 체제전환이 불가피해질 때 우리는 북한에 남한과 합작할 수 있는 [비핵·개혁·개방정권]이 등장할 것을 희망합니다. 그러면 우리는 분단시대의 과거 잘못을 묻지 않고 대동단결하여 남북통합의 길로 나갈 것이고, 그 다음에 중국, 일본, 러시아, 미국 등과 협력하여 발전과 평화의 [신 동북아시대], [신 유라시아 시대]를 열어 나갈 것입니다. 둘째, 북한의 [비핵·개혁·개방정권]과 남한이 힘을 합쳐 남북통합을 성공적으로 이룩하기 위해서는 남과 북은 일정기간 행정적·경제적으로 별도의 관리단위로 운영되어야 합니다. 즉 일정기간 북에 '행정·경제특별구역'을 설치하여 남한과는 별도관리로 운영되어야 합니다. 결국 일정기간 일국양제(一國兩制)의 시기가 필요하다고 봅니다. 물론 그 기간 동안 남북간의 인적 물적 교류는 제한적일 수밖에 없습니다. 이렇게 남한과 북한이 일정기간 별도관리 되어야 하는 이유는 본격적 남북통합 이전에 북한의 계획경제에서 시장경제로의 '체제전환의 기간'이 필요하기 때문입니다. 셋째, 북한의 개혁개방과 남북통합의 각 단계를 성공적으로 이끌 구체적 청사진을 준비해야 합니다. 이와 관련하여 통일은 적어도 3단계를 거쳐야 하지 않을까 생각합니다. [통일의 제1단계]는 북한경제의 '체제전환'을 추진하는 단계입니다. 즉, 남한과의 통합과 경제의 대외개방을 준비단계입니다. 북한경제를 지금까지의 계획경제에서 시장경제로 전환시키는 노력과 더불어 본격적 남한경제와의 통합 그리고 앞으로 있을 대외개방을 위해 북한의 새로 도입된 시장경제의 기초를 튼튼히 하는 단계입니다. [통일의 제2단계]는 남과 북의 '경제통합, 사회문화통합'의 단계입니다. 어느 정도 체제전환과 시장경제의 발전기초가 구축된 다음에는 남한과 북한의 경제통합, 그리고 사회통합의 과정이 진행되어야 합니다. '상품시장통합'과 '자본시장통합' 그리고 '노동시장통합', '사회보장통합'이 이루어져야 하며, 동시에 '교육통합', '방송·언론통합', '문화·예술통합' 등의 단계를 밟아 나가야 합니다. 마지막 [통일의 제3단계]는 남북한 '정치통합', '법률제도통합'의 단계입니다. 즉, 한반도 전체에 단일 통치기구와 단일 법률체계를 구축하는 노력이 필요합니다.

우리는 위에서 제시한 각 단계의 통합을 추진할 구체적 청사진을 준비하여야 합니다. 혹자는 만일 북한의 변화가 급격히 이루어지면 과연 이상과 같은 단계적 접근이 가능할 것인가 하는 질문을 합니다. 그러나 비록 급격한 변화가 있다 하여도 결국은 일정기간의 혼돈 후에는 질서가 등장하지 않을 수 없고, 우리가 성공적 통합을 목표로 한다면, 그 새로운 질서 속에서, 불가피 단계적 통합을 추구할 수밖에 없습니다. 물론 상황에 따라 3단계의 통합이 시간적으로 단기간에 압축적으로 이루어 질 수도 있고, 조금 더 시간을 가지고 착실히 진행될 수도 있습니다. 그러나 성공적 통일을 위해선 역사변화에 중간단계의 생략은 어렵습니다. 특히 정치통합을 경제통합보다 뒤에 두는 이유는 남북통합과정에서 정치인들의 인기영합적 포퓰리즘의 등장을 막기 위해서입니다. 우리는 정치인들의 정파적 단기적 이해관계가 독일의 경험에서와 같이 '통합과정의 왜곡', '통합비용의 증대'를 결과하기 쉽다고 보기 때문입니다.

끝으로 다시 한 번 강조합니다. 한반도의 통일은 한반도만의 문제가 아닙니다. 새로운 동북아와 새로운 번영과 평화의 '21세기 아시아'를 만드는 역사적 대(大)사업입니다. 남한과 북한주민만이 아니라 이웃나라 국민들이 모두 함께 새로운 동북아, 새로운 아시아의 역사를 창조해나가는 과정이 될 것입니다. 그런데 그러한 방향 - 아시아 평화의 시대 - 으로 새로운 역사를 만들어 나가는데 가장 큰 장애가 있습니다. 그것을 저는 우리 사이에 있는 '20세기적 냉전적 사고'와 '상호불신의 문화'라고 생각합니다. 이제 우리가 살고 있는 21세기는 더 이상 냉전의 시대가 아닙니다. 상호협력과 공존공영의 시대입니다. 그런데 우리 동아시아 국가들 사이에 '냉전적 사고'와 '불신의 문화'가 아직 남아 있어 아시아의 역사발전에 큰 장애가 되고 있습니다. 동북아 나아가 아시아에 번영과 평화의 신 질서가 구축되기 위해서는 반드시 새로운 가치관 냉전과 불신을 극복하고 미래지향적인 보편적 아시아적 가치에 기초한 아시아 평화철학 내지 아시아 평화론이 나와야 합니다.

오늘 이 자리에 오신 국내외 석학 여러분들이 이 지역에 남아 있는 '냉전적 사고, 불신의 문화'를 극복하는데 앞장서 주시길 기대합니다. 그리고 '아시아 평화의 철학, 아시아 평화론'을 창조하고 확산시키는데 앞장서 주시기 바랍니다. 그리고 '평화의 신 아시아의 시대'를 열기 위한 성공적인 '한반도의 통합'과 성공적인 '동북아시아 내지 동아시아의 통합'을 위해, 여러분들의 지혜와 경험을 함께 나누어 주시길 기대합니다.

역사의 큰 변화는 항상 작은 데서 시작됩니다. 큰 물리적 변화도 작은 생각의 변화에서부터 시작됩니다. 저는 오늘의 이 모임이 비록 큰 모임은 아니지만 21세기 동북아, 나아가 아시아 전체의 역사를 크게 바꾸는데 결정적인 계기를 만들 수 있게 되기를 간절히 기대합니다. 또한 반드시 그렇게 될 수 있다고 확신합니다.

여러분 감사합니다.

마음껏 펼쳐라, 대한민국의 꿈을![18]

옛날에 장자(莊子)는 자신이 나비가 되어서 이리저리 날아다니면서 꽃도 구경하고 들도 구경하는 꿈을 꾸었다고 한다. 한참 날아다니다가 나무 밑에 한 사람이 낮잠을 자고 있는 것을 보고 내려가 보니 바로 장자 자신이었다. 그때 꿈이 깨었다. 나비가 된 꿈을 꾼 것이었다. 그런데 꿈 속에서는 분명히 자기는 나비였다. 그렇다면 혹시 '지금 나는 틀림없이 장자라고 생각하고 있지만, 사실은 나비가 장자가 된 꿈을 꾸고 있는 것은 아닌가' 하는 생각이 들었다는 이야기가 있다.

인간은 누구나 꿈을 꾸면서 인생이라는 먼 길을 간다. 밤에는 꿈을 꾸며 보내고 낮에는 꿈을 품고 살아간다. 밤에 꾸는 꿈은 우리가 보낸 날들에 대한 즐겁고 슬펐던 일들이 많다. 그러나 낮에 꾸는 꿈은 앞으로 각자의 삶에서 이루고 싶은 미래에 대한 희망과 기대와 목표 등이 많다. 꿈은 개인만 꾸는 것인가? 나라는 꿈을 꿀 수 없는가? 나는 개인이 꿈을 가지고 살듯이 나라도 반드시 꿈을 가져야 한다고 생각한다. 꿈이 없는 인간은 스스로의 가치실현과 자기발전을 포기한 것이나 다름없듯이, 꿈이 없는 나

---

18) 2013년 1월경 쓴 것으로 보임

라도 자기의 자존과 발전을 포기한 나라가 아닐까? 한다.

 자랑스러운 우리 대한민국은 1948년 건국한 이래로 지금까지 어떠한 꿈을 꾸면서 살아 왔는가? 그리고 앞으로 어떠한 꿈을 꾸면서 살아가야 하는가? 해방 후 지난 60여 년간을 돌이켜 보자. 우리 대한민국은 1940~1950년대에는 건국의 꿈, 1960~1970년대에는 산업화의 꿈, 1980~1990년 대에는 민주화의 꿈을 꾸면서 살아 왔다. 그리고 각 시대마다 우리의 꿈을 성공적으로 이루어, 이제는 세계 어디에 내놔도 부끄럽지 않은 나라가 되었다. 아니 오히려 이제는 외국에서 대한민국을 크게 부러워한다. 1960년대 초반 세계 최빈국의 하나로서, 일인당 국민소득이 100불도 안되던 대한민국이 한강의 기적을 통하여 1995년 1만 불을 달성했고, 지금은 2만 불을 넘어 섰다. 거기에 한국에서 민주주의는 쓰레기통에서 장미꽃을 피우는 것 같다는 비아냥을 들으면서도 결국은 우리는 민주주의까지 성공시켰다. 그러니 모두가 부러워하는 것이 어찌 보면 당연하다.

 그런데 21세기에 들어오면서 우리 대한민국에 꿈이 사라지는 것 같다. 꿈을 이야기하는 사람들이 줄어들고 있다. 미래에 대한 이야기보다 과거에 대한 이야기가 너무 많다. 그것도 과거 역사를 가지고 내 편, 네 편으로 나누어 싸우는 경우가 허다하다. 그래서 국민들은 점점 분열, 갈등, 대립하게 된다. '건국-산업화-민주화에 성공한 우리 대한민국이 지금부터 꾸어야 할 새로운 꿈은 무엇인가'에 대한 주장과 이야기는 별로 들리지 않는다.

 20세기 후반기에 잘 나갔던 대한민국이 21세기에 들어서 왜 이렇게 흔들리고 혼란스러워지는가? 두 가지 이유가 있지 않을까 싶다. 첫째는 지금까지 이 나라를 이끌어 온 주도세력과 지도자들이 산업화와 민주화 이후 이 나라가 나가야 할 새로운 꿈을 제시하지 못했기 때문이다. 새로운 국가비전과 목표를 제시하지 못했기 때문이다. 둘째는 우리역사에는 건국과 산업화와 민주화를 단기간 내에 성취하기 위해 무리를 한 부분이 참 많았다. 그 과정에서 몸과 마음에 아픔과 상처를 받은 분들이 많다. 아직 이 분들의 한(恨)과 아픔을 충분히 치유하지 못해서 우리사회가 흔들리는 것이 아닌가 싶다.

앞으로 21세기 우리 대한민국은 어떠한 꿈을 가지고 살아야 하나? 나는 21세기 대한민국의 꿈은 다음의 두 가지가 아닐까 생각한다. 하나는 "선진화"이고 다른 하나는 "통일"이다. 이 둘을 합쳐 "선진통일(先進統一)"이라고 부르면 좋을 것이다. 선진화란 한마디로 부민덕국(富民德國)이 되는 것이다. 이는 안으로는 국민들이 정신적, 경제적으로 부유하고 풍요로운 나라가 되는 것을 의미하고, 밖으로는 이웃 나라들이 우리를 덕스러운 나라로 존경하는, 그러한 부민덕국의 나라를 만드는 것을 의미한다. 그리고 그 선진화는 남한의 선진화로만 끝나지 않고, 반드시 남북통일을 이루어 한반도 전체의 선진화가 되어야 한다. 그래서 한반도 전체를 통일된 세계 일류선진국가로 만들어야 한다.

나는 이러한 21세기 선진통일국가를 만든다는 꿈을 가지고 우리 국민들이 다시 한번 더 대동단결하여 크게 도약해야 한다고 생각한다. 그래야만 지금의 저성장과 양극화, 실업과 빈곤, 가족해체와 교실붕괴, 높은 자살률 등 각종 어려운 국내문제가 풀릴 수 있다고 생각한다. 이와 함께 지난날 역사 속에서 상처받은 분들에 대한 해원(解寃)의 노력이 있어야 한다. 건국과정에서의 좌우대립으로 인해 피해와 상처를 받은 가족, 산업화 과정에서 불법착취와 부당해고를 받은 노동자, 그리고 민주화 과정에서 고문과 탄압을 받은 분들에 대한 국가와 사회차원의 집단적 힐링(healing)

이 있어야 한다. 그래서 그분들이 아직도 때때로 꾸고 있는 과거의 악몽이 21세기 미래의 길몽으로 바꿔지도록 해야 한다. 그래서 우리나라 국민 모두가 선진통일이라는 길몽을 함께 꾸는 새로운 시대를 만들어야 한다. 그래야 21세기 대한민국이 대도약하는 선진통일의 한민족 성공의 시대가 활짝 열릴 수 있을 것이다.

장자는 본래 무사안일을 좋아하는 사람이니 나비가 되는 꿈이나 꾸면서 살았던 것은 아닐까? 그러나 우리 국민은 지금 한가로이 나비 꿈이나 꾸면서 살아갈 수는 없다. 우리 대한민국은 아직 해야 할 일이 너무나 많은 나라이다. 무엇보다 우선 세계에서 가장 심한 기아와 가난, 질병에 허덕이는 그리고 비인도적 인권탄압에 신음하는 북한동포를 구해야 한다. 또한 실업과 소득 불평등 등 남한 내부의 저성장과 양극화의 문제도 빨리 풀어내야 한다. 이렇게 선진화와 통일을 함께 추구하여 한반도 전체를 선진일류국가로 만들면서, 더 나아가 만주와 시베리아를 개발하고, 더 뻗어서 중앙아시아와 유라시아 전체를 경영해야 하는 나라가 되어야 한다. 그야 말로 21세기 아시아 시대에 동북아의 세계중심국가로 우뚝 서야 한다.

그래야 우리는 고구려가 멸망한 이후(668)부터 1894년 청일전쟁까지 약 1,200~1,300년간 중국의 변방 속국으로 살아온 과거 치욕의 역사를 완전히 극복할 수 있다. 통일한반도가 더 이상 중국의 변방속국이나 일본의 식민지가 아니라, 동북아에서 중국, 일본과 어깨를 나란히 3강을 이루면서, 호혜평등의 [신 동북아 시대]를 만들어 나가야 한다. 우리 대한민국은 바로 이러한 [선진통일]과 [신 동북아 시대]의 큰 꿈을 꾸어야 한다. 역사는 '꿈을 꾸는 사람들에 의해 만들어 진다'고 한다. 맞는 말이다. 그러나 '역사는 그 시대의 국민이 어떤 꿈을 꾸느냐에 의하여 만들어진다.'라고 보는 것이 좀 더 정확한 표현이다. 나비를 꿈꾸면 나비가 될 것이고 웅비하는 호랑이를 꿈꾸면 반드시 호랑이가 될 것이다.

　본래 꿈은 누가 만들어 주는 것이 아니라 스스로 자기가 만드는 것이다. 우리는 어떠한 꿈을 꾸어야 할 것인가? 혼자가 아니라 우리 대한민국 국민 모두가 함께 꾸어야 할 꿈은 어떤 것이어야 하는가? 결국 우리의 꿈은 우리가 우리의 아들과 딸 그리고 손자와 손녀들이 어떠한 나라에서 살기를 희망하는가에 의하여 결정되지 않을까? 그렇다면 우리 모두 자기 자신에게 물어 보아야 한다. "우리는 우리 후손들이 진정으로 어떠한 나라에서 살기를 원하는가?" 그러면 21세기 대한민국의 꿈이 그려질 것이다. 나는 그 답이 [선진화와 통일]이라고 생각한다. 그래서 이 땅위에 선진통일의 꿈이 마음껏 펼쳐지는 날이 오기를 기원하고 또 기원한다.

통일이냐, 분단이냐?
한반도 통일은 축복이다[19]

왜 선진화·통일인가?

　대한민국이 1948년에 건국될 때 세 가지 꿈을 가지고 있었다. 첫째, 보릿고개 없는 경제발전 즉 산업화이다. 둘째, 민주주의의 꿈이다. 우리도 민주주의 해보자는 꿈이다. 마지막 셋째는 한반도의 통일이다. 개인도 꿈이 있듯이 나라도 꿈을 가지고 있어야 한다. 위의 세 가지 꿈 중에 경제발전 즉 산업화는 상당부분 성공을 했고, 이를 기반으로 민주주의도 이루어냈다. 여기서 한 발짝 더 나아간다면 선진화이다. 우리는 산업화와 민주화를 통해 후진국에서 중진국 선두주자로 발전을 거듭해 왔다. 조금만 더 노력한다면 선진일등국가가 될 수 있는 시점에 와 있다. 세계 최고의 경쟁력을 지닌 경제와 완숙하고 성숙한 민주주의를 선진화라 부른다면 21세기 우리의 꿈은 선진화로 요약될 것이다. 그렇지만 해방 후 아직 이루지 못한 또 하나의 꿈이 있다면 통일이다. 따라서 21세기 대한민국의 꿈

---

19) 2013년 5월 7일 통일교육원에서 고위공무원을 대상으로 한 강의자료를 2014년 3월 경 수정 보완한 것임

을 요약한다면 [대한민국의 선진화와 한반도의 통일]이다.

본인이 선진화 문제에 관심을 가지게 된 것은 2005년 당시 국회를 떠나게 되면서부터이다. 떠나게 된 계기는 수도분할은 올바른 국토의 균형발전정책이 아니라고 보았기 때문이다. 국가운영을 힘들게 만드는 망국적인 포퓰리즘 정책이라 생각했기 때문이다. 당시 한국사회를 돌이켜보면서 산업화와 민주화의 성공에도 불구하고 잘못하다가는 우리나라는 선진국으로 들어설 수 없겠구나 하는 걱정이 컸다. 그래서 뜻을 같이 하는 교수들과 함께 2006년에 "한반도선진화재단"이라고 하는 작은 Think - Tank를 만들었다. 국회에 등록 한 후 지금까지 7년 동안 대한민국의 선진화를 목표로 정치, 경제, 사회, 교육, 문화, 예술 등 각 분야의 선진화를 위한 정책연구와 교육활동을 나름대로 열심히 하여 오고 있다. 연구 결과는 언론을 통해 사회에 알림으로서 대한민국의 선진화를 선도하는 역할을 하려고 해 왔다.

2005년부터 시작된 대한민국의 선진화에 대한 연구와 관심은 2008년을 계기로 한반도의 통일문제로 확산되었다. 2008년 안식년을 스탠퍼드대학교에서 보내고 있을 때 워싱턴의 한 연구소가 "북한을 중국에게 넘기자, 그리고 필요하다면 미국은 한반도에서 떠나는 것이 좋겠다."라는 보고서를 발표했다. 냉전종식 후 핵 문제 등 많은 난제를 안고 있는 북한에 대해 미국이 더 이상 많은 관심과 노력을 할 필요가 있는가? 중국과의 관계만 잘하면 동북아의 평화는 유지될 수 있는 것 아닌가? 그러니 북한문제 해결 - 핵문제를 포함하여 - 을 중국에 맡기자는 것이었다. 물론 이 같은 보고서를 발표한 곳은 워싱턴에 소재한 수많은 연구소 중 하나이고, 이러한 시각이 미국 주류의 견해라고는 할 수 없으나, 적어도 이러한 내용의 연구 보고서가 나왔다는 것은 대단히 중대한 문제가 아닐 수 없었다. 그래서 학교에서 한반도 전문가들과 회의를 하던 도중 위의 보고서를 언급하면서, 나는 "이는 미국과 중국의 이해관계에서 보아도 조금도 이익이 되지 않는 대실책이 될 것이며 아니 모두에게 크게 해가 된다. 나아가 한반도 분단의 고착화는 반드시 동북아에서 새로운 냉전을 유발할 것이고 한반도 통일을 전제하여야 비로소 동북아의 평화와 번영이 가능하다. 당신들 크게 잘못 생각하고 있다. 절대 안 된다"고 주장하였다.

한반도 전문가들은 의외라는 반응이었다. 그 자리에 참석한 한반도 전문 교수, 한국에서 근무하였던 전직 국무성 고위 관료들을 포함한 전문가들은 '대한민국과 국민들이 정말 진정으로 통일을 원하는가'라고 질문했다. 그리고 그들은 '우리가 통일을 크게 원하지 않는 것으로 알고 있었다.'고 했다. 외국인들이 왜 그렇게 이해하고 있었을까? 바로 우리가 그렇게 만든 것이다. 이를테면 일반 국민을 대상으로 요즈음 여론조사를 해보면 약 25%가 통일이 바람직하다고, 그리고 약 45%정도가 큰 부담이 되지 않으면 통일해도 좋다고 하고 있다. 그리고 30%는 불필요하다고 응답한다. 젊은 층을 대상으로 한 조사에서는 통일반대가 더 많다. 이 결과는 우리만 보는 것이 아니라 미국과 중국의 한반도 전문가들이 다 보고 있다.

외국의 전문가들이 우리 대한민국의 정부나 국민들이 통일에 대하여 소극적이라고 보고 있다는 사실이 나에게는 큰 쇼크였다. 그래서 '이래서는 안 되겠다' 생각하고 귀국한 후에 [한반도선진화재단]과 미국 워싱턴의 [CSIS]라는 Think Tank, 그리고 조선일보와 공동으로 통일 심포지엄을 열었다. 2009년 초의 일이다. 미국, 일본, 중국 등지의 학자들을 초청해서 국제회의를 한 것은 그 사람들의 의견을 듣자고 초대한 것이 아니다. 사실 그들의 주장은 그들의 책이나 글을 통해 우리는 이미 다 알고 있다. 국제회의를 개최한 주된 이유는 우리의 목소리를 들려주기 위해서였다.

첫째로 우리는 통일하겠다. 둘째는 우리는 통일을 안정적으로 관리할 수 있다. 준비를 하고 있다. 셋째는 한반도 통일이 이웃나라들에게도 대단히 이롭다는 것을 알리고 설득하기 위해서였다.

2013년 1월, 한반도선진화재단이 헤리티지재단과 조선일보와 함께 개최한 국제회의 이후에 중국의 한 전직 장성이 서신을 보내왔다. 그는 편지에서 초청에 감사하는 말과 함께 이번에 한국에 와서 보고 크게 놀란 것이 있다는 것이다. 즉 한국 사람들이 통일에 대해 그토록 관심을 가지고 있었는지 몰랐다는 것이고 그것이 대단히 인상적이었다는 것이다. 아직도 밖에서는 우리가 통일에 대하여 소극적이라고 보고 있다.

한반도 통일의 문제와 선진화의 문제는 동전의 양면과도 같다. 선진국의 될 정도의 국력을 가졌을 때 - 선진화가 되어야 - 통일의 시대를 열 수 있고, 반대로 통일의 시대를 열어야만 선진화를 완성할 수 있다. 이 세상에 분단된 선진국은 없다. 선진화 통일이란 한반도 전체를 선진화시키는 통일이다. 한반도 전체를 선진일류국가로 만드는 통일이다. 우리는 이것을 지향하여야 한다. 어떤 분들은 다음과 같이 생각한다. "우리는 오랜 기간 분단 속에서 남북은 각자 나름대로 살아왔다. 북한의 변화를 기대했지만 현실적으로 어려운 것 같다. 그러니 당분간 이대로 분단된 채로 살면 어떠한가?" 심지어 우리 사회의 일부 지도자들도 이러한 생각을 한다. 이에 대한 답은 이제 "우리는 더 이상 이대로 살 수 없다"는 것이다.

해외에서는 한반도 분단이 이대로 지속되면 반드시 북한의 중국화가 초래될 것으로 보고 있다. 미국의 한 학자는 북한이 이대로 가면 북한은 중국의 '제2의 티베트'가 될 것이라고 보고 있다. 그리고 스웨덴의 한 일본학자는 과거 일본이 만주에 설립한 괴뢰정권인 만주국과 유사한 것을 중국이 북한에 세울 것으로 보고 있다. 즉 '제2의 만주국'을 중국이 북한에 만들 것이라는 내용이다. 2012년 12월 말에 제출된 미국 상원 스태프 보고서에서는 북한 정권 붕괴 시 한국 주도의 독일식 흡수통일은 불가능할 것으로 보고 있다. 그 대신 북한에 중국의 변방 성(省)이 등장할 것이라고 주장하고 있다. 소위 북한이 중국의 동북 4성이 될 것이라는 것이다. 지금 이 전문가들의 의견대로 간다면 38선은 더 이상 휴전선이 아니고 국경선이 될 것이다. 그러면 나진, 선봉과 청진과 같은 곳에서 중국의 상선이 출현할 것이고 동해와 대한해협을 따라 이동하는 중국 상선을 중국 군함이 호위하게 될 수도 있다. 그러면 일본의 재무장은 필연적이 될 것이다. 일본이 핵 개발을 할지도 모른다. 이렇게 되면 동북아는 다시 첨예한 갈등과 대립의 시대인 신냉전체제로 진입하게 된다. 대한민국은 중국 내해의 섬과 같은 존재가 될 것이다. 이러한 상황에서 과연 대한민국의 미래는 안전할 것인가? 자존과 번영을 지킬 수 있는가? 잘못하면 통일은 물론이고 선진화도 실패한 '3류 분단국가'로 추락할지 모른다.

다시 기억해야 할 것은 고구려 멸망 후 청일전쟁까지 대한민국은 중국의 변방 속국이었다. 우리가 1300년 이상 지속된 중국의 영향력을 벗어난 것은 1894년 청일전쟁 후 시모노세키 조약에서 한국의 주권이 국제적으로 인정받았을 때였다. 그로부터 약 120년이 지난 지금, 우리가 통일을 못하고 3류 분단국가로 추락하면 자칫 1894년 이전의 대한민국으로 돌아갈 수도 있다. 다시 중국의 변방의 역사가 시작되는 것이다. 이는 있을 수 없고 있어서도 안 된다. 우리는 지금 통일을 할 능력을 지니고 있다. 문제는 의지와 열정이다.

여하튼 나라 밖에서는 북한의 중국화를 예상하는 견해가 많은데 그렇게 보는 근거로는 다음과 같은 이유를 들 수 있다. 첫째, 국제관계의 지배적 이론인 '세력균형론'에 근거하고 있다. 즉 양국의 힘이 비슷할 때 균형을 유지할 수 있다. 그러나 힘의 균형이 깨질 경우 강한 국가가 약한 국가를 접수하게 된다. 폭력적 접수(전쟁) 혹은 평화적 접수가 발생한다. 그래서 힘의 공백을 메우게 되면 새로운 균형을 이루게 된다. 제2차 세계대전 후 일본이 한반도를 떠나고 생긴 힘의 공백을 미국과 소련이 채웠다. 1949년에 미국이 한반도를 떠나자 이듬해 힘의 공백을 기회로 북한이 남한을 침범하여 왔다. 중국과 소련이 뒷받침 해준 셈이었다. 소련의 멸망과 더불어 북한의 체제 실패가 심화되어 왔다. 국력이 추락하고 있다. 반면에 중국의 힘은 점점 더 커지고 있다. 그래서 한반도의 북반부에 힘의 공백이 생기고 있다. 이러한 시점에 한국이 뒤로 물러나서 강 건너 불 보듯 한다면, 중국의 힘이 북한에 발생한 힘의 공백(power vacuum)을 메울 것이다. 이것이 국제관계이론에서 기본이 되는 세력균형론이다.

둘째, 중국이 추진하는 동북공정을 보면 중국은 이미 북한의 중국화를 염두에 두고 움직이고 있음을 알 수 있다. 중국에는 역사적으로 국경이라는 개념이 없다. 중국에는 중앙과 변방만 있을 뿐이다. 중국은 북한, 그리고 크게는 한반도를 자신의 변방으로 그리고 전략적 완충지대로 보고 있다. 그래서 고구려와 발해의 역사가 한국의 역사가 아닌 중국 역사의 일부라고 주장하는 역사공정을 하고 있다. 앞으로 있을 수 있는 북한에의 영토적 개입에 대한 역사적 근거 내지 연고를 주장하기 위해서이다. 지금도 동북공정이 진행 중이다. 현재 많은 유적지와 문화재가 손상되어가고 있으며, 만주에는 발해의 대조영이 중국 중앙정부로부터 온 관료에게 문서를 받으며 고개를 숙이고 있는 동상을 만들어 놓았다. 이렇듯 지금 역사의 수정 · 공정이 대대적으로 일어나고 있다.

북경대학의 한 교수는 동북공정과 관련하여 고구려와 발해의 역사가 조선의 역사가 아닌 중국 변방 소수민족의 역사라고 하면서 "이 문제는 과거 역사의 문제가 아닌 중국의 미래 이익이 달린 문제다."라고 했다. 이어서 그는 북한은 오래 견디기 어려울 것이며, 군부 쿠데타로 인해 새로운 정권이 들어서고 그 정권은 중국 군부의 지지를 받아 초기에는 동북 3성과 군사적 연방화를 추진하고, 종국적으로는 중국의 지방정권이 될 것이라고 주장하고 있다. 그리고 20~30년 후에는 서울 이북이 사실상 중국의 지배하에 있는 영토가 될 것이다. 이렇게 되면 한·중 양국 간에 북한 영토에 대한 영토주권의 분쟁문제가 생기게 된다. 이 때 중요한 것이 역사적 연고이고, 이를 위해 지금 중국은 동북공정을 추진하고 있다는 것이다.

셋째, 중국이 군사 대국화가 되어가고 있는데 이것이 바로 북한의 중국화를 초래할 또 하나의 원인이 될 수 있다는 것이다. 2009년을 기점으로 중국은 등소평의 평화적 온건 대외정책에서 패권주의적인 강경 대외전략으로 노선을 바꾸었다. 중요한 점은 중국의 군부가 의사결정에서 상당한 독자성을 가지고 있다는 사실이다. 중국의 군부는 한국의 국회와 같은 전국인민대회나 내각과 같은 국무원으로부터의 영향을 받지 않는다. 대단히 독자적 의사결정구조를 가지고 있다. 당 중앙군사위원회는 12명으로 구성되어 있으며, 2명의 민간인을 제외한 10명은 군부 출신이다. 중국의 군부는 거대한 이익집단을 형성하며 중국의 공기업을 지배하고 있는 당 관료들과 함께 중국의 2대 이익집단으로 불린다. 지난 20년간 중국의 군사비는 약 18배 증가하였다. 이렇게 군사대국으로 도약했지만 이들의 의사결정은 민주화 되어 있지 않다.

현재 중국 내부의 빈부격차는 매우 심하다. 지니계수 0.4를 넘으면 - 분배가 그 이상 나빠지면 - 일반적으로 폭동이 일어난다고 한다. 그런데 지금 중국의 지니계수는 0.6을 기록하고 있다. 실제로 중국은 2011년 한 해 동안 18만 7천여 건, 다시 말해 하루에 약 500건의 크고 작은 노사분규와 다양한 내용의 폭동이 발생했다. 더구나 중국은 제한적이지만 광범위한 인터넷 사용으로 정보교류가 크게 증가하고 있다. 여기에 부패와 소득분배의 악화로 인한 불만 확산, 그리고 민주주의에 대한 욕구 상승 등으로 인해 내치(內治)가 대단히 어려운 국면을 맞고 있다. 그런데 역사적 경험을 봤을 때 중국은 외교보다 내치를 더 중요시 하여 왔다. 현재와 같이 내부적으로 어려운 시기에는 강경하고 팽창적인 대외노선을 강화하면서 배타적 민족주의의 감정을 불러일으키려 할 수 있다. 그래서 국내문제 해결의 지연을 도모할 가능성이 크다. 한마디로 내부의 불만을 외부로 돌릴 가능성이 크고 그 과정에서 북한의 중국화가 진행될 수 있다.

따라서 세력균형이론에서 논의하는 중국에 의한 북한 내부 힘의 공백 대체 가능성, 중국의 동북공정, 역사적으로 변방, 완충지대로서의 한반도를 이해하는 중국의 지정학적인 관점, 그리고 중국의 내부 모순과 불만을 돌리기 위한 팽창적인 대외전략 등을 생각할 때, 북한의 중국화 가능성은 매우 높다고 볼 수 있다.

통일비용과 편익에 대한 바른 이해

북한이 스스로 비핵화와 개혁개방을 결단하고 정상국가가 된다면 우리 민족에게는 가장 바람직한 일이 될 것이다. 남한은 온 힘을 다하여 북한의 개혁개방을 도울 것이다. 그러나 북한이 지속적으로 정상(국가)화를 거부하면서, 결국 북한의 중국화가 진행되어 동북아에 새로운 냉전의 시대가 열리고 우리가 생각하는 21세기 대한민국의 꿈, 통일과 선진화는 불가능해 진다. 그러나 만일 우리가 북한을 정상(국가) - 개혁개방과 비핵화 - 로 만들면서 통일을 해 낸다면 다음과 같은 엄청난 긍정적 효과를 불러올 것이다.

먼저 경제적으로 남북경제의 시너지 효과를 기대할 수 있다. 지금 세계적인 현상인 저성장 양극화 문제는 1990~2000년대 세계자본주의 구조적 변화가 일어나면서 나타났다. 지난 역사를 간단히 살펴보자. 1960~1980년대의 세계자본주의는 총수요는 무한한데 총공급 능력이 부족한 때였다. 우리나라는 대단히 운이 좋았다. 당시 한국은 값싸고 품질 좋은 상품만 제조한다면 해외에서 파는 것은 걱정하지 않아도 되는 시대였다. 해외수요가 거의 무한대의 시대였다. 그러나 1990~2000년대의 세계자본주의는 총수요가 감소하고 있는 특징을 가진다. 고령화로 인한 소비수요 감소, 제2차 세계대전 이후 선진국들의 재건완료로 인한 성장률의 저하, 선진국들의 사회복지지출로 인한 경직된 재정 등의 복합적인 영향으로 세계수요 - 투자수요와 소비수요 모두 - 가 크게 줄어들고 있다. 그 결과로 고품질/저가의 물건을 만들더라도 수출시장의 확보가 어렵다. 이런 상황에서 수출 의존도가 높은 대한민국의 경제가 어려워질 수밖에 없다.

그러나 다행히도 한국은 세계적 수요부족의 시대에 큰 돌파구를 가지고 있다. 그 돌파구는 다름 아닌 북한이다. 북한은 엄청난 잠재적 시장을 제공한다. 값싸고 고학력의 노동력, 풍부한 지하자원, 개발되지 않은 시장 등이 북한에 있다. 다시 강조하지만 전 세계가 자금이 부족하여 경제위기를 맞은 것이 아니다. 자금은 많으나 투자할 곳이 없기 때문에 경제가 저성장하고 있다. 좋은 물건을 만들 수 있는 능력은 있으나 팔 곳이 없어서 - 즉 소비수요가 없어서 - 경기가 하락하고 있다. 그런데 통일이 되면 투자수요와 소비수요가 일거에 급증한다. 북한이라는 새로운 경제영토가 크게 열리기 때문이다. 통일과정이 시작되면 북한은 우리에게 큰 축복이 되고 투자가 투자를 부르는 시대를 열 것이다. 북한의 개혁, 개방을 통해 남북한의 경제는 공동비상하게 될 것이다.

통일비용을 걱정하는 이야기가 많다. 그러나 우리가 흔히 말하는 통일비용은 사실 잘못된 개념이다. 통일비용은 크게 두 부분으로 나뉜다. 첫째, 긴급구호적인 지출부분이다. 이는 쌀이나 의료품 등을 제공하여 급한 문제를 해결하는 긴급구조 차원인데, 이는 얼마 되지 않는다. 한국정부가 가지고 있는 식량재고 만으로도 북한 전체 주민을 약 5~6개월 정도 먹여 살릴 수 있다. 둘째는 남북한의 소득수준을 일치시키는데 드는 비용이다. 한마디로 북한경제 개발비용이다. 그런데 이것은 실은 통일비용이 아니라 통일투자이다. 한 연구결과를 보면 북한에 도로와 공장건설을 위한 투자재와 일상 소비재의 80%만 남한에서 생산한 물건을 가지고 가도 한국의 성장률을 연간 5~6% 상승시킬 수 있다고 한다. 남북이 본격적인 경제통합 단계에 진입하면 남한 경제의 연간 성장률을 8~9%까지 높이는 것은 별로 어려운 일이 아닐 것이다. 통일이 되면 남북한 경제 간의 엄청난 시너지 효과가 일어날 것이다. 골드만삭스(Goldman Sachs)는 통일된 한반도가 2050년에 1인당 국민소득에 있어 미국 다음으로 세계 2위를 차지할 것이라고 연구보고서를 낸 바 있다. 3년 전 Foreign Policy는 2050년에 세계 경제 4강을 발표한 바 있는데 이는 미국, 독일, 터키, 그리고 통일한반도였다.

통일이 된다면 남북 경제가 동시 비상할 뿐 아니라 이를 계기로 본격적인 동북아 시대가 열릴 것이다. 지금 중국 동북 3성의 지도자들이 기대하는 것이 한반도 통일이다. 러시아의 푸틴 대통령은 러시아의 미래는 유럽이 아닌 아시아에 있다고 보고 정부 경제정책의 초점을 극동 개발, 동방정책에 맞추고 있다. 러시아의 발전을 위해서도 한반도 통일이 이루어져야 하고 만주의 개발과 더불어 동북아 경제공동체가 형성되어야 한다. 그러면 한반도를 종단하여 일본까지 이르는 가스관과 철도, 고속도로 등의 교통망이 구축될 것이다. 러시아와 중국 3성 모두 한반도 통일을 기다리고 있다. 그런데 오히려 국내에서는 통일을 부담으로 보는 소극적 회피적 태도가 많다. 이는 매우 잘못된 것이다.

경제적인 측면 뿐 아니라 가치 측면에서도 통일은 대단히 중요하다. 북한의 동포들에게 인간적인 삶을 제공하는 것이다. 우리는 같은 민족이라고 얘기를 하지만 한 쪽은 자유인이고 다른 한 쪽은 노예상태이다. 이러한 격차를 계속 둔다는 것은 민족적 도덕과 양심이 더 이상 용납하지 않을 것이다. 몇 년 전 개성공단 방문 시 주변 길거리에 서 있던 북한동포들의 눈을 본 적이 있다. 여러분들도 TV를 통해 아프리카 주민들의 기아에 허덕이는 눈을 본 적이 있을 것이다. 길 가에 서있는 헐벗은 아프리카 사람들의 눈을 말이다. 북한 동포들은 아프리카 사람들의 눈보다도 더 희망이 없는 눈, 너무나 깊은 체념과 공포의 눈을 가지고 있었다.

오늘날 우리 사회에 소위 진보·좌파라고 하는 사람들은 한국 내부의 빈부 격차와 불평등을 얘기한다. 물론 이 문제는 고쳐져야 한다. 그러나 한반도 남북전체를 보면 강조점이 달라져야 한다. 나는 '전 세계에서 빈부격차가 그리고 불평등이 가장 심한 지역이 어디냐'고 묻는다면 지체 없이 한반도라고 할 것이다. 경제적, 정치적, 사회적 불평등이 한반도처럼 이렇게 심한 곳이 지구상에 없다. 그런데 우리는 굶주린 북한 동포에 대해 '민족복지'를 말하지 않는다. 가장 진보적이라는 사람들조차 이러한 민족의 불평등을 문제삼지 않는다. 오로지 남한내부의 불평등만 강조한다.

사실 통일의 문제는 인간의 문제, 즉 인간해방의 문제이다. 인간적인 삶, 북한 동포들에게 인간적인 삶을 제공하고 같은 동족으로서 더불어 사는 삶을 만들어 내는 것이 통일의 가치이다. 이 문제를 풀고 나서 대한민국이 경제적으로 한 번 더 도약하여 – 저성장과 양극화 문제를 해결하고 – 동북아시아 시대를 열면 통일한반도가 진정한 동북아시아의 중심국가가 될 수 있다. 19세기는 영국의 시대였고, 20세기는 미국의 시대였다. 21세기는 아시아의 시대이다. 그런데 우리가 통일을 하고 동북아 시대를 열게 된다면 한반도와 동북아가 아시아 내에서도 그 중심이 될 것이다.

현상유지 분단관리 정책의 허상

지금까지 대한민국의 정부와 지도층은 통일정책을 가지지 못했다. 지난 20년간 만 보더라도 한국의 정부는 진보·보수를 막론하고 그들의 목표는 통일이 아닌 분단의 평화적 관리 즉 현상유지였다. 북한은 한국을 변화시켜 적화통일을 하겠다는 목표가 있으나, 한국은 북한을 민주화·자유화·정상(국가)화 시켜 통일의 시대를 열겠다는 강력한 의지도 없고 준비도 별로 하지 않았다.

소위 진보·좌파세력은 대북유화론을 펼쳐 왔다. 북한과 교류하며 협력하자는 것이다. 이는 매우 듣기 좋은 말이다. 그렇다면 무엇이 문제였는가? 상식적으로 대화, 교류, 협력 모두 좋은 것이다. 그렇지만 문제는 북한을 변화시키려는 의지를 가진 대화와 교류와 협력이어야 했다. 단지 교류 그 자체를 위한 것은 곤란하다. 통일 이전에 분명히 서독도 동독에게 많은 경제적 지원을 하였다. 그런데 서독은 엄격한 상호주의에 기초하여 그 지원의 대가로 동독의 정치범 3만 4천명과 그들의 가족 24만 명을 서독으로 데리고 왔다. 또한 지원 대가로 동독에서 서독 방송의 시청을 가능하게 했다. 이는 동독 국민들의 인권과 동독의 정상국가화를 조건으로 해서 지원과 교류를 했다는 것을 의미한다. 그런데 한국은 지원과 교류의 대가로 무엇을 요구하였는가? 납북어부 한사람도 데려오지 못했다. 아니 요구도 아니 했다. 도대체 무엇을 위한 교류이고 협력인가? 누구를 위한 교류이고 협력인가? 이러한 우리의 행동이 북한 동포들에게 주는 메시지는 무엇이었을까?

한반도 통일에 있어서는 결정적으로 북한 동포들의 태도가 중요하다. 이들이 남한을 어떻게 생각하는지가 대단히 중요하다. 과거 해인사의 성철 스님은 통일을 위해서는 북한 주민들이 남한 사람들과 같이 살고 싶다는 생각이 들도록 만들어야 한다고 했다. 꿈속에서도 남한과 하나 되는 것을 꿈꾸도록 만들어야 한다는 것이다. 아주 간단한 답이다. 그런데 그동안 우리는 북한 동포들에게 우리의 통일 의지·노력·열정을 과연 얼마나 보여주었는가?

지금 한국에 약 2만 6천명의 탈북인들이 정착해 있다. 한국에 주재하는 재중동포는 현재 50만 명에 이른다. 그들은 지금도 북한에 있는 가족이나 친척과 수시로 전화를 하고 있다. 돈을 벌어 보내기도 하고 있다. 우리는 이들의 마음을 얻기 위하여 무슨 노력을 하였는가? 이들을 통하여 북한 동포들에게 남한동포들의 통일에의 의지와 열정을 전하는 노력을 하였는가? 북한동포들의 마음을 얻는 것은 지금까지의 '분단관리정책'에서는 중요하지 않았지만, 앞으로 우리가 추진해야 할 '적극적 통일정책'에 있어서는 대단히 중요하다. 사실 현재까지 통일정책이 없었다는 것은 북한 동포들의 마음을 얻으려는 노력이 없었다는 것을 의미한다. 지금까지는 통일의지 없이 돈을 퍼주는 식으로 하면서 당국자간의 회담 그 자체만을 목표로 하여 왔다. 크게 반성해야 한다.

그렇다면 진보의 대북유화론만 이러한 문제가 있었는가? 아니다. 보수의 대북강경론 또한 문제가 많았다. 한국의 보수는 통일을 위해 노력을 했는가? 그렇지 않다. 그들 또한 현상유지에 만족했다. 우선 북한의 도발을 막기 위하여 북한에 주던 식량지원을 끊자고 주장했다. 그러나 식량지원을 줄이면 고통을 받는 것은 북한의 동포들이다. 그런데 문제는 북한동포들의 고통을 받아도 북한당국자들은 전혀 고통을 느끼지 않는다. 북한의 지배층은 그러한 사람들이다. 그렇다면 식량지원을 줄이는 것이 무슨 압박효과가 있는가? 1990년대 중반에 북한 동포가 최소 350만 명이 아사하였다. 바로 그 때 북한은 죽은 김일성을 위하여 태양궁전을 지었는데, 이때 북한 주민들의 1년 반 먹여 살릴 수 있는 옥수수 배급 액에 해당하는 비용을 지출하였다고 한다. 참으로 한심하고 분노할 일이다. 그러나 이것이 북한 정권의 성격이고 구조이다. 단순한 외부의 압박으로는 변화를 기대할 수 없다는 사례이다.

북한의 경제는 3부분으로 나뉜다. 인민경제가 북한 GDP의 40%, 군부경제가 35%, 그리고 나머지가 궁정경제이다. 다시 말해, 북한의 김 씨 일가의 궁정경제가 전체 GDP의 25%를 장악하고 있다. 김 씨 일가의 궁정경제에 압박을 가하지 아니하고 인민경제에만 압박을 가한다면 아무런 효과가 없다. 압박정책을 사용하려면 김씨 일가의 궁정경제에 압박을 가하는 방법을 찾아내야 한다. 그들의 자금줄을 압박하여야 한다.

한반도에서 자유 대 반(反)자유의 싸움

잠시 한반도 전체를 놓고 멀리서 생각해 보자. 지금 한반도 전체에 자유와 반(反)자유, 자유민주주의와 수령독재/세습독재체제 간의 큰 싸움이 진행되고 있다. 어느 세력이 7천 5백만을 장악하느냐에 따라 민족의 생사가 달려있다. 우리가 북한의 정상(국가)화 · 개혁개방과 비핵화를 위하여 북한과 협력을 하던 북한을 압박을 하던 중요한 것은 먼저 그들을 정확하게 알아야 한다.

북한의 구조적 특징을 보면 2가지 매우 중요한 특징을 가지고 있다. 하나는 수령절대주의이고 다른 하나는 권력의 목표로서의 대남적화 통일이다. 수령절대주의란 인간의 육체적 생명은 부모로부터 받으나 사회적, 정치적 생명은 수령으로부터 받는다는 사상이다. 그런데 육체적 생명보다 사회적 정치적 생명이 더 중요함으로 - 동물도 육체적 생명을 가지고 있다 - 수령에 대한 충성과 효성을 바치는 것이 북한 주민들 개개인의 삶의 목표가 되고 있다. 이것이 수령절대주의이다. 또 다른 하나의 특징은 수령과 당의 존재이유 - 권력의 목표 - 가 남반부의 적화통일에 있다. 미제와 자본가로부터 남한의 해방 즉 적화통일전략에 있다. 이 두 가지가 북한이란 나라의 기본적인 특징이다.

지금 한반도에서는 자유주의와 수령절대주의라는 전체주의와의 싸움이 세 분야에서 진행되고 있다.

첫째, 사상전이다. 현재 사상전에서는 북한이 이기고 있다는 주장이 많다. 천안함 폭침사건이 있었을 때 세계 58개국과 UN을 비롯한 5개 국제기관이 북한을 규탄하였다. 그런데 정작 남한 국민의 30%는 누구의 소행인지 모르겠다고 대답했다. 학교에서는 초등학생들은 이승만 대통령을 독재자로만 배우고 있다. 이승만 대통령은 1890년대에 감옥에서 개화운동을 하고 그 이후 해외에서 고생하며 독립운동을 하다가 건국을 이루어낸 위대한 건국 대통령이다. 6·25 전쟁을 거치면서도 자유민주주의를 지켜서 현재 대한민국의 존립과 발전을 위해 힘써 온 호국대통령인데, 그의 수십 년의 공적은 생략하고 마지막 몇 년의 독재정치만을 과장하여 학생들에게 가르치고 있는 셈이다. 심지어는 태극기는 분단의 상징이고 애국가는 친일파가 만들었으니 이를 존중하지 말아야 한다는 교육이 버젓이 대한민국에서 일어나고 있다.

2012년 대통령 선거에서 3명의 후보가 TV에 나온 것을 보았다. 대한민국의 대통령 선거는 종북적인 - 대한민국을 부정하는 - 이정희 후보가 나올 자리가 아니었다. 그런데 그녀가 어떻게 나왔나 생각해 보니 그녀 옆에 있던 문재인 후보가 그녀가 등장하도록 만들어 준 셈이었다. 다시 말해 통합진보당의 국회의석을 민주통합당이 2012년 총선 때 선거연합을 통해 만들어 주었기 때문이다. 그렇다면 민주통합당은 당시 통합진보당이 종북사상을 가지고 있다는 사실을 모르고 국회에 입성시켰는가? 아니면 알고도 그렇게 하였는가? 그 만큼 대한민국은 지금 사상적으로 혼란스럽다. 이제 이를 바로 세우는 것이 중요하다. 자유민주주의는 다양한 사상을 수용하여야 한다. 그렇지만 이는 자유민주주의, 법의 지배 등 대한민국의 헌법적 가치를 소중히 하는 범위 내에서만 가능한 일이다. 자유민주주의와 법의 지배라는 헌법적 가치 자체를 반대하고 이를 행동으로 옮기는 것을 대한민국의 헌법이 보호할 수 없고 보호해서도 안 되는 것이다. 종북정당은 가능한 빨리 헌법재판소에서 해산 결정을 내리는 것이 옳다.

최근 평화체제가 논의되고 있다. 평화체제 구축이 핵을 포함한 한반도 문제를 해결하는 길이라고 주장하는 사람들이 있다. 이들은 소위 원로원

탁회의를 만든 후 "2013년 체제 만들기"라는 책을 출판하였다. 그러나 그 내용을 보면 결국 미국 - 북한, 한국 - 과 북한의 평화협정 체결을 주장한다. 얼른 들으면 좋은 이야기 같다. 그러나 지금 평화협정이 없어서 남과 북이 대치를 하고 있는가? 위의 평화협정주장 - 특히 미·북 간의 협정 - 은 1974년부터 북한이 주장한 것이다. 이들의 평화협정 체결 주장은 사실은 대미 평화전략의 한 부분이다. 북한의 남한 적화전략은 두 부분으로 나누어진다. 대남 혁명전략이고 다른 하나는 대미 평화전략이다. 왜 북한이 대미 평화전략이라는 위장평화전략을 하는가? 미국을 한국으로부터 떼어 놓기 위해서이다. 북한은 남한의 적화가 안 되는 가장 큰 이유를 주한미군의 존재라고 보고 있다. 그래서 미군의 철수를 목표로 모든 가능한 전략을 다 구사한다. 만약 미국과 북한이 평화협정 체제로 들어간다면 첫째 서해북방한계선(NLL)을 포기해야 할 것이다. 서해북방한계선(NLL)은 휴전협정에 기초한 것이기 때문이다. 둘째, 주한미군 철수가 곧 문제가 된다. 평화체제로 들어선 상황에서는 한미동맹이나 주한미군의 존재는 있을 수 없다. 셋째, 국가보안법이 폐지될 것이다. 이러한 숨겨진 목적을 위해서 북한은 평화협정체제를 줄기차게 요구하는 것이다. 현재 우리나라의 인터넷에 평화협정을 체결하자면서 협정내용문이 유포되고 있는데 그 내용을 보면 주한미군 철수, 한미동맹 파기, 국가보안법 폐지 등을 모두 포함하고 있다. 결국은 평화협상을 하자고 하면 곧 이러한 조건들이 책상 위에 놓일 것이다. 진정한 평화협정은 우선 북한의 대남적화통일전략 포기와 북한 비핵화에서 시작되어야 한다. 핵을 개발하면서 평화를 논할 수 있는가. 또 조선노동당 당규에 대남 적화를 당의 목표로 규정하여 놓고 평화를 논할 수 있는가? 헌법보다 높은 법률적 효력이 있다는 조선노동당 당규에서 노동당의 존재 목표가 대남적화통일이 아닌가? 그런데 우리 대한민국 내에서 평화협정체결을 주장하는 분들 중 북한의 대남적화통일노선을 포기하라고 주장하는 분들은 어디에서도 보지 못했다. 진정으로 평화협정을 원한다면 북한은 핵개발과 대남적화노선과 수령절대주의를 포기하여야 한다.

우리가 북한체제를 제대로 이해하려면 북한의 대외 공격성과 대내 억압성이라는 동전의 양면을 보아야 한다. 경제를 파탄나게 하고 인민을 탄압할 때, 정권은 경제 파탄의 이유가 외부 적대세력 때문이라고 주장한다. 가만히 있는 한국이나 미국이 적대적인 행동을 취한다고 거짓 선전한다. 그 동안 도발은 항상 북한이 감행했으면서도 거짓 선동을 해왔다. 수령독재는 대외 공격적 전략과 동시적이다. 즉 대외 평화는 내부적 수령독재체제 존립에 있어 위협이 된다. 그래서 지속적인 도발을 자행하고 있다. 따라서 진정한 평화를 원한다면 먼저 수령독재체제를 포기하도록 해야 한다. 동시에 중요한 것이 북한의 핵 포기이다. 핵을 개발하면서 평화체제를 운운하는 것은 설득력이 없다. 이러한 점들을 논의하지 않고서 평화체제만을 주장하는 것은 허구이다. 북한의 대미평화전략에 빠진 것이다. 우리는 사상전에서 엄청난 혼란을 겪고 있다는 것을 알 수 있다.

두 번째인 경제전에서는 두 말할 것 없이 한국이 압도적으로 승리하고 있다.

세 번째는 군사전이다. 그 동안 남북이 군사적 균형을 유지하여 왔으나, 이번 제3차 북핵실험 성공으로 인해 그 균형이 깨지기 시작했다. 그렇다면 북한이 왜 그렇게 핵을 보유하려고 할까? 지난 20년간 핵 협상을 할 동안 우리사회의 소위 진보세력은 "북한은 핵을 개발할 능력도 의사도 없다"로 시작하여 "핵을 개발할 가능성은 없지만, 했다고 하더라도 방어용일 것이다"를 거쳐 이제는 "핵을 개발했으니 받아들이고 평화협정을 체결하여 핵문제를 풀자"고 주장한다. 북한의 핵 개발 목적은 물론 내부적으로 수령독재체제를 강화하려는 의도도 있다. 그리고 외부로부터의 공격을 방어하려는 측면도 없지 않다. 그러나 실제로 북핵개발의 가장 중요한 이유는 주한미군과 한미동맹의 무력화를 통해 남한을 적화 흡수통일하는 것이다.

지금 북한이 남침을 하지 못하는 이유는 다음과 같다. 북한이 본격적으로 도발하면 한미가 하나가 되어 대대적으로 반격하면서 북한 깊숙이 진입하여 북한을 초토화할 것이다. 그 과정에서 미국 본토에서도 대대적인 추가적인 지원 병력이 오게 되어 있다. 그러한 내용을 가진 작계 5027을 보면 북한의 남침은 북한의 종말을 의미하게 되어 있다. 이 사실을 북한도 잘 알고 있다. 그런데 문제는 북한이 핵 개발에 성공하고 그 핵을 실전에 배치하게 되면 작계 5027이 근본적으로 흔들릴 수 있다는 점이다. 즉 북한이 핵을 가지고 있는 상황에서 북한의 전면 도발이 있다고 하여도 휴전선을 넘어, 평양을 넘어 압록강까지 깊숙이 올라갈 수 있을까? 북한과의 핵전쟁을 각오하면 가능하다. 그러나 그러한 각오가 없으면 깊숙한 진입이 어려워질 수도 있다. 환언하면 북한의 도발에 대해 대량 보복 공격을 할 수 없게 된다. 뿐만 아니라 북한에서 개발한 미사일이 이론적이든 실제적이든 미국 본토까지 갈 수 있다면, 즉 미국까지 가는 핵공격이 성공할 가능성이 0.1%라도 있다면, 유사 시 미국 본토로부터의 대대적인 추가 병력지원이 과연 가능할 것인가?

수년 전 미국 헤리티지 재단에서 북한의 핵 미사일이 시애틀에 타격을 가했을 경우의 피해를 시뮬레이션 했다고 한다. 그러할 가능성이 0.1%라고 해도, 미국은 서울을 지키기 위해 시애틀을 포기할 것인가? 예전 구소련의 핵개발로 인해 프랑스 또한 핵 개발을 추진하겠다고 하였으나 미국은 자신들이 지켜주겠다며 이를 반대했다. 이 때 프랑스는 파리를 지키기 위해 워싱턴을 포기하겠느냐고 반문하면서 자국의 핵 개발을 계속하였다. 북한의 핵은 반드시 사용해서가 아니라 핵사용 위협 – 핵공갈 – 을 통하여 (북한의 도발에 대한) 남한이나 미국의 대량 보복을 무력화 하는 것을 기본적인 목표로 삼고 있다. 이를 위해 북한은 핵 개발에 힘써왔고 지금 성공하였으며, 그래서 힘의 균형이 깨졌다.

그러면 이것을 어떻게 대처할 것이냐에 대해 한국의 자체 핵개발, 전략적 핵무기의 재도입, 현재의 확장억제정책의 강화 등 여러 가지 의견이 많다. 그렇지만 현재로서는 모든 가능성을 책상위에 놓고 검토해야 한다. 핵은 협상으로 풀 수 없다. 북한의 행동을 바꿀 수 없다면 북한 자체를 변화시켜야 한다. 지금까지 북한의 행동을 유화정책이나 압박정책을 통하여 풀어보려고 했으나 둘 다 실패하였다. 북한의 행동은 외부적 요인이 아닌 내부적 필요에 의해 바뀌기 때문이다. 이것이 매우 중요하다. 미국의 조지 케넌(G. Cannon)은 과거 냉전시기 미국의 대소전략을 짜는 데 결정적 기여를 한 사람이다. 당시 미국은 제 2차 세계대전 동맹국이었던 소련이 노동자 사회를 건설하겠다며 폴란드 등 주변 국가를 침공하자 유화정책과 압박정책을 번갈아 가며 어떻게 할지 몰라 고민하고 있었다. 이 때 조지 케넌의 분석이 미국의 봉쇄정책을 만드는데 큰 영향을 미쳤다. 그의 분석 중 하나는 소련이라는 나라는 외부의 팽창주의, 즉 대외 공격성과 내부의 전체주의적 독재체제가 동전의 양면처럼 긴밀히 연계되어 있기 때문에, 단순한 유화정책 또는 압박정책으로 인해 소련의 행동을 변화시킬 수 없다는 것이었다. 결국 독재구조의 내부모순으로 인한 변화를 추구하여야 하고, 다만 더 이상의 세력 확산만은 막아야 하기 때문에 봉쇄정책이 필요하다고 주장했다. 그 이후 소련 내부의 변화를 촉진하는 국내외 환경을 조성하기 위해 헬싱키 프로세스 등을 추진한다.

북한도 마찬가지다. 북한자체의 근본적 변화 없이 행동의 변화만을 기대하는 것은 의미가 없을 것이다. 북한은 대남적화전략과 핵개발 또한 포기하지 않을 것이다. 그래서 사실 개혁·개방도 불가능하다. 내부의 폐쇄적인 경제체제, 수령절대주의, 대외 공격적인 행동, 핵개발 및 선군정치는 모두 맞물려 있다. 결국 우리에게 남겨진 과제와 방법은 북한 자체의 변화이다. 북한 자체의 정상(국가)화, 즉 개혁·개방이다.

통일의 길

국민의 통일의지와 북한의 정상(국가)화

2006년 제1차 핵실험이 있고나서 [한반도선진화재단]이 보고서를 냈다. 이제는 햇볕정책이나 압박정책 모두 효력이 없고 북한 자체의 정상화, 근대화에 총력을 기울여야 한다는 결론이었다. 지금 이 의견이 세계적으로 받아들여지기 시작하고 있는데, 그렇다면 이를 어떻게 달성할 것인가?

첫째, 제일 중요한 것이 국민의 통일의지와 열정이다. 신라가 삼국을 통일 할 때 고구려가 군사력이 약해서, 백제가 경제력이 없어서 멸망한 것이 아니다. 신라의 지도자와 국민들 만이 통일을 할 의지와 열정을 가졌기 때문이다. 신라는 화랑도를 양성하며 상무정신을 고취시켰다. 종교적 지도자, 정치적 지도자, 국민들이 하나가 되어 끊임없이 호국정신과 삼한일통의 통일정신을 발전시켜 왔다. 나아가 신라가 통일하면 세계 중심이 된다는 사상까지 발전시켜 나갔다. 그래서 만든 것이 황룡사 9층탑이다. 삼한이 통일되면 주변 국가들이 조공을 바치는데 가장 아래가 일본, 그 다음이 중국 등등으로 하여 통일신라에 조공을 바칠 아홉 나라를 상징하는 탑을 만든 것이 황룡사 9층탑이다. 한마디로 신라만이 지도자와 국민이 한마음으로 통일의지와 통일비전을 가졌던 것이다. 이것이 대단히 중요하다. 지금까지 한국의 지도자들은 분단을 잘 관리하는 데 1차적인 목표를 두었고, 국민들 또한 북한을 변화시켜 통일을 이루자는 데는 소극적이었다.

둘째, 올바른 대북정책을 세워야 한다. 이를 몇 가지로 나누어 논의하자면 (1) 안보국방에 있어서는 철저한 억제전략(deterrence)을 채택해야 한다. 방어와 억제는 다른 개념이다. 방어는 전시에 싸워서 이길 수 있는 것이고, 억제는 상대방이 전쟁 자체를 일으키지 못하도록 하는 것이다. 따라서 안보국방은 철저한 억제전략을 우선해야 한다. 그런데 억제를 위하여는 군사적 부문의 억제 못지않게 비(非)군사적 부문의 억제도 중요하다. 역사전쟁을 통하여 사상전을 벌리고 있는 종북주의자들을 볼 때, 북한의 비군사적 침투의 경우가 생각보다 큰 문제가 될 수 있다. 북한은 경제적·정치적 성과로는 남한보다 우수함을 증명할 수 없기 때문에 대한민국의 국가 정체성과 역사적 정당성을 공격하려 한다. 그래서 대한민국의 역사를 폄하하고 남한은 정의가 없는 나라라고 가르치는 것이다.

그렇다면 (2) 북한 정권의 당국자와는 어떻게 해야 하는가? 교류, 협력, 대화 등 관여정책이 기조가 되어야 한다. 다만 문을 적극적으로 열어 놓되 이에 대한 조건이 있어야 한다. 북한과의 교류·협력·대화는 반드시 북한의 변화, 즉 정상(국가)화와 연결된 교류·협력·대화여야 한다. 대북 교류와 협력은 반드시 북한의 인권개선, 개혁·개방, 국제규범/약속 준수 그리고 비핵화 등과 연결시켜야 한다. 그래서 북한당국자와의 관여정책은 상호주의와 투명성을 기본으로 하여야 한다. 북한이 쉽게 우리의 주장을 받지 않을 수 있다. 그러나 올바른 주장은 반복하면서 북한 당국자들에게 우리는 대화와 교류의 문을 활짝 열어 놓았음을 북한 동포들은 물론 전 세계에 알려야 한다.

사실 통일을 위하여 더 중요한 것은 (3) 북한동포들에 대한 정책이다. 어떻게 하여야 할까? 투명성만 보장이 된다면 대대적인 포용 통합정책을 펼쳐야 한다. 군사적으로 전환될 가능성이 없다면 식량, 옥수수, 기초적인 의약품, 소비재 등을 전달하고, 함께 선진통일강국을 만드는 통일의 미래를 꿈꾸자는 메시지를 전달하여야 한다. 북한동포들에 대한 심리전과 사상전을 주도적으로 이끌어 나가야 한다. 이를 위해 중요한 것은 현재 한국에 있는 2만6천 여명의 탈북동포 그리고 현재 한국에서 활동하고 있는 50만 여명의 재중동포들을 포용하고 통합하는 것이 급하다. 이분들이 북한 동포들에게 어떠한 메시지를 전하는가가 대단히 중요하다. 2만 6천 여명의 탈북동포들도 포용 못하면서 어떻게 2,500만 명의 북한 동포들을 포용할 것인가?

통일 외교

이제 외교를 보자. 지금까지 대한민국의 대미외교, 대중외교는 있었지만 통일외교는 존재하지 않았다. 한국의 정치가들과 학자들이 미국이나 중국에 가서 '한반도 통일에 대해 이웃나라들이 어떻게 생각하느냐'고 질문을 하고 다녔다. 겉으로는 표현하지 않을지 몰라도 그들은 "통일은 자기들 문제인데 왜 우리에게 와서 묻는가, 그리고 우리가 하지 말라면 하지 않을 것이고, 하라고 하면 할 것인가"라고 속으로 웃었다. 지금까지 우리의 지식인들과 정치인들의 자세가 잘못되어 왔다. "우리는 통일의 시대를 반드시 열 것이다. 우리가 통일의 시대를 여는 것이 한민족 뿐 아니라 동북아 전체의 평화, 번영의 길이 된다. 그러니 우리의 통일노력을 도와 달라, 적극적으로 지지해 달라"는 식으로 말하는 지도자들이 별로 없었다. 통일외교란 (1) 우리는 통일 하겠다 (2) 우리는 통일을 잘 관리할 능력이 있다 (3) 통일은 우리 뿐 아니라 동아시아 전체에 큰 이익이 된다. 이상의 3가지 사실을 설득해 내는 것이 통일외교이다. 그동안 통일외교가 대단히 부족했다.

중국에서 개최된 한 회의에 참석 중 "개혁·개방을 하지 않고 이대로 간다면 북한의 체제유지가 어려워질 수 있다. 북한에 급변사태가 발생하면 우리 대한민국이 올라갈 테니 중국은 개입하지 말라", "이것은 우리의 문제이니 우리가 북한을 잘 관리하여 비핵화하고 개혁·개방시키겠다. 그래서 동북아의 발전과 평화에 큰 디딤돌로 만들겠다"고 했더니 참석했던 중국의 학자들과 공무원들이 매우 당황스러운 표정을 지었다. 나중에 안 일이지만 한국에서 온 학자나 정치가가 이러한 얘기를 하는 것을 처음 보았다고 했다. 통일을 한국이 하겠다고 나서면서 오히려 간섭하지 말라고 하는 것을 처음 보았다는 것이다. 지금까지 통일외교가 얼마나 부족했는지를 알려주는 에피소드이다.

중국에게 한반도의 분단 지속은 중국 발전에 필요한 변방의 안정을 절대로 가져다주지 못한다는 사실을 인식시켜야 한다. 오히려 남한 주도의 통일이 변방 안정에 더 효과적이라는 사실을 알려주어야 한다. 동시에 통일 한반도는 중국에 절대로 등을 돌리지 않을 것이라는 확신을 주어야 한다. 그러면서 새로운 발전과 평화의 동북아 시대를 같이 만들어 보자는 적극적인 비전을 가지고 접근해야 한다. 중국도 이를 알고 있다. 지금 중국 전체의 개방화가 약 40%정도 진행되어 있는데 만주는 20% 밖에 되어 있지 않다. 북한이 가로막고 있어 바다로 향한 물류에 문제가 있기 때문이다. 한반도가 통일되어 만주의 물류문제를 해소하면서 이 지역일대가 크게 발전하게 될 것이다. 우리는 중국에게 만주의 발전과 동북아/한반도 평화를 위해서 남한 주도의 통일의 시대를 수용하라고 주장해야 한다.

중국의 대 한반도 정책은 현재 두 개의 계파로 나뉜다. 첫째는 아직까지 대세인 전통파인 데 이들은 북한을 중국화 – 중국의 변방속국으로 – 하려는 사람들이며 지금 권력을 쥐고 있다. 둘째는 한국 주도의 통일을 수용하는 것이 낫다고 주장하는 국제파이고 이들의 수가 빠르게 늘고 있다. 특히 지난 제3차 북핵 실험 이후 이들의 영향력은 더욱 커지고 있다. 변화에는 시간이 걸린다. 그러나 우리는 당연히 국제파들과 손을 잡고 전통파들을 설득해 나아가야 한다. 이것이 대중 통일외교의 기본방향이다.

미국의 경우에는 한반도의 핵문제에 많은 관심을 가지고 있다. 핵 확산을 막는 것은 미국의 세계전략에서 대단히 중요한 문제이다. 그러나 한반도 통일에 대해서는 미국의 관심이 높지 않다. 이는 지극히 당연한 것이다. 그들의 문제가 아니기 때문이다. 또한 이러한 소극적 태도 속에는 통일된 한반도가 미국보다 중국과 더 가까워 지지 않겠는가 하는 불신이 포함되어 있다. 키신저(Henry Alfred Kissinger)나 브레진스키(Zbigniew Kazimierz Brzezinski) 같은 사람들은 통일된 한반도가 중국에 기울어질 가능성이 높다고 보고 있다. 그러나 하버드대 교수인 조셉 나이(Joseph S. Nye Jr)와 같은 사람은 그렇지 않을 것이고 한반도는 자주와 독립 그리고 민족의 자존을 지켜나갈 것이라고 보고 있다. 우리는 조셉 나이의 주장이 옳다는 것을 설득해 나아가야 한다. 통일 후에도 우리는 굳건한 한미동맹 위에서 중국과 일본 사이에서는 중립을 지키며 균형과 조화를 만들어 나갈 것임을 설득해야 한다. 통일 후 중국과 우호관계를 유지하겠지만 일방적으로 한 쪽으로 치우치지 않을 것임을 확실히 이해시켜야 한다. 이것이 대중 통일외교의 기본이다.

일본에 대해서도 마찬가지이다. 작년 일본에서 "일본의 미래"라는 주제로 일본 기업인들에게 강연을 한 적이 있다. 일본은 아시아에서 가장 성공한 나라이며 일본의 정치 지도자와 국민을 존경한다고 시작하였다. 그러나 미안하지만 당신들에게 미래는 없어 보인다고 말했다. 당신들의 미래는 일본 내에 없고 동북아에 있다고 했다. 새로운 동북아 경제공동체의 시대를 열고 여기에 일본의 자본과 기술과 경제성장의 경험이 크게 기여하게 될 때, 일본의 경제와 사회가 다시 한 번 뛰어 오를 것이라고 했다. 그렇다면 동북아 시대를 여는 데에 전제는 무엇인가? 바로 한반도 통일이다. 따라서 한반도 통일은 대한민국만의 과제가 아니라 일본의 미래가 걸려있는 과제이기도 하다고 주장하였다. 많은 사람들이 공감하였다.

따라서 우리의 통일의지를 보여주고 통일은 이웃나라들에게도 좋은 것이며 통일 후에도 걱정할 것 없다는 점을 확신시켜주는 통일외교를 강화해야한다. 한 가지 예를 들어보면 중국이 한반도 통일과 관련 가장 두려워하는 것은 통일 후 주한미군의 압록강 부근에의 배치이다. 충분히 이해할 수 있는 문제제기이다. 우리는 동북아의 평화와 번영을 보장하고 일본의 재군비/군사화 억제 등을 위해 통일 후에도 상당기간 주한미군이 유지되어야 한다고 설득해야 한다. 그러면서도 동시에 통일 후에도 주한미군의 38선 이북 배치는 없을 것이라고 약속할 수 있어야 한다. 이렇게 각 나라가 걱정하는 문제를 사전에 충분히 대화·설득을 통해 해결하여 대한민국 주도의 통일을 이웃나라들이 수용하도록 만들어 내는 작업이 통일외교다.

다시 정리하면 국민과 정치지도자가 통일에 대한 확신을 가져야 한다. 그리고 모든 대북 정책은 북한의 개혁·개방, 정상(국가)화와 연결된 교류와 이에 기여하는 협력에 초점을 맞춰야 한다. 동포들에 대한 협력은 투명성만 보장한다면 다른 조건 없이 그들의 기본적인 삶의 질 향상을 위해 도우면서 크게 포용하고 통합하는 길로 나가야 한다. 다시 강조하지만 현 상태의 북한을 그대로 두고 북핵문제, 도발문제 등을 해결할 수 없다. 이대로 간다면 북한 정권은 체제가 약화되기 때문에 외부 도발은 더욱 강화할 것이고 북한 주민들에 대한 내부 탄압은 더욱 심해질 것이다. 그렇게 되면 북한체제는 더욱 약화될 것이다. 이런 상황에서 우리가 뒤로 물러나 있으면 중국이 나서게 될 것이다. 그래서 현 상태의 지속은 북한의 중국화 – 변방 속국화 – 를 결과할 것이다.

따라서 이제는 우리가 북한 문제를 적극적으로 해결하겠다고 나서야 한다. 그래서 국민들의 통일의지와 열정을 높이고, 북한 동포들에게 적극적 통일메시지를 보내며, 적극적 통일외교를 통하여 주변국들을 설득해 나가야 한다. 우리 스스로 새로운 시대를 만들어 나가야한다.

통일의 갈림길: 우리 스스로 우리의 운명을 결정한다.

한민족은 지금 큰 갈림길에 놓여있다. 하나의 길은 새로운 분단의 길이다. 북한의 중국화의 길이다. 그러면 동아시아는 새로운 대립과 갈등의 신냉전의 시대로 들어가고 우리나라는 선진과 통일 모두에 실패하여 3류 분단국가가 될 것이다. 다른 하나는 선진통일의 길이다. 우리가 통일을 이루어 남과 북의 경제가 함께 뛰어 올라 – 선진일류국가가 되이 – 동아시아의 중심국가로 우뚝 서는 길이다. 그러면 1200여년 중국 변방으로서 살아온 지금까지의 한반도 역사의 패러다임이 바꾸어진다. 한반도의 역사 패러다임 – 한반도의 지정학 – 이 세계변방의 시대에서 세계중심의 시대로 바꾸어진다. 그러면 통일된 한반도가 중국, 일본과 나란히 동아시아를 경영할 수 있는 시대를 열게 된다. 우리는 지금 이 두 가지 갈림길 – 세계중심의 선진통일강국인가? 아니면 세계변방의 3류분단국가인가? – 에 서있다.

지금까지 통일의 목표, 중요한 전략 등을 살펴보았다. 그렇다면 한반도 통일에 가장 큰 장애는 무엇인가? 많은 분들이 중국이라 답할지 모른다. 중국 때문에 통일이 어렵다고 주장할지 모른다. 그러나 나는 그것이 정답이 아니라고 본다. 물론 우리가 적극적으로 통일 문제를 해결하려고 하지 않는다면 당연히 북한은 중국에 의해 흡수당할 것이다. 그런 의미에서 중국이 장애가 될 수 있다. 그렇지만 우리가 통일의지를 가지고 나간다면 중국은 장애가 될 수도 없고 되어서도 안 된다고 본다. 기본적으로 통일은 우리의 문제이기 때문이다. 중국 내부에서 국제파들이 증가한 것을 보아도 중국도 한반도 문제에 대해 고민하고 있다는 증거이다. 미국 또한 고민하고 있다. 북한은 지속적인 핵 개발에 성공하고 있으며, 계속 호전적인 자세를 취하고 있다. 핵 협상도 진전이 없고 압박정책도 북한 체제를 흔들지 못할 것 같다. 그래서 중국과 미국이 같이 고민하고 있는 것이다. 최근 국제회의 중에 중국 교수가 사석에서 다음과 같이 이야기했다. "한반도에 통일의 기회가 빠르게 다가오고 있는 것 같다. 그러나 한국은 통일을 이루지 못할 것 같다"고 했다. "현재 한국의 민주주의 수준을 보거나 국민들의 통일에 대한 소극적 태도를 볼 때 대한민국이 과연 통일과정을 전략적·체계적으로 관리할 수 있을까? 회의가 든다"는 의견이었다. 실제 우리의 정치를 보면 여야가 사소한 것에 온 몸을 던지며 싸움만 하고, 국가전략은 보이지 않는다. 이러한 정치지도자들을 가지고 '과연 통일과정을 성공적으로 관리할 수 있겠는가' 하는 문제가 제기될 수 있다. 참으로 부끄러운 일이 아닐 수 없다.

신문을 통해서 잘 알겠지만, 2013년 2월 중국 공산당 학교(당교)의 교수가 파이낸셜 타임즈(Financial Times)에 글을 하나 썼다. 그는 "중국은 북한을 포기하라"라는 글을 쓰고 나서 "남한 주도의 통일이 바람직하다"는 내용을 이어갔다. "그렇지만 만약에 남한 주도의 한반도 통일이 제대로 안 될 때에는 친 중국 정권을 북한에 수립하여 북핵문제를 해결하고 점진적 개혁·개방을 통해 정상국가화를 이루어 내야하지 않겠는가"하는 주장이었다. 이 글이 보여주는 것은 '한국에게 통일을 할 수 있다면 해 봐라! 그러나 아마 한국은 통일 준비와 노력의 미비로 하지 못할 것이다. 그렇다면 중국이 나설 수밖에 없지 않은가'하는 주장이었다. 생각해 보자. 만일 북한에 급변사태가 발생하고 그것이 체제이완으로 연결되어 무질서와 혼란 속에서 부분적인 인민학살과 무정부 상태가 등장하면, 인도적 이유로라도 식량과 의약품을 가지고 남한이 북한으로 올라가야 하는데, 이때 북한 주민들이 박수를 치며 남한을 환영해 줄 것인가를 고백해야 한다.

지금까지 한국 정부는 이러한 사태를 대비하기 위해서 어떠한 준비를 해 왔는가? 그 동안 우리는 북한 동포들에 대한 전략이 전혀 없었다. 한국에 와 있는 탈북동포들에게 어떻게 북한에서 탈출을 결심하게 되었는가를 물었을 때, DVD나 전단지를 보고 결심을 하였다는 비중이 50%나 된다는 통계가 있다. 그런데 언제부터인가 전단지 살포를 우리 정부가 나서서 막고 있다. 민간단체가 전단지를 살포하겠다는 것을 정부가 북한의 비위를 건드린다고 저지하였다. 북한을 자극한다고 통일을 위한 필요한 행동을 막을 바에는 통일정책을 포기하는 것이 낫다. 북한의 비위를 맞추려고 한다면 지금 당장이라도 북한과 관계를 호전시킬 수 있다. 그냥 그들이 요구하는 돈을 가져다주어도 내일이라도 평화스러운 분위기를 다시 조성할 수 있을 것이다. 이것은 물론 근본적 문제해결이 아니다. 사실 그 동안 우리의 대북정책에 있어서 이러한 식이 많아서 지금 이렇게 어려워진 것이다.

얼마 전 여러분이 잘 알고 있는 중국의 환구신보에 북한을 개혁·개방하라는 글이 게재되었다. 중국 내부에서는 이미 북한의 개혁·개방 뿐 아니라 중국의 북한 포기, 북한의 체제변화의 필요성 등에 관한 글들이 나오고 있다. 그런데 한국에서는 이러한 글이 나오지 않는다. 심지어 학자들 사이에서도 나오지 않는다. 북한에게 개혁·개방을 요구하는 주장하는 논의가 없다. 중국이 위와 같은 내용을 주장하면서 동시에 서울의 움직임을 지켜보고 있는데 서울에서는 조용하다. 아무도 북한의 개혁개방, 북한의 정상(국가)화를 주장하지 않는다. 남한 주도의 통일을 적극적으로 주장하지 않는다. 듣기 좋은 남북의 교류와 협력이 필요하다는 오래된 주장만을 반복하고 있다. 아무도 남한주도의 통일을 주장하지 않는다. 통일의 비전도 전략도 안 보인다. 남한이 이렇게 소극적이면 중국이 미국과 협상하여 북한을 접수하는 수밖에 없는 것 아닌가 하는 결론이 날 수도 있다. 지금 중국의 전문가들은 "우리는 친중 정권을 세우고 싶어서 세우는 게 아니다", "[한국]은 지금 무엇을 하고 있는가?"라고 묻고 있다.

전 정부의 유우익 장관이 해보겠다던 통일항아리를 이번 정부에서는 취소하겠다고 결론을 냈다고 한다. 여기서도 사실 모이는 자금의 크기 그 자체는 중요하지 않다. 대한민국이 통일문제를 어느 정도 심각하게 다루는가를 볼 수 있는 척도가 된다. 북한 동포나 이웃나라들에게 주는 의미가 크다. 그런데 통일항아리를 취소하였다. 통일할 의지가 없다는 것 아닌가?

현재 생각보다 한반도는 엄중한 상황에 놓여있다. 2012년 미국과 한국의 현 대통령들이 당선되기 전, 미국에서 다음과 같은 칼럼이 올라 왔다. 그 내용은 "한국과 미국의 차기 대통령들은 그들의 재임기간 중 새벽 3시에 전화를 받을 것이다. 그 전화는 북한이 가라앉고 있다는 소식을 전할 것이다. 양국 대통령 후보들은 이러한 사태의 발생에 준비가 되어 있는가?"를 묻는 글이었다. 나는 작년 미국에서 이 글을 쓴 사람을 만나 다음과 같이 이야기했다. "아마 새벽 3시 전화 후 30분도 지나지 않아 양국 대통령들은 또 하나의 전화를 받을 것이다. 중국이 북한에 진입하고 있다는 소식을 전하는 전화일 것이다." 여기에 대해서 양국 대통령들은 지금 어떠한 준비가 되어있는가?

이제 대한민국은 세계의 작은 나라가 아니다. 통일에 대한 우리의 입장을 확실히 정하고 국민이 하나가 되어 주장한다면 중국이든 미국이든 한국을 무시할 수 없다. 그런데 우리도 모르게 우리의 잠재의식에는 소국의식이 있다. 통일의 기회는 생각보다 빨리 올 것이다. 독일 대통령이 몇 년 전 방한하였을 때 3가지 충고를 하고 갔다. 그 중 하나는 '기회는 반드시 그리고 갑자기 올 것이며, 준비는 빠르면 빠를수록 좋다'는 것이다. 그렇다면 우리는 여기에 대해서 어떠한 준비를 하고 있는가? 향후 박근혜 대통령 재임기간 동안에, 한반도 운명의 변화가 시작될지 모른다. 남북관계의 큰 변화가 시작될 수 있다. 그 때부터 10년 동안 압축적인 변화가 진행될 것이다. 그래서 적어도 2025~30년경까지는 우리는 통일을 완성해야 한다. 그래서 우리는 통일된 떳떳한 선진일류국가를 우리 후손들에게 물려줄 수 있어야 한다.

1907년에 대구에서부터 국채보상운동이 실시되었다. 일본에 진 빚을 국민들이 나서서 갚겠다는 것이다. 그런데 이 때 대구의 한 여성단체가 모여 참여의사를 밝히는 성명서를 제출하였다. 이 성명서의 마지막 구절은 "우리가 이렇게 돈을 모아 일본에게 진 빚을 갚고 노예상태에서 벗어나 자유민이 되어 언젠가 우리나라도 세계의 상등국가가 되기를 희망하노라"

라고 되어 있다. 여기서 말하는 '세계상등국가'란 오늘날의 우리가 이야기하는 선진일등국가를 의미하며 통일된 한반도를 말하는 것이다. 1907년은 우리나라가 가장 힘들었을 때이다. 곧 일본의 식민지배로 들어가기 직전, 국력이 쇠잔할 대로 쇠잔한 그러한 시기에도, 우리 선조들은 우리나라가 언젠가는 '세계상등국가'가 되겠다는 꿈을 일구고 있었다.

지금 우리는 그 동안의 산업화와 민주화의 결과로 세계적 중견국가가 되어 있다. 조금만 더 노력한다면 선진화와 통일을 이룰 수 있는 기회가 바로 눈 앞에 있다. 이를 우리가 반드시 이루어 내어 앞으로 100년 후에 이 땅에서 살게 될 우리의 후손들에게 [선진통일강국]을 물려주어야 한다. 그래서 그들이 이 21세기 초에 살았던 그들의 선조들을 - 지금의 우리들을 - 매우 자랑스럽게 얘기하고 고맙게 생각할 수 있는 시대를 반드시 만들어 내야 한다. 우리 모두 함께 나아 가자!

한반도 통일과 한 · 중 역할[20]

한반도 통일의 의미

한반도 통일은 한민족의 문제이다. 한민족 미래의 번영과 자존과 평화가 문제이다. 그런데 한반도의 통일은 한민족의 문제만인가? 아니다. 한반도 통일은 '21세기 동북아의 미래 운명이 달려있는 문제이다. 21세기 동북아가 번영과 평화의 길로 갈 것인가, 아니면 대립과 갈등의 길로 갈 것인가'가 한반도 통일의 성공여부에 달려있다. 한반도가 통일하면 동북아는 21세기 세계발전의 중심축이 될 것이나 한반도가 통일에 실패하면 동북아는 제2의 냉전으로 들어가 동북아는 잠재적 전쟁 가능지역이 될 것이다.

한반도가 통일되면 중국과 일본의 화해를 촉진하고 이 지역의 화합자 내지 균형자 역할을 할 것이다. 그래서 평화의 사도가 될 것이다. 동시에 한반도가 통일되면 중국의 만주와 러시아의 극동지역에도 큰 경제적 축복이 될 것이다. 그래서 동북아지역을 21세기 세계경제에서 가장 역동적이고 고도성장의 지역으로 바꾸어 나갈 것이다. 통일한반도가 동북아경

---

20) 2014년 4월 10일 한반도선진화재단과 중국산동대학이 공동주최한 '한중동북아 포럼'에서의 기조 연설문임

제공동체를 만들어 나가는 번영의 중심축이 될 것이다.

그러나 한반도가 통일에 실패하고 현재와 같은 비정상 분단이 지속되면 결국은 북한의 중국화가 빠르게 진행될 위험이 크다. 현재 북한의 비정상 권력을 지속가능하지 않기 때문이다. 그래서 결국은 북한의 경제적 중국화가 진행될 것이고, 더 나아가서는 군사적 중국화까지 가져올 수도 있다. 우리 대한민국은 어떠한 형태의 북한의 중국화에 대하여도 확고히 반대한다. 여하튼 동해안에서 중국의 군함이 뜨는 경우가 발생하면, 일본은 재무장할 것이고 동북아는 빠르게 제2의 냉전의 나락으로 추락할 것이다. 전쟁가능성이 높아진다. 그리고 이 지역의 모든 경제는 다 함께 그 성장을 정지하거나 후퇴할 것이다.

그래서 한반도 통일은 한민족만이 아니라 이 지역의 모든 나라 국민들의 이해가 달린 중대한 문제이다. 한반도 통일은 우리 민족만이 아니라 중국, 일본, 그리고 러시아의 미래와도 깊이 관련된 중차대한 문제이다. 한반도 통일이 되면 동북아의 미래는 밝고 희망적이며 실패하면 어둡고 예측할 수 없다. 한반도 통일이 성공하면 모든 나라에게 축복이 되고, 실패하면 모든 나라에게 재앙이 된다.

한반도 통일은 어떻게 가능한가?

두 가지 길이 있다. 하나는 현재의 북한권력이 혹은 현재의 북한권력을 대체하여 등장하는 새로운 권력이 비핵화를 결단하고 개혁·개방으로 나가는 길이다. 그러면 1991년 11월 남북기본합의서에 기초하여 점진적이고 단계적인 합의통일의 길이 열리게 된다. 대한민국은 북한의 개혁·개방을 위하여 최선의 지원을 다 할 것이다. 우리 민족에게도 이웃나라에도 가장 바람직한 통일의 길이다. 다른 하나는 북한이 비핵화와 개혁·개방을 지속적으로 거부하다가 새로운 개혁·개방세력도 등장하지 못하고 결국은 체제붕괴로 가는 길이다. 그러면 남한에 의한 흡수통일이 불가피하다. 현실을 보면 제3차 핵실험과 장성택 처형 이후 합의통일의 가능성은 크게 줄어들고 있다고 보아야 할 것이다. 오히려 북한의 체제실패 이후 남한에 의한 흡수통일의 가능성이 커지고 있다고 보아야 한다. 북한의 체제실패가 언제 어떻게 오는가는 알 수 없다. 그러나 확실한 것은 북한 현재의 체제 – 수령절대주의 체제 – 속에는 비핵화의 가능성과 개혁·개방의 능력이 없다고 보아야 할 것이다.

남한주도의 흡수통일의 경우에는 (1) 북한 안정화단계 (2) 북한 체제전환 단계 (3) 북한 경제개발단계 (4) 남북 경제통합단계 (5) 남북 정치통합단계의 순서로 진행될 것이다. 그리고 (1)부터 (3)까지 단계에서는 북한은 남한과 행정적으로 분리하여 관리해야 할 것이다. 상당기간 일국이체제(一國二體制)가 바람직할 것이다. 이를 위해 북한에 특별행정구역을 설치하여 북한의 개혁·개방과 남한과의 통합과정을 질서있게 관리해야 한다. 자본·노동·상품이동은 처음에는 제한적이어야 하고 단계적으로 풀어나가야 한다.

남한주도의 흡수통일의 경우 두 가지 풀어야 할 문제가 있다. 하나는 북한의 체제실패 이후 북한의 안정화를 얼마나 신속하고 성공적으로 이루어 내는가? 군사적 안정화와 경제·사회적 안정화를 함께 이루어 내야 한다. 이에 대한 준비가 충분하고 철저하게 되어야 한다. 북한 전지역의 군사적·경제적·안정화의 문제는 물론 남한이 주도해야 한다. 다만 북한의 비핵화 등 대량살상무기 제거 과정에 유엔군의 기여가 바람직할 수 있다. 다만 시간이 촉박할 것이기에 이 문제에 대하여는 한국과 미국과 중국과의 전략적 논의가 사전에 반드시 있어야 한다. 또 다른 하나의 문제는 중국의 군사적 개입 가능성이다. 우리는 어떠한 형태의 중국의 군사적 개입에도 반대한다. 중국의 군사적 개입은 남한과 중국 그리고 미국 간의 군사적 충돌의 위험을 높인다. 설사 단기적으로 개입에 성공하여도 중장기적으로 중국에 큰 재앙이 될 것이다. 그래서 모두를 위하여 중국의 군사적 개입은 없어야 한다. 따라서 중요한 것은 중국이 군사적 개입의 유혹 내지 필요를 느끼지 않도록 하는 조건을 함께 만들어야 한다.

중국이 군사적 개입을 생각하는 데는 아마 3가지 이유가 있을 것이다. (1) 통일 과정의 대량난민의 문제 (2) 통일 이후의 주한미군의 문제 (3) 통일로 인한 변방 완충지대 상실의 문제일 것이다. 대량난민의 문제는 남한이 주도하여 이 문제를 해결하여야 한다. 이를 위해 두 가지 노력이 필요하다. 하나는 북한의 체제실패 시 신속하게 북한전역을 군사적으로 경제적으로 안정화시키는 것이다. 이 안정화작업에 성공하면 사실 난민이 크게 발행하지는 않을 것으로 본다. 그러나 여하튼 난민이 발생하는 경우를 대비하여, 대한민국은 북한의 체제 붕괴 시 빠르게 중국과 한반도의 국경지대를 봉쇄하고 그 아래에 난민캠프를 설치하는 것이 시급하다. 이는 중국으로의 월경을 막기 위하여서이다.

주한미국의 문제는 남한 주도의 통일 후에도 미군은 38선 이북에 주둔하지 않을 것을 – 현재의 위치를 지키는 것을 – 중국에 대하여 한국과 미국이 함께 약속해야 한다. 그렇게 함으로 중국의 우려를 줄일 수 있다. 중국에서 일부 학자들은 통일 후 미군의 완전한 철수를 주장하지만 그것은 잘못이다. 주한미군은 동북아의 안보균형자의 역할을 하여 왔다. 주한미군이 일본의 재무장을 억제한 면도 있다. 따라서 통일 후에도 주한미군은 남한 쪽에 주둔하는 것이 동북아의 평화를 위하여 바람직하다. 앞으로 한반도 통일이후 동북아 경제공동체가 등장하고, 이를 기반으로 동북아 안보협력체가 발전하여 동북아내지 동아시아에서도 – 유럽연합(EU)수준으로 – 군사적 갈등과 충돌의 가능성이 사실상 zero가 되면 그 때는 주한미국의 주둔의 필요는 없어질 것이다.

통일한반도의 미래와 중국의 미래

중국이 군사적 개입을 생각하는 이유 중 가장 큰 이유는 완충지대의 상실이라는 생각, 중국과 북한과의 관계는 순망치한(脣亡齒寒)의 관계라는 전통적 생각 때문일 것이다. 그러나 이 완충지대의 상실 – 자신들의 영향권의 상실 – 이라는 생각은 낡은 생각이고 크게 틀린 생각이다. 한반도가 통일이 되면 남과 북 전체가 해양세력과 대륙세력간의 만남의 장이 될 것이다 소통과 화합의 장이 될 것이다. 동양과 서양, 선진국과 후진국 간의 대화와 협력의 장이 될 것이다. 한마디로 통일 한반도 전체가 해양세력과 대륙세력 모두에게 완충지대가 될 것이다. 그래서 완충지대의 상실감 때문에 군사적 개입을 생각한다면 크게 잘못이다.

통일한반도는 대국주의 패권주의(霸權主義)에 반대할 것이다. 우리는 미국과 중국의 협력을 주장하고 대립과 대결에 반대할 것이다. 우리는 미국이 중국을 봉쇄하려 한다면 결코 참여하지 않고 반대할 것이고, 반대로 중국이 패권적 신(新) 중화주의를 이웃에 강요하려 한다면 확실하게 반대할 것이다. 우리는 모든 나라들 사이에 자주독립과 상호존중과 호혜의 국제관계를 희망한다. 따라서 완충지대론이나 순방치한론은 이제는 21세기 세계화 민주화시대에 안 맞는 낡은 주장이다. 따라서 중국이 취할 올바른 정책은 민족자결권의 존중과 철저한 불개입원칙 – 한반도 내부 민족문제에 개입하지 않는 원칙 – 이다. 다만 핵문제는 한반도 내부문제로 끝나지 않고 인류평화에 대한 심각한 도전이기 때문에 중국은 북핵문제에 대하여 개입하는 것은 권리일 뿐 아니라 의무도 된다.

얼마 전에 중국의 외무성 책임자가 한반도와 관련 두 가지 금지선(red line)이 있다고 하였다. 하나는 한반도 전쟁에 대하여 반대한다. 다른 하나는 북한체제 붕괴에 반대한다고 하였다. 중국의 문 앞에서 혼란이 일어나는 것을 허용하지 않겠다고 주장하였다. 이 중 두 번째 주장은 크게 잘못된 주장이다. 도대체 북한의 체제붕괴에 대하여 중국이 반대한다는 것이 무슨 이야기인가? 체제붕괴는 북한의 집권세력의 국가운영의 실패로 인하여 일어나는 자연발생적 현상이다. 이에 반대한다는 것은 무슨 의미인가? 실패한 제제를 유지하는데 중국이 기여하는 것이 누구를 위한 것인가? 이것은 민족자결의 원칙과 한반도 내부문제 불개입원칙에 정면으로 반한다. 전형적 대국주의적이고 패권주의적 발상이라고 본다. 수정되어야 할 것이다.

중국은 왕도(王道)의 길을 가려는가? 패도(霸道)의 길을 가려는가?

세계가 중국의 미래에 대하여 관심을 가지고 있다. 중국이 과연 평화적으로 굴기(peaceful rising)할 것인가 아닌가, 왕도(humane authority)의 길을 갈 것인가, 패도(hegemonic authority)의 길을 갈 것인가 하는것이 서구에서는 많은 논쟁이 있어 왔고 지금도 진행 중이다.

과연 중국이 어떠한 선택을 할 것인가는 앞으로 일차적으로 북한문제에서 결판이 날 것이라고 본다. 한반도 문제에서 남한주도의 통일을 존중하면 이것은 분명 왕도로 가는 큰 걸음이 된다. 그러나 개입하여 새로운 분단을 조장한다면 이것은 또한 패도의 길로 들어가는 큰 걸음이 된다.

나는 중국이 왕도의 길로 갈 것이라고 본다. 중국은 다른 나라들과 달리 역사가 길고 역사를 소중히 하고 역사에서 배우는 나라이다. 668년 신라가 3국을 통일한 때 당나라가 평양에 안동도호부를 설치하였다. 왕도적 결정이 아니라 패도적 결정이라서 결국 실패하였다. 밝은 미래를 위해선 우리는 실패의 역사에서 배워야 한다.

이번 귀한 세미나에서 한반도의 통일로 나가는 길과 중국이 왕도로 나가는 길에 대한 깊이 있는 논의가 있기를 희망한다.

제3기 통일학교 강의(2013. 3. 26 한반도선진화재단 회의실)

왜 상생과 통일인가?[21]

들어가는 말 : 3가지 위기적 사실

세상이 혼란스럽다. 국민들의 마음이 참참하다. 앞날이 걱정이 된다. 왜 이렇게 되었는가? 최근 일련의 사태에서 우리나라 정치와 정부, 기업과 언론, 시민사회까지도 모두가 대단히 부실(不實)함을 – 제도와 의식 모두의 부실함을 – 보았기 때문이 아닐까? 국민들이 우선 3가지를 본 것 같다.

유착의 거미줄, 특권과 비리의 연대

우리사회가 지난 기간 산업화와 민주화의 많은 성과에도 불구하고 아직도 – 아니 그 동안 드러나지 아니했지만 – 불공정한 그리고 비효율적인 제도와 관행이 개선되지 못하고 많이 남아 체질화·구조화 되어 있다는 사실이다. 보이지 않는 거미줄 같은 유착관계가 산업화와 민주화 과정에서 커왔다는 사실이다. 독점과 특권 그리고 비리와 불공정의 거미줄(특수관계/기득권의 유착관계) 한마디로 [유착의 거미줄] – 관(官)피아, 법(法)피아 정

---

21) 2014년 6월 20일 열린 '상생과 통일'포럼 창립대회 기조 연설문임.

(政)피아 등등 - 이 우리사회에 너무 광범위하고 깊게 퍼져있음을 보았다. 이 유착관계가 때로는 명백한 위법이나 불법으로, 때로는 은밀한 비리와 불공정으로 커져 왔고 기득권 그룹이 되어 왔다. 그래서 우리 국가시스템의 건강성을 좀 먹고, 국가시스템의 공정성과 효율성 즉 합리성을 해쳐 결국 국가능력을 약화시키고 국가발전을 막아 오고 있음을 보았다.

직업윤리와 노동철학의 타락

모든 사회구성원의 활동에는 사(私)와 공(公)의 양면을 가지고 있다. 그 중에서 공(公)은 일반인들에게는 [직업윤리]로 노동철학으로 나타난다. 그런데 최근의 일련의 사태를 보면서 우선 우리사회 각 부문의 직업윤리가 크게 타락하고 있음을 보았다. 본래 직업노동은 일차적으로 개인의 생계유지, 즉 사적(私的) 목적을 가지고 있지만 그것만이 전부가 아니다. '사회적 분업망'을 통한 공동체 발전에 기여, 즉 공적(公的) 목적이 또한 중요하다. 그런데 이 직업노동이 공동체에의 기여가 되기 위해서는 반드시 지켜야 할 금도(禁度)가 있다. 그 금도가 바로 [근면 · 성실 · 정직]이라는 직업윤리이다. 그런데 우리사회에서 직업노동에서 직업윤리가 크게 약해지고 있다. 그래서 배를 버리는 선장이 나오고, 공(公)을 외면하는 공무원들이 나오고, 사표(師表)가 되지 못하는 교사들이 많아지는 것 같다. 그러면 사회적 분업망은 그 건강성이 훼손되어 공동체는 해체되고 표류하기 시작한다.

노동철학도 마찬가지이다. 인간은 본래 정신적 존재이기 때문에 당연히 인간의 노동은 물질적이면서도 [정신적 가치 · 보람과 가치 · 자아실현]을 창출하는 움직임이다. 그런데 과도하게 물질우선 · 황금만능주의적 노동관이 지배하게 되면, 그 사회의 시장경제는 빠르게 '천민(賤民)자본주의(資本主義)'화 한다. 천민자본주의 하에서 당연히 공동체적 연대는 약화되고 국가의 건강한 발전은 어렵게 된다.

지도자정신과 리더십의 붕괴

다음은 지도자의 문제, 리더십의 문제이다. 리더십이 붕괴되고 있다. 우리의 국가리더십 속에 국가비전에 대한 고민도 안보이고, 지도자로서의 자부심과 자긍심도 – 때로는 최소한의 시민적 양심도 – 안 보인다. 그러니 지도자에 대한 국민적 신뢰가 약화되고 있다. 환언하면 우리사회 각 부분의 지도자들이 '자기의 본분'을 잃고 – 군군신신(君君臣臣) 즉 임금은 임금다워야 하고 신하는 신하다워야 한다는 – 또한 '지도자 정신'을 잃고 있다. 공익보다 사익을 탐하는 지도자들까지 나오고 있다. 그러니 국민들도 공익이나 국익, 공동체가치에 대한 존중이 약해지고 있다.

'지도자 정신'이란 무엇인가? 한마디로 [금욕(禁慾)과 선공(先公)]이다. 그런데 정치도 행정도 법원도 교육도 기업도 종교도 모두 금욕이 부족하다. 공(公)은 희미해지고 사(私)가 앞서고 있다. 이것이 대한민국이 지금 [리더십의 위기]가 [정치력의 위기]로 전환되어 가는 핵심적 이유이다. 그런데 우리가 잊어서는 아니 되는 것은 어느 시대이든 국가발전은 그 나라의 국가정치력이 결정한다. 인류의 역사를 보면 국가발전의 핵심은 경제력도, 군사력도, 문화력도 아니고 바로 정치력이다. 지금 우리나라는 여기에 병이 들고 있다.

3가지 위기적 결과

이러한 위기적 사실 위에서 3가지 현상이 나타나고 있다.

국가가 목표를 잃고 있다.

산업화와 민주화 이후 뚜렷한 국가비전이 상실되었다. 담론으로는 선진화가 나왔다. 그리고 최근에는 통일이 나오고 있다. MB 정부가 '선진화(先進化)의 깃발'을 든 것은 너무나 시의적절했다. 그러나 선진화개혁이라는 구체적 체계적 실천이 못 따랐다. 선언적 이야기로 끝났다. 박근혜 정부의 '통일대박론'은 이제 막 시작단계이다. 방향은 너무나 옳고 오히려 크게 늦은 감이 있다. 그런데 정부와 당이 머뭇거리고 있는 사이에 세월호 사고가 났다. 참 안타깝게도 시간만 보내고 있다.

'발전적 개혁세력'이 약화되고 '수구적 혼란세력'이 강해지고 있다. 그래서 국민분열이 심화되고 있다.

오늘의 난제를 풀 수 있는 그룹은 '이익그룹'이 아니라 '가치그룹'이고, 우리사회에 진정한 가치그룹은 [개혁보수]와 [합리진보]뿐이다. 개혁적 보수는 자유와 공동체적 연대를 중시하는 세력이다 합리적 진보는 평등과 약자보호에 관심을 두는 세력이다. 그런데 우리나라에 이 두 그룹 – 개혁보수와 합리진보라는 발전세력 – 이 정치적으로 충분히 조직화되어 있지 못하고 세력화되어 있지 못하다. 목소리와 세력 모두에서 너무 약하다. 오히려 두 반동세력/혼란세력이라고 볼 수 있는 [수구보수]와 [종북좌파] 간의 무한투쟁만 격화되는 측면이 있다.

여기서 수구보수/현실안주 보수란 앞에서 본 유착의 거미줄을 지키려

하는 세력 - 이들은 자유만능과 기득권 유지만 주장하는 세력 - 이고, 종북좌파란 시대착오적인 수령절대주의에 대해 애정을 가진 세력 - 한마디로 반(反)자유·반(反)평등·반(反)민주·반(反)민족세력 - 이다. 이 두 반동세력들이 불난 데 부채질하고 있다. 두 세력 모두 국가발전비전과 정책대안이 없다. 한쪽은 무조건 지키려고만 하고, 다른 쪽은 무조건 파괴하려고만 한다.

우리사회에 불을 끄고 미래로 나갈 세력은 너무 약하다. 수적으로는 수구보수와 종북좌파가 많지 않다. 그러나 그 조직력 영향력은 지대하다. 오히려 개혁보수 합리진보는 수적으로 우리사회에서 절대다수이다. 평범한 시민들이 모두 이를 지지한다. 그러나 불행하게도 이 세력이 정치적으로 주도권을 잡지 못하고 충분히 조직화되어 있지 못하고 세력화되어 있지 못하다. 그런데 우리사회는 발전적 개혁세력의 목소리가 커질 때 국민통합의 기운이 올라가고 반대로 수구적 혼란세력의 목소리가 커질 때 국민분열이 심화되어 왔다. 따라서 지금 발전적 개혁세력이 정치적으로 소수자이기 때문에, 정치적으로 주도권을 잡지 못하고 있기 때문에, 우리사회의 국민분열은 정치권 내부에서 구조적으로 재생산되고 있는 경향을 가진다.

그 결과 패배의식과 역사비관론이 확산되고 있다.

국민들 사이에 아니 - 뜻있는 인사들 사이에도 - 이 나라는 과연 자기 개혁능력을 가지고 있는가? 이제 우리 능력으로 할 수 있는 국가발전의 한계에 온 것 아닌가? 안 된다는 패배의식이 커지고 있다. 대대적인 국가개조없이는 희망을 새로 만들 수 없다는 합의가 생기고 있다. 그런데 그 국가개조가 가능할 것 같지 않다는 절망감이 동시에 커지고 있다. 이런 현상에 대한 가장 큰 이유는 대한민국의 국가정치력, 즉 정치구조와 정치리더십의 한계 때문이다. 그래서 모두가 묻는다. 국내뿐 만이 아니라 외국에서도 의심을 하고 있다.[22] 과연 대한민국이 국가개조를 할 수 있을까? 통일의 시대가 오고 있지만 과연 통일을 해 낼 수 있을까? 통일과 국가개조의 시대를 열 새로운 정치주체를 만들어 낼 수 있을까? 국가리더십을 세우고 국가정치력을 높이는 그러한 정치개혁을 과연 할 수 있을까?

어떻게 할 것인가?

국가목표와 비전을 재정립하라

국가목표와 국가비전을 다시 세워야 한다. 그것은 통일, 선진통일이다. 한반도 전체를 선진화하는 통일이다. 이것을 잊어서는 아니 된다. 지금 논의되는 국가개조도 무엇을 위한 국가개조여야 하는가 하면 [선진과 통일]을 위한 국가개조여야 한다. 바로 [선진과 통일]이어야 한다. 그럴 때 국가개조의 과제 · 방향 · 우선순위가 확실하게 드러난다. 그런데 누가 이 일을 할 것인가가 문제이다.

---

22) 그래서 중국의 일부학자들이 최근에는 앞으로 한중관계를 과거의 조공(朝貢)관계로 발전시키면 어떠냐는 막말을 공공연히 하고 있다. 그리고 일본의 일부학자들은 북한은 중국화하고, 남한은 중국의 영향권 안에 들어 가는 것 아닌가 하는, 결국 한반도 전체가 과거 중국의 변방으로서의 역사, 즉 중국의 중화주의(中華主義)프레임 속으로 회귀하는 것 아닌가 하는 주장을 하고 있다.

국가개혁세력 · 역사발전세력이 나서야 한다.

　국가비전의 제시, 국가개조 로드맵의 제시를 위하여 [개혁적 보수]와 [합리적 진보]가 다시 머리를 맞대고 이야기하기 시작해야 한다. 그것이 상생(相生)이다. 상생은 공동의 목표를 애국적 목표를 가져야 시작될 수 있다.[23] 그래서 선진과 통일시대를 열기 위해 국민합의를 이룰 수 있는 국가개조의 청사진을 함께 만들어야 한다. 이 두 세력이 힘을 합치는 것이 바람직하지만 그것이 당장 어렵다면 우선 각자가 독자적으로 하여도 좋다. 다만 적어도 협력적 경쟁을 협력해야 한다. 둘 다 대한민국이 잘되기를 생각하는 [대한민국세력]이기 때문이다. 그리고 크게 보아 다음의 세 가지에 노력해야 한다.

　첫째, '유착의 거미줄'부터 걷어내고 '국가개조의 청사진'을 보여야 한다.
　우선 우리사회의 각 분야에 존재하는 불공정과 비효율적인 각종 유착의 환부를 도려내야 한다. 그 환부를 도려내는 로드맵을 제시하여야 한다. 우선 과거 산업화와 민주화 시대의 어두웠던 유산들인 '유착의 거미줄'을 걷어내야 한다. 그와 동시에 좀 더 큰 '국가개조의 청사진'을 제시하여야 한다. 그래서 우리의 국가시스템을 보다 효율적으로 보다 공정하고 합리

---

23) 최근 합리적 진보학자인 경북대 김형기 교수는 앞으로 진보가 추구하여야 할 노선으로 '애국적 진보주의'를 주장하고 있다. 나라 사랑, 공동체사랑은 이념 이전의 문제이다. 인간의 존재가 본래 개체적이면서 공동체적이기 때문이다. 그래서 필자는 2000년 이후 국가발전과 국민통합의 사상으로 '공동체자유주의'를 주장하여 왔다. 자유주의는 인간의 개체성에 기초하여 그리고 공동체주의는 인간의 공동체성에 기초하여 두 측면이 함께 공존하고 균형하고 조화하여야 좋은 세상, 좋은 인간을 만들 수 있다는 주장이다.

적으로, 그리고 보다 투명하게 만들어야 하다. 세계화의 흐름에 합당하게 개인의 자유와 창의의 폭도 크게 확대하여야 하고 동시에 산업화와 민주화의 시대 파괴되어 왔던 각종 공동체적 연대 – 가족 기업 등 사회공동체, 역사공동체, 그리고 생태공동체 – 도 재구축하여야 한다.

둘째, 선비정신으로 무장해야 한다.

선진통일의 시대를 열고 국가개조의 청사진을 추진할 수 있는 새로운 리더십, 정치적·사회적 리더십을 만들어야 한다. 새로운 리더십은 지도자 정신 즉 [선비정신]으로 무장한 리더십이 되어야 한다. 선비란 순수한 우리말로서 전통적으로 우리 역사에서 정치적·도덕적 지도자를 의미한다. 단군이 우리나라 최초의 선비였다고 할 수 있다.

선비정신이란 금욕(禁慾)과 선공(先公)이다. 거기에 한사(寒士)정신 – 항산(恒産)이 없어도 항심(恒心)할 수 있는 마음 – 이 있어야 한다. 정치지도자를 포함하여 우리나라의 각 분야 – 기업 학교 종교 등 – 의 지도자들이 선비정신을 가져야 우리사회의 리더십의 표류를 막을 수 있다. 한마디로 [선비 리더십]이 나와야 한다. 선비정신/보살정신에 기초한 홍익인간(弘益人間)/요익중생(饒益衆生)의 리더십이 나와야 한다. 그래서 선비 정치인·선비 기업인·선비 학자·선비 종교인 등이 나와야 하고, 그 결과를 바탕으로 대한민국이 '선비 민주주의'와 '선비 자본주의'를 만들 수 있어야 한다.

지금 대한민국의 민주주의는 '중우(衆愚)민주주의', 즉 포풀리즘으로 치닫고 있다. 이것을 '민본적(民本的) 민주주의'로 바꾸려면 선비정신이 주도하는 '선비 민주주의'를 하여야 한다. 또한 지금의 대한민국의 자본주의는 '천민(賤民)자본주의', '황금만능의 자본주의'로 치닫고 있다. 이것을 '인본적(人本的) 자본주의'로 바꾸려면 선비정신이 주도하는 '선비 자본주의'가 나와야 한다. 이러한 '정신과 제도'의 변화가 함께 이루어져야 우리는 선진과 통일의 시대를 열 수 있다. 이 일에 합리적 진보와 개혁적 보수의 지도자들이 앞장서 솔선수범하여야 한다. 그래서 권력투쟁과 이익투쟁에만 능한 [소인(小人)진보], [소인(小人)보수]가 아니라, 국가전략과 국가경영을 소중히 하는 [선비진보], [선비보수]가 나와야 한다.

셋째, 정치개혁을 통하여 국가개혁세력 -국가개조와 통일세력- 을 만들어야 한다.

결국 국가개조는 '국가 정치력'을 높이는 [정치개혁]부터 시작해야 한다. 왜냐하면 정치개혁을 하여야 국가개조를 할 수 있는 국가능력이 생긴다. 그래서 순서를 보면 우선 정치개혁에 성공하여야 그 다음으로 [정부개혁]의 성공으로 나갈 수 있다. 그래야 그 다음 [사법개혁]과 [교육개혁]을 할 수 있고, 그리고 더 나아가 [기업개혁]과 [노동 및 복지개혁]으로 발전시킬 수 있다.

그러면 정치개혁의 핵심은 무엇일까? 한마디로 정치개혁의 핵심은 정당개혁과 선거제도개혁이다. 이 두 가지 개혁을 통하여 국가전략을 소중히 하는 '가치정당', '정책정당'이 나와야 한다. 국민 속에 뿌리를 내리는 '민본정당'과 '전국정당'이 나와야 한다. 지역 이념 등 정치의 양극화에 안주하는 기득권 정당, 소수지도자의 사당(私黨)이 된 정당, 승자독식(勝者獨食)과 무한투쟁의 불모의 정치만을 양산하는 정당, 한마디로 [권력투쟁]만 있고 [국가경영]이 없는 정치를 만들어 내는 현재의 붕당적(朋黨的) 정당구조가 크게 바뀌어야 한다. 그리고 오늘의 거대 양당구조의 기득권화 –화석화와 수구화– 에 기여하고 있는 지금의 '소선거구제' 중심의 선거제도도 크게 바뀌어야 한다.

어떻게 할 것인가? 크게 보아 두 가지 길이 있지 않을까? 하나는 지금의 보수당을 개혁보수가 주도하는 정당으로 개혁하고, 지금의 진보당을 합리진보가 주도하는 당으로 개혁하는 길이다. 그래서 두 당을 이익정당이 아니라 가치정당으로, 사당(私黨)이 아니라 공당(公黨)으로, 지역정당이 아니라 전국정당으로, 국가전략과 정책을 소중히 하는 정책정당, 국민 속으로 들어가 소통하고 조직하고 차세대를 교육해 내는 세계관 정당으로 바꾸는 길이다. 이것이 가능하도록 만들어야 한다. 그런데 바람직하지만 과연 이 내부의 정당개혁이 가능할까? 현재의 보수당과 진보당의 지도자들이 자신들의 기득권을 크게 포기하거나 대대적으로 수정하는 것을 용납할까? 이러한 정당개혁·정치개혁에 대한 국민들의 요구는 산과 같이 높다. 하지만 과연 두 정당에게 국민들이 외압을 가하여 변화를 끌어낼 정도의 의식화 조직화가 가능할까?

다른 하나의 길은 만일 기존정당의 내부개혁이 불가능하다면 제3의 정당이 나오는 길이다. 개혁보수와 합리진보를 합친 제3당이 나와 기존의 양당제에 변화와 개혁을 강제하는 길이다. 그러면서 제3의 대안, 선택의 대안을 국민들에게 제시하는 길이다. 하나로 시작하는 것이 어려우면 개혁보수와 합리진보의 정당이 따로 따로 나와도 좋다. 여하튼 기득권에 안주하여 국가발전을 막고 있는 기존의 양당제의 환골탈퇴를 위하여 큰 자극과 충격을 주어야 한다. 그래야 정치변화와 개혁이 시작될 수 있다. 그래야 국가개조가 가능하고 더 나아가 통일이 대박이 되는 시대를 이루어 낼 수 있다. 그러나 우리나라에서 과연 제3당이라는 대안이 성공할 수 있을까? 현재와 같은 남북분단 상황에서 체질화되어 있는 지역구도 정치 속에서 그리고 지금과 같은 소선거구제도 하에서 과연 제3의 길이 가능할까? 결코 쉬운 일이 아니다.

이상의 두 가지 길 중에 어느 길을 갈 것인가? 이제 대한민국의 발전 국민통합은 정치개혁을 해 낼 수 있느냐에 달려 있다. 이제 정치개혁이 목에 찼다고 생각한다. 어느 길이 보다 가능한가는 우리 국민 모두가 – 여기의 상생과 통일 포럼회원들도 포함하여 – 진지하게 밤을 새면서 고민하여 해결할 문제이다.

새로운 '나라사랑의 국민운동'이 나와야 한다.

국민들 사이에서는 시민적 리더십들이 앞장서서 우리사회의 '근면 · 성실 · 정직'이라는 직업윤리와 정신적 '가치와 보람'을 소중히 하는 노동철학을 바로 세우는 대대적 국민의식 개혁운동이 일어나야 한다. 구체적으로 어떻게 할 것인가? '나라사랑운동'부터 시작하여야 한다. 나라를 사랑하는 마음이 없으면, 공동체적 가치를 모르면 올바른 직업윤리와 노동철학이 나올 수 없다. 뿐 만 아니라 '선비형 리더십'이 나올 수 없다.

근면 · 성실 · 정직 그리고 보람과 가치, 더 나아가 금욕(禁慾)과 선공(先公), 이 모든 가치들이 사실 나와 공동체와의 관계에서 나오는 가치들이다. 그래서 공동체를 사랑하는 마음이 선행하여야 올바른 직업윤리도 올바른 노동철학도 올바른 선비형 리더십도 나오는 법이다. 결국 최종적으로는 [군군신신(君君臣臣) 부부자자(父父子子)운동]으로 발전하는 것이다.

그런데 나라사랑, 공동체사랑은 어디서 오는 것일까? 두 가지에서 온다. 첫째는 자기 나라의 역사에 대한 자부심 자긍심에서 온다. 자기 나라의 역사를 부끄럽게 생각하는 사람들이 많은 사회에서 나라사랑을 기대할 수 없다. 그런데 우리사회 일각에는 대한민국의 역사의 정통성과 정당성을 정면으로 부정하는 신좌파적(新左派的) 수정주의(修正主義)역사관이 확산되어 왔다. 대한민국 역사는 정의가 실패한 역사라는 등의 자학적 자기 부정적 시각이 조직적으로 확산되어 왔다. 특히 차세대에게 이러한 편파적 역사관을 가르쳐서는 나라의 미래는 없다. 이를 고치기 위하여 국민들이 나서서 우리 [역사를 사랑하는 운동]을 벌려야 한다. 우리 역사를 올바로 학습하고 사랑하는 운동을 벌여야 한다. 정부도 [현대사 연구소]를 만들어 합리적 좌우학자들이 모여 객관적이고 균형적인 표준역사책을 만들 수 있도록 하여야 한다.

나라 사랑 공동체사랑이 나오는 두 번째 계기는 자기나라 헌법에 대한 존중과 사랑에서 온다. 나라라는 공동체는 이익공동체가 아니라 일종의 가치공동체이다. 국민이 자기 나라를 사랑할 수 있게 하려면 국민들 사이에 서로 공감하는 [국민공동가치(國民共同價値)]가 있어야 하고 이것을 찾아 국민들을 하나로 묶어 가야 한다. 그러면 이 국민 모두가 공감할 국민공동가치는 어디서 찾을 수 있을까? 우리는 이를 헌법 속에서 찾아야 한다. 이 국민가치의 집약적 표현이 바로 헌법 속에 있는 헌법적 가치이다. 개인의 존엄과 자유 등 자유민주주의 의회주의 시장경제 법치주의 국제평화주의 등등이다. 그래서 [헌법학습운동] [헌법사랑운동] 등을 벌여 국민모두가 헌법가치를 중심으로 대동단결할 수 있어야 한다. 그리고 이러한 국민의식개혁운동 나라사랑, 공동체의식회복운동은 종국적으로는 한반도의 통일운동으로 – 선진통일운동으로 – 발전할 것이다.

맺는 말: 선진통일의 시대를 향하여

시간이 별로 없다. 앞으로 5~10년 안에 본격적인 통일시대를 열지 못하면 북한은 중국의 변방속국이 될 위험이 크고 남한은 중국의 영향권 안에 들면서 3류 분단국가로 추락할 위험까지 있다. 그러면 한반도 전체의 운명이 1894년, 청일전쟁 이전의 시대, 즉 고구려 멸망 이후 지속되어 왔던 중국의 변방의 역사 – 한반도 전체가 중국의 완충지대(緩衝地帶, buffer zone)가 되는 역사 – 로 되돌아갈 수 있다. 이것은 반드시 막아야 한다. 한반도 통일이 남과 북의 국력을 욱일승천하게 만들고 더 나아가 번영과 평화의 동북아시대를 여는 대도(大道)임을 우리는 모두 알고 있다. 한반도 통일이 통일한반도를 세계중심국가가 되고 선진일류국가로 만드는 길임을 모두가 알고 있다. 이 일을 반드시 이루어 내야 한다.

통일을 이루려면 3가지를 해야 한다.

첫째는 국민과 지도자 모두가 통일의지와 열정을 가져야 한다. 통일은 우리의 문제이다. 우리가 주장하지 않으면 우리가 확고한 의지를 가지지 않으면 누가도 우리를 대신할 수 없다.

둘째는 통일지향의 대북정책을 세워야 한다. 지금까지 대북정책은 여야/진보보수를 막론하고 어떻게 해서든 북한의 비정상체제 – 수령절대주의 – 를 바꾸어 통일을 이루려는 통일정책이 아니라, 분단의 현실을 유지하고 관리하는 분단수용정책이 주였다. 도발만 막으려는 분단유지정책이었다. 대북정책이 통일정책이 되려면 가장 중요한 것이 북한 동포들과 군인들의 마음을 잡는 일이다. 한반도 통일이 북한의 동포들에게 북한의 군인들에게 대박임을 알려야 하고 설득시켜야 한다. 우선 이 땅에 있는 2만 6천 여명의 탈북동포 50여만 명의 조선족동포들과의 소통과 지원에서부터 시작해야 한다.

셋째는 통일외교가 있어야 한다. 이웃나라들에게 (1) 우리는 통일 하겠다. (2) 통일할 수 있다. (3)통일이 당신들 나라에게 좋은 것이다를 주장하고 설득하는 것이 통일외교이다. 우리의 통일을 어떻게 생각하는가를 묻고 다니는 외교는 끝내야 한다.

이상의 세 가지 – 강력한 통일의지, 올바른 통일정책, 적극적 통일외교 – 를 이루어 낼 때 우리는 통일의 시대를 활짝 열 수 있다. 이 세 가지를 해 낼 수 있는 국가 즉 [통일능력이 있는 국가]를 만들려면 우선 통일을 목표로 한 정치세력 – 합리적 진보와 개혁적 보수 – 이 등장해야 한다. 이와 함께 사회적 통일세력 – 국민통일운동 세력도 – 도 함께 등장해야 한다.

사실은 오늘날 논의 되고 있는 국가개조의 목표는 통일세력을 만들고 통일능력은 높이는 노력이 되어야 한다. 국가개조를 통하여 한편에서는 국민통합에 기여하고 다른 한편에서는 통일주체세력을 만들고, 그리고 다른 한편에서는 통일능력을 갖춘 국가를 만들어 내야 한다.

오늘의 이 자리에서 시작하는 [상생과 통일]포럼이 앞으로 우리나라에서 정치적 국가개조를 위한 선진통일세력과, 시민적 국가개조를 위한 선진통일세력을 만들어 나가는 산실이 되기를 간곡히 희망한다.

동아시아, 어디로 가는가?[24]

문제의 제기 : 전쟁인가 평화인가

동아시아의 미래질서는 어디로 가고 있는가? 전쟁과 정체로 갈 것인가? 평화와 번영으로 갈 것인가? 1945년 2차 세계대전 이후 확산된 [자유주의적 국제주의(liberal internationalism)]가 인류에게 엄청난 정치적 발전과 경제적 풍요를 가져 왔다. 2차 대전 전 10여개 국가에 불과하던 민주주의국가가 2000년에는 119개 국가로 늘어났다. 1550년부터 1950년까지 약 400년 동안 지구촌의 평균 경제성장율은 년 1%도 미치지 못했다. 그러나 1950년 이후 지구촌의 평균 경제성장율은 년 4%를 넘어서고 있다. 20세기 전반에는 세계대전을 두 번이나 겪었으나, 20세기 후반에는 강대국 간의 본격적인 직접 충돌은 없었다.

동아시아의 미래질서가 전쟁으로 갈 것인가, 평화로 갈 것인가 하는 문제는 결국은 지난 20세기 후반에 등장한 [자유주의적 국제주의]가 21세기에도 지속할 것인가? 과연 우리가 이를 지키고 발전시켜 나갈 수 있는가, 아닌가에 달려 있는 문제이다. 사실 인류의 긴 역사에서 보면 지난

---

24) 2015년 4월 16일 한반도선진화재단이 주최한 "2015년 한중동북아포럼"에서 기조 발제한 원고를 수정 보완한 글임.

세기 후반의 자유주의적 세계질서 – 자유무역, 민주주의, 국제협력기구, 세계평화주의 등 – 는 대단히 특별한 질서(unique order)였다. 인류의 긴 역사에서 보면 대단히 예외적인 질서였다고 할 수 있다. 물론 지난 70년 간 [자유주의적 국제주의]가 등장하고 확산되는데 [자유주의적 국가 내부체제]를 가진 미국이 지난 기간 세계의 제1의 초강대국이었다는 사실이 크게 기여했다.

이 글에서는 지금까지의 이 자유주의적 세계질서에 오늘날 어떠한 구조적 변화가 오고 있는가를 분석하고 그러한 변화에 우리가 어떻게 대응하여야 동아시아의 평화와 번영을 유지하고 발전시킬 수 있는가 하는 문제를 살펴보고자 한다.

진행 중인 3가지 변화

지금 동아시아 주변에는 3가지의 구조적 변화가 진행되고 있다. 첫째는 세계권력의 중심이 아시아로 이동하고 있다. 19세기는 영국의 시대였다면 20세기는 미국의 시대였고 이제 21세기는 분명 아시아의 시대이다. 우선 중국이 욱일승천(旭日昇天)하고 있고 인도가 뒤 따르고 있다. 뿐만 아니라 일본도 러시아도 한국도 모두 국력이 굴기(屈起, rising)하고 있다. 이러한 변화 중 가장 중요한 것은 중국이 앞으로 어떤 나라가 될 것인가 하는 것이다. 왜냐하면 중국이 이 지역에 영향력이 높아진다고 하면 당연히 이 지역의 지역질서(regional order)는 중국이 앞으로 어떠한 국가체제(국가내부체제)를 가질 것인가에 의하여 결정적 영향을 받을 것이기 때문이다.

주지하듯이 중국은 이미 경제는 개방화·자유화하였으나 정치는 아직 개방하고 있지 않다. 따라서 중국이 앞으로 정치개방까지 포함한 [자유주의 국가(liberal state)]로 변화 발전할 것인가, 아니면 [비(非)자유주의 국가(illiberal state)]로 남을 것인가가 이 지역의 미래질서를 결정하는 데 가장 중요한 변수가 될 것이다. 만일 중국이 점진적이나마 자유주의국가로 변화 발전하여 간다면 지난 70년 동안 지속되어 온 자유주의적 국제주의질서가 앞으로도 지속 발전할 가능성이 커진다.

둘째, 미국의 상대적 지위 내지 영향력이 약화되고 있다. 물론 미국의 절대적 지위와 영향력은 상당기간 지속될 것이다. 미국의 국방예산은 중국 러시아 인도 일본 그리고 모든 유럽국가의 국방예산을 합친 것 보다 많다. 아직도 미국의 GDP는 17조 달러 이상으로 세계 GDP의 23% 수준이다. 세계 모든 나라들이 경제발전을 하려면 반드시 미국경제와 관계를 맺고 미국시장에 들어가야 한다. 미국의 힘이 아직 절대적 우위인 것은 사실이나 그러나 상대적 지위가 약화되는 것도 확실하다. 이것은 지금까지 세계의 [자유주의적 국제주의]를 지지해 온 미국이 자유주의적 세계질서를 지킬 의지와 그 능력이 상대적이지만 약화되는 것을 의미한다. 그리고 미국의 영향력 약화는 중국 일본 러시아 등 동아시아의 여타 강대국들의 행동에 변화를 일으킬 것이다. 한마디로 미국의 세계패권이 약화되면 될수록 동아시아에서는 [지역패권경쟁]이 더 격화될 것이다. 아니 이미 상당정도 본격화되고 있다.

셋째, 한반도를 둘러 싼 동아시아에서 국가주의적 민족주의(state nationalism)가 강력하게 재부상하고 있다. 특히 중국 일본 러시아 모두에서 국가민족주의가 고양되고 있고 전(前) 근대적인 중상주의적(重商主義的) 부국강병전략(富國强兵戰略)이 재등장하고 있다. 냉전이 끝나면 이제 국민국가

(nation state) 중심에서 벗어나 포스트 모던(post-modern)한 세계질서가 등장하지 않을까 하는 기대가 많았지만 역사의 진행은 오히려 정반대인 것 같다. 특히 동아시아가 그러하다. 유럽의 EU와 같이 국민국가를 넘어서는 포스터 모던한 질서가 등장하지 않고, 역사를 역류 하듯이 전(前) 근대(pre-modern)의 시대로 가고 있다. [부국강병의 중상주의]와 군사력으로 문제를 풀려는 [힘의 정치(power-politics)의 시대]로 돌아가고 있는 것 같다. 이러한 방향으로의 국가민족주의의 재등장은 – 자유주의적 국제주의를 보편주의라고 부른다면 – 지난 70여 년간 인류가 쌓아 온 보편주의의 후퇴를 의미한다고 볼 수 있다.

각국의 경우를 살펴보자 중국의 경우를 보면 어느 나라든지 그러하지만 경제발전에 크게 성공하면서 생각이 달라지고 있다. 이제 [세계의 중심]이 되고 싶어 한다. 명실 공히 [세계 가운데에 있는 나라] 즉 중국이 되고 싶어 한다. 청(清)나라 멸망 이후의 굴욕의 역사를 벗어나 세계제국이었던 지난 역사의 영광, 명예, 자긍심을 회복하려 한다. 한마디로 세계중심으로서의 중국의 실현 즉 신중화주의(新中華主義)를 꿈꾸고 있다. 그리고 신중화주의의 추구 방식을 국가자본주의(state capitalism)라고 명명되는 중상주의적 부국강병전략에서 찾고 있다. 결국 중국은 [신중화적 패권주의]의 길을 가는 셈이 된다. 그래서 우선은 지역패권을 목표로 그리고 길게는 세계패권을 목표로 움직이고 있다. 더 나아가 중국은 지금 중국공산당 일당지배의 정당성, 즉 정치적 비(非)개방화와 비(非)자유화의 정당성을 바로 이 부국강병전략과 신(新)중화주의 추구에서 찾으려 한다. 그래서 중국의 꿈(中國夢)을 이야기하고 있다. 왕도(王道)의 길보다는 패도(覇道)의 길로 들어서고 있다고 보아야 할 것이다.

일본의 경우를 보면 일본은 보통국가(普通國家)라는 이름 하의 신강대국(新強大國)전략을 추진하고 있다. 지난 20세기 후반기 미국의 안보우산 아래 놀랄 만큼 빠른 경제 성장을 이룬 후, 이제 일본의 새로운 국가 정체성(national identity)을 찾으려 노력하고 있다. 그래서 평화헌법을 고치면서 군사적 자강(自强)을 높이고, 더불어 미국과의 동맹을 강화하려 하고 있다. 그리고 국내결속을 위하여 복고적인 [배타적 민족주의]의 부활을 부채질하고 있다. 최근 일본의 우경화는 우려할 만한 수준으로 가고 있다. 일본 사회가 이렇게 급격히 우경화되는 가장 중요한 이유는 물론 중국의 굴기이고, 또 하나는 한반도 미래의 불확실성이다. 그리고 마지막은 자신들의 국가 정체성 혼란 때문이다. 이 중 한반도 미래의 불확실성이란 대한민국이 장기적으로 과연 누구 편이 될지 모르겠다는 우려와 불신을 의미한다.

　러시아도 강대국으로 회귀하고자 한다. 냉전시대의 영광 즉 이극(二極, bi-polar) 시대의 세계권력의 중심축의 하나였던, 그 시대의 영광과 명예를 회복하고자 한다. 냉전이 끝난 후 러시아의 정치적 경제적 추락에 대하여 분노하고 있다. 푸틴(Putin)은 소련의 붕괴를 [낡은 지정학의 재앙]으로 보고 있다. 억울하다는 것이다. 그래서 다시 국가주의적 민족주의를 자극하면서 국제 간 분쟁을 평화적으로 보다는 군사작전으로 해결하려는 [힘의 정치]로 가고 있다. 냉전이 끝난 이후 한 때 보였던 자유주의적 국제주의 질서에의 적극적 참여 움직임은 이미 중단 된지 오래고, 과거의 비(非)자유주의 국가체제로 역주행하고 있다.

　대한민국은 어떠한가? 대한민국도 압축적 경제성장과 민주화에 성공함에 따라 생각이 달라지고 있다. 이제는 지난 1200~1300년간의 중국의 변방, 36년 간 일본의 변방, 그리고 해방 후 미국과 소련의 변방의 시대를 확실하게 끝내고 [세계중심국가] – 세계일등의 선진국가와 세계평화의 중심국가 – 가 되고 싶어 한다. 대한민국의 선진화와 한반도의 통일을 이루어

민족의 자존 독립 번영을 달성하고, 더 나아가 세계 발전에 기여하는 세계국가(global state) 즉 [세계모범국가], [세계공헌국가]가 되고자 한다. 이를 위하여 한반도 통일이 선택이 아니라 필수라고 보고 있다. 그런데 통일은 기존의 동아시아 지역질서의 변동을 수반한다. 따라서 한반도 통일은 동아시아 기존질서에의 도전이면서 새로운 미래질서를 열기 위한 역사적 기회가 되고 있다.

변화가 주는 의미: 역사(歷史)인가, 시장(市場)인가?

위에서 본 몇 가지 구조변화가 주는 의미는 무엇일까? 첫째, 한반도를 둘러싸고 소위 강대국들의 국가주의적 민족주의 간의 패권경쟁이 재현되고 격화될 가능성이 크다. 즉 강대국 경쟁(great power rivalry)의 부활 위험이 커지고 있다. 패권주의와 부국강병노선이 경쟁하면 자유무역주의는 후퇴할 것이고 신중상주의가 부활할 것이다. 또한 민주주의의 확산은 중단되고 권위주의내지 독재주의(autocracy)의 회귀가 일어날 것이다. 한마디로 지난 70여년 간의 자유주의적 국제주의 – 민주주의와 시장경제, 자유무역과 세계평화 – 는 후퇴할 위험성이 커지게 된다.

둘째, 더 걱정인 것은 중국과 러시아를 한 축으로 하는 [권위주의적 국가자본주의] 진영과 미국과 일본을 다른 한 측으로 하는 [민주주의적 시장자본주의] 진영이 서로 대립 갈등하는 모습으로 갈 수 있다는 점이다. 그러면 동아시아에서는 불가피하게 신 냉전(new cold war)의 시대가 열리게 된다. 그리고 그 갈등과 대립의 한 가운데 한반도가 놓이게 된다.

주지하듯이 일당제 국가(一黨制 國家)에서는 (1) 국가권력의 유지, 즉 당(黨)의 생존과 (2) 국리민복(이윤의 극대화)의 증대라는 두가지 목표를 가지고 국가운영과 세계전략을 짠다. 그러나 항상 당의 생존이 국리민복보다 우선한다. 반면에 다당제 국가(多黨制 國家)에서는 일당 생존의 의미는 적고 국리민복(이윤의 극대화)이 가장 중요한 국가목표가 된다. 두 나라 모두가 이윤의 극대화 만을 목표로 움직일 때는 서로 이익이 되는－서로 win·win 하는－국가 간 양보와 타협이 가능하다. 그러나 일당(一黨)국가에서는 국가권력을 장악하고 있는 지배정당의 생존이 문제가 되면 국가 간 양보와 타협은 사실상 불가능하다. 결국 자유주의 국가들 간에는 평화의 가능성이 더 크지만 자유주의와 권위주의 국가 간에는 갈등의 가능성이 더 크다는 이야기이다.

셋째, 결국 앞으로 동아시아에서는 두 가지 힘이 대립하게 될 것이다. 그리고 어느 힘이 더 크게 작용하느냐에 따라 동아시아의 미래가 결정될 것이다. 하나는 [역사(歷史)의 힘(power of history)]이고 다른 하나는 [시장(市場)의 힘(power of market)]이다. 전자는 [낡은 지정학(地政學)의 힘]이라고 볼 수 있고, 후자는 [새로운 지경학(地經學)의 힘]이라고 볼 수 있다. 여기서 [역사의 힘]이란 중국 러시아 일본 미국 모두 과거 자신들이 걸어왔던 [제국의 역사]을 반복하려 할 것이라는 의미이다. 역사의 관습 내지 역사의 굴레, 업(業)을 극복하기 어려울 것이라는 주장이다. 그들은 이웃의 의견을 무시하는 [패권의 제국(empire of hegemony)]을 만들 것이고 항상 [일방주의(一方主義, unilateralism)]의 유혹을 받을 것이며, 이웃과의 관계가 결국 [중심과 변방]이라는 종주국과 종속국의 관계로 안정화되는 것을 희망할 것이라는 의미이다. 물론 이론적 관념적으로는 [자유의 제국(empire of liberty)]도 있을 수 있지만 동아시아의 과거역사를 보면 그러한 왕도(王道)의 길을 허용하지 않을 것이라는 주장이다. 한마디로 동아시아는 치열한 군비경쟁을 수반하는 패도(覇道)의 길로 갈 것이라는 것이다.

그러면 [시장의 힘]의 힘이란 무엇인가? 주지하듯이 시장은 분업과 협업에 기초한 상호의존과 상호이익의 장(場)이다. 그래서 상호존중의 장이다. 제국의 역사가 수직적 지배복종의 장(場)이라면 시장질서는 수평적 호혜적 평등관계의 공간이다. 한마디로 쌍방주의(雙方主義, bilateralism)가 지배하는 공간이다. 시장에서는 패권주의가 통하지 않고 약소국의 주권을 무시하는 일방주의가 작동하지 않는다. 시장에서는 수평적 보편성을 가지는 세계문명표준이 지배하게 되고, 국제관계는 자주독립과 상호존중과 호혜평등의 관계로 나아가게 된다.

역사의 힘 - 제국(帝國)의 힘 - 과 시장의 힘 - 세계화(世界化)의 힘 - 중 어느 힘이 더 강할 것인가? 이에 의하여 동아시아의 미래가 전쟁으로 갈 것인가 아니면 평화로 갈 것인가가 결정될 것이다. 역사의 힘은 과거의 힘이고 기득권의 힘이다. 그러나 시장의 힘을 미래의 힘이고 이상의 힘이다. 일반적으로 현실주의자(realist)들은 역사의 힘이 시장의 힘 보다 더 강하다고 주장한다. 그들은 그 예로 제1차 세계대전의 경우를 많이 든다. 제1차 세계대전 시 영국과 독일의 경제적 상호의존도는 지금의 미국과 중국의 경제적 상호의존도 보다 더 컸었다. 그러나 경제적 상호의존이 아무리 커도 전쟁을 막지 못하지 아니 했는가라고 주장한다. 그 사실은 옳다. 그러나 과거에 그러했다고 하여 앞으로도 반드시 그러해야 하는가? 역사는 단순반복, 그리고 주기적으로 순환하여야 하는가? 이상과 합리의 힘은 현실과 기득권의 힘에 항상 밀리는 것이 역사인가? 아니 역사이어야 하는가?

전쟁을 평화로 바꾸려면?

강대국 간의 패권경쟁의 흐름이 격화되고 있는 오늘의 동아시아에 전쟁이 아니라 평화를 구축하려면 어떻게 해야 하는가? 몇 가지 방향을 생각해 볼 수 있다. 첫째, 강대국간 - 중국 일본 러시아 미국 한반도 - 의 협조체제(concert of power)를 만들어 나가는 길이다. 1815년부터 1845년경까지 유럽에서의 평화는 강대국 간의 협조체제의 구축이 성공한 결과였다. 그러나 강대국 간의 협조체제의 구축에는 강대국 간의 공동의 가치와 비전이 있어야 가능하다. 과연 그것이 가능할까? 동아시아의 강대국 간에 공동의 정체성, 가치, 비전을 만들어 낼 수 있을까? '동아시아는 하나다' 라는 깃발을 만들어 낼 수 있을까?

둘째, 동아시아에서 지난 70년간의 [자유주의적 국제주의]를 계승 유지 발전시켜 나가려면, 동아시아 각국의 국내 국가체제가 보다 자유주의적이 되어야 한다. 이 점이 중요하다. 러시아와 중국이 각자 자기 스타일대로라도 - 중국의 특색이나 러시아의 특색을 유지하면서도 - 반드시 정치적 사회적 자유화의 방향으로 나가야 한다. 국내는 권위주의적 독재구조를 유지하면서 국제질서를 민주적 자유구조로 만들 수는 없기 때문이다. 국내에서 자유와 민주의 가치가 존중될 때 비로소 대외 외교노선에서도 자유와 민주의 가치가 추구되고 실현될 수 있다. 물론 자유주의적 국제주의를 위해선 중국과 러시아 뿐 아니라 일본과 미국도 끊임없이 보다 [넓고 깊은 자유화]의 길로 나가야 한다. 그 점에서는 대한민국도 예외일 수 없다.

셋째, 한반도의 통일이다. 한반도의 분단의 지속, 통일의 실패는 동아시아의 패권경쟁구도를 크게 강화시킬 것이다. 앞으로 진행될 강대국 간의 패권적 팽창주의의 각축전이 바로 한반도에서 일어나기 쉽기 때문에 한반도 분단은 그 경쟁을 보다 격화시킬 것이다. 그러한 의미에서 우리는 지난 냉전시대의 [낡은 지정학]의 부활을 막아야 한다. 그렇게 하려면 한반도에서의 [자유주의적 통일]이 반드시 성공하여야 한다. 역사적 당위이며 역사적 필연이다.

생각해 보라! 지금과 같이 북한의 비(非)정상성 – 핵개발과 수령절대주의 – 이 악화되고 있는 상황에서, 분단이 고착화되면 결국은 북한은 사막화(砂漠化)되고 점차 중국화(中國化) 중국의 변방 속국화가 되어 갈 것이다. 그러면 그 동안 잠재되어 있던 강대국 간의 대립과 갈등구조 – 패권경쟁의 충돌구조 – 가 폭발적으로 현재화될 것이다. 동아시아에서 평화와 번영의 시대는 끝나고 전쟁과 정체의 시대로 추락이 시작될 것이다. 그래서 한반도 통일의 실패, 즉 분단의 고착화는 한민족은 물론 중국 일본 미국 러시아 모두에게 큰 재앙이 될 것이다.

그래서 답은 분단의 고착화를 통한 [북한의 중국화]가 아니라 한반도 통일을 통한 [북한의 한국화]이다. 그래야 통일한반도가 동아시아에서 하나의 균형 축(均衡 軸, balancing axis)을 형성하게 되어 한중일 [삼국정립(三國鼎立)의 평화시대]가 열리게 된다. 지금까지의 일본과 중국의 [이국대립(二國對立)의 패권시대]에 종지부를 찍게 된다. 동아시아의 역사를 보면 두 강대국이 등장하면 반드시 패권경쟁으로 나가지만, 세 강대국이 등장하면 – 과거에는 일중러 그리고 최근에는 미일중 – 서로 견제와 균형을 하면서 이 지역에 평화의 질서를 구축하여 왔다. 한반도가 통일되면 비핵화와 평화의 깃발을 높이들 것은 물론이고, 더 나아가 통일한반도는 선진국과 후진국, 대륙세력과 해양세력, 동양과 서양이 만나고 교류하고 화합하고 협력하는 공간이 될 것이다. 그래서 한반도 통일은 동아시아 전쟁시대의 가능성을 확실히 없애고, 동아시아에 평화시대의 문을 활짝 열게 될 것이다. 결국 한반도 통일은 동아시아의 평화와 번영에 필수적 전제가 된다. 한민족의 문제만이 아니라 동아시아인의 미래가 걸린 문제이다.

맺는 말 : 지식인 연대운동의 중요성

세계질서는 진화하는가, 발전하는가, 아니면 단순히 반복하고 순환하는가? 물론 세계질서는 시간이 간다고 저절로 진화하고 발전하는 것은 아니다. 인간의 목적의식적인 적극적 노력 – 꿈과 땀과 눈물 – 이 있어야 발전한다. 인간의 진보, 인간성의 진보가 저절로 일어나지 않는 것과 같다. 적극적이고 조직적인 노력이 있어야 한다. 세계질서는 힘(power)과 비전(vision)이 만든다. 강대국의 경제력과 군사력이 중요하다. 또한 세계지식인들이 제시하는 비전이 중요하다. 동아시아에 평화와 번영의 시대를 열려면 – 자유주의적 국제주의의 흐름을 계승 발전시켜 나가려면 – 무엇보다 먼저 동아시아의 지식인들이 모여 동아시아 공동의 정체성, 그리고 동아시아의 가치·비전·원칙을 세워 나가야 한다. '동아시아는 하나다' 라는 학술운동, 전문가 운동 그리고 시민운동 국민운동을 시작해야 한다.

(1) 동아시아의 [공동의 이념]으로는 [공동체자유주의(communitarian liberalism)]가 바람직하다고 생각한다. 가족, 사회, 국가, 역사, 자연공동체를 소중히 하는 [동양적 공동체주의]와 개인의 존엄과 창의와 자유를 소중히 하는 [서양적 자유주의]를 결합한 '공동체를 소중히 하는 자유주의'가 동아시아의 공동이념 내지 가치가 될 수 있다고 본다.

(2) 동아시아의 [공동의 비전]으로는 [동아시아공동체(East Asia Union 혹은 Community)]를 제시할 수 있을 것이다. 우선 강대국 간의 협조체제를 구축하고 다양한 형태의 지역협력을 제도화해 나가면서 [동아시아 경제공동체]와 [동아시아 안보협력체]를 구축해 나가야 한다. 그리고 그 위에 [동아시아 공동체]를 만들어야한다. 그래서 결국 동아시아 전체를 평화와 번영의 지역으로, [영구평화]와 [영구풍요]의 지역으로 만드는 것을 동아시아의 공동비전으로 해야 한다.

(3) 동아시아의 [공동의 원칙]으로는 [자주독립, 상호존중, 호혜평등]을 들 수 있을 것이다. 과거 중국의 중화적 패권주의나 과거 일본의 대동아공영권이 아니라 웨스트팔리아(Westphalia)적 국제관계, 즉 독립주권 국가들 간의 호혜평등의 국제관계가 기본원칙이 되어야 한다.

이상의 3가지를 중심으로 하여 우선 지금 동아시아에서 재등장하고 있는 [자국중심의 배타적 국가민족주의]의 파고(波高)를 극복하여야 한다. 시급히 [개명된 개방적 시민민족주의]로 전환시켜 나가야 한다. 그리고 궁극적으로는 다(多)국가 다(多)민족의 시대를 지나 탈(脫)국가 탈(脫)민족의 시대, 즉 [동아시아 공동체]의 시대를 열어 나가야 한다.

이와 관련 특히 공동체자유주의가 중요하다고 본다. 서구의 일부학자-대표적으로 Robert Kagan 등-들은 지금 이대로 가면 동아시아는 [민주주의 진영]과 [독재주의 진영]의 대립·갈등구도로 간다고 주장한다. 이것은 바람직하지 않다. 동아시아의 보다 밝은 미래를 위해선 이러한 상호타협이 불가능한 [대립구도]를 상호타협이 가능한 [통합구도]로 바꾸어 나가야 한다. 즉 동아시아의 미래질서를 민주주의와 독재주의간의 선택의 문제가 아니라 공동체주의와 자유주의간의 적정결합(optimal combination)의 문제-동양적 공동체주의와 서양적 자유주의간의 올바른 적정융합의 문제-로 바꾸어 나가야 한다. 그래서 중국과 러시아 그리고 북한은 좀 더 자유주의의 방향으로 개혁해야 하고, 일본과 미국과 한국은 좀 더 공동체주의의 방향으로 개혁해야 함을 주장하여야 한다. 그래서 각국이 각자의 역사 문화 전통에 맞는 보다 [성숙한 공동체자유주의 국가]를 만들어 나가면서 서로 협력할 것을 주장하여야 한다. 동아시아를 민주와 독재와의 투쟁이라는 이분법으로 몰고 가는 것은 바람직하지 않다.

이제 동아시아 지도자와 지식인들은 [동아시아의 꿈]을 이야기해야 한다. 중국도 [중국의 꿈]만을 이야기하지 말고 중국의 꿈을 넘어서 동아시아의 꿈을 이야기하여야 한다. 한국도 일본도 마찬가지이다. 동아시아의 꿈으로 중국은 [동아시아의 왕도시대(王道時代)], [동아시아의 대동사회(大同社會)]를 주장할 수 있을 것이다. 한국은 [동아시아의 홍익인간사회(弘益人間社會)] 혹은 [동방예의지국(東方禮義之國)의 시대]를 주장할 수 있을 것이다. 일본도 [동아시아의 대화시대(大和時代)]를 주장할 수 있을 것이다. 그래서 새로운 대립과 갈등과 분열로, 결국은 자유주의적 국제주의의 종언으로 가는, 그래서 전쟁과 파국과 반(反)문명으로 가는 지금의 동아시아에서 역사의 흐름을 크게 바꾸어 놓아야 한다. 그래서 전(前) 근대로 돌아가고 있는 패권적 그리고 중상주의적 [부국강병(富國强兵)의 시대]가 아니라, 근대 이후(post-modern)로 나아가는, [동아시아 공동체(East Asia Union)시대]를 목표로 나아가는, 평천하(平天下)의 [안민덕국(安民德國)의 시대]를 열어야 한다. 이것이 이 시대를 사는 동아시아의 지도자와 지식인들의 역사적 사명이고 시대적 소명이라고 본다.

part
6

국가·사회완성을 위한
위공(爲公)의 사상과 정책

Why Communitarian Liberalism?[1]

Emergence and Fundamental Concept

All nations must solve two problems in the 21st Century. The first pertains to which political ideology a country should develop itself under and how it should go about it.

The other is concerned with which social philosophy the country should employ in order to integrate its people. Answers to these questions can be found in the concept of Communitarian Liberalism. It is the ideology that will spur our country's advancement and guide us towards national unity in this new era.

The 21st century is a time entailing a great deal of conceptual and ideological confusion. For a long time, it has been marked by the triumph of liberalism over collectivism. Liberalism's victory reached its peak with the end of the Cold War and also with the collapse of socialist states. Since

---

1) Keynote speech at the "International Symposium on the Communitarian Liberalism", October 21, 2011.

then, liberal democracy and the free market economy have been firmly established as the new universal order.

However, since the aftermath of Cold War, liberalism has changed itself into liberal-fundamentalism or hyper-liberalism. Individualism, which is the foundation of liberalism, has transformed into hyper-individualism. This has resulted in a regression of national advancement and greatly augmented social division and political conflict.

Hyper-liberalism is the crisis of liberal democracy and capitalism. Increasingly, this phenomenon demonstrates a tendency to turn democracy into populism. Under this circumstance, democracy can be misused by a demagogue as a political process to create obscurantism. The result is the death of guaranteed individual dignity, freedom and finally the negation of democracy itself. This might very well lead to the birth of a dictator and/or an illiberal democracy. Hyper-liberalism also tends to transform capitalism into market-fundamentalism, bringing about the denial of capitalism. This was evident in the 2008 international financial crisis that originated in the United States.

Furthermore, market-fundamentalism cannot solve the pressing problem of unstable employment, featured by various types of rising atypical workers, nor can it reduce the gap between the rich and the poor. The end result will be worsened social discontent and political instability.

Therefore, to overcome this crisis of democracy and capitalism in the 21st century, a new ideology and philosophy in national development and national unity needs to be discovered. And the answer lies in

Communitarian Liberalism.

What is Communitarian Liberalism? Individual dignity, freedom and creativity are believed to be the basis of a well-rounded human character; the fundamental sources of national advancement and social development. They constitute the engine for development and progress. However, human beings are by default individualistic yet simultaneously relational in character. They are both independent and communal. Thus, both individual freedom and communitarian values, such as the respect and care for sharing and solidarity, are important and should be synced together. In short liberalism needs to be complemented by communitarianism and this is what Communitarian Liberalism is about.

Individual happiness and social development arise as communal relationships nurture individual freedom and creativity. Only when the community is cherished, can sustainable and true liberty be achieved. True freedom is only possible when communitarian values are respected and when civil society voluntarily promotes its awareness. The state's coercive efforts in enforcing them by the state will not work.

The Nature of Freedom

The dominant form of liberalism today is a combination of free market and freedom of action based on individual wants and desires. According to J.S. Mill, as long as no direct harm is caused to others, a desire-driven action can be considered as a form of freedom. But this is not the only manifestation of freedom we have. On the other hand, there exists another form of it, one that is not only emotional but also circumvented by reason. It is freedom ordered by 'reason and reflection' rather than desire and preference.[2]

This second form of freedom is a result of personal self-realization and the development of a well-rounded human character. Along these lines, misery causing actions for instance, tormenting one's parents are of course simply immoral and therefore cannot be considered as a form of liberty. When liberty is based on self-reflecting rationality and not influenced by self-centeredness, greater feelings of responsibility and consideration toward the community can naturally co-exist within the realm of liberty.

Liberalism is not fixed but always changing. It is understood as a developmental process, moving from one phase to another, from lower to higher stage, which is more developed and mature. Thus, liberal societies should develop and move towards this desirable stage. It is here where communitarian liberalism can be the next desirable phase to move into.

---

[2] In the 19th century, Sir John Dalberg Action dealt with the issue of quality of freedom and asserted the concept of 'rational freedom' or freedom based on reason. Liberty as alleged by John Stuart Mill was principally defined as the freedom base on preference, that is to act as one's desires. The freedom asserted by Sit Action was the freedom to act in accordance with one's beliefs of righteousness. Thus, it implied the freedom defined by one's duty rather than one's right. He propagated that freedom was not defined as a sate absent of oppression, but defined through rational choice and reason of the individual.

It does not merely linger at freedom based on individual preferences, but also opens a path towards a rational form of freedom that is benign and not malignant.

Three Types of Communities

While liberalism was primarily developed and institutionalized in the West, communitarianism was founded and popularly practiced in the East. Although westernstyle communitarianism supports the importance of social communities, the asserted Communitarian Liberalism is closer to the Oriental concept of communitarianism, which gives importance to the following three types of communities.

The social community
Human beings are naturally adept in living together with one another. Through the social division of labor, we depend on one another for existence. Also, as advocated by Adam Smith, happiness arises from the sympathy for one another and a sense of solidarity with fellow members of the community. Therefore, the development and maintenance of a healthy social community is of vital importance.

The historic community

By nature, we exist in time and history. We are born with history, through the love and prayers of our ancestors. Therefore, it is our duty and mission to leave behind for our descendents the tradition and culture created through the collective wisdom of our generation and the ones before us. In this way, a better society than the present one can be established. Hence, in this manner, we find through history our goals, values and meaning in life. Therefore, greater importance should be given to our history.

The natural community

Human beings are inherently a part of the larger system of the natural world. Hence, its disintegration will eventually lead to the self-destruction and self-negation of the individual. Thus, it does not suffice that we merely protect the environment, but also to make a conscious effort in the preservation of life in the ecosystem. Where appropriate policies for caring the ecosystem and a general respect for life are absent, individualistic liberalism becomes unsustainable in the 21st century.

To sum it up, even though human beings are fundamentally individualistic, we are also social and historic beings playing important roles within the natural world. Thus, individuals cannot exist, neither can they find happiness nor value and meaning outside this trinity. Therefore, in order to achieve both individual happiness and national development, appropriate social, historic, and environmental awareness need to coexist with individual freedom. This is the assertion of Communitarian liberalism.

Two Types of Confusions

There is argument among a few scholars that Communitarian Liberalism is an oxymoron. Aren't liberalism and communitarianism a pair of contradicting, opposing and conflicting concepts? The fact is, they are not. This misunderstanding arises from two confusions concerning the concept of Communitarian Liberalism.

The first confusion is between the concepts of communitarianism and collectivism or totalitarianism. Some confuse communitarianism as a type of collectivism, the opposing terminology of individualism. Whereas liberalism puts utmost importance on individuality, collectivism puts collective value first. Thus, it is no wonder that the two concepts seem to fundamentally oppose and contradict each other.

However, communitarianism is qualitatively different from collectivism. It respects individual freedom, though not unconditionally or absolutely. It propagates both the respect for individual freedom and the community. If a community is weakened, neither can an individual's freedom and nor interest be preserved. Furthermore, though it emphasizes the value of the community, it calls to common sense and rationality. It appeals through discourse, persuasion, education and example. Unlike collectivism, it does not force collective values onto individuals through authority or coercion unlike fascism and communism. Like a family unit, communitarianism respects its members' individualities while maintaining the community's unity at the same time.

The second confusion stems from the absence of a distinction between political and philosophical theories: that of between political liberalism and philosophical liberalism; political communitarianism and philosophical communitarianism.

According to Western ideology, philosophical liberalism and philosophical communitarianism contradict and oppose each other. Political liberalism and political communitarianism, on the other hand, could be complementary concepts. Those scholars, who claim that Communitarian Liberalism is an oxymoron, are those who see liberalism and communitarianism from the philosophical perspective and not from a political standpoint. Hence, it is through this superficial comprehension that the misunderstanding arises.[3]

Philosophical liberalism, which deals with ontology and epistemology, stresses the importance of individuals and views human beings as self-fulfilling and self-sufficient beings. Thus, it views society or the community as a type of social contract created by the voluntary determination of

---

3) There was a heated debate during the 1980s and 1990s: philosophical communitarian scholars, such as M. Sandel, A. MacIntyre, C. Tayor, and M. Walzer and their criticisms toward philosophical liberalism on one side, and J.Rawls and his counter-arguments on the other side.

free and self-fulfilling individuals. However, according to philosophical communitarianism, the society or the community is not the result of a social contract but the manifestation of strong feeling for the community, which is intrinsic in human nature. This arises from the view that human beings are not unencumbered, but 'constituted and situated' selves. Thus, philosophical liberalism and philosophical communitarianism differ fundamentally in their understanding of human beings and their nature. Therefore, under the context of philosophical theories, it is difficult for liberalism and communitarianism to theoretically sync together.

The asserted Communitarian Liberalism is one that is based on political theories, not philosophical thought. In other words, it is the combination of political liberalism and political communitarianism and the examination of why such a merger is both possible and desirable is due.

Firstly, political liberalism considers individual freedom as the most important political value. Thus, the raison détre of a state is to maximize the protection of individual liberties from the state or from any form of social coercion. Philosophical liberalism is not a prerequisite for the establishment of political liberalism. Even if the philosophical communitarian stand point is taken, which stresses the importance of human being's relational existence, the position of political liberalism can also be simultaneously asserted. In short, there is no direct causal relationship between philosophical and political theories.

Secondly, the appearance of political communitarianism is not the philosophical consequence of the need to confront philosophical communitarianism. Its emergence is the result of political reasons. It is the manifestation based on the need to correct real problems of extreme and selfish liberalism eminent in modern society, such as the impoverishment of communities and the destruction of common goods. Political communitarianism attempts to solve these issues such as the break down in families, the collapse of the school system, the acceleration of crimes, and the devastation of the environment through voluntary efforts of each individual with a consciousness of common goods and values and respect for community solidarity. Only then can liberal societies sustain themselves.[4]

For the above reasons, political liberalism and political communitarianism are neither opposing nor contradictory terms. On the contrary, political communitarianism is vital for a move towards true and good political liberalism.

Truthfully speaking, to an Eastern philosopher, both philosophical liberalism and philosophical communitarianism are neither attractive nor fresh topics. This is because from a long time back, Eastern philosophy has recognized that the individual and the whole cannot be separate entities. According to Confucianism, Taoism and Buddhism, neither can a community exist separately from individuals, nor can an individual exist as an independent entity out of the communal relationship. Thus,

---

[4] The leading scholars of political communitarianism include A. Etizioni, R. Putnam, B. Bellah, and B. Barber.

the individual and the community have long been regarded as neither two nor one(不二而不一) neither two separate entities, nor composing a total and complete whole. Therefore, the debate between philosophical liberalism and philosophical communitarianism in the West during the late 20th century, has not stimulated much interest in the eyes of Eastern philosophy. This debate is viewed as evidence that Western philosophy has yet to overcome the limits of dualism proposed ever since Descartes.

Communitarian Liberalism as a Principle of State Policy

We have thus far discussed Communitarian Liberalism as an ideology or philosophy for national development and national integration. However, it also can also be regarded as the fundamental principle for creating national policies. It transcends excessive abstract debates and can be utilized as a practical principle for guiding policy selection.

When national policies are designed based on Communitarian Liberalism, importance is attached to whether all governmental institutions and policies respect each and every individual citizen's creativity and freedom; whether every individual's choice range is widened and whether the quality of his/her choice is elevated; and whether the process is transparent. In other words, augmenting freedom and heightening transparency are the most important practical purposes of national policies dictated by Communitarian Liberalism.

After determining the basic direction of national policies from the standpoint of liberalism, the policies need to be supplemented by communitarianism. That is, an examination of whether the policies at question can strengthen communitarian values and solidarity is absolutely necessary. Thus, even if the policies are designed from on liberalism, their effects on communitarian values and solidarity must be assessed. Hence, when necessary, modifications and amendments are required.

For example, education policies based on liberalism would focus on the freedom and choice of students; and increasing the school's autonomy and responsibilities. The important thing is that there exists open competition not only among the consumers of education (students, etc.) but also among its suppliers (teachers, schools, ministry of education). This is because development is impossible in the absence of free competition. For the establishment of this condition, there should be minimal state regulations. Transparency in the education process is also vital. Moreover, school governance should be modified as to allow all schools to continuously partake in educational innovation. These are the basic elements that compose a liberal education policy.

However, this is not enough. Communitarian education policies must be supplemented for the following reasons:

Firstly, although equal opportunity for education and open competition are in principle possible, in reality it is very hard to fully achieve them. Therefore, supplementations such as special education programs for scholarly challenged and poorly performing students; students from less developed areas; and an education sponsorship system for low income family students are needed.

Secondly, there will be instances when the community's desired educational standards cannot be fully achieved if left completely to the free choice of individuals. Education in humanities such as history, culture, and philosophy as well as education in the basic sciences are some such examples. If these fields are left entirely to the free-choice education market, sufficient education that society requires will not take place. Thus, the government must additionally design education policies and provide support for those fields. Communitarian liberalism, in this manner, aims at creating the optimal mix between policies based on liberalism and those based on communitarianism.

Towards the Future

What weight or composition of liberalism and communitarianism is desirable? How can an optimal mix be achieved? These are both difficult but important questions.

Theoretically it is determined by two factors: one involves the size of a nation's economy, and the other the development stage of the nation. These two determine the shape of the optimal mix. For instance, the larger the size of an economy, the heavier the weight of liberalism over communitarianism should be. Similarly, the more advanced a nation is, the greater the importance of liberalism over communitarianism should be. On the contrary, the smaller the size of a nation's economy and the earlier the stage of national development, the more important communitarianism is over liberalism.[5]

Of course, communitarian liberalism is not advocated as the one and only answer. However, further development of the concept through research and debate in the future is needed. Hopefully the discourse on Communitarian Liberalism will help in overcoming the confusion and conflict in the world of ideologies. It is aspired to be a focal point in the search of a way out of the crisis of capitalism and democracy that we face in the 21st century. It is also hoped to aid not only developing nations but also developed nations in their national advancement and national integration policies.

An increase in deeper, productive and future-oriented discussions of Communitarian Liberalism in the future is anticipated. We envisage that today's discourse on Communitarian Liberalism will contribute in creating a better world whose societies aspire to and make possible not only the development of a healthy and robust community, but also the development of a well-rounded human character and individual self-realization.

---

5) This is because the larger the size of the economy and the more advanced a nation is, the lower the probability of market failure over that of government failure, and vice versa. To the contrary, the smaller the size of the economy and the earlier the stages of economic development is, the higher the probability of market failure over that of government failure, and vice versa.

왜 공동체자유주의인가?[6]

등장배경과 기본개념

이 글을 쓰는 이유는 20세기적 좌우(左右)대립과 보혁(保革)대립의 갈등과 혼란을 넘어서 국민을 이념적 사상적으로 통합하고 대동단결하여 모두가 함께 나라 선진화(先進化)의 길로 나아가자고 주장하기 위하여서이다. 우리사회는 현재 큰 이념의 갈등과 대립을 겪고 있다. 극심한 사상과 사고의 혼란을 경험하고 있다. 그리고 이념과 사고의 혼란은 국가정책과 국가발전 전략의 혼란으로 나타난다.

우리나라 보수(保守) 속에는 철학적·사상적 보수가 없었다. 냉전구조 속에서 안주하여 기존의 권리를 지키려는 정치적 보수는 있었다. 그러나 보수의 사상과 가치를 확실히 믿고 이를 정치사회 속에서 실천하려는 사상적 철학적 보수는 적었다. 이상주의(理想主義)로서의 보수가 없었다.

---

[6] 2011년 10월 21일 한반도선진화재단, 한국경제신문사, 한선국가전략포럼이 공동주최한 '21세기 시대정신을 찾아서: 공동체자유주의 국제심포지엄 (In Search for the Spirit of the 21st Century: International Symposium on the Communitarian Liberalism)"에서 발표한 기조발제 "Why Communitarian Liberalism?"의 한글본임.

즉 자유나 인권, 그리고 시장경제 등의 보수적 가치를 지키기 위하여 몸을 던지는 [전투적 자유주의자]는 부족하였다. 적어도 1960년대 이후에는 그러하였다.

우리나라의 진보(進步)(혁신)도 정서적·관념적 진보는 많았으나 정책적 과학적 진보는 없었다. 어려운 이웃을 생각하는 마음은 많았을지 모르나 어떠한 정책을 선택하는 것이 진정으로 약자(弱者)를 위하는 것인지에 대한 과학적 연구는 부족하였다. 그래서 오히려 사회적 약자를 더욱 어렵게 만드는 정책발상과 정책추진을 자주하였다. 일부 진보는 이미 역사적 평가가 끝난 평등주의적, 집단주의적 개혁을 주장하는 경우까지 있었다. 21세기 세계화시대에는 전혀 맞지 않는 반(反)진보적·퇴행적 주장까지 나왔다. 그러면 중도(中道)의 경우는 어떠한가? 중도도 현실외면이나 책임회피 혹은 판단중지(判斷中止)가 적지 아니하였다. 심지어 일부는 기회주의적 중도도 있었다. 진정으로 중도적 가치와 이념을 정리하여 그것을 내세우며 좌와 우를, 보수와 진보를 적극적으로 설득하고 아우르며 나가려는 노력은 거의 없었다. 따라서 신념 사상으로서의 중도는 적었고 [행동으로서의 중도]는 더더욱 적었다.

이래서 우리나라는 지금 극심한 이념과 사상의 갈등과 사고의 혼란을 겪고 있다. 그리고 이 혼란과 갈등이 해소되거나 극복되어 가는 기미는 보이지 않는다. 아니 오히려 격화될 위험이 많아지고 있다. 그런데 이러한 갈등과 혼란을 이대로 두고는 21세기 우리나라의 발전 선진화(先進化)의 성공은 불가능할 것이다. 이념적 갈등과 사상의 혼란으로 소진되는 국민정신의 힘, 국민의 에너지를 통합하여 다시 하나로 모아내야 한다. 그래야 국가발전과 민족도약의 에토스를 만들 수 있다. 국민의 대동단결과 애국심이라는 국가발전과 도약의 원동력을 다시 결집하고 발현시킬 수 있다.

필자는 보혁(保革)으로 혹은 좌우(左右)로 분열되어 있는 국민들을 대동단결시킬 수 있고 21세기 세계화 시대의 국가발전원리에도, 그리고 개인의 행복원리에도 맞는, 우리사회가 나아가야 할 이념내지 사상으로 [공동체자유주의]를 제시하고자 한다. 이 공동체자유주의를 중심으로 가능한 빨리 20세기적 좌우와 보혁의 미망에서 벗어나야 한다고 생각한다. 지난 시대의 낡은 생각의 틀에서, 구(舊)보수와 구(舊)진보의 낡은 사상에서 벗어나야 한다. 그래야 우리는 21세기 나라 선진화에 성공할 수 있다고 본다.

주목할 것은 21세기에 들어오면서 이미 다른 선진국에서는 국가발전전략이나 국가정책 면에서는 좌우와 보혁 간의 급속한 수렴현상이 일어나고 있다는 사실이다. 합리적 보수와 합리적 진보 간에 국가발전의 전략과 정책면에서 큰 차이가 없어지고 있다. 대동소이(大同小異)하여지고 있다. 따뜻한 보수(compassionate conservative)와 연성사민주의(軟性社民主義, the third way)사이에는 국가발전 전략과 정책면에서 사실 대차가 없다. 역사과 문화가 나라마다 달라서 나타나는 정책의 차이 정도이다. 또한 21세기 세계화 정보화 시대에 들어오면서 이론전문가와 정책전문가들 사이에서도 국가발전의 기본원리, 국가발전의 기본전략과 정책에 대하여 상당한 합의 내지 공감이 형성되고 있다. 그런데 우리나라에서는 대단한 차이가 있는 것처럼 좌우와 보혁 간에 관념적 비과학적 감성적 논쟁이 치열하고, 국리민복과 관계없는 불필요한 분열과 갈등만 촉발하고 있다.

물론 20세기적 보수와 진보사이에, 즉 구(舊)보수와 구(舊)진보 사이에 국가발전에 대한 비전과 정책은 크게 다르다. 그러나 21세기 합리적 신(新)보수와 신(新)진보 사이의 차이는 사실 별로 크지 않다. 역사와 문화의 차이만을 없애면 사실상 수렴되고 있다. 이러한 세계적으로 일어나고 있는 21세기 국가발전에 대한 정책적 합의(policy consensus)에 기초하여, 우리나라 국가발전의 이념과 정책원리를 정리하여 본다면, 공동체자유주의가 가장 타당하다고 생각하는 것이 필자의 생각이다. 문제는 '이것을 우리나라의 역사와 문화 속에서 어떻게 구체화 하느냐'라고 생각한다.

우리사회 일각에서는 "21세기는 이념의 시대가 아니다. 이념논쟁은 하지 말고 실용주의(實用主義)를 가지고 문제를 풀어나가자"고 하는 주장이 있다. 그래서 여야(與野)지도자들 중에도 자신은 실용주의자라는 분들이 많다. 이 말은 일견 그럴듯하나 크게 틀린 말이다. 21세기는 분명 20세기적인 이념대립의 시대는 아니다. 그러나 문제는 우리나라에서는 아직도 20세기적인 구식(舊式)의 좌우의 개념이, 구식(舊式)의 보혁의 이념이 살아 움직이고 있다. 그리고 그것이 국가의 발전을 가로막고 있다. 때로는 평등주의적 개혁으로, 때로는 반(反)법치주의적 언동으로, 그리고 때로는 역사 청산론으로 나타난다. 이미 시대에 맞지 않는 시대착오적인 낡은 사상과 생각들이 살아 남아서 국가발전의 발목을 잡기 때문에 문제인 것이다.

따라서 국가발전을 위하여서는 이 잘못된 20세기적 좌우개념과 보혁이념을 반드시 광정(匡正)하여야 한다. 그러하지 않고는 시대착오적인 잘못된 이념과 사상에서 나오는 잘못된 정책과 발상을 막을 수 없고 또 그로 인한 불필요한 정책의 혼선, 사회적 갈등과 낭비를 막을 수가 없다.

21세기는 분명 20세기적인 좌우이념이 경쟁하는 시대는 아니다. 그 대신 올바른 국가발전의 비전과 전략이 더욱 중요해지는 시대이다. 21세기는 국가비전과 전략이 경쟁하는 시대이다. 그런데 우리나라에서는 아직 20세기적 낡은 이념과 사상이 살아남아서 21세기 국가비전과 전략을 세우는 일을 방해하고 있다. 아니 21세기적 문명표준에서 볼 때 역사발전에 역행하는 방향으로 나라와 시대를 끌고 가려하고 있다. 잘못된 이념과 사상의 독소가 이렇게 심대한 것이다. 그런데 사상의 잘못은 대안(代案)이 될 수 있는 사상으로 고쳐야 한다. 틀린 사상은 올바른 사상으로 고쳐야 한다. 틀린 이념은 올바른 이념으로 고쳐야 한다. 따라서 올바른 이념을 내놓는 것이 중요하다. 그리고 올바른 사상과 이념을 가지고 낡은 사상과 이념을 설득하는 작업이 필요하다. 그것이 사상전(思想戰)이다. 이 노력을 제대로 하지 않고 틀린 사상과 틀린 이념이 거리를 활보하게 내버려 두고, 책방과 학교 도서관에 스며들어가는 것을 외면하면서, 실용주의(實用主義)를 내세우는 것은 편의주의(便宜主義)적이거나 기회주의(機會主義)적 행동이 되기 쉽다.

본래 실용주의는 이념이 아니다. 사상적 목표가 아니다. 이념과 목표를 실현하는 방법 내지 수단을 좀 더 현실적으로 하자는 주장이다. 그런데 실용주의를 주장하는 사람들은 실용주의를 통하여 달성하려는 이념이나 사상목표가 무엇인지는 말하지 않고 있다. 결국 격렬한 이념과 사상대립 속에서 이념과 사상의 대안을 제시하지 않고 실용주의를 주장하는 것은 공허한 이야기거나 단순한 보신주의(補身主義)에 불과하다. 따라서 낡은 이념과 사상의 대립이 심하고 혼란스러울 때는 새로운 이념적 사상적 대안을 확실히 제시하고 낡은 이념과 사상을 설득하려는 노력이 필요하다고 본다. 그렇게 하여야 불필요한 낡은 이념들 간의 갈등과 대립도 극복하고, 잘못된 이념과 사상에서 끊임없이 나오는 사회적 해악(害惡)을, 즉 잘못된 정책과 행동, 그리고 시대착오적 발상을 막을 수 있다.

물론 공동체자유주의가 유일무이(唯一無二)한 답이라든가 반드시 최선이라고 주장하려는 것은 결코 아니다. 앞으로 보다 심층적 연구와 많은 논쟁을 통하여 크게 보완되고 발전되어야 할 개념이다. 그러나 공동체자유주의에 대한 논의가 오늘날 우리나라에서 보이는 이념과 사상의 갈등과 대립 그리고 혼란을 극복하고, 다수 국민들이 공감할 수 있는 방향으로, 우리의 국가발전의 이념과 철학을 정립하여 가는 하나의 긴 여행의 출발점은 될 수 있다고 생각한다. 보다 생산적이고 미래지향적인 토론의 시발점은 될 수 있다고 생각한다. 그리고 이 글이 그러한 방향으로의 우리 모두의 노력에 작지만 유의미한 기여가 되기를 기대한다.

21세기는 어느 나라든지 두 가지 문제를 풀어야 한다. 하나는 어떻게 국가를 발전시킬 것인가, 그 원리 내지 이념은 무엇인가? 다른 하나는 어떻게 국민을 통합시킬 것인가, 그 원리와 이념은 무엇인가? 이 두 가지 문제에 대한 답을 우리는 공동체자유주의(Communitarian Liberalism)에서 찾고자 한다. 우리는 21세기 국가발전의 원리 내지 이념 그리고 국민통합의 원리 내지 이념은 공동체자유주의여야 한다고 생각한다.

21세기는 사고와 사상의 혼란이 심한 시대이다. 20세기는 크게 보아 자유주의(liberalism)와 집단주의(collectivism) 간의 투쟁에서 자유주의의 승리의 역사였다. 자유주의의 승리는 냉전의 종식과 더불어 대부분의 국가사회주의가 몰락하면서 그 정점에 달했다. 이제는 자유민주주의 자유시장경제가 인류보편의 질서로 확고히 자리를 잡는 것 같았다. 그러나 21세기로 들어오면서 자유주의가 자유만능주의(liberal-fundamentalism) 내지 과잉자유주의(hyper-liberalism)로 발전하면서, 그리고 자유주의의 기초가 되는 개인주의가 과잉개인주의(hyper-individualism)로 발전하면서, 오히려 국가발전이 후퇴하고 사회분열과 갈등이 크게 증대하는 결과를 가져오고 있다. 구체적으로 자유주의의 과잉은 민주주의와 자본주의의 위기로 나타나고 있다. 민주주의가 점차 포퓰리즘(populism)으로 전환되는 경향이 나타나고 있다. 그러면 민주주의는 선동가들에 의하여 국민을 우민화(obscurantism)하는 정치과정이 될 수 있다. 그러면 민주주의는 결국 개인의 존엄과 자유를 소중히 하지 못하고 민주주의의 자기부정을 결과하게 된다. 즉 비(非)자유민주의(illiberal democracy) 내지 독재주의의 등장을 불러 온다. 마찬가지로 자본주의도 자유주의의 과잉은 시장만능주의(market-fundamentalism)로 나타나서 결국은 이번 2008년 미국발 국제금융위기에서 보았듯이 자본주의의 자기부정을 결과하게 된다. 또한 시장만능주의는 격증하는 비정규직 문제와 빈부격차문제를 풀지 못하고 사회적 불만과 정치적 불안정을 가중하게 된다.

그래서 우리는 21세기적 상황, 즉 민주주의와 자본주의의 위기적 상황을 극복하기 위하여 새로운 국가발전과 국민통합의 원리 이념을 찾아야 한다. 그리고 우리는 그 답이 [공동체자유주의]라고 생각한다. [공동체자유주의]란 무엇인가? 기본적으로 우리는 개인의 존엄과 자유와 창의가 인간의 인격완성의 계기이고 국가 및 사회발전의 기본 동력, 즉 발전과 진보의 엔진이라고 생각한다. 그러한 의미에서 자유주의를 지지한다. 그러나 인간이란 존재는 기본적으로 개체적이면서도 관계적인 존재이다. 즉 독자적이면서도 공동체적 존재이다. 그래서 개체의 자유를 소중히 하면서도 공동체적 가치, 연대에 대한 존중과 배려가 중요하다고 생각한다. 그래서 자유주의는 공동체주의에 의하여 보완되어야 한다고 생각한다. 개인의 행복도 사회의 발전도 개인의 자유와 창의와 더불어 공동체적 관계를 소중히 하는 데서 온다. 공동체를 소중히 하여야 지속가능한 자유, 질이 높은 자유(high-quality freedom)가 될 수 있다고 본다. 우리는 자유에도 질(quality)의 차이가 있다고 생각한다. 양질의 자유는 공동체적 가치를 소중히 할 때만 가능하다고 본다. 다만 공동체적 가치에 대한 존중은 국가적 권력에 의한 외부적 강제에 의해서가 아니라 시민사회의 내부적 계몽과 자발적 교육을 통하여 이루어져야 한다고 생각한다.

자유의 질(quality of freedom)

현재 지배적인 자유주의는 시장주의와 결합된 선호적 자유주의(freedom based on preference)이다. 즉 타인에게 직접적 피해를 주지 않는 한 자기가 원하는 대로 선호하는 대로 할 수 있는 자유이다. (J.S. Mill) 그러나 자유주의에도 이러한 선호적 자유주의가 아닌 합리적 자유주의(freedom based on reason)가 있다.7 즉 합리적 이성의 명령에 따라 선택하고 행동하는 자유이다(liberty ordered by reason rather than preference). 단순한 감성적 자유, 소비적 자유가 아니라 인격완성과 자아실현의 과정으로서의 이성적 생산적 자유이다. 그러한 의미에서 예컨대 자신의 부모를 괴롭히는 패륜적 자유는 자유가 될 수 없다. 이러한 [자기 중심적 선호적 자유]가 아니라 [자기 성찰적 합리적 자유]가 되면 자유 속에 자연히 공동체에 대한 책임과 배려가 많이 들어갈 수 있다.

우리는 자유주의를 고정된 상태가 아니라 낮은 단계에서 높은 단계로 발전하는 과정으로 이해한다. 그래서 질이 낮은 자유사회에서 질이 높은 양질의 자유사회로 발전해야 한다고 생각한다. [공동체자유주의]는 단순한 선호적 자유에 머무르지 않고 이성적 자유의 문을 열어, 낮은 단계의 자유사회에서 높은 단계의 자유사회로 나아가는 길이라고 생각한다.

---

7) 19세기 영국의 John Dalberg Acton 경이 바로 '자유의 질'을 문제 삼으면서 합리적 자유 이성적 자유를 주장하고 있다. John Stuart Mill이 자유를 기본적으로 자기가 원하는 것을 하는 자유로 보는데 반하여 액톤 경은 자유는 자기가 하고 싶은 대로 하는 자유가 아니라 자신이 옳다고 믿는 것을 할 수 있는 자유, 권리로서 보다 의무로서 자신이 해야 할 것을 할 수 있는 자유, 즉 선호적 자유가 아니라 이성적 자유를 의미한다. 억압이 없는 것이 자유가 아니라 합리적 이성적 선택이 자유라는 주장이다.

세 가지 공동체

우리는 이러한 서구의 공동체주의를 좀 더 발전 확대시켜야 한다.

첫째, 개인과 공동체와의 관계를 논함에 있어 공동체를 사회공동체에만 국한할 것이 아니라 자연공동체와 역사공동체로 확대해야 한다. 개인을 오직 사회공동체의 일원으로서만 파악하는 것은 불충분하다. 인간은 존재론적으로 사회의 일부일 뿐 아니라 자연의 일부이고 역사의 일부이다. 뒤에서 다시 상론하겠으나 특히 우리나라에서는 이 점을 올바로 이해하는 것이 중요하다고 생각한다.

둘째, 개인과 공동체를 대립(對立)적인 측면에서만 파악하지 말고 통일(統一)적 측면, 즉 개인과 공동체가 상의상생(相依相生)의 관계, 불가불리의 관계라는 측면을 보다 강조하여야 한다.

서양에서는 인간을 본질적으로 [개체적 존재]로 파악하여 모든 논의를 인간의 개체성에서 출발한다. 그리하여 점차 공동체 내지 전체의 중요성을 강조하는 방향으로 나아간다. 그러나 동양에서는 인간을 처음부터 [관계적 존재]로 파악한다. 인간을 개체와 개체와의 관계적 존재, 개체와 전체와의 관계적 존재, 그리하여 개체성과 공동체성을 함께 가진 존재, 더 나아가서는 개체와 전체의 통일적 내지 융합적 존재로서 파악한다. 예컨대 불교(佛敎)는 인간을 인·연·과(因·緣·果)의 [연기적(緣起的) 존재]로 파악한다. [이것이 있으니 저것이 있고 저것이 있으니 이것이 있다]는 상호의존적 상호작용적 연기적 존재로 파악한다. 그리고 이 연기적 관계는 복합적 중첩적으로 중중무진(重重無盡)으로 나타나며 시간적으로 공간적으로 한없이 확산되어 나간다. 그래서 이 연기를 떠난 개체의 존재를 주장하기 어렵다. 유교(儒敎)도 인간을 기본적으로 관계적 존재로 파악하여 인간과 인간 간의 올바른 관계설정을 그 중심사상으로 하고 있다. 임금은 임금다워야 하고 신하는 신하다워야 하며 부모는 부모다워야 하고 자식은 자식다워야 한다는, '군군신신 부부자자(君君臣臣, 父父子子)'가 기본사상이다. 삼강오륜(三綱五倫) 그 자체도 바로 올바른 관계에 대한 원리이다. 부모 없는 자식의 의미는 없다. 반대의 경우도 마찬가지 이다.

이렇게 개체 그 자체보다는 개체와 개체와의 관계, 혹은 개체와 전체와의 관계에 동양사상은 그 사상의 중심을 둔다. 사실은 여기에 동양사상의 진수(眞髓)가 있다. 그 만큼 공동체주의는 이미 동양인의 생각과 삶 속에 체화되어 있는 사상이다. 이렇게 동양 사상은 원래가 보다 친(親)공동체적이다. 따라서 서양보다 동양에서 공동체주의의 수용이 보다 용이하다. 그리고 서양의 공동체주의보다 동양의 공동체주의가 공동체적 가치를 보다 많이 존중하는 내용과 형식이 되지 않을 수 없다.

다시 정리하면 인간은 독존적·개체적 존재이면서도 동시에 관계적·공동체적 존재이다. 인간은 본래가 공동체적 관계를 떠나서 개인으로서만, 원자화된 개인으로만 존재할 수 없다. 공동체도 개인들의 자발적·적극적 기여 없이 지속가능하지 않다. 이것이 인간과 인간 공동체의 생생한 본래의 모습이다. 인간존재의 실상이다. 이 존재법칙을 역행하면 자기부정이 일어난다. 즉 인간이 개인적 자유만을 극단적으로 주장하면 공동체의 유지와 발전이 어렵게 되고 그러면 개인적 자유 자체도 지속가능하지 않게 된다. 결국 개인적 자유의 자기부정이 일어나게 된다.

따라서 개인적 자유주의의 발전은 항상 공동체의 유지 발전과 조화할 수 있어야 한다. 여기서 공동체주의의 필요가 등장한다. 공동체주의는 인간을 원자화되고 파편화된 독자적 개인으로 이해하지 않고 공동체와 불가분리의 존재로서 이해한다. 그리하여 개인과 공동체와의 연대, 개인과 공동체와의 상호작용, 그리고 공동체의 유지와 발전, 공동체적 전통과 가치 등등을 중시하게 된다. 그리고 이러한 사상은 인간이 본래 개체적 존재이면서도 동시에 관계적 존재이고 공동체적 존재라고 하는 데서 유래한다.

끝으로 한번 더 강조하고자 한다. 공동체주의(communitarianism)는 개인주의를 거부하는 집단주의(collectivism) 내지 전체주의(totalitarianism)와 혼동하여서는 안 된다. 집단주의 내지 전체주의는 집단이나 전체의 이익을 위하여, 혹은 위한다는 명목으로 개인의 존엄이나 창의 그리고 자유를 부정한다. 하지만 공동체주의는 개인의 존엄과 창의 그리고 자유의 존중을 기본으로 한다. 그래서 우리는 [자유공동체]라는 말을 자주 사용한다. 공동체주의에서 이야기하는 공동체는 기본적으로 [자유공동체]이다. 다만 개인의 자유를 기본으로 하되 공동체의 발전과 개인의 자유와 조화가 필요함을 강조할 뿐이다. 개인의 자유의 가치와 공동체의 발전의 가치가 조화되어야 함을 주장하는 것이다. 그러한 의미에서 공동체주의는 극단의 개인주의와 극단의 집단주의라는 양변(兩邊)을 모두 거부한다는 의미에서 불교의 중도(中道)사상 내지 유교의 중용(中庸)사상에 가깝다고 볼 수도 있다.

자유주의는 동양보다는 서양에서 보다 발전되어 왔고 제도화되어 온 이념이고 가치이다. 반면에 공동체주의는 실은 서양보다는 동양에서 보다 발전되고 생활화되어 온 이념이다. 서양의 공동체주의는 사회적 공동체를 중심으로 하고 있는 발전되어 왔다. 그러나 우리가 여기서 주장하는 공동체자유주의는 동양적 공동체주의에 보다 가깝다. 그래서 나는 우리가 주장하는 공동체자유주의에서는 세 가지 공동체를 소중히 하여야 한다고 생각한다.

첫째 사회공동체이다. 인간은 본래가 이웃과 더불어 사는 존재이고 특히 사회적 분업망(social division of labor)을 통하여 서로가 서로의 생존을 의지하고 있다. 그리고 인간의 행복도 아담스미스가 이야기한 데로 동료들과의 공감(sympathy with fellowmen)에서 온다. 따라서 건강한 사회공동체의 유지 발전은 대단히 중요하다.

둘째 역사공동체이다. 인간은 본래가 시간적 존재이고 역사적 존재이다. 개인도 역사 속에서, 선조들의 사랑과 기도 속에서 출생하였고 자신의 후손들에게 선조들의 집단적 지혜인 전통과 문화를 물려 줄 의무를 가지고 있다. 선조들에게 물려 받은 사회보다 더 좋은 사회를 만들어 후손들에게 남겨야 하는 사명과 책무가 있다. 이와 같이 인간은 본래가 역사 속에서 자기 의미와 삶의 목표와 가치를 가지는 존재이다. 역사를 소중히 하여야 한다.

셋째 자연공동체이다. 인간은 본래가 자연이란 큰 생명체의 일부이다. 자연생명에 대한 파괴는 결국은 자기파괴이고 자기부정이다. 그래서 단순한 환경보호가 아니라 생태계의 생명력의 복원에 노력해야 한다. 특히 21세기에는 자연주의 생명주의에 대한 올바른 정책과 배려 없이는 개인적 자유주의는 지속가능하지 않을 것이다.

이와 같이 인간은 본래가 개인적이면서도 사회적 역사적 자연적 존재이다. 사회적 역사적 자연적 관계를 떠나서 존재할 수도 행복을 느낄 수도 가치와 의미를 가질 수도 없는 존재이다. 따라서 개인행복과 국가발전을 함께 이루기 위해서는 개인적 자유주의에 기초를 두되 올바른 사회의식 역사의식 환경의식이 반드시 함께 해야 한다고 생각한다. 이것이 바로 공동체자유주의의 주장이다.

두 가지 혼란

학계의 일부에서는 공동체자유주의는 형용모순(oxymoron)이 아닌가 하는 문제제기가 있다. 자유주의와 공동체주의는 과연 모순, 대립, 갈등하는 개념인가? 우리는 그렇게 생각하지 않는다. 그리고 그러한 오해는 두 가지 혼란에서 온다고 생각한다.

첫째, 공동체주의(communitarianism)와 집단주의(collectivism) 내지 전체주의(totalitarianism)와의 혼란이다. 공동체주의를 개인주의에 대립하는 집단주의의 하나로 혼동하는데서 비롯되는 것 같다. 자유주의는 개인의 가치를 가장 중시하는데 반하여, 집단주의는 개인보다 집단의 가치 내지 이익을 앞세운다. 따라서 자유주의는 집단주의와 원리적으로 대립하고 상충한다. 그런데 공동체주의는 집단주의와 질적으로 다르다. 공동체주의는 개인의 자유를 존중한다. 다만 절대화하지 않을 뿐이다. 개인의 자유를 존중하나 공동체의 소중함도 함께 중시하자는 주장이다. 왜냐하면 공동체가 약화되면 개인의 자유와 가치도 보장받을 수 없기 때문이다. 또한 공동체주의는 공동체의 소중함을 주장하면서도 개개인의 양식과 이성에 호소한다. 대화와 설득 그리고 교육과 모범을 통하여 호소한다. 집단주의처럼 집단의 가치를 권위적으로 강제하지 않는다. 예컨대 계급주의 정당은 집단주의의 하나의 예이지만 가족공동체는 공동체주의의 하나의 예이다.

둘째, 정치이론과 철학이론의 차이를 확실히 하지 않는 데서 오는 혼란이다. 즉 정치적 자유주의(political liberalism)와 철학적 자유주의(philosophical liberalism), 그리고 정치적 공동체주의(political communitarianism)와 철학적 공동체주의(philosophical communitarianism)를 명확하게 구별하지 않아서 생기는 공동체자유주의에 대한 오해이다. 서구사상에서 보면 철학적 자유주의와 철학적 공동체주의는 상호 모순하고 대립한다. 그러나 정치적 자유주의와 정치적 공동체주의는 상호모순하지 않고 상호보완적이라고 보아야 한다.

공동체자유주의가 형용모순(oxymoron)이 아닌가 하고 생각하는 학자들은 대부분이 자유주의를 철학적 자유주의로, 공동체주의를 철학적 공동체주의로 이해하고 있어서 그러한 것 같다. 분명 철학적 자유주의와 철학적 공동체주의는 상호대립 모순하고 있다.[8] 왜냐하면 존재론적 인식론적 입장을 다루는 철학적 자유주의는 인간의 개체성을 중시하고 인간을 자기 완료적 존재 내지 자기충족적 존재로 보기 때문이다. 그래서 이들은 사회 내지 공동체는 자유스럽고 자기완료적인 개인들의 자발적 결단으로, 즉 일종의 사회계약으로 성립하는 것으로 본다. 반면 철학적 공동체주의는 사회나 공동체를 자유로운 개인들의 자발적 선택, 즉 사회계약의 결과로서가 아니라 인간 자체의 본성 속에 있는 공동체성이 나타나는 현상으로 본다. 인간을 비연고적 자아(unencumbered self), 원자화된 개체(atomistic view of self)로 보지 않고 형성적 관계적 자아(constituted and situated self)로 보기 때문이다. 이렇게 철학적 자유주의와 철학적 공동체주의는 인간에 대한 이해가 근본적으로 서로 다르다. 그래서 철학이론으로서는 자유주의와 공동체주의의 결합이 어렵다.

그러나 우리가 여기서 주장하는 공동체주의는 철학이론으로서가 아니라 정치사상으로서의 공동체자유주의이다. 정치사상으로서의 자유주의와

---

[8] 1980년대와 90년대 서구 철학계에서 큰 논쟁이 있었다. 주로 M. Sandel, A. MacIntyre, C. Taylor, M. Walzer 등으로 대표되는 철학적 공동체주의자들이 철학적 자유주의를 비판하고 이에 대한 J. Rawls의 반론 등으로 논쟁이 뜨거웠다.

정치사상으로서의 공동체주의를 결합시킨 것이 공동체자유주의이다. 이 두 가지의 결합이 어떻게 가능하고 어떻게 바람직한지 보도록 하자. 우선 정치적 자유주의는 개인의 자유를 가장 중요한 정치적 가치로 본다. 그래서 국가나 정치의 존재이유는 국가 권력으로부터 때로는 사회 권력으로부터 개인의 자유를 보호하고 확대하는 데 있다. 이러한 의미의 정치적 자유주의는 반드시 철학적 자유주의만을 전제로 해야 성립하는 것은 아니다. 인간의 존재를 관계적 존재로 보는 철학적 공동체주의의 입장을 취하더라고 개인의 자유를 중시하는 정치적 자유주의의 입장을 주장할 수 있다. 요컨대 철학이론과 정치이론은 직접적 인과적 관계가 있는 것은 아니다. 다음으로 정치적 공동체주의는 철학적 이유 때문에 철학적 자유주의에 대립하기 위하여 등장한 것이 아니다.[9] 정치적 이유 때문에 등장한 것이다. 정치적 공동체주의는 현대사회가 극단적 이기적 자유주의의 사회로 가면서 발생하는 각종 공동체의 피폐, 공동선(common goods)의 파괴문제를 보면서 이들 문제를 고치기 위하여 등장한 것이다. 정치적 공동체주의는 자유사회가 가져오는 가정파괴, 학교붕괴, 범죄증가, 환경파괴 등의 문제를 사회구성원 개개인의 공동선에 대한 자각과 공동체의 가치와 연대를 소중히 하는 자발적 노력을 통하여 해결하려고 노력한다. 그래야 자유사회의 지속이 가능하다고 본다.

이상과 같이 정치적 자유주의와 정치적 공동체주의는 서로 대립하거나 모순하는 것은 아니다. 오히려 보다 수준 높은 양질의 정치적 자유주의(high-quality political liberalism)로 가기 위하여 우리는 정치적 공동체주의

---

9) 정치적 공동체주의자의 대표적 학자로서는 A. Etzioni, R. Putnam, B. Bellah, B. Barber 등을 들 수 있다.

를 강조해야 한다고 본다.

솔직히 철학적 자유주의와 철학적 공동체주의는 우리 동양인들에게는 별로 매력있는 신선한 주제가 아니다. 왜냐하면 동양철학에는 이미 오래 전부터 개체와 전체는 불이(不二), 즉 둘이 아니라는 입장를 정리하고 있기 때문이다. 유교 도교 불교의 입장에서 보면 개인을 떠난 공동체가 따로 존재할 수 없고 공동체적 관계를 떠난 독립된 개체도 존재할 수 없다고 본다. 그래서 개체와 공동체는 둘이 아니면서 그렇다고 완전히 하나라고 할 수도 없다고 보아 왔다. 즉 불이이불일(不二而不一, neither two nor one)이다. 그래서 동양철학에서 보면 20세기 말 서구에서 있었던 철학적 자유주의와 철학적 공동체주의 간의 논쟁이 별로 흥미 있는 주제가 아니였다. 우리는 이것을 서구의 철학계가 아직도 데카르트(Descartes) 이후의 이원론(duality)을 극복하지 못한 증거로 본다.

국가정책의 원리로서의 공동체자유주의

지금까지는 공동체자유주의를 국가발전과 국민통합원리 내지 이념으로서 논하여 왔다. 그러나 공동체자유주의는 개별 국가정책을 결정할 때 올바른 선택의 원리로서도 그 가치가 크다. 단순히 추상적 관념적 논의에 그치지 않고 구체적 정책선택원리로서 활용될 수 있다. 공동체자유주의에 기초하여 국가정책을 선택하면 우선 가장 중시하여야 할 것이 정부의 모든 제도와 정책이 국민 개개인의 창의와 자유를 신장하는가? 개개인의 선택의 폭을 넓히고 선택의 질을 높이는가? 그리고 그 과정이 투명한가?

가 되어야 한다. 결국 '자유 확대'와 '투명성 제고'가 기준이 되어야 한다.

이렇게 자유주의적 입장에서의 국가정책의 기본방향을 선택한 다음에 반드시 공동체주의적 보완을 해야 한다. 즉 그 국가정책이 공동체적 가치와 연대를 강화하는가 아니면 훼손하는가를 검토하여야 한다. 비록 자유주의의 원리에 의하여 선택된 국가정책도 그 정책이 공동체적 가치와 연대에는 어떠한 영향을 미치는가를 체크해야 한다는 것이다. 그래서 필요하다면 자유주의원리에 의하여 선택된 국가정책에 대한 부분적 수정과 보완이 필요하게 된다. 구체적 예를 하나 들어 보자. 교육정책에서 자유주의적 정책은 학생들의 자유와 선택, 그리고 학교의 자율과 책무를 높이는 방향으로 바꾸는 것이다. 중요한 것은 학교에서의 교육수요자 간(학생 등)의 자유경쟁만이 아니라 교육공급자 간(교사, 학교, 교육부 등)의 자유경쟁까지 반드시 유발시켜야 한다는 것이다. 경쟁 없이는 발전이 없기 때문이다. 이를 위해 정부의 교육규제는 최소화하여야 한다. 그리고 교육과정의 투명성과 책무성을 높여야 한다. 그리고 모든 학교가 끊임없이 교육혁신(educational innovation)을 할 수 있도록 학교의 지배구조(school governance)를 바꾸어야 한다. 이러한 것이 자유주의적 교육정책이다.

그러나 이것만으로는 불충분하다. 반드시 공동체주의적 보완이 있어야 한다. 첫째, 교육기회의 공정하고 자유스러운 경쟁이 원초적으로 불가능한 경우에 대한 보완이 있어야 한다. 학습 부진아와 낙후지역 학생들에 대한 특별교육프로그램, 그리고 빈곤층 학생 등에 대한 교육 바우처(boucher) 제도 등의 보완이 있어야 한다. 둘째, 개인의 자유선택에만 맡겨서는 공동체적 관점에서 바람직한 교육이 이루어지지 않는 경우도 있을 수 있다. 예컨대 인성 및 도덕 교육, 역사 문학 철학 등의 인문교육, 그리고 기초과학 기술교육 등등이 그러한 분야이다. 이들 분야에 대하여는 자유주의적 교육시장에만 맡기면 사회가 필요한 만큼의 충분한 교육이 일어나지 않는다. 그래서 자유주의에만 맡기지 말고 공동체적 입장에서 정부가 별도의 교육정책과 지원을 해야 한다. 이와 같이 공동체자유주의는 자유주의적 정책과 공동체주의적 정책의 최적 혼합을 목표로 하여야 한다.

미래를 향하여

공동체자유주의에서 주장하는 자유주의와 공동체주의를 구체적으로 어떠한 비중 내지 구성으로 결합하는 것이 바람직한가? 양 원리의 최적결합(optimal mix)을 어떻게 달성할 것인가? 하는 문제가 남는다. 사실 이 문제는 대단히 어렵고 중요한 문제이다. 그러나 이론적으로는 두 가지에 의하여 결정될 것이다. 하나는 그 나라의 경제의 크기이고 다른 하나는 그 나라 경제발전의 단계이다. 이 두 가지에 의하여 최적결합의 내용이 결정된다고 본다. 구체적으로는 그 나라의 경제규모가 크면 클수록 자유주의의 비중이 공동체주의보다 클 수밖에 없다. 그리고 경제발전의 단계가 높을수록, 즉 선진경제에 일수록, 자유주의의 비중이 공동체주의보다 클 수밖에 없다고 본다. 반면에 경제규모가 작은 경제 그리고 아직 경제발전의 초기에 있는 경제의 경우에는 상대적으로 공동체주의의 비중이 크지 않을 수 없다고 본다.[10]

---

10) 왜냐하면 경제규모가 크거나 경제발전의 수준이 높아지면 상대적으로 시장실패(market failure)가 정부실패(government failure)보다 작아지는 경향을, 즉 정부실패가 시장실패보다 커

우리는 공동체자유주의가 유일무이(唯一無二)한 정답이라고 주장하지 않는다. 다만 앞으로 보다 많은 연구와 토론을 통하여 보다 심화되고 발전되어야 할 개념이라고 생각한다. 그러나 공동체자유주의에 대한 논의가 오늘날 세계에서 나타나고 있는 이념과 사상의 혼란과 갈등과 대립을 극복하여 나가는 하나의 단초가 되기를 희망한다. 21세기에 나타나고 있는 민주주의와 자본주의의 위기를 극복하고 개별국가들이 국가발전과 국민통합의 길을 찾아 나가는 하나의 출발점이 되기를 희망한다. 우리는 앞으로 공동체자유주의에 대한 보다 심층적이고 생산적이며 미래 지향적인 논의가 많이 있기를 기대한다. 그래서 개인의 인격완성과 자아실현 그리고 공동체의 건강과 발전이 함께 이루어지는 그러한 좋은 세상, 그러한 이상사회를 만들어 나가는데, 오늘 우리가 논의하는 공동체자유주의가 의미 있는 기여를 할 수 있기를 기대한다.

지는 경향을 가지기 때문이다. 반면에 작은 경제나 경제발전 초기의 단계에서는 시장실패가 정부실패보다 커지는 경향, 즉 정부실패가 시장실패보다 작아지는 경향을 가지기 때문이다.

지도자의 길[11]

문제의 제기

어느 공동체든 그 공동체가 발전하려면 그 공동체의 지도자가 훌륭하여야 한다. 훌륭한 지도자 없이 발전하는 공동체는 없다. 공동체 구성원의 질과 수준도 물론 대단히 중요하다. 그러나 공동체 발전에는 지도자의 역할이 있고 구성원의 역할이 있다. 각각의 사명과 역할이 다르다. 그래서 공자께서는 군군신신 부부자자(君君臣臣 父父子子)라고, 즉 임금은 임금답고 신하는 신하다워야 하고, 부모는 부모답고 자식은 자식다워야 한다고 하신 것이다. 그러면 훌륭한 지도자 – 성군(聖君) 혹은 명군(明君) – 란 어떠한 사람을 말하는가? 어떠한 자질과 능력과 덕성을 가져야 훌륭한 지도자라 할 수 있는가? 표현을 조금 바꾸면 개인의 차원에서 훌륭한 지도자가

---

[11] 2016년 상반기에 쓴 글로서 다음과 같은 각주가 붙어 있음: "솔직히 이글은 남에게 읽히려 쓴 글이 아니고 내가 읽어 보기 위하여 쓴 글이다. 자기생각을 정리해 보기 위하여, 그리고 자기를 경계(警戒)하기 위하여, 한마디로 자기에게 읽히기 위하여 쓴 글이다. 그런데 글을 쓰고 나니 가까운 동지들에게 보여주고 싶은 생각이 났다. 비판도 받고 싶은 생각에 났다. 그래서 2016년 2월 26일 안민학당(安民學堂)에서 발표하였다. 아직 초고(草稿)임으로 많은 비판을 기대한다. 차후에 우리나라에서 안민학/경세학이라는 하나의 학문체계를 만들어 나갈 때 첫 부분이 지도자론(指導者論)이 되어야 하지 않을까? 그러한 의미에서 이 글이-비록 부족함이 많아도-우리나라에서 안민학/경세학을 만들어 나가는 작은 시작이 되었으면 한다."

되려면 어떠한 노력을 하여야 하는가? 어떠한 자질과 능력과 덕성을 키우려 노력하여야 하는가? 그리고 사회적 차원에서는 공동체의 발전을 위하여 어떠한 자질과 능력과 덕성을 가진 지도자들을 키워 내야 하는가? 이것이 사실은 안민학(安民學) 내지 경세학(經世學, statecraft)의 제1과제이다.

안민학(安民學) 내지 경세학(經世學)이란 어떻게 공동체를 관리하고 경영하여야 공동체를 발전시키고 공동체구성원을 편안하게 할 수 있는가에 대한 이론이다. 이 이론이 답해야 하는 가장 중요한 제1과제가 안민(安民)을 할 수 있는 훌륭한 지도자란 어떠한 능력과 덕성을 갖추어야 하고 그러한 지도자들을 만들려면 개인이든 사회든 어떠한 노력을 하여야 하는가라는 문제이다. 그래서 과거에는 안민학을 제왕학(帝王學)이라고도 하였다. 훌륭한 임금, 훌륭한 지도자가 되는 길이라는 것이다.

왜 지금 지도자학인가?

지금 대한민국에 여러가지 어려운 문제가 등장하는 주 이유의 하나는 정치지도자와 행정지도자들이 경세학 내지 지도자학에 대한 기초적 이해를 제대로 하지 않고, 불충분한 상황에서 정치와 나라운영의 큰 책무를 맡는 경우가 의외로 많기 때문이다. 지도자가 되려면 지도자가 될 준비를 하여야 한다. 지도자의 덕목과 자질을 준비하여야 한다. 앞에서 이야기 한 군군신신(君君臣臣) 중에서 군군(君君)을 준비하는 일이다. 따라서 아무나 지도자의 위치를 탐하여서는 안 된다. 지도자란 아무나 되는 것도 아니고 또한 되어서도 안 되기 때문이다.

큰 뜻을 세우고 지도자의 덕목과 자질을 키우기 위한 각고의 노력과 준비가 반드시 선행되어야 한다. 그래야 본인도 성공하고 시대도 성공시킬 수 있다. 그런데 우리사회에 지도자가 되고 싶은 욕심을 가진 사람들은 많아 보이는데 지도자의 자질과 능력과 덕성을 키우는 노력은 많이 부족한 것 같다. 그러니 지도자가 되고도 지도자가 해야 할 역할이 무엇인지 사명이 무엇인지 지도자의 기본자세와 덕목이 무엇이어야 하는지 등에 대하여 이해가 대단히 부족한 경우가 적지 않다. 그러니 안민(安民)도 경세(經世)도 제대로 되지 않는다.

서양에서의 지도자학은?

비슷한 문제의식은 서양에서도 심각하다. 서구의 현대적 리더십 연구의 최고봉 – 이미 고전이 되고 있지만 – 은 번즈(James MacGregor Burns)의 Leadership(Harper Torchbooks, 1978)이란 책이다. 이 책 출판 이후 많은 리더십연구가 나오기 시작했다. 번즈는 책의 서두에서 "오늘날 우리는 리더십 위기의 시대에 살고 있다. 시대는 강력하고 창조적 리더십(compelling and creative)을 간절히 요구한다. 그런데 요즈음 리더십의 문제는 지도자 개인의 신변잡사, 사적 비밀, 특이한 성격 등을 파고 드는 문제로 가는 경향이 있다. 물론 언론이 이를 부추긴다. 심지어 학계에서도 리더와 지배자(ruler), 리더와 권력자(power wielder)를 구별을 못하고 심지어는 리더와 독재자(despot)도 구별 못하고 있는 것 같다. 아니 학계에서는 제대로 된 이론적 혹은 실제적 지도자학이 아직 없다(There is no school of leadership, intellectual or practical)"라고 비판하고 있다. 그는 "리더십 위기는 권력을 누리는 많은 사람들이 너무 무책임하고 속물적이며 평범하기(irresponsibility and mediocrity) 때문에 생기는 문제"라고 본다. 그리고 그는 프랭크린 루스벨트(Franklin Roosevelt) 대통령의 주장을 인용한다. 루스벨트 대통령은 "리더는 무엇보다도 먼저 [시대의 생각(historic idea)]을 바꾸는 사람이다. 시대의 생각을 리드하는 사람이다. 그래서 가장 중요한 것이 도덕적 리더십이다(moral leadership)". 이 주장을 받아 번즈는 진정한 리더십은 두 가지를 해야 한다고 주장한다. 하나는 사회적 변화(social change)이고 다른 하나는 국민(follower)의 가치관이다. 국가발전과 사회진화를 위하여 지도자는 첫째로 사회적 변화를 가져올 수 있는 사람이어야 한다. 둘째로는 국민의 가치관을 한 단계 높일 수 있는(upgrade) 사람이 진정한 리더이고, 그 시대가 갈망하는 리더이다라고 주장하고 있다. 그래서 번즈는 "진정한 리더는 국민들을 모두 지도자로 더 나아가 국민들을 모두 도덕가(moral agent)로 만들어야 한다"고 주장한다. 그래서 지도자와 국민들 간의 관계가 단순한 권력관계가 아니라 가치와 희망을 함께 나누는 그리고 함께 노력하는 정책공동체와 가치공동체가 되어야 함을 주장한다.

흥미있는 것은 루스벨트 대통령이나 번즈의 이러한 주장은 동양에서 중용(中庸)이 주장하는 성기성물(成己成物), 즉 훌륭한 지도자는 자기의 도덕적 완성과 세상의 완성 즉 대동세계(大同世界)의 성취를 동시에 추구해야 한다는 주장과 유사하다. 또한 같은 중용(中庸)에 나오는 말이나 이인치인(以人治人) 즉 세상을 다스릴 때는 국민들 속에 있는 양질의 품성, 즉 인의예지(仁義禮智) 등이 자발적으로 드러날 수 있는 환경을 만들어서 양질의 품성이 드러나는 것을 가지고 국민들을 다스린다는 이야기와 일맥상통하는 바가 된다. 여하튼 원론적 관점에서 볼 때 서양도 심각한 리더십 위기에 놓여 있다고 볼 수 있다. 최근에는 민주주의가 확산될수록 훌륭한 리더십이 나와야 하는데 그렇지 못한 것에 대한 위기감이 커지고 있다. 지도자의 포퓰리즘이 확산되고 국민들의 냉소주의가 확산되어 국가능력(state capacity)이 즉 국가의 문제해결능력이 약화되고 있는 것을 가장 큰 민주주의 위기로 보고 있다. 그래서 서양에서도 보다 도덕적이고 유능한 리더십에 대한 갈망이 커지고 있다.

지도자의 능력과 덕목

일반적으로 지도자의 길을 가려면 적어도 4가지 능력과 덕목을 갖추어야 한다고 생각한다. 첫째는 애민(愛民)과 수기(修己), 둘째는 비전과 방략(方略), 셋째는 구현(求賢)과 선청(善聽), 넷째는 후사(後史)와 회향(回向)이다. 지도자가 되려는 사람들은 평소에 이 4가지를 갖추기 위한 뼈를 깎는 노력을 하여야 한다.

첫째, 〈애민(愛民)과 수기(修己)〉이다. 무엇보다 먼저 지도자는 애민정신을 가져야 하고 자기 수양에 진력하여야 하다. 애민은 나라와 국민에 대한 사랑이다. 나라와 국민보다 자기를 더 사랑하는 사람은 지도자가 되어선 안 된다. 그리고 자기 수양의 핵심은 사욕(私慾)과 소아심(小我心)을 줄이는 것이고, 공심(公心)과 천하심(天下心: 천하와 내가 둘이 아니라고 보는 마음)을 확충하는 것이다. 애민과 공심(公心)의 확충이 지도자에게 요구되는 기본자질이다. 이것을 강조한 책이 바로 수기치인(修己治人)의 길을 자세히 가르치는 〈대학(大學)〉이다. 그래서 애민과 수기 없이는 지도자의 길에 나설 생각을 절대로 하지 말아야 한다. 본인은 물론 나라를 위해서이다.

둘째, 〈비전과 방략(方略)〉이다. 지도자는 최소한 세계흐름과 국정운영의 〈대강(大綱)〉을 파악하고 있어야 한다. 그리고 공동체가 나갈 〈큰 방향과 큰 비전〉, 그리고 그 비전을 실현시킬 〈큰 방략〉을 가지고 있어야 한다. 아니 준비하여야 한다. 안민과 경세의 꿈과 방략을 가지지 않고, 치열한 준비도 없이 고민도 없이 방략도 없이 안민하겠다고 경세하겠다고 나서는 것은 역사와 국민에 대하여 대단히 무례한 일이다. 아니 죄악이 될 수 있다.

셋째, 〈구현(求賢)과 선청(善聽)〉이다. 안민을 위한 경세를 하려면 무엇보다 먼저 천하의 현명한 인재들을 많이 모아야 하다. 한마디로 구현(求賢)이다. 세상을 경영하는 것은 지도자가 자기 머리로 하는 것이 아니다.

천하의 최고인재의 머리를 빌려서 안민하고 경세하는 것이다. 그래서 지도자는 최고인재를 구하는데 혼신의 노력을 다 하여야 한다. 그것이 지도자의 가장 중요한 책무의 하나이다. 그리고 그 다음에는 이들 인재들의 이야기를 잘 들어야 한다. 선청(善聽)이다. 실은 인재들뿐 만 아니라 모든 국민들의 이야기를 잘 들어야 한다. 옛말에는 임금은 시장에서 나무꾼이 하는 이야기도 헛듣지 말고 선청하여야 한다고 하였다.

넷째, 〈후사(後史)와 회향(回向)〉이다. 훌륭한 지도자는 자신의 시대가 끝나고 올 다음 시대를 깊이 고민하고 준비하여야 한다. 그것이 후사(後史)이다. 그것이 지도자가 가져야 할 역사의식(歷史意識)이다. 자기가 할 수 있는 일의 한계를 알아야 하고 다음 세대가 뒤를 이어 해야 할 일을 알아야 한다. 그리고 다음 세대 – 다음의 역사 – 가 성공하기 위하여 지금 미리 준비해야 할 것이 무엇인가를 고민하여야 한다. 차세대의 지도자적 인재를 키우는 것, 차세대의 비전과 방략의 개발을 돕는 것 등이 모두 후사이다. 그리고 마지막은 회향(回向)이다. 자신이 이룩한 성과를 국민들과 역사에 회향하여야 한다. 이 시대 자신이 이룬 공을 함께 노력한 공직자, 국민 그리고 오늘이 있게끔 만든 과거의 역사의 주역들에게 돌려야 한다. 그리고 본인은 빈손으로 빈 마음으로 역사의 뒤안길로 물러서야 한다. 아니 표표히 떠나야 한다. 이것이 대인(大人)의 풍모이며, 큰 지도자의 풍모이다.[12]

---

12) 여기서 지도자란 세계지도자, 국가지도자부터 크고 작은 조직의 책임자인 지도자들을 모두 포함한다. 대기업은 물론 중소기업의 CEO, 대학의 총장과 학교의 교장, 종교단체의 장, 지방자치단체의 장, 노조의 대표, 시민단체의 대표 등등을 모두 포함한다. 다만 논의의 편의를 위하여 여기서는 국가지도자에 한정시켜 이야기하려 한다. 그러나 지도자의 길이 제시하는 원리-통치학과 지도자학의 원리-는 다양한 조직과 공동체의 모든 지도자들에게 적용될 수 있는 보편원리라고 생각한다.

아래에서 지도자에게 요구되는 4가지 자질과 덕목을 각각 나누어 생각해 보도록 하자.

애민(愛民)과 수기(修己)

지도자에게 가장 중요한 것이 공동체와 공동체 구성원에 대한 사랑이다. 지도자의 길은 개인의 이익을 위한 사업의 길이 아니다. 공동체를 위한 사업이기 때문에 천하위공(天下爲公: 천하는 모두를 위한 것이다)의 자세와 구성원에 대한 애민정신(愛民精神)이 기본이 된다. 환언하면 천하 즉 국가경영은 소수를 위해서가 아니라 국민 모두를 위한 것임을 전제하는 – 천하위공(天下爲公)을 전제하는 – 국민사랑과 국가사랑이 있어야 한다. 국민사랑과 국가사랑보다 자기사랑이 앞서면 자기가족사랑 자기지역사랑이 앞서면 처음부터 국가 지도자의 길을 걷지 않는 편이 좋다. 그래서 지도자의 기본 덕목은 공심(公心)이다. 천하심(天下心)이다. 나와 천하를 둘로 보지 않는 마음이다. 천하의 이익을 내 이익으로 보는 마음이다. 그래서 천하의 이익을 위하여 즉 국민의 이익을 위하여 뛰게 된다. 물론 날 때부터 공심이 많아 애국심과 애민정신이 많은 사람도 있다. 하늘로부터 받은 기질지성(氣質之性)이 그러한 경우도 있다. 그러나 대부분의 경우는 지도자가 되려는 사람은 철저한 수기를 통하여 자기성찰과 자기수양을 통하여 사심을 줄이고 공심을 확충하며 천하위공의 정신과 애민정신을 키워 나가야 한다.

그러면 지도자들에게 요구되는 수기(修己) 즉 자기수양이란 좀 더 구체적으로 무엇인가? 그리고 자기수양을 통하여 얻고자 하는 바는 무엇인가? 그리고 왜 지도자에게 특히 수양이 필요하고 중요한가? 그리고 수양을 하려면 어떻게 하여야 하는가? 이 네 가지 문제에 대하여 생각해 보자.

수기(修己)란 무엇인가?

첫째, 지도자가 해야 할 – 물론 지도자만이 아니라 우리 모두가 해야 하지만 – 수양이란 무엇인가? 수양이란 한마디로 사심(私心)과 사욕을 줄이고 공심(公心)과 천하심(天下心)을 내는 것이다. 소아의 틀을 벗어나 천하와 자연과 내가, 이 우주와 내가 하나가 되는 마음을 가지는 공부이다. 대학(大學)에서는 이를 본래 인간이 가지고 있는 성품 속에 있는 밝은 덕(공심과 천하심)을 밝히는 과정이라고 하였다. 이를 명명덕(明明德)이라고 하였다. 중용(中庸)을 보면 본래 하늘이 모든 인간에게 천성, 인간의 본성을 주었는데(天命之謂性) 이 천성 속 본래 공심과 천하심 – 천하와 자기를 하나로 보는 마음 – 이 있다고 가르친다. 그런데 평시에 사욕과 사심 – 천하와 자기를 둘로 보는 마음 – 에 가려서 이 천성이 잘 들어나지 않는다는 것이다. 그러나 이제 수양을 통하여 사심과 사욕을 줄여나가면 공심과 천하심(天下心) 내지 대아심(大我心)이 저절로 들어 난다는 것이다. 마침 구름에 가려있던 해와 달이 구름이 사라지면 그 밝은 빛이 저절로 들어나는 것과 같이 수양을 하면 구름이라는 사심과 사욕은 흩어지고 저절로 공심과 대아심이 밝게 나타난다는 것이다.

수기(修己)의 목적은?

둘째, 지도자가 수양을 통하여 얻고자 하는 것은 무엇인가를 생각하면 두 가지라고 생각한다. 하나는 올바른 사생관(死生觀)을 세우는 일이다. 지도자는 죽고 사는 문제에 대하여 자기 견해가 정리되어 있어야 한다. 죽음에 대한 깊은 이해가 있어야 삶에 대한 깊은 이해도 가능하다. 지도자가 죽는 것을 크게 싫어하고 사는 것을 크게 좋아하면 사욕을 벗어나기 어렵고 공심과 대아심을 가지기 어렵다. 특히 인간의 천성, 본성 속에 있는 인의예지(仁義禮智) 중에서 특히 의(義)를 세우기 어렵다. 그래서 지도자는 사생(死生)에 대하여 부동심(不動心)을 가져야 한다.[13] 더 나아가 지도자에게는 죽음과 삶의 문제보다 더 소중히 하는 가치가 있어야만 한다. 천하위공(天下爲公)을 실천할 수 있다.

수양을 통하여 얻고자 하는 다른 하나는 이미 앞에서 이야기하였지만 자기 본성 속에서 공심(公心), 천하지심(天下之心)을 확충하는 데 있다. 여기서 천하지심은 천하와 자기를 둘로 보지 않고 천하의 마음을 자기마음으로 삼는 것을 의미한다. 그리고 구체적으로는 천하의 마음(天下之心)은 백성의 마음(百姓之心)이라고 보아야 한다.[14] 따라서 백성의 마음으로 자기마음을 삼아 백성의 입장에서 판단하고 생각하면서 국사(國事)에 임하여야 함을 의미한다. 백성의 마음과 다른 사심과 사욕을 기준으로 하면 애민과 공심의 지도자가 될 수 없다. 이를 위해선 물론 음식남녀를 좋아하는 사심(私心), 개인의 욕심(私欲)을 줄여나가야 한다. 다시 강조하지만

---

13) 주지하듯이 맹자는 40대에 부동심(不動心)을 얻었다고 한다. 일본의 명치시대를 여는 데 큰 기여를 한 요시다 쇼잉(吉田松陰)은 1856년부터 약 2년여를 가르친 쇼카손주쿠(松下村塾)에서 그는 주로 인간은 정신적 존재이고 정신은 영원하다고 하는 〈사생관〉과 〈맹자〉를 가르쳤다고 한다.
14) 노자(老子)에 이천하 관천하(以天下 觀天下)라는 말이 있다. 이천하지심 관천하지사(以天下之心 觀天下之事)이고 이것은 이백성지심(以百姓之心)으로 행천하지사(行天下之事)라는 뜻으로 풀이된다. 그래서 〈천하지심〉은 사실은 〈백성지심〉이라고 보아야 할 것이다.

인간은 누구나 마음 속에 본연지성(本然之性,본성)으로서 인의예지의 양심 혹은 명덕이 있으니 지도자가 될 인재는 자기 마음 속에 있는 이들 덕목을 밝히고 확충하기 위하여 수양을 하는 것이다.15

왜 수기(修己)가 필요한가?

셋째, 왜 지도자에게는 수양이 특히 중요하고 필요한가, 일반인들에게도 애민과 자기 수양은 좋은 일 아닌가, 바람직한 일 아닌가, 그런데 특히 지도자가 될 사람들에게 애민과 수기를 더 많이 요구하고 강조하는 이유는 무엇인가? 지도자는 반드시 애민하고 수기를 하여야 할 두 가지 이유가 추가로 있기 때문이다. 하나는 지도자가 국가비전과 방략을 바로 세우려면 지도자의 마음 자체가 공명정대한 공심과 대아심을 가져야 하기 때문이다. 개인적 사심 - 소(小)영웅주의 개인명예심 등등 - 이 앞을 가리면 올바른 국가비전과 방략의 선택이 어렵다. 더 나아가 포퓰리즘이라는 인기영합주의에 빠지기도 쉽다. 세상의 흐름을 올바로 읽고 국가가 나갈 대략을 잡으려면 지도자의 마음자체가 청천백일처럼 공명정대하고 백성을 자기 몸처럼 아끼는 애민정신을 가져야 한다. 그래야 올바른 공동체의 비전과 국가전략이 나오게 된다.

그리고 다른 하나의 이유는 올바른 인재를 찾으려면 사심 - 개인적 이해관계나 개인적 선호 - 이 작을수록 좋다. 천하의 올바른 인재를 찾아 적절한 자리(位)를 주고 국정운영에 대한 그들의 의견을 구하려면 - 즉 구현(求賢)하고 선청(善聽)을 하려면 - 사심이 없어야 하다. 애민과 공심이 약하고 사

---

15) 인간의 본연지성으로서의 인의예지의 마음을 맹자는 양심이라고 하였고, 대학에서는 명덕이라고 하였으며, 중용에서는 천성이라고 부르고 있다. 이들 간에는 차이가 없다.

심이 많으면 우선 사람을 올바로 볼 수 없다. 사람을 올바로 보는 지인(知人)을 제대로 할 수 없다. 정견(正見)은 무사(無私)에서 나온다. 사심이 많아서는 올바른 인재선택을 할 수 없다. 그리고 설혹 현신(賢臣)을 우연히 구했다고 하여도 사심이 많으면 현신의 이야기를 진지하게 들을 수가 없다. 즉 선청할 수 없다. 사심이 많으면 정론(正論)과 사론(邪論)을 올바로 구별하여 제대로 취사선택할 수 없다. 그래서 〈대학〉에서 지도자 자신의 마음에 있는 명덕(明德)을 밝히는 것 - 공심과 대아심을 확충하는 것 - 이 지도자학의 제1의 과제임을 강조하고 있는 것이다.

수기(修己)는 어떻게 해야 하는가?

넷째, 그러면 지도자는 도대체 수양을 어떻게 하여야 하는가, 어떻게 하여 명덕(明德)하고 애민정신과 공심을, 환언하면 천하지심을 키울 것인가, 어떠한 수기(修己)의 길이 있는가 하는 문제를 살펴보자. 이와 관련하여 그 동안 동양의 종교와 철학에서는 참 많은 가르침이 있었고 다양한 길이 제시되어 왔다. 그러나 요약하여 보면 모든 자기수양의 과정은 3단계로 정리할 수 있지 않을까 생각한다.

1) 모든 수양은 〈고요한 마음(정심, 靜心)〉을 가지는 것으로부터 시작한다. 우선 마음을 고요히 하여야 한다. 그래야 사심이 적어지고 천하지심 즉 공심이 커진다. 마음이 사심에 흔들려서는 사물이 제대로 보이지 않는다. 마치 바람 부는 호수에는 달 모양이 물위에 제대로 비추이지 않는 것과 같다. 그래서 우선 고요한 마음을 가지는 것이, 소위 명경지수(明鏡止水)와 같은 마음을 가지는 것이 자기수양의 제1단계이다. 이 고요한 마음을 얻기 위해서는 우선 마음이 깨어있는 마음(mindfulness)이 되어야 한다. 그래서 마음을 호흡에 집중하던지 마음 내면의 대상에 집중하면서 생각

의 산만함을 줄여야 하다. 그러면 깨어 있는 마음의 집중의 결과로 고요한 마음에 도달 할 수 있다. 유교에서는 이를 거경(居敬)이라고 하였고 불교에서 사마타 혹은 선정(禪定)이라고 불러왔다.

2) 고요한 마음을 얻은 다음에는 그 고요한 마음을 가지고 자기마음의 변화를 보고((觀)하고) 주변 사물의 이치를 관찰((察)하고)하는 것이다. 자기 마음의 변화를 보게 되면 자기 마음속에서 일어나는 〈음식남녀(飮食男女)〉의 마음인 사욕의 움직임도, 〈인의예지(仁義禮智)〉의 마음인 공심의 움직임도 모두 살필 수 있다. 두 가지의 움직임이 보여야 그래야 사(私)를 버리고 공(公)을 확충하는 자기 수양을 할 수 있다. 자기의 사욕과 사심을 줄이고 자기의 오랜 기질, 성격 습관 등을 인의예지의 방향 – 소위 인간의 천성을 확충하는 방향 – 으로 바꾸어 나갈 수 있다. 그것이 바로 대학이 주장하는 명명덕(明明德)이고 중용이 주장하는 택선(擇善)이다.

그리고 동시에 마음이 고요하여 천하공심을 가져야 세상 사물의 이치 – 예컨대 국가의 흥망이 어떻게 이루어지는지, 난세(亂世)와 치세(治世)가 무슨 이유로 어떻게 갈라지는지 등등 – 를 제대로 살필 수 있다. 그래야 세상에 대한 올바른 이해 즉 큰 지혜가 나타나기 시작한다. 이러한 자기 자신의 내면과 밖의 세상에 대한 〈통찰의 과정〉을 통찰지(通察智)를 얻은 과정을 유교에서는 궁리(窮理) 혹은 격물치지(格物致知)라고 하였다. 그리고 불교에서는 위빠사나 즉 정견(正見) 혹은 지혜(智慧) 또는 반야(般若)라고 불러왔다.

3) 이렇게 고요한 마음으로 이치를 살펴 얻은 자기(자기경영)에 대한 이해와 지혜, 그리고 세상(세상경영)에 대한 이해와 지혜를 애민의 마음 – 대자대비의 마음 – 을 가지고 매일의 삶 속에서 그리고 역사의 현장 속에서

열심히 실천궁행하는 것이다.[16] 유교에서는 이것을 역행(力行)이라고 하고 불교에선 정정진(正精進)이라고 한다. 깨달은 바는 반드시 실천되어야 한다. 지행합일이어야 하기 때문이다. 지도자가 해야 할 이상의 3가지 수행을 이율곡 선생은 (1) 거경(居敬) (2) 궁리(窮理) (3) 역행(力行)으로 정리하고 선비의 필생의 사업이라고 하셨다.

이러한 지도자의 길 - 특히 애민과 수기 - 에 대한 가르침이 있었기에 과거 조선조 시대에 올바른 목민관은 해가 뜨기 전에 새벽에 일어나면 목욕하고 관복을 입고 반드시 정좌하여 마음을 고요히 하였다고 한다. 그리고 해가 떠오르면 '오늘도 내가 백성의 마음으로 백성의 이익을 위하여 국사를 처리할 수 있게 하여 주십시오'라고, 마음속으로 다짐하고 천지신명에게 빌었다고 한다. 그리고 때가 되면 발을 걷고 그대로 등청하였다고 한다. 지도자가 되는 길은 결코 쉬운 길이 아니다. 그래서 다산선생은 '목민관은 너무나 어려운 길이다. 나는 권하지 않겠다'고까지 말씀하셨다. 이러하니 지도자는 아무나 되어서는 더 더욱 안 된다.

서양에서는 수기(修己)를 어떻게 보는가?

여기서 한 가지 지적해 둘 것은 서양의 리더십 연구에서도 우리들의 견해와 동일한 주장들이 지배적이다. 즉 리더의 가장 중요한 덕목을 무엇으로 보는가에 대한 대부분의 연구에서 그 답은 리더의 정직성(honesty)이

---

16) 내적으로는 자신의 기질(기질지성)을 고치고 인욕(인욕지사)을 줄여 나가면서 명덕을, 즉 인간의 본연지성에 있는 인의예지(仁義禮智)를 확충하는 노력이 역행이고, 외적으로는 부민덕국(富民德國)을 만들기 위한 올바른 국가정책을 앞장서 실천하는 것이 여기서 이야기 하는 역행이다. 결국 맹자가 이야기한 자기를 바르게 하고 남을 바르게 하는 즉 정기이물정자(正己而物正者)가 되려는 노력이다. 즉 대인(大人)이 되기 위한 실천이 여기서의 역행이다.

과 진정성(integrity)이다. 환언하면 높은 윤리적 도덕적 기준(high ethical and moral standards)이다. 이것이 서양의 전문가와 국민들이 원하는 지도자의 제1의 덕목이고 자질이다. 1987년과 1995년에 4개 대륙에 걸쳐 광범위하게 조사한 연구에서나 최근 2016년 3월 Harvard Business Review에 나온 15개국 195명의 전문가들과의 인터뷰 연구에서나 그 결과는 동일하다.[17] 응답자들의 70~80%가 리더의 제1의 덕목을 정직성과 진정성이라고 응답하고 있다. 한마디로 성(誠)이다.

지도자의 정성이 없으면 국민들의 신뢰가 있을 수 없다. 그래서 무신불립(無信不立)은 동서양을 불문하고 지도자학에서 통하는 기본진리이다. 리더십의 연구에서는 정직성과 진정성을 위해 가장 중요한 것으로 가치에 대한 〈헌신성〉과 〈언행일치〉, 즉 주장하는 가치와 말과 행동의 일치를 가장 중요시한다. 그래서 애민과 수기는 동서양을 불문하고 훌륭한 지도자의 제1의 기본덕목이 된다.

비전과 방략

지도자는 그가 지도하는 공동체가 나아갈 역사적 방향, 풀어야 할 시대적 과제와 해결방식에 대한 나름의 확고한 구상이 있어야 한다. 그런데 이

---

17) James M. Kouzes, Barry Z. Posner, *Leadership Challenge*, Jossey-Bass Publishers 1995. Sunnie Giles, The Most Important Leadership Competencies, According to Leaders around the World. *Harvard Business Reviews*, March 15, 2016

문제를 풀려면 다시 강조하지만 가장 중요한 것이 우선 백성의 입장에서 천하의 일을 볼 수 있는 이천하관천하(以天下觀天下)의 마음이 기본이 된다. 한마디로 애민(愛民)하여야 한다. 그러나 이 비전과 방략의 문제를 풀려면 애민(愛民)만으로는 충분하지 않다. 상당한 정도의 정책 전문성 즉 세계흐름에 대한 상당한 통찰력과 국가운영에 대한 어느 정도의 전문적 경륜과 식견 등이 요구된다.

지도자가 큰 비전과 큰 방략을 세우려면 가장 먼저 지금 우리가 살고 있는 시대가 어떠한 시대인가에 대한 판단과 소신이 있어야 한다. 우선 시대에 대한 자기판단이 있어야 한다. 〈시대정신〉에 대한 자기 나름의 읽음이 있어야 한다. 지금 이 시대는 어떠한 시대인가, 이 시대를 이끌고 갈 시대정신은 무엇인가에 대한 판단이 서야만, 이 시대의 국가비전은 무엇이어야 하고 주요한 국정과제는 무엇이어야 하는가의 문제가 풀린다. 그리고 이들 문제를 풀기 위하여 어떠한 인재들을 모아야 하고 어떠한 국가조직을 만들어야 하고 어떠한 국가전략을 추진하여야 하는가 등등의 문제가 풀려 나간다.

3가지 시대정신과 3가지 리더십

좀 더 구체적으로 이야기하면 일반적으로 시대구분에는 3가지가 있다.[18] 첫째는 창업(創業)의 시대, 둘째는 수성(守成)의 시대, 셋째는 경장(更張)의 시대이다. 지도자가 공동체의 비전과 방략을 세우려면 그 공동체 – 국가공동체 – 가 지금 창업의 단계에 있는가, 수성의 단계에 있는가, 아니

---

18) 이러한 시대구분 - 창업, 수성, 경장 - 을 한 분은 이율곡 선생이시다. 율곡 이전에 어떠한 학자가 유사한 시대구분을 했는지는 필자의 과문으로 알지 못한다.

면 경장(개혁)의 단계에 있는가를 먼저 판단하여야 한다. 거기에 따라 국가비전과 방략이 달라진다. 창업은 새로운 역사를 창조하는 혁명의 단계이다. 달려가던 자전거를 세우고 타이어를 바꾸는 것이다. 그리고 수성은 이미 창업된 역사를 잘 지키고 유지하고 관리하는 단계이다. 이미 달리고 있는 자전거를 잘 운전하여 가면 된다. 마지막 경장은 창업된 역사가 시간이 지나가면서 낡고 부패하고 기득권화 되는 것을 새롭게 고치고 개혁하는 단계이다. 이것은 움직이는 자전거를 타고 가면서 타이어를 바꾸는 것이다. 대단히 어려운 일이다. 그래서 사실은 창업보다 더 어렵다. 창업은 자전거를 정지시키고 타이어를 바꾸지만 경장은 자전거가 움직이는 속에서 타이어를 바꾸어야 하기 때문이다.

여하튼 지금 국가공동체가 처하여 있는 역사발전의 단계가 창업이냐, 수성이냐, 경장이냐에 따라 국가비전과 방략이 달라진다. 국정의 어젠다도, 주요 국가전략의 내용도, 국민에 대한 설득도 달라진다. 무엇보다도 국가 리더십의 형식과 내용이 달라진다.

창업의 시대에 요구되는 리더십은 혁명적(革命的) 리더십(revolutionary leadership)이다. 기존 체제를 뒤엎는 리더십이다. 수성의 시대에 요구되는 리더십은 거래적(去來的) 리더십(transactional leadership)이다. 이해관계 집단들의 이해를 잘 조정하고, 이익의 교환을 잘 주선하는, 그래서 현실을 잘 관리하는 리더십이다. 그리고 경장시대의 리더십은 개혁적(改革的) 변혁적(變革的) 리더십(transformational leadership)이다. 기존체제의 근간은 유지하되 그 동안 오래되고 낡은 제도와 관행을 혁파하고 기득권구조를 재

구축하는 리더십이 개혁적 변혁적 리더십이다.[19]

이와 같이 시대의 성격에 따라 요구되는 리더십이 크게 다르다. 그래서 지도자는 시대를 잘 보고 지금이 창업의 시대인가, 수성의 시대인가, 경장의 시대인가를 판단하여야 한다. 그리고 지금 필요한 리더십이 혁명적 리더십인가, 거래적 리더십인가, 개혁적 리더십인가를 잘 읽어야 한다. 그리고 자신과 자신의 팀(team)이 이 시대의 요구에 맞는 리더십인가를 점검하여야 한다. 그리고 그러한 시대가 요구하는 리더십이 되도록 철저히 미리 준비하지 않으면 안 된다. 시대는 개혁적 변혁적 리더십이 요구되는 경장의 시대인데, 기득권 간의 이해관계 만을 잘 조정하는 거래적 리더십을 가지고 수성 만을 잘하는 팀 만을 만들어 국정을 맡으면 당연히 그 리더십은 실패하게 된다.

4대 기본국가과제

다음은 시대가 창업의 시대인가, 수성의 시대인가, 경장의 시대인가와는 관련 없이 어느 국가공동체이든 반드시 풀어야 할 4가지 기본과제가 있다. 지도자는 이들 국가과제의 중요성에 대한 깊은 이해를 가져야 하고 그 과제해결의 큰 방략을 준비하여야 한다.

첫째, 부민(富民)이다. 나라를 다스리는 길에서 가장 먼저 할 것은 부민이다(汎治國之道 必先富民: 管子). 부민을 위해서 가장 중요한 것이 국민들에

---

19) 리더십의 종류를 거래적 리더십(transactional leadership)과 변혁적 리더십(transforming leadership)으로 나눈 최초의 학자는 번즈(James MacGregor Burns)이다. 그의 책 Leadership (Harper Torchbooks, 1978)을 참고하면 좋을 것 같다. 그는 혁명적 리더십과 개혁적 리더십 모두를 변혁적 리더십의 범주 안에 넣고 있다.

게 생업을 주는 것이 가장 시급한 일이다(明君 制民之産: 맹자). 또한 모든 국민들이 어느 수준의 떳떳한 자산을 가져야 떳떳한 마음을 가지고 살 수 있다. 그래서 국민들에게 생업을 마련해 줄 뿐 아니라 그 생업이 떳떳한 재산을 만들 수 있는 생업이 되도록 해 주어야 한다(制民恒産: 율곡). 이와 함께 그 사회에 가장 어려운 사람들에겐 별도의 관심을 두어야 한다. 환과고독(鰥寡孤獨 -홀아비, 과부, 부모 없는 아이, 자식 없는 노인에 대한 나라의 구휼(救恤)- 은 우리나라에서는 오래된 전통이었다. 따라서 지도자가 될 사람은 어떻게 하여 경제발전을 이루고 국민들에게 마땅한 그리고 떳떳한 생업을 제공할 것인가를 고민해야 하고, 그리고 가장 어려운 사람들에 대하여 구휼의 방략을 세워야 한다. 이러한 경제발전과 사회보장에 대한 구상 없이 지도자가 되려면 안 된다.

둘째, 흥교(興敎)이다. 모든 국민들이 양질의 교육을 받을 수 있도록 국민교육을 대대적으로 진작해야 한다. 한마디로 교육입국이다. 교육은 두 가지 기능이 있다. 하나는 최고의 지식과 기술을 가르쳐 사회적 분업체계 속에서 바람직한 생산적인 생업을 찾도록 돕는 일이다. 다른 하나는 인간이 살아가는 도(道)를 가르치는 것이다. 인간이 금수(禽獸)와 다른 것은 인륜 - 부자유친, 군신유의, 부부유별, 장유유서, 붕우유신(父子有親, 君臣有義, 夫婦有別, 長幼有序, 朋友有信) 등 - 이 있기 때문이다. 한마디로 효제(孝悌)가 있기 때문이다. 그래서 금수사회가 아니고 인간사회를 만들려면 교육에서는 반드시 이 인륜을 가르쳐야 한다(敎以人倫, 맹자). 따라서 지도자는 흥교 즉 교육개혁을 고민해야 한다. 인륜과 도덕을 아는 21세기 형 과학과 기술의 신인류를 키우는 그 대략의 방략을 가지고 있어야 한다.

셋째는 기강(紀綱)이다. 국가에는 기강이 있어야 한다. 옛날 선비들은 기강은 국가의 원기(元氣)라고 하였다. 나라가 나라다우려면 반드시 기강이 서야 한다. 기강이 서려면 두 가지가 반드시 전제되어야 한다. 하나는 신상필벌(信賞必罰)이 정착되어야 한다. 공정한 상벌 없이 그 사회에 기강은 서지 않는다. 법치주의(法治主義)가 서지 않고는 사회적 기강이 서지 않는다. 다른 하나는 유능하고 유덕한 인재가 윗자리에 앉아 있어야 한다. 무능하고 무도한 사람들이 윗자리에 앉아 있으면 기강은 흐트러진다. 어진이가 그리고 유능한 이가 윗자리에 있어야지 무능하고 간사한 자들이 윗자리에 있어서는 그 나라에 정신적 도덕적 기강이 서지 않는다. 정신적 리더십, 도덕적 리더십 없이 한 나라의 기강은 서지 않는다.

그런데 신상필벌의 법치를 세우는 일도 그리고 유능하고 유덕한 인재를 윗자리에 앉히는 일도 모두 사실은 최고지도자의 인격 자체가 공평무사(公平無私)하여야 가능한 일이다. 사심이 많으면 해내지 못 한다. 그래서 우리는 지도자에게 자기수양을 강조해 왔던 것이다. 지도자가 될 사람은 어떻게 공정한 상벌체계와 법치주의를 세우고, 현명한 인재들을 국가의 윗자리에 모실 것인가, 그래서 국가의 사회적 도덕적 기강을 바로 세울 것인가에 대한 방책을 고민하고 그 방략을 가지고 있어야 한다.

넷째, 자강(自强)이다. 한 나라가 자주독립의 국가가 되려면, 국가주권을 반듯하게 세우려면 반드시 튼튼한 국방(國防)과 유능한 외교(外交)가 있어야 한다. 국방과 외교에는 3가지 기둥이 있어야 한다. 첫째는 자강(自强)이고 둘째는 동맹(同盟)이고 셋째는 균세(均勢)이다. 이중 가장 중요한 것이 지도자와 국민의 자강의지와 자강노력이다. 스스로 자기나라를 지킬 강력한 힘을 갖추도록 혼신의 노력을 다하여야 한다. 그리고 나서 동맹관계를 튼튼히 하여야 하고 세력균형을 잘 관리하여야 한다. 다시 강조하지만 나라의 국가주권, 국민주권을 지키려면 자주국방과 자주외교가 우선하여야 한다. 이 자주국방과 자주외교가 국가의 독립성과 자주성의 기본

전제가 된다. 자주국방과 자주외교는 국가 공동체성 유지와 발전의 필수 조건이다. 어떻게 자주국방 자주외교라는 자강의지를 확고히 세우고 그 나라가 가지고 있는 지정학적, 지경학적 비교우위를 잘 활용하여 – 동맹과 균세를 잘 관리하여 – 세계중심국가의 역할을 할 것인가. 천하 제1국가의 역할을 할 것인가가 핵심이다. 이를 위해서는 일국의 지도자가 될 사람은 반드시 튼튼한 자강의 국방전략과 유능한 자주의 외교전략이 있어야 한다.

지도자의 국정운영능력을 높이려면

국가지도자는 최소한 지금의 시대가 창업의 시대인가 수성의 시대인가 아니면 경장이 요구되는 시대인가를 정확하게 판단하여야 한다. 거기에 따라 최고지도자의 리더십이 달라져야 하고, 국정운영의 우선순위가 달라져야 하고, 인재구성과 조직체계가 달라져야 한다. 이와 함께 4가지 기본적 국정최고과제 – 부민(富民), 흥교(興敎), 기강(紀綱), 자강(自强) – 에 대한 자기철학과 소신과 정책구상이 있어야 한다. 이렇게 이야기하면 지도자에게 요구되는 것은 세계흐름에 대한 파악, 국정운영의 경륜 그리고 개별 국정과제에 대한 정책전문성이 대단히 높은 수준으로 요구되는 것 같다. 그것이 바람직하지만 과연 가능한가?

자기학습

물론 세종대왕처럼 애민정신을 가지면서도 깊은 사색과 독서를 통하여 국정운영의 전문적 식견에서도 신하들 못지않은, 아니 그 이상의 탁월한 수준의 경륜을 가진 지도자라면 문제가 거의 없을 것이다. 그러나 대부분의 지도자는 국정운영의 세세한 부분에 대한 전문성은 크게 부족한 것이 일반적이다. 또한 세계의 흐름과 시대의 흐름을 읽는 데도 한계가 있을 수 있다. 그러면 어떻게 할 것인가?

이 문제를 풀기 위하여 지도자는 두 가지 노력을 하여야 한다. 첫째는 천하의 대략을 통찰하는 안목을 스스로 기르는 각고의 노력을 하여야 한다. 한마디로 자기학습(自己學習)이다. 공부하지 않고 지도자가 될 생각을 말아야 한다. 둘째는 천하의 최고의 인재들을 모아 그들의 경륜과 지혜를 대대적으로 활용하여야 한다. 천하는 천하의 머리로 다스리는 것이지 지도자 개인의 머리로 다스리는 것이 아니다.

우선 지도자 스스로 〈천하의 대략〉을 보는 자기학습을 하여야 한다. 우선 지도자는 국정운영의 상세한 것을 알기도 어렵지만 알 필요도 없을 수 있다. 그러나 국정운영 〈전체의 대략〉은 확실히 알아야 한다. 지금이 어떤 시대이고, 시대정신이 무엇이고, 바람직한 국가비전과 전략이 무엇이어야 하는가에 대한 〈큰 그림〉은 가지고 있어야 한다. 또한 국가공동체가 당면하고 있는 기본문제인 부민(富民), 흥교(興敎), 기강(紀綱)의 방략과 공동체 밖에서 일어나고 있는 세계 주요변화에 대한 대응전략인 자강(自强)에 대한 〈큰 그림〉도 반드시 제대로 이해하고 있어야 한다. 지도자는 이상의 모든 문제에 대한 〈대략의 식견과 철학과 소신〉은 반드시 가져야 한다. 그래야 함께 일할 참모(staff)들이 제출하는 정책건의에 대한 당부(當否)를 구별할 안목이 생긴다. 상세한 것은 필요 없어도 큰 대략은 확실하게 파악하고 있어야 한다.

그것이 안 되는 지도자는 그래서 국가경영의 기본에 대한 이해가 맹목

(盲目)이면, 지도자의 길을 걷지 않는 것이 좋다. 그래서 지도자는 미리 미리 공부를 하여야 한다. 적어도 국가비전과 국가전략, 국정운영과 국가정책의 큰 방향과 대략을 이해하는 공부를 애민의 마음으로 열심히 하여야 한다. 그래서 적어도 지도자가 되기를 희망하는 사람은 두 가지를 자신에게 물어봐야 한다. 첫째 나는 왜 정치를 하려는가, 나는 왜 지도자가 되려 하는가, 둘째는 나는 어떠한 정치를 하려 하는가, 나는 어떠한 지도자가 되려하는가, 내가 성취하고 싶은 정치는 어떤 정치인가, 내가 세우려는 나라는 어떠한 비전과 전략을 가진 나라인가에 대해서도 물어보아야 한다. 이 두 문제에 대하여 깊이 생각하고 그 답을 얻은 후에 지도자의 길, 즉 정치의 길을 걸어야 한다.

존현(尊賢)을 해야

지도자의 첫 번째 과제가 자기학습(自己學習)이라면 두 번째 과제는 자기학습으로부터 모자라는 부분을 천하의 최고 인재로부터 배우는 것이다. 그렇게 하려면 천하인재들을 마음 속 깊이 존중하여야 한다. 존중심이 없으면 배울 수 없다. 그래서 옛날에는 현인이 왔다고 하면 지도자는 먹던 음식도 내 뱉고 달려갔다고 한다. 신발도 제대로 신지 않고 달려 나갔다고 한다. 그러한 존현의 마음과 정성이 있어야 진정한 배움이 가능하다.

앞에서 지도자가 되려면 국가비전과 전략에 대한 대략적 이해와 파악은 기본이라고 하였다. 상세한 것은 모를 수 있다. 아니 지도자가 다 알 필요도 없다. 그러나 국정운영에는 대략 만 가지고는 안 된다. 상세하고 구체적인 것이 필요하다. 이 상세하고 구체적인 것을 보충하고 보완하는 일이 실은 최고 인재들의 역할이다. 그래서 천하의 최고인재로부터 배우는 일이 지도자가 할 두 번째 과제이다. 다시 강조하지만 국정운영은 본래가

지도자 혼자서 자기머리로 하는 것이 아니다. 천하의 머리로 하는 것이다 (집천하지지 결천하지사(集天下之智 決天下之事), 율곡). 그래야 성공할 수 있다.[20] 그러려면 천하의 인재를 찾아야 하고 그리고 그들로부터 배워야 한다. 천하의 인재를 찾는 데는 반드시 〈스승 같은 인재〉를 찾아야 한다. 천하의 머리를 찾는다고 하면서 임금의 말만 잘 듣는 〈학생 같은 인재〉를 모아서는 안 된다. 그래서 맹자가 임금주위에 스승 같은 사람 즉 자기에게 가르침을 줄 수 있는 사람을 신하로 많이 둔 나라는 발전하고 학생 같은 사람 즉 임금이 가르쳐야 하는 사람들을 신하로 많이 둔 나라는 어려워진다고 하였다(맹자 公孫丑章句 下).

서양에서는 비전의 문제를 어떻게 보는가?

지도자의 비전과 방략은 서양에서의 리더십 연구에서도 지도자의 도덕성 진정성 다음으로 중요한 지도자의 자질로 간주하고 있다. 앞에서 본 서양의 연구들(1987년, 1995년, 2016년 연구)에서도 동일하게 미래지향적 사고(forward looking)를 가지고 선도적 비전(guiding vision)이 무엇인지 제시할 것을, 그리고 우리의 목표들(goals and objectives)이 무엇인지를 확실하게 제시할 것을 지도자들에게 요구하고 있다. 그리고 이것은 연구에 참여한 모든 전문가들과 지도자들의 60~70%가 지도자의 두 번째 중요한 자질이라고 중시하고 있다. 또한 이들 연구는 단순한 제시를 넘어 지도자의 비전에 대한 확신과 열정을 국민들과 소통할 것을 요구하고 있고, 더 나아가 국민들을 자극하고 감동시켜 함께 비전을 공유하고

---

20) 율곡은 임금이 천하의 눈을 자신의 눈으로 삼으면 눈이 밝아 보지 못할 것이 없다(以天下之目 爲目 則明無不見)고 주장한다. 여기서의 천하의 눈이란 백성의 눈이고 현신의 눈이다.

(sharing vision) 실천할 수 있게 할 것(inspiring people)을 요구하고 있다. 대부분의 연구자들은 지금은 불확실성이 높은 변화의 시기 이어서 변혁적 리더십이 요구된다고 보고 있다. 모든 조직에 새로운 정체성(new identity)이 요구되고 모든 개념에 새로운 정의(re-definition)가 요구되는 시대라고 보고 있다. 그래서 한 연구자는 지금 국민들은 (1) 방향(direction)을 원한다 (2) 신뢰(trust)을 원한다, (3) 희망(hope)를 원한다고 주장한다.[21] 오늘의 지도자는 반드시 이것에 답해 주어야 한다고 주장한다.

그런데 여기서 신뢰를 위해선 지도자의 정직성도 중요하지만 또 하나 요구되는 덕목과 자질의 하나가 지도자의 정책능력(competence)이다. 좋은 비전을 제시하고 국민들과 소통하였다 하여도 정책능력과 성과가 신통하지 않으면 결국 리더십은 추락할 수밖에 없다. 변화의 시대가 요구하는 개혁과제의 성공적 수행을 위해서는 물론 앞에서 본 일상의 국정과제로서의 [부민·홍교·기강·자강] 등에서의 넓은 성과를 위해서도 〈지도자의 국가운영능력〉, 〈국가정책능력〉 그리고 〈정책전문성〉이 과거 보다 더 많이 요구된다. 그리고 깊이 있는 국정운영의 경험과 경륜 know how 등이 보다 많이 요구된다. 이 지도자의 정책능력을높이는 문제는 다음에서 논의하는 〈구현과 선청〉의 문제로 자연히 연결된다. 여하튼 지도자의 능력과 자질로서의 비전과 방략의 중요성이 동서(東西) 모두에서 점점 더 강조되고 있다.

---

21) Warren Bennis, *On Becoming a Leader*, Addison-Wesley, 1994

구현(求賢)과 선청(善聽)

우리는 지도자는 천하의 최고의 인재를 찾아 즉 구현(求賢)하여, 그들을 마음 속 깊이 아끼고 존중하면서 즉 존현하면서, 천하의 일을 배워야 하고 그리고 천하의 일을 맡겨야 한다고 생각한다. 그것이 지도자의 길이라고 본다. 그러면 구현을 어떻게 할 것인가, 천하의 최고 인재를 어떻게 구할 것인가, 우선 최고의 인재인지 아닌지를 어떻게 식별할 것인가, 즉 지인(知人)을 어떻게 할 것인지가 이것이 역사 속에서 지도자학의 핵심주제의 하나이다. 예부터 정치는 사람에게 있다(爲政在人: 중용). 환언하면 정치는 사람을 얻는데 있다(爲政在於得人:孔子家語). 현신을 얻으면 정치가 성공하고 못하면 정치는 실패한다는 말이다. 그래서 예부터 임금은 두 가지를 잘하여야 한다고 했다. 하나는 지인(知人)이고 다른 하나는 안민(安民)이다. 안민은 백성을 편안하게 해주고자 하는 애민의 마음, 즉 인(仁)의 마음이고, 지인은 사람을 바르게 살펴 그 됨됨이를 바로 아는 일이다. 지(智)의 마음이다. 사람을 올바로 알고 판단하여야, 우선 지도자에게 그러한 능력이 있어야 적재적소에 맞게 최고의 인재를 쓸 수 있기 때문이다. 그래서 예부터 지도자학에서 지인은 대단히 중요한 문제로 삼아 왔다.

지인(知人)의 법

우선 사람을 어떻게 보고 판단할 것인가? 지인지법(知人之法)에 대하여 생각해 보자. 이를 위해선 요(堯)임금이 순(舜)임금을 어떻게 자신의 후계자로 선택하였는가의 과정을 보면 큰 참고가 된다. 요임금과 같은 성인(聖人)의 지인지법(知人之法)에는 3가지 특징이 보인다. 첫째는 여러 소문으로 상대를 충분히 알면서도 때를 기다리며 심사숙고하였다. 둘째는 자기

의견을 이야기하기 전에 주위의 다른 사람들로 하여금 먼저 의견을 말하도록 하였다. 그리고 그 의견을 잘 듣는 선청(善聽)을 하였다. 셋째는 사람 됨됨이를 공적으로 사적으로 시험하여 보았다. 오랫동안 공무(公務)를 맡겨서 치국(治國)을 어떻게 하는가를 살폈고, 그리고 자신의 두 딸을 시집보내 순임금이 어떻게 두 부인을 화목하게 제가(齊家)를 하는가를 살펴보았다. 대단히 신중한 지인법이다. 그러나 천하를 맡길 사람, 임금을 찾는 일이니 그럴 수밖에 없었을 것이다.

다음 공자의 지인지법은 어떠하였는가? 공자는 지도자의 지인지법을 이야기하면서 우선 지도자 스스로가 공이무사(公而無私) 명이불혹(明而不惑)하지 않으면 안 된다는 점을 강조하고 있다. 앞에서도 지적하였지만 지도자가 수양을 하여 공(公)하고 명(明)하지 않으면 사물을 바르게 보고 판단하기 어렵다. 그래서 지인지법을 이야기하면서도 명군이 아니면 지인지법을 올바로 사용할 수가 없다는 것이다. 이렇게 눈 밝은 공평무사한 명군(明君)의 중요성을 전제로 하면서 공자는 3가지 지인지법을 제시한다.

첫째, 그 사람의 행동하는 바를 보아라(視). 말과 행실을 보라는 것이다. 둘째, 그 사람이 그렇게 행동하는 이유와 까닭을 살펴라(觀). 그가 이익을 위해서 일을 하는가, 의리를 위해서 일을 하는가를 잘 살펴보라는 것이다. 셋째, 그 사람이 편안하게 느끼는 것이 무엇이며 어느 때 편안하게 느끼는지를 꼼꼼히 살펴라(察). 그 사람이 편안하게 생각하는 것이 그가 진정으로 좋아하는 것이다. 그가 진정으로 좋아하는 것이 그 사람이 가장 소중히 하는 것이다. 그것이 무엇인지를 살펴라 그러면 그 사람의 항심(恒心)을 알 수 있다. 그래서 그 사람이 이익을 좋아하는 소인인지 대의를 소중히 하는 군자인지 판단할 수 있다는 것이다. 공자는 이상의 3가지 기준을 제시하면서 모든 사람이 좋아해도 혹은 모든 사람이 싫어해도 쉽게 결론을 내지 말고 실제를 잘 살펴라. 많은 사람들이 지지한다고 하더라도 그 지지하는 사람들을 살펴야 한다. 선한 사람들이 많이 지지하는지 불선(不善)한 사람들이 많이 지지하는지 자세히 살펴라. 공자께서는 이렇게 신중한 지인지법을 이야기하고 있다.

명군과 현신의 만남

유가(儒家)에서는 나라가 부흥하려면 인재를 알아보는 눈 밝은 명군(明君)과 유능하고 현명한 신하 즉 현신(賢臣)이 만나야함을 강조하여 왔다. 정약용 선생은 이것을 풍운지회(風雲之會)라고 하였다. 바람과 구름이 만나야 많은 변화와 조화를 만들 수 있다는 것이다. 실은 현실국가운영의 어려움의 대부분 – 난세(亂世)의 주요원인 – 은 이 양자의 만남이 이루어지지 않았기 때문인 경우가 많았다. 이와 관련해서 두 가지 지적할 점이 있다.

첫째, 명군이 현신을 찾는 데에도 도(道)가 있다는 점이다. 명군은 모든 정성을 다하고 최고의 예의를 갖추어 〈스승으로의 현신〉을 찾아야 한다. 보통 삼고초려(三顧草廬) 등을 이야기하는 이유는 신하될 사람이 자기존 대하고 오만해서가 아니다. 임금의 정성이 그리고 신뢰가 그 수준이 아니면 국가의 어려운 과제를 함께 풀 수가 없기 때문이다. 그래서 현신은 명군이 정성과 예를 다하고 찾아오기를 기다리는 것이다. 요약하면 명군은 스승으로서의 현신을 찾는 데는 지극한 도(道)가 있고 그 도 – 예와 의 – 에 따라 현신을 찾아야 한다는 것이다. 그래서 앞에서 지적하였지만 맹자는 임금이 스승들을 신하로 모시면 그 나라는 잘된다고 하였다.

둘째, 현신이 명군을 모시는 데에도 도(道)가 있다. 공자께선 올바른 신하는 도로서 임금을 섬긴다(以道事君)라고 하고, 도로서 섬길 수 없으면 물러나야 한다(不可則止)고 하셨다. 신하가 임금을 존경하고 모시는 것은 누구나 다 할 수 있는 일이다. 소인도 간신도 할 수 있는 일이다. 그러나 도에 맞도록 임금을 모시고, 인도하는 것은 현신이 아니면 못하는 법이다. 그러면 도를 가지고 임금을 모신다는 것은 무엇일까? 성공한 천하국가 즉 부민덕국(富民德國)을 만드는 원리와 이치 – 부민·흥교·기강·자강의 원리와 이치 – 에 맞게 국정운영을 조언하는 것이다. 그래서 도를 가지고 임금을 모실 수 있으면 모시고, 도를 가지고 모시기 어려우면 떠나는 것이 현신의 도리이다. 그래서 공자께서도 신하는 벼슬에 나가기는 어려워야 하고 물러서기는 쉬워야 한다고 하셨다. 그래야 그 나라의 관(官)의 질서가 바로 선다고 하셨다.

선청(善聽)이란?

다음, 지도자는 타인의 이야기를 잘 들어야 한다는 선청(善聽)에 대하여 생각해 보도록 하자. 지도자가 선청을 하려면 두 가지가 중요하다. 첫째, 우선 자신이 말을 많이 하면 안 된다. 자신의 생각을 먼저 이야기하면 안 된다. 이 점은 특히 한비자(韓非子)가 강조한 점이다.[22] 지도자가 입장을 미리 밝히면 신하들의 의견이 이를 따라 오는 경향이 생긴다. 신하들의 진정한 충언을 들을 수 없다. 지도자가 말을 많이하지 않아야 하는 소언(小言)을 하여야 하는 또 다른 이유는 지도자의 말은 최종적이기 때문이다. 국가 최고지도자의 경우는 더욱 그러하다. 장관의 이야기는 수정할 수 있

---

22) 한비자는 군주가 자기의 의욕을 겉으로 표시하면 신하들이 자신을 꾸미는 기회를 얻게 된다고 본다. 그래서 군주는 선호를 나타내지 않는 허정(虛靜)한 마음으로 듣기만 하라고 강조한다. 말하지 않을 뿐 아니라 신하의 건의를 믿어주되 동조하지 말라고까지 주장 한다. 동조하면 다른 신하의 판단에 영향을 미치기 때문이다.

어도 대통령의 이야기는 수정이 거의 불가능하다. 둘째, 가능한 의견을 달리하는 둘 이상의 입장을 함께 들어야 한다. 선청의 두 번째 룰이다. 사람들의 생각은 소신과 이해의 차이에서도 달라지지만, 각자 가지고 있는 정보의 양과 질이 달라서 견해가 달라지기도 한다. 그래서 천하의 지혜를 모으려면 다양한 그리고 상반된 정보를 접해야 한다. 그래서 다른 의견을 동시에 듣는 것이 중요한 선청의 길이다.

서양에서는 어떻게 보는가?

서양의 리더십연구에서 3번째로 중요시 되는 지도자의 자질이 바로 자신의 비전을 성공적으로 집행할 능력 국가운영능력, 개혁관리능력과 정책능력(competence)이다. 이것이 3번째의 자질로 요구된다. 그런데 이 정책능력은 구체적으로는 두 가지 문제로 요약된다. 하나는 지도자가 유능하고 유덕한 국정운영 팀, 즉 정책 팀을 만들 수 있는가 하는 문제이다. 그리고 다른 하나는 그 비전과 정책을 국민들과 소통하면서 국민들을 얼마나 감동시킬 수 있는가 하는 문제이다.

팀 워크의 중요성

우선 기본적으로 리더십은 팀 노력(team effort)이다. 한마디로 동양식으로 표현하면 현신을 찾아야 하고 찾은 다음에는 반드시 명군과 현신이 하나가 되어야 – 한 마음과 한 몸이 되어야 – 한다는 것이다. 국가비전을 위하여 모든 현신들이 지도자와 동업자/파트너(co-worker/co-partner)로서 일심동체가 되어 몸을 던져야 한다는 것이다. 이것이 지도자의 국가운영능력, 정책능력(competence)을 높이는 가장 빠른 지름길이다. 그래서 이를 위해 일반적으로 요구되는 것이 (1) 우선 지도자의 소통능력이다. 우선 지도자는 헌신을 찾아야 하고 헌신과 충분히 소통해야 한다. 그래서 서로 국가비전과 목표 정책방향 등에 공동의 확신이 생겨야 한다. (2) 다음은 지도자의 열린 마음이다. 다양한 의견을 경청하고 다양한 아이디어를 실천할 수 있는 열린 기회를 주어야 한다. 우리 식으로 표현하면 선청이다. 광범위하게 의견을 들어야 하고 기회를 주어야 한다. 지도자가 자신의 견해만을 고집하면 천하의 최고의 머리를 활용할 수 없다. 집단지성을 활용할 수 없다. (3) 그리고 가장 중요한 것이 확실한 권한의 위임(giving power away)이다. 공치(公治)와 협치(協治)의 방향이다. 그래야 팀워크가 작동할 수 있다. 본래 권력은 나눌수록 커진다. 그래서 헌신들이 자신의 재량권을 가지고 자기책임 하에 마음껏 뛸 수 있도록 만들어 주는 것이 지도자의 일이다. 맡겨서 확신이 가지 않는 인재라면 처음부터 함께 하여서는 안 될 것이다. 최근의 연구는 이렇게 대화 소통하고 목표를 공유하고 권력은 나누고 하면서 그 공동체가 구성원 한 사람 한 사람에게 안정감 내지 소속감을 주어야 한다는 점을 많이 강조하고 있다. 설사 실패를 하여도 안정감(safety)을 줄 수 있는 팀을 만들 것을 강조하고 있다. 그래야 혁신적 사업에 위험부담을 하면서 자신있게 뛰어 들 수 있다는 것이다. 그래서 한마디로 비전을 제시하고 공유한 다음에는 "권력을 나누어 주고 자기 나름의 추진을 하게 하라(empower others to self-organize)"라고 주장하고 있다. 아주 옳은 이야기이다. 어느 지도자도 혼자서 세상 일을 다 처리할 수 없기 때문이다. 그래서 천하의 인재들을 구현하고 존현하여 그들을 믿고 그들과 권력과 책임을 나누어 나가야 한다. 동서양의 리더십원리가 기본원리에서 크게 다를 수 없다.

국민감동의 중요성

최근에 오면서 서양의 지도자학에서는 지도자와 핵심 팀뿐 아니라 조직의 구성원들 모두가 한마음이 될 것을 강조하는 연구가 많다. 모든 구성원들이 공동의 비전과 방향을 가지고 서로 격려하면서 신바람이 나서 함께 뛰는 조직이 될 것을, 그리고 그러한 조직문화를 선도할 지도자의 역할에 대한 중요성을 많이 강조하는 연구가 많다. 국가공동체의 차원에서 말하면 지도자의 국가비전과 국가전략에 대하여 국민적 감동이 반드시 함께 하도록 만들어야 함을 의미한다. 그런데 국민적 감동을 만들 수 있는 리더십, 국민적 신바람을 만들 수 있는 리더십이 되려면 감성적 지성(emotional intelligence)이 발달된 리더가 나와야 한다고 주장한다.[23]

20세기가 객관·과학·물질·기술·경제 등이 중시되는 이성의 세기 근대화의 시대였다면, 21세기는 주관·개성·예술·정신·환경 등이 중시되는 감성의 세기 탈근대의 시대이다. 따라서 지도자의 이상형도 바뀌고 있다. 단순한 이성적 지성이 아니라 감성적 지성을 갖춘 지도자, 국민들과 호흡을 같이하는 지도자, 국민들과 감정이입이 가능한 지도자, 국민들을 감동시키는 지도자가 국민에 대한 영향력도 강하게 된다. 그런데 서양에서의 이러한 주장은 동양에서는 새로운 것이 아니다. 오랫동안 동양에서는 선생님 같은 엄격한 지도자보다는 어버이 같은 자애형(慈愛型) 지도자 – 그래서 법치보다 덕치를 패도보다 왕도 – 를 이상적으로 생각해 왔다. 그래서 동양에서는 성군은 백성들의 부모같은 지도자, 모든 백성을 자기 자식 같이 생

---

23) 이러한 주장을 잘 정리한 대표적 책으로서 Daniel Goleman, Richard Boyatzis, Annie Mckee, *Primal Leadership: realizing the power of emotional intelligence* Harvard Business School Press, 2002

각하는 지도자라고 보아 왔다. 그리고 백성 중에 나이가 연로한 분들을 모두 자신의 어버이 같이 생각하는 지도자가 성군이라고 보아 왔다. 이러한 의미에서 서양의 최근이론들이 동양의 과거이론으로 역사적 회귀를 하고 있는 것은 아닐까? 아마 회귀하고 있을지 모른다. 왜냐하면 동서양 간에 인간의 본성·심성이 다를 수는 없을 것이기 때문이다.

후사(後史)와 회향(回向)

마지막으로 지도자에게 요구되는 자질과 덕목은 후사와 회향이다. 후사란 자신이 물러난 다음에 올 시대 그리고 다음에 올 세대를 위해 준비를 하는 것이다. 역사의 발전은 연속적이고 축적적이어야 한다. 따라서 오늘의 역사도 중요하지만 내일의 역사도 중요하다. 오늘의 역사뿐 아니라 내일의 역사까지도 성공시켜야 명실공히 천하 제1국가 부민덕국이 될 수 있다. 그래서 진정으로 애민하는 공심을 가진 지도자라면 다음에 올 시대를 위하여 고민해야 하고 적어도 두 가지 준비를 해야 한다.

어떻게 후사를?

하나는 차세대 인재를 키워야 한다. 차세대 지도자를 키워야 한다. 〈대학연의(大學衍義)〉를 쓴 진덕수(眞德秀)는 "천자(天子)는 한 시대의 인재들 길러내는 최고 책임자(宗主)이다"라고 주장하고 있다. "각자 장점을 길러주고 서로 배우고 익히도록 하면 백관은 모두 현능해질 것이고 일마다 그 마땅한 때를 잃는 일은 없을 것이다"라고 주장한다. 그런데 훌륭한 천자라면 이러한 인재양성의 노력은 당대에 끝나지 않고, 다음 시대와 다음에 올 세대로 연계될 수 있어야 한다. 그래서 다음 시대, 다음 세대를 위하여 인재를 기르는 제도와 정책이 준비되어야 하다. 후사(後史)의 두 번째 과제는 다음 시대가 필요로 할 국가과제를 미리 예측하고 오늘의 국가전략을 짤 때 이들을 미리 고려하여야 한다. 필요하면 다음 시대가 필요로 할 전략까지 미리 연구하여 그 결과를 다음 세대가 참고할 수 있도록 해야 한다. 결국 훌륭한 지도자는 인재양성이든 국가전략이든 멀리보고 이 시대만이 아니라 다음 시대까지를 배려하여 준비해야 한다는 것이다. 이것이 지도자의 역사의식이다. 진정으로 훌륭한 지도자는 〈천하(天下)에 이익〉을 주는 데 끝나지 않고 〈만고(萬古)에 이익〉을 주어야 한다.

세종대왕의 한글창제가 대표적인 예가 아닐까? 세종대황이 집현전을 만들고 그 뒤 임금들이 성균관을 세운 것도 후사를 생각한 심계원려(深計遠慮)가 아닐까? 요즈음 지도자들 중에는 후사를 즉 뒤에 올 역사를 너무 외면하는 경향이 많다. 당대에 자기 공만을 세우고 후사는 나 몰라라 하는 경향이 크다. 이것은 진정한 애민도 천하위공(天下爲公)의 공심도 아니다. 지도자는 국가운영을 임할 때 시간적 공간적 지평(horizon)이 길어야 하다. 이승만 대통령께서 1953년 미국이 반대하는 한미상호방위조약을 강력한 고집과 결단으로 얻어낸 후에 이 종이 한 장 때문에 "우리 후손들이 많은 이익을 볼 것이다"라고 혼자말씀을 하셨다고 한다. 역사를 길게 보고 진정으로 후사를 생각하는 애민하는 훌륭한 지도자이다.

어떻게 회향할 것인가?

다음 요구되는 덕목은 회향(回向)이다. 지도자는 자신이 성취한 국가발전과 안민의 공(功)과 명예를 자신이 가져서는 안 된다. 모두를 함께한

팀의 구성원(현신)과 국민들에게 돌려야 한다. 그리고 오늘이 있게 한 지금까지의 과거 역사의 주역들에게도 그 공을 돌려야 한다. 한마디로 모든 자신의 성취와 영광은 국민과 역사에 돌려야 한다. 그리고 실패와 반성의 책임은 자신만이 가지고 가야 한다. 이것이 진정한 애민의 지도자가 갈 길이다.

지도자는 역사발전에 큰 기여를 하는 것 자체를 목표로 하여야 한다. 그 결과와 성과를 나누는데 참여할 생각을 하여서는 안 된다. 그래서 일이 끝나면 빈손으로 가야 한다. 그래서 노자는 공성이불거(功成而不居)라 즉 공을 이룬 다음에는 공에 머무르지 말라고 가르치셨다. 한마디로 공수래(空手來)하였으니 공수거(空手去)하여야 한다는 말이다. 흰 눈이 내리는 밤 표표히 떠나야 한다. 역사의 뒤안길로 떠나야 한다. 아무도 보지 않는 캄캄한 밤이지만 역사를 떠나는 길에서도 똑 바르게 걸어야 한다. 오랑캐처럼 지그재그로 걸어서는 안 된다.[24] 누군가 길을 잃은 사람이 내 발자국을 보며 자신의 길을 찾을지 모르기 때문이다. 이것이 지도자의 역사소중이고 애민정신이고 진정한 천하위공의 마음이다.

서양에서는 어떠한가?

흥미있는 것은 이 부분 - 후사와 회향 - 에 대해서는 서양의 리더십 이론에서는 언급이 거의 없다. 있는 경우에도 내가 어떠한 역사와 전통(legacy)을 남길까를 생각해 보라든가 혹은 조직의 차세대 주자들을 키워야 한다든가 정도의 이야기이다. 왜 동서 간에 이러한 차이가 나는 것일까? 아마

---

24) 西山대사의 詩에 나오는 말이다. 踏雪夜中去 不須胡亂行 今日我行跡 遂作後人程이 원문이다.

역시 서양의 사고에는 개인주의가 기본이고 반면에 동양의 사고에서는 공동체주의가 적지 않게 깔려 있기 때문이 아닐까? 그래서 동양에서는 천하의식·역사의식이 강하다. 그래서 동양의 지도자론에서도 후사에 대한 깊은 관심과 천하회향의 중요성이 강조되는 것이 아닐까 생각한다. 개인주의적 리더십과 공동체주의적 리더십 어느 쪽이 장기적으로 좋은 세상을 만드는데 좀 더 기여할까를 생각해보면 나는 후자가 아닐까 생각한다.

맺는 말

왜 경세학(經世學)은 발전하지 못했나?

조선조 500년 동안 선비의 수양학(修養學)에서는 많은 발전이 있었으나 선비의 경세학(經世學)에서는 큰 발전이 보이지 않는다. 왜 그럴까? 조선조 시대 주기적으로 일어났던 사화(士禍) - 1498년의 무오사화, 1504년의 갑자사화, 1519년의 기묘사화, 1545년의 을사사화, 1547년의 정미사화, 1722년의 신임사화 등등 - 가 선비들을 크게 위축시킨 것은 아니었던가?[25] 사화가 일어나면 선비의 일부는 죽음을 당하고 나머지 선비들은 낙향하여 침묵하면서 후학을 가르쳤다. 그때 정치적으로 민감한 국가경영에 대한 내용 - 안민학이나 경세학 - 은 후학들에게 가르치기가 어려웠다. 그래서 조선조 시대 많은 문집은 대부분이 '4단칠정론', '일기이원론', '이기일원론' 등의

---

25) 사화뿐 아니라 각종의 역모사건과 관련되어 일어난 대대적 옥사 - 신사, 기유, 기축, 계축, 을해옥사 등 - 에도 현실 참여적 선비들의 희생이 많았던 것 같다.

인간 본성과 수양학에 대한 논의가 중심이었다. 그리고 국가경영을 어떻게 할 것인가에 대한 주장이나 교육은 스스로 피하였던 것 같다. 맹자를 읽는 것도 피했다는 이야기가 있을 정도이다. 그래서 심성학(心性學) 수양학은 발전하였는데 경세학 지도자학에서는 큰 발전이 없었다. 조선 개국시 정도전의 경국대전 등과 이율곡의 성학집요, 동호문답, 만언봉사 그리고 선조에 대한 몇 가지 정책건의문(진시폐소(陳時弊疏) 등등) 그리고 정다산의 목민심서, 경세유표, 탕론 등이 돋보이는 경세학적 결과물이 아닐까 생각한다. 필자의 과문의 소치일 수도 있다.[26] 여하튼 확실한 것은 인성과 수양에 대한 논의 보다 경세에 대한 논의가 크게 적었던 것은 확실하다.

경세학과 지도자학을 직접 논하는 것을 선비들이 스스로 피한 점도 있지만 설사 자신의 주장을 집필하는 용기 있는 선비가 있다고 하여도 그 글이 당대나 후대에 전해지지 못하는 경우가 많았던 것 같다. 그래서 정다산 선생도 목민심서(牧民心書)를 쓰면서 선비의 일은 수기(修己, 修養)가 반(半)이고 목민(牧民, 安民 혹은 經世)이 반(半)인데 목민에 대한 책은 대부분 거의 전해오지 않고 있음을 지적하면서 "내 책(목민심서)인들 어찌 전해질 수 있으랴" 하고 한탄하였다. 그러나 "설사 이 책이 당대나 후대에 전해지지 못해도 나 자신의 덕을 쌓기 위하여 이 책을 쓴다"고 스스로를 위로하고 있다. 목민과 경세를 생각하는 선비들에게 당시의 상황이 얼마나 예측

---

26) 우리나라의 유학을 연구하는 분들이 조선조 시대 선비들의 문집에 다양하게 흩어져 있는 경세학적 주장들을 종합 정리하여 체계화하면 앞으로 〈21세기 대한민국의 경세학(經世學)〉을 발전시키는 데 큰 기여가 되리라 생각한다. 앞으로 우리역사와 문화의 흐름 속에서 국민들의 정서와 기대에 걸맞는 또한 산업화와 민주화 시대의 정책역사와 경험을 반영하는 그러면서도 서구적 합리성과 효율성을 포용하는 한국적 경세학, 한국적 지도자학이 나와야 한다고 본다.

하기 어렵고 참담하였는가를 잘 알 수 있는 대목이다.

해방 후는 어떠했나?

해방 후 서양의 사회과학 학문이 물밀듯이 들어 왔으나 아직은 수입단계가 아닐까 생각한다. 서양의 국가정책이론과 우리의 국가정책 현장을 묶는 그래서 한국이 나갈 국가방향과 전략을 제대로 제시하는 한국적 사회과학, 한국적 국가경영학, 한국적 경세학은 아직 나오지 않은 것 같다. 학자(scholar)와 현장전문가(practitioner) 사이의 거리가 아직은 너무 멀다. 전직 장차관이 나와서 자신의 정책경험을 책이나 논문으로 정리하는 일들은 대단히 바람직한 일이다. 학자출신의 장차관들이 공직을 끝내고 학교로 돌아와 자신의 정책경험을 글로 정리하고 반성하는 일도 대단히 중요하다. 그러한 현장의 지혜와 경험이 축적되고 이론적으로 정리되어야 한국적 국가경영학, 한국적 경세학이 본격적으로 시작될 수 있다. 그러나 지금까지는 이런 방향으로의 움직임은 아직은 극히 예외적이고 크게 미흡한 실정이다.

한국적 안민학의 시작

언젠가 이 문제를 우리가 풀어야 한다. 〈이론(理論)과 실무(實務)〉의 간격(gap)을 줄여야 한다. 〈수양(修養)과 경세(經世)의 간격(gap)〉을 줄여야 한다. 그래서 양자를 융합하여야 한다. 그래야 우리나라에서 올바른 경세학, 지도자학이 나올 수 있다. 그래야 두 가지가 이루어질 수 있다.

하나는 아무나 지도자가 되려고 하지 않을 것이다. 깊은 수양없이, 경세를 하려고 들지 않을 것이다. 수양없는 경세는 역사와 국민을 가볍게 생각하는 짓이다. 자기도 결국은 실패하고 공동체도 결국 실패하게 만든다. 또한 경세학과 지도자학이 제대로 서면 실무와 이론의 통합적 안목과 경험을 가지고 있지 않으면서 국정을 함부로 맡을 생각을 하지 않은 것이다. 사적 욕심은 많으나 공적 준비가 없는 건달 정치인 건달 공직자들이 함부로 등장하지 않을 것이다. 다른 하나는 우리가 올바른 한국적 경세학과 지도자학을 세워야 우리가 진정으로 사상적 자주국가, 이론적 독립국가가 될 수 있다. 아니 그래야 우리가 성공하는 세계국가를 만들 수 있다. 한국적 이론 없이 한국적 안민학(安民學) – 경세학과 지도자학 – 의 등장 없이 한국적 성공이 있을 수 있을까? 이제는 더 이상 외국의 이론을 수신(受信)만 하는 나라가 아니라 우리의 이론을 발신(發信)하는 나라가 되어야 한다.

한국의 안민학이 한국을 성공국가로 만들 뿐 아니라 이웃나라를 성공국가로 만들 수 있는 시대를 열어야 한다. 그래서 우리의 정신자본이 우리의 사상자본이 우리의 이론자본이 세계발신의 수준이 될 때, 우리 한반도는 오랜 〈변방의 역사〉를 끝내고 〈세계중심의 시대〉를 열 수 있을 것이다. 그래서 대한민국의 선진화와 한반도의 통일에 성공하고 21세기 중엽에는 〈세계중심국가〉로 우뚝 설 수 있을 것이다. 그래야 우리 한반도가 인류의 보편적 발전에 기여 하는 자랑스러운 세계기여국가, 세계모범국가가 될 수 있을 것이다.

친애하는 대한민국 국민포럼 동지 여러분![27]

대한민국 국민포럼은 대한민국을 사랑하는 국민들의 모임입니다. 대한민국이 잘못되지 않기를 바라고 영원히 발전하기를 간절히 바라는 국민들의 염원이 모인 모임입니다.

오늘 우리는 전국 방방곡곡에서 뛰쳐나와 이 자리에 모였습니다. 지금 우리는 모두가 공유하는 3가지 뜨거운 같은 마음 – 동심화(同心花) – 을 가지고 모였습니다.

첫째, 우리 국민포럼은 대한민국의 〈역사적 정통성〉을 믿고 해방 후의 건국, 산업화와 민주화의 역사적 성공을 아주 자랑스럽게 생각하고, 이 성공의 역사에 대한 무한한 자부심과 자긍심을 가지고 있습니다. 이것이 여기 모인 우리 모두가 공유하는 첫 번째 뜨거운 마음 – 동심화(同心花) – 입니다. 우리는 자국의 역사에 대하여 자부심과 자긍심을 가질 때 나라에 대한 사랑, 애국심이 나온다고 믿고 있습니다. 그래서 우리 후손들에게 그러한 긍정의 역사를 가르쳐야 한다고 믿습니다.

---

27) 2016년 10월 27일 대한민국 국민포럼 발기인대회 연설문임.

따라서 대한민국 역사의 〈발전과 성공을 부정〉하고 대한민국의 역사를 부끄러운 정의가 실패한 역사라고 공격하는 잘못된 역사관 – 모든 〈운동권적 친북적 민중사관〉 – 을 확실하게 거부하고 이들을 교화 순화시키기 위하여 이 자리에 모였다.

두 번째, 우리 모두의 뜨거운 마음은 대한민국의 〈헌법적 가치〉를 〈국민공통의 가치〉로서 확고하게 지지한다는 점입니다. 〈자유민주주의〉 〈시장경제〉 〈법치주의〉 〈세계평화주의〉가 그것입니다. 이것이 바로 해방 후의 대한민국의 발전을 가져온 가치이고 이념이고 앞으로도 대한민국의 발전을 담보할 가치이고 이념이라고 생각합니다. 그래서 우리는 통일도 당연 자유민주주의적 통일 시장경제적 통일 법치주의적 통일이어야 한다고 확실하게 믿습니다. 이것이 우리 모두가 공유하는 두 번째의 동심화입니다. 그래서 우리는 자유민주주의를 약화시키는 모든 〈포퓰리즘〉에 반대합니다. 시장경제를 거부하는 〈무상복지〉 등에 반대합니다. 법치주의를 포기하는 〈집단이기주의와 폭민주의〉, 그리고 세계평화주의를 거부하는 〈대량살상무기의 개발〉에 단호하게 반대하고 투쟁하기 위하여 이 자리에 모였습니다.

셋째, 우리 국민포럼은 21세기 중엽까지 대한민국을 세계일등국가, 세계중심국가로 만들어야 한다는 뜨거운 마음 – 동심화(同心花) – 을 가지고 이 자리에 모였습니다. 이것이 대한민국의 꿈 – 한국몽 – 입니다.

이를 위하여 두 가지 국가과제가 있습니다. 하나는 〈국가개조〉이고 다른 하나는 〈선진통일〉입니다. 우선 선진정치 선진경제 선진사회를 만드는 대대적인 국가개조에 성공하여야 합니다. 적어도 4대 개조과제에 성공하여야 합니다. 첫째가 4차 산업혁명에 대비하는 교육개혁이고 둘째는 새로운 발전 동력을 찾는 경제개혁이며, 셋째는 각종 부패·독점·특권·특혜·끼리끼리 유착구조를 혁파하는 사회개혁, 그리고 넷째는 정부의 무능과 비능률과 불공정을 혁파하고 지방의 낙후를 근본적으로 바꾸는 정부개혁·지방개혁입니다. 이러한 국가개조와 한반도의 선진통일에 반드시 성공하여야 합니다.

그런데 지금 우리는 모두가 이러한 21세기 대한민국의 꿈을 향하여 뛰어야 하는데 우리나라 정치권에서는 아무도 〈대한민국의 꿈〉을 이야기하지 않습니다. 국가개조와 선진통일의 의지와 전략이 보이지 않습니다. 오직 대권구도의 조기 가열화와 한없는 당리당략과 무한정쟁, 그리고 이를 위한 홍보전략, 이미지관리와 여론관리에만 올인(all-in)하고 있습니다. 북핵문제도 경제문제도 모두 사라지고 국익도 공동선도 사라지고 오직 소수에게 독점화된 정치 사유화된 정치의 선거공학만이 난무하고 있습니다. 그래서 우리가 이 자리에 모인 것입니다.

우리 국민포럼은 내년 대선 시국과 관련하여 특정 정치후보나 정치세력을 지지하지 않을 것이고 정당으로도 나가지 않을 것입니다. 그러나, 그러나! 국민들의 마음속에 국가개조와 선진통일을 이끌 수 있는 리더십의 〈엄격한 기준〉 - 도덕적 기준과 국정능력의 기준 - 을 제시할 것입니다. 그리고 국가개조와 선진통일을 이룰 수 있는 올바른 비전과 합리적 전략/정책방향을 제시할 것입니다. 국가재창조의 대방략을 제시할 것입니다. 그렇게 하여 누가 어느 세력이 과연 국가개조와 선진통일을 이룩할 수 있는 지도자이고 세력인지를 국민 스스로 올바른 판단을 할 수 있도록 돕고자 합니다. 다시는 후회가 없도록 할 것입니다.

존경하는 동지여러분!

최근 우리나라 정치를 보면 참담하기 짝이 없습니다. 분노 좌절 허탈입니다. 특히 국민을 공분하게 하는 것은 가장 애국심과 사심 없음을 강조해 온 정부가 공사(公私)를 구별하지 않은 거대한 국정운영의 일탈행위와 그로 인한 국정농단행위를 국가전략의 최고판단이 되어야 할 〈개헌카드〉로 덮으려 했다는 점입니다. 이것은 변명의 여지가 없습니다. 우리나라는 이미 대통령선거에서 표를 얻기 위하여 수도를 분할 이전하는 나라가 되었습니다. 수도분할이 국민들과 공무원들에 주는 불편과 고통 그리고 국정의 비효율이 태산과 같습니다. 이제 우리나라는 〈공사를 구별하지 못한 최고통수권자의 비리와 일탈〉을 덮기 위하여 국민적 합의도 없이 〈헌법개정〉을 시도하는 나라가 되었습니다. 대한민국 국민은 이 점에 특히 분노 좌절하는 것입니다. 어쩌다가 이렇게 작은 나라, 가벼운 나라가 되었는가, 이게 나라인가 하는 한탄이 절로 나옵니다.

결국 오늘의 최순실 사건은 도덕적 정치적 법률적 사안이 겹친 것이기 때문에 각각의 차원에서 문제를 해결해 갈 것입니다. 그러나 진정한 위기는 추락하는 〈대한민국의 정신적 기반, 도덕적 기강〉입니다. 손상당한 〈빛나는 대한민국의 깃발〉입니다. 그러면 누가 이 추락하는 〈대한민국의 깃발〉을 구하고 절망 속에서 새로운 희망을 만들어 나갈 것인가? 결국은 우리 국민의 몫이 될 수밖에 없습니다. 국민의 힘뿐입니다. 그래서 함석헌 선생은 '국민이 깨어야 나라가 산다'고 하셨습니다. 그리고 신채호 선생께서는 신민(新民)이 나와야 즉 〈국민이 새로워져야〉 자주독립이 가능해진다고 하셨습니다. 그래서 신민운동을 벌렸습니다. 지금도 마찬가지입니다. 〈국가개조와 선진통일을 해낼 새로운 신민운동/구국운동〉 - 새로운 국가 주도세력을 만들고 올바른 국가개조개혁과 국민의식개혁을 추진할 운동 - 이 등장하여야 한다고 생각합니다. 이것이 바로 대한민국의 국민포럼입니다.

　우리가 이대로 주저앉으면 한반도는 〈분단 3류 국가〉의 길로 들어설 것입니다. 그러나 반대로 국가개조와 선진통일에 성공하면 한반도는 세계일류국가 세계중심국가의 길로 들어설 것입니다. 한반도가 변방의 역사를 끝내고 세계중심의 역사 속에 우뚝 설 것입니다. 우리는 새로운 역사를 창조하기 위하여 여기에 모였습니다. 한없이 흔들리는 아니 추락하는 〈빛나는 대한민국의 깃발〉을 바로 잡기 위하여 여기에 모였습니다. 이 작은 모임이 앞으로 창대하게 되기를 그래서 희망의 새로운 역사를 만들기를 여러분들과 함께 간절히 기원합니다.

　감사합니다.

대한민국 국민포럼의 주장 · 신념 · 강령[28]

우리는 대한민국을 사랑하고 자랑스럽게 생각하는 국민들로서 대한민국의 무궁한 발전과 국민 삶의 질의 획기적 향상을 위하여 이 자리에 모였다. 다음의 주장을 우리의 신념과 강령으로 한다. 우리는 이 강령의 실현과 실천을 위하여 혼신의 노력을 다 할 것을 약속한다.

기본가치, 목표, 과제

제1: 대한민국의 정통성과 나라사랑

우리 대한민국 국민포럼은 대한민국의 〈역사적 정통성〉과 〈헌법적 정당성〉을 믿고 지지한다. 이것이 우리의 불변의 신념이다. 우리는 역사적 정통성에서 역사에 대한 자긍심이 나오고, 헌법적 정당성에서 헌법에 대

---

28) 2016년 10월 대한민국 국민포럼 창립을 앞두고 준비한 문건으로서 다음과 같은 각주가 붙어 있음: "이 글은 초고(草稿)이다. 앞으로 포럼인사와 외부전문가 등으로 〈소위원회〉를 구성하여 보다 심층적 분석과 토론을 통하여 내용을 크게 개선하여 전체회의에 올려 확정하는 것이 바람직하다고 본다."

한 존경심이 나온다고 믿는다. 그리고 역사와 헌법에 대한 자긍과 존중에서 나라에 대한 〈애국심〉이 나온다고 믿는다. 어느 나라든 자국의 역사에 대한 자긍심, 헌법에 대한 존경심 그리고 나라에 대한 애국심 없이는 그 나라는 발전할 수 없다. 나라사랑이야 말로 나라발전의 원동력이다!!!

제2: 성공의 역사에 대한 자긍심

우리 대한민국 국민포럼은 대한민국의 〈건국과 호국〉〈산업화와 민주화〉라는 성공적 역사를 자랑스럽게 생각한다. 어느 역사에나 명암(明暗)이 있으나 우리는 대한민국의 역사는 크게 보아 〈대성공의 역사〉였다고 믿는다. 우리는 건국과 호국은 9할의 성공, 산업화는 8할 성공, 그리고 민주화는 7할의 성공의 역사였다고 생각한다. 그런데 우리 대한민국의 역사가 밝음보다 어두움이 많았다고 주장하는 – 그래서 대한민국 역사의 발전과 성공을 부정하고 – 대한민국의 역사를 〈부끄러운 역사〉, 〈정의가 실패한 역사〉라고 주장하는 신(新)좌파적 계급사관과 친북 운동권적 민중사관(民衆史觀)사관을 우리는 확실하게 거부한다. 앞으로 우리는 이들의 역사관 순화에 나서야 한다.

제3: 대한민국의 가치와 이념

우리 대한민국 국민포럼은 대한민국의 〈헌법적 가치〉가 우리 대한민국 국민 모두가 오늘도 내일도 확고하게 지켜가야 할 〈국민공동의 가치〉이고 이념이라고 생각한다. 우리가 지키고 발전시켜야 할 헌법적 가치는 〈인간 존엄성〉〈자유민주주의〉〈시장경제〉〈법치주의〉 그리고 〈세계평화주의〉이다. 그리고 이들 가치와 이념이 해방 이후 오늘까지 대한민국의 성공을 가져왔고, 앞으로도 대한민국의 미래의 발전을 담보한다고 생각한다. 그래서 우리들은 대한민국의 헌법적 가치를 부정하는 반(反)인권, 반(反)자유주의(전체주의), 반(反)시장경제(사회주의), 반(反)법치주의(暴民(폭민)주의와 혁명주의), 반(反)세계평화주의(대량살상무기개발) 등 반(反)대한민국적 가치들과는 단호하게 투쟁한다.

제4: 21세기 국가목표

우리 대한민국 국민포럼은 21세기 대한민국의 국가목표는 〈선진통일〉과 〈세계일등국가〉의 건설이라고 확신한다. 환언하면 우리는 무엇보다 먼저 국가개조개혁(즉 선진화를 위한 개혁-후술할 4대 개혁)을 통하여 〈선진일등국가〉로의 새로운 국가창조를 이루어 나가야 한다. 그러면서, 그 국력으로 한반도의 통일을 이루어 내는 것이, 즉 〈선진화와 통일〉-선진통일-이 21세기 대한민국의 제1의 국가목표이라고 생각한다. 그리고 선진통일을 이루고 나서는 통일한반도는 〈동아시아경제공동체〉-한반도, 동북3성, 산동성, 연해주, 시베리아, 일본서해안 등을 포함하는 경제공동체-구성에 앞장서야 한다. 그래서 이 지역을 21세기 세계경제에 가장 역동적인 발전의 축으로 만들어야 한다. 그리고 동아시아경제공동체의 성공을 배경으로 〈동아시아 안보협력체〉를 만드는데도 앞장서야 한다. 그래서 통일한반도가 21세기 중반까지 동아시아의 번영과 평화의 중심축이 되어, 〈세계중심국가〉 즉, 더 이상의 〈변방국가〉가 아닌 〈세계국가(global nation)〉가 되어야 한다. 이것이 21세기 대한민국의 제2의 국가목표라고 생각한다.

제5: 대한민국 국민포럼의 철학

우리 대한민국의 국민포럼은 선진통일을 이루고 세계일등국가로 나가야 할 대한민국의 역사주체 범(汎)보수와 범(汎)중도가 견지하여야 철학이 무엇이냐하고 할 때, 그 답은 한마디로 공동체(국가·가족·역사·자연 등)를 사랑하는 자유주의여야 한다고, 즉 〈공동체자유주의〉여야 한다고 확신한다. 그 이유를 보자. 우리는 지난 250년간 인류 발전 – 1750년 지구촌 평균 일인당 국민소득이 180불에서 2000년 현재 6,600불로 도약 – 의 동력은 자유주의의 확산과 심화, 특히 정치적 자유(인권과 재산권의 보호), 경제적 자유(시장과 무역의 확대), 정신적 자유(과학기술의 발전)의 확산과 심화에서 비롯된 것이었다. 또한 자유주의는 개인의 자기완성과 자기실현을 가능하게 하여 개인의 〈행복추구권〉도 보장한다. 그래서 자유주의는 〈국가의 번영〉과 〈개인행복〉의 대(大)원리이다. 그리고 그 사실이 지난 250년간의 인류의 역사를 통하여 증명되었다.

그래서 앞으로 선진화와 통일도 반드시 자유주의의 확산과 심화와 함께 해야 한다. 다만 자유주의가 지속가능하려면 반드시 〈공동체를 사랑하는 자유주의〉여야 한다. 〈이기적 자유주의〉나 〈자유만능주의〉만으로는 자유주의는 지속가능하지 않다. 그래서 앞으로 자유주의를 기본으로 하여 〈국가발전〉을 이루고, 공동체주의를 기반으로 하여 〈국민통합〉을 이루어 나가야 한다. 그래서 우리가 생각하는 국가개조의 철학, 선진통일의 철학은 반드시 공동체를 사랑하는 공동체자유주의여야 한다고 확신한다.

제6: 국가개조의 필요성: 선진화개혁

우리 대한민국 국민포럼은 선진통일을 이루어 세계국가로 도약하려면 반드시 내부적으로는 〈국가선진화〉에 성공하여야 하고, 외부적으로는 〈민족통일〉에 성공하여야 한다고 믿는다. 우리는 국가선진화를 위해선 국가개조 개혁에 성공하여야 한다고 생각한다. 그러면 국가개조 개혁이란 무엇인가? 한마디로 20세기 산업화와 민주화를 성공시킨 대한민국이 21세기 초세계화와 초정보화 시대 그리고 4차 산업혁명 시대에 맞게, 기존의 국가운영시스템과 국가운영의 패러다임을 근원적으로 개혁하고 혁신하는 것을 의미한다. 구체적으로는 핵심 국정분야인 정부, 지방, 교육, 시장의 4대분야의 개혁을 의미한다.

아직도 20세기 산업화 민주화 시대의 국가운영 패러다임 – 국가주의(과도한 국가주도)와 특권/편법주의 등 – 이 많이 남아 있어 대한민국의 발전을 가로 막고 있다. 이를 개혁하지 못하면 경제의 비효율과 사회의 불공정이 축척되어 경제발전은 어렵고 분배는 악화된다. 그러면 국민들의 불만과 분노는 높아진다. 지금 우리나라가 10년 이상 2만불 시대를 벗어나지 못하는 이유는, 그리고 헬조선 등의 자기 부정적 용어가 언론에 등장하는 이유는 시대가 요구하는 변화와 개혁 – 4대 선진화개혁 – 을 제대로 하지 못했기 때문이다.

제7: 당면 5대 국가위기적 국가과제

우리 대한민국 국민포럼은 지금 대한민국은 (1) 통일의 위기 (2) 민주주의의 표류 (3) 시장자본주의 위기 (4) 4대 국가개혁의 부진 (5) 국가공동체의 분열과 해체 등의 〈5대 국가위기〉를 맞이하고 있다고 생각한다. 그리고 앞으로 이 5대 국가위기적 국가과제를 해결할 새로운 정치세력이, 새로운 역사주체가 이 땅에 등장하여야 한다고 생각한다.

상론하면 〈5대 국가위기적 국가과제〉는 첫째, 천재일우의 통일의 기회가 다가오고 있는데 이를 확실히 잡아 〈한반도 통일〉을 성공적으로 달성하는 문제이다. 둘째, (1) 집단이기주의와 (2) 과잉 포퓰리즘, (3) 법치주의의 후퇴 등으로 표류하고 있는 대한민국의 〈자유민주주의〉를 올바로 정착 발전시키는 문제이다. 셋째, 반(反)시장주의와 반(反)세계화의 대외환경 속에서, 그리고 저성장과 양극화라는 대내조건 속에서 흔들리는 대한민국의 〈시장자본주의〉 - 환언하면 국민경제 - 를 새롭게 혁신하고 발전시키는 문제이다. 넷째, 대한민국의 선진화를 위하여 4대 국가시스템 개혁 - 국가개조를 위한 교육·시장·정부·지방개혁 - 을 성공적으로 완성시키는 문제이다. 다섯째, 분열하고 해체되고 있는 대한민국이라는 〈국가공동체〉의 - 특히 〈가치공동체성〉 - 을 유지 보강하고 발전시키는 일이다. 이들 5가지 국가과제를 올바로 풀어야 지속가능한 선진통일과 세계국가를 이루어 내는 대한민국을 만들어 낼 수 있다. 따라서 이들 과제의 성공적 수행이 21세기 대한민국 성공에 전제조건이 된다.

통일

제8: 한반도 통일의 기본원칙과 방향

우리 대한민국 국민포럼은 향후 대한민국이 풀어야 할 제1의 국가과제는 한반도의 〈자유민주주의적 통일〉이라고 확신한다. 이 통일은 당연히 대한민국의 〈헌법적 가치〉를 존중하고 그를 이념적 가치적 기반으로 하는 통일이어야 한다. 한마디로 자유민주주의·시장경제·법치주의를 실현하기 위한 통일이어야 한다. 따라서 우리의 통일은 북한의 3대 세습 수령절대주의와는 결코 양립하지 못한다. 따라서 통일은 3대 세습의 비(非)정상국가의 해체와 환골탈퇴를 의미한다.

우리사회 일각에 남과 북의 중도(中道)체제적 통일을 주장하는 세력이나, 평화통일을 주장하면서 평화를 앞세워 통일을 미루는 세력이 있다면 이는 기본적으로 반(反)통일세력이다. 노예사회와 자유사회 사이에 통합은 없다. 또한 평화통일보다 통일평화가 올바른 방향이다.

제9: 북한에 친한(親韓) 통일세력 등장의 중요성

우리 대한민국 국민포럼은 북한에 개혁개방을 지향하는 〈자유주의적 친한(親韓)통일세력〉이 등장하도록 도와야 한다. 그래야 통일이 시작된다고 믿는다. 가까이 다가오는 한반도 통일이 자유민주주의 통일이어야 하기 때문에 북한은 통일과정에서 〈전(前)근대적 비(非)정상(국가)〉에서, 개방개혁의 〈근대적 정상국가〉로의 변혁이 불가피하다. 따라서 북한에 북한의 개혁개방을 지향하는 〈자유주의 세력〉, 남북통일을 원하는 〈친한(親韓) 통일세력〉이 등장하여야 하고 우리는 이들의 등장을 적극 도와야하고 우리는 이들과 함께 북의 변화와 통일과정을 관리하여야 한다.

우리 대한민국 국민포럼은 남한에서 지금도 하고 있는 대북정책이 대화와 교류여야 하는가, 압박과 제재여야 하는가 하는 논쟁은 의미 있는 논쟁이라고 보지 않는다. 대화든 압박이든 북한의 자유주의적 친한(親韓)통일세력, 개혁개방세력의 등장에 기여하면 올바른 통일전략이고, 그 반대로 오히려 북한의 3대 세습정권의 유지와 강화를 돕는 것이 되면 그 전략은 반(反)통일의 대북정책이 된다고 본다.

제10: 통일 2단계론

우리 대한민국 국민포럼은 자유민주주의 통일은 두 단계를 거쳐야 한다고 생각한다. 제1단계는 북한에 자유주의적 개혁 개방의 지방정부 – 지방자치정부 – 를 세우는 단계이다. 물론 친한(親韓) 통일세력이 주도하여야 하고 우리가 도와야 한다. 이 제1단계에서는 남과 북한의 인적 · 물적 교류는 제한적이어야 한다. 그래서 북한이 독자적 개혁개방 계획을 추진할 수 있어야 한다. 북한은 상당기간 남한의 산업화 시대의 발전전략인 정부 주도의 노동집약적 수출지향의 발전 단계를 지나야 한다. 제2단계는 남북의 경제적·사회적·정치적 통합단계이다. 이때는 인적·물적 교류가 자유화 된다. 본격적인 재정·금융·노동·교육·법제통합 그리고 정치통합이 이루어 질 것이다. 2단계를 구상하는 가장 중요한 이유는 북한의 자생적 개혁능력을 극대화하고 개혁의지를 존중하기 위해서이다. 그리고 남한에도 대량탈북 등으로 인한 불필요한 부담을 줄이기 위해서이다.

제11: 통일의 최대의 장애

우리 대한민국 국민포럼은 북한의 급변이 반드시 통일로 연결되지 않을 위험성을 경계한다. 특히 가장 중요한 것이 중국의 〈군사적 개입〉의 가능성이 크다는 사실이다. 지금 중국은 북한의 급변사태 이후 북한을 중국화(中國化)하는 전략 – 변방 속국화 전략 – 을 가지고 있다. 즉 북한에 친(親)중국의 반(反)통일정권을 세우려 하고 있다. 물론 군사적 개입을 함께 하는 전략이다. 따라서 통일을 위해선 중국의 개입을 반드시 막아야 한다. 이를 막지 못하고 중국의 개입이 성공하면 한반도의 분단은 반(半)영구적으로 고착화된다. 중국이 이같은 시대착오적인 전략 – 북한의 중국화 전략 – 을 얼마나 강하게 추진할 것인가는 우리의 태도와 통일에 대한 결의에 달려 있다. 물론 세계의 양심세력이 있다면 우리의 통일을 지지할 것이다. 미국도 일본도 우리 통일을 반대하지 않을 것이다. 우리가 통일하겠다, 중국의 개입을 막겠다고 일전불사(一戰不辭)의 결기를 가지고 나가야 미국과 일본도 도울 생각을 하지, 자신들이 앞장서서 중국의 개입을 반대하면서 한반도 통일을 주장할 수 있는 입장은 아니지 않는가?

제12: 국가적 국민적 결단의 중요성

우리 대한민국 국민포럼은 최근까지 우리의 대북정책의 목표는 분단관리내지 유지정책이었지 적극적으로 북한의 변화 체제변화를 수반하는 통일정책이 아니었다고 생각한다. 또한 최근까지 우리의 정책은 북한정권의 행동을 바꾸려는, 돈을 주거나 압박을 하여 대남도발을 못하게 하는 정책이었지, 북한정권 그 자체를 바꾸어 북한동포를 해방하려는 진정한 통일정책이 아니었다. 보수정권이나 진보정권이나 마찬가지였다. 그러나 이제는 통일의 시기가 가까이 오고 있다. 더 이상 단순한 분단관리나 분단유지를 할 수 없는 시기로 들어간다. 이제는 북한 3대 세습체제의 변화를 통일로 연결시켜야 하는 결정적 시기로 들어가고 있다.

여기서 우리 대한민국 국민포럼은 한반도 통일은 이웃4강들이 결정할 문제가 아니라고 생각한다. 우리의 결의와 결단이 한반도 통일여부를 결정하게 될 것이라고 생각한다. 이제 대한민국은 결코 작은 나라가 아니다. 우리 모두가 하나 되어 〈하늘이 두 쪽이 나도〉 반드시 통일하겠다고 나가면, 우리의 통일에 가장 부정적인 중국도 우리를 막지 못한다고 생각한다.

미·중·일 등의 이웃나라들은 대한민국이 얼마나 강한 의지를 가지고 통일을 구체적으로 준비하는가를 냉정하게 관찰하고 있다. 그래서 우리 대한민국 국민포럼의 결론은 대한민국의 지도자와 국민의 열정과 결기가 한반도 통일의 성공여부를 결정할 것으로 본다. 따라서 오히려 문제는 우리 내부에 있다고 생각한다. 아직도 우리 내부에 조직적인 반(反)통일 세력이 있고 통일에 소극적인 정치권과 언론 그리고 국민정서 – 통일을 기회가 아니라 부담으로 보는 정서 – 도 있다. 우리 대한민국 국민포럼은 이러한 분위기와 세력들을 180도 바꾸기 위해 앞으로 대대적인 선진 통일운동을 전국적으로 조직화하고 앞장서려 한다.

제13: 향후의 외교 안보전략

우리 대한민국 국민포럼은 대한민국의 외교안보전략은 첫째가 자강(自强) 둘째가 동맹(同盟) 셋째가 균세(均勢)여야 한다고 생각한다. 우선 가장 중요한 것이 자주독립의 국가는 기본적으로 자기 힘으로 자기를 지킬 수 있어야 한다. 그래서 자주국방 노력은 많이 할수록 좋다. 다만 아직 자강노력만으로는 국가주권을 지키기 어려운 경우이기 때문에 - 바로 이웃에 대국(大國)이 존재하기 때문에 - 우리는 자위(自衛)를 위하여 동맹관계를 맺는다. 그래서 둘째가 동맹(同盟)이다 한미동맹의 강화가 기본이다. 왜 한미동맹을 기본으로 하여야 하는가? 왜 중국과의 동맹은 안 되는가? 미국과 중국은 몇 가지 근본적 차이를 가지고 있기 때문이다.

(1) 중국은 우리와 〈영토적 이해의 충돌〉이 가능하나, 미국은 너무 멀리 떨어져 그러한 위험이 전혀 없다. (2) 오늘날 중국은 경제적 군사적으로 부상하면서 〈중화주의적 패권주의〉를 추구하고 있다. 반면 미국은 국제규범을 준수하는 자유주의적 국제주의(rule-based liberal internationalism)질서 - 예컨대 항해의 자유, 무역의 자유, 그리고 분쟁의 평화적 해결 - 를 지켜 나가려 하고 있다. 미국이 지키려는 질서가 우리의 국익에 맞는다. (3) 미국은 세계최강의 정치적 경제적 군사적 대국이고, 또한 우리와 민주주의와 시장경제라는 국가이념과 가치를 함께 한다. 그래서 미국은 동맹 파트너로서는 최선의 상대이다.

세번째의 외교안보전략은 균세(均勢)이다. 즉 세력균형이다. 장기적으로는 중국과 일본 사이에 그리고 중국과 동남아 사이에 우리는 균세전략을 세워야 한다(통일 이전에는 일본과 연대, 중국을 설득하는 것이 옳다). 다만 균세전략도 단순한 〈국제적 눈치 보기〉나 〈전략적 모호성〉을 유지한다는 차원에서 하면 안 된다. 인류의 보편적 국제규범을 존중하는 나라와 노선을 지지한다는 확고한 원칙을 가지고 나가야 성공할 것이다.

제14: 북한의 비핵화문제

우리 대한민국 국민포럼은 북한의 핵개발은 대화와 협상을 통하여 해결될 수 없다고 생각한다. 북한의 비핵화는 현실적으로 두 가지 길 밖에 없다. 하나는 〈선제타격〉이다. 북한에 도발의 기미가 보일 때 선제타격하여 핵과 미사일을 폭파하는 길이다. 두 번째 길은 북한의 〈3대 세습체제의 해체〉이다. 환언하면 통일만이 비핵화를 가져 올 수 있다. 문제는 시간은 대한민국에 유리하지 않은 것 같다. 북한은 빠른 속도로 핵과 미사일 개발을 서두르고 있고 향후 1~2년 이내에 실전배치가 가능하다고 한다. 그런데 핵은 절대병기이기 때문에 실전 배치되면 남한과 북한의 군사균형은 깨지게 된다. 북한은 절대유리하고 남한은 절대불리하게 된다. 현재로서는 남한은 북한의 〈핵 인질〉이 될 가능성이 높다. 따라서 북한이 핵무기를 실전배치하기 전에 북핵문제를 해결하여야 한다. 선제타격이든 북한체제의 변화이든 우리의 선택폭은 넓지 않다. 결단은 빠를수록 좋다고 생각한다. 북한이 핵개발에 성공하고 실전에 배치한 후에도 우리가 북한의 핵인질이 되는 것을 피하려면, 유일한 길은 남한이 자체 핵을 개발하든지, 아니면 미국의 전술핵을 재도입하든지 결단을 내려야 한다. 현재와 같은 미국의 핵우산만으로는 대단히 불완전하다. 여러 가지 가능성을 책상 위에 놓고 검토하여야 한다. 우리 사회 일각에 검토하는 것 자체를 반대하는 의견들이 있는데 이는 잘못이다. 여하튼 우리에게 빠른 결단이 요구되는 시대이다. 비전을 가진 강한 리더십이 필요한 시대이다.

자유 민주주의

제15: 자유민주주의를 살리는 문제

우리 대한민국 국민포럼은 향후 대한민국이 풀어야 할 제2의 국가과제는 민주주의를 성공시키는 것이라고 생각한다. 대한민국의 민주주의는 지금 3가지 중병에 걸려 있다. 첫째가 정치지도자들의 〈포퓰리즘〉이다. 국가비전과 전략은 없고 인기영합의 선거공학(選擧工學)만 있다. 둘째는 일부 국민들 사이에 유행하는 〈폭민주의(暴民主義)〉이다. 시도 때도 없는 집단이기주의와 지역이기주의의 폭발이다. 셋째는 〈법치주의의 후퇴〉이다. 대한민국 사회에 〈법과 질서〉의 후퇴이다. 자유의 법(law of liberty) - 자유의 보호와 신장 - 이라는 법의 이념과 가치가 많이 후퇴하고 있다. 이상의 3가지 중병이 겹쳐지면, 결국 국가의 국정운영능력, 문제해결능력 소위 〈국가능력(state capacity)의 하락〉이 일어난다.

문제는 여기서 끝나지 않는다. 우리나라의 민주화가 대한민국의 발전을 위하여 많은 기여를 하였다. 그러나 민주화의 부작용도 있었다. 그것이 과잉(過剩)자유화, 과잉(過剩)권력분산화이다. 이로 인해 〈정부권력〉보다 〈국회권력〉과 〈시민사회권력〉이 커지고 있고 제왕화(帝王化)하고 있다. 지금까지 대한민국의 발전을 주도하여 온 대한민국의 정부·관료체제가 오늘에 이르러 무기력해지고 해체되는 조짐까지 보인다. 그래서 국가능력은 더욱 더 추락하고 그 결과 국가의 문제를 국가가 풀지 못하는 상황이 되어 간다. 그러면 대한민국의 자유민주주의는 실패하게 된다.

제16: 포퓰리즘

그래서 우리 대한민국 국민포럼은 일체의 정치적 정책적 포퓰리즘에 대하여 반대한다. 우리는 해방 후 가장 망국적(亡國的)인 포퓰리즘 정책이었던 〈수도분할이전〉이 크게 잘못된 결정이었다고 생각한다. 앞으로 통일과정에서 우리는 서울이 〈통일수도〉가 되어야한다. 그래서 종국적으로는 세종시 행정도시는 남과 북의 행정 모두를 관장할 통일수도로 올라와야 한다. 그래서 지금의 세종행정도시화는 당분간 현상유지에 머물면서, 교육 과학연구도시로 그 기능변화를 준비해야 한다. 그리고 통일이 되면 세종행정도시의 재(再)이전을 서둘러야 한다. 지금 세종행정도시라는 수도분할 이전으로 인하여 대한민국이 한없는 내출혈(內出血) – 국민과 공무원의 불편과 고통, 국정운영의 각종 낭비와 비효율 등 – 이 심하다. 가능한 빨리 더 이상의 내출혈을 막는 것이 국익이 된다.

한 동안 불었고 지금도 불고 있는 〈무상복지〉의 열풍 – 무상급식 청년수당 등등 – 도 대표적인 포퓰리즘 정책들이다. 소위 〈복지 포퓰리즘〉이다. 더 이상은 허용하여서는 아니 된다. 앞으로 걱정되는 것은 〈통일 포퓰리즘〉이다. 남북의 통합과정에 들어가자 말자, 같은 민족이니 최저임금도 사회보장도 남과 북이 같은 수준으로 하여야 한다고 주장하는 세력이 반드시 등장할 것이다. 아마 그동안 평화협정 등을 주장하면서 반(反)통일운동을 하던 세력들이 통일과정에 들어가면 가장 앞장서서 이러한 포퓰리즘적 주장들을 펼칠 것이다. 막아야 한다. 그대로 두면 북한경제도 남한경제도 모두 망치는 지름길이 될 것이다.

제17: 폭민주의(暴民主義)

우리 대한민국 국민포럼은 일체의 폭민주의에 반대한다. 해당 이익집단과의 충분한 토론과 국민들의 이해를 바탕으로 법치주의를 확고하게 세워 나가야 한다. 불법투쟁을 상시적인 이익투쟁의 수단으로 혹은 이념투쟁의 수단으로 이용하는 反(반)민주세력은 확실하게 제재하여야 한다. 이와 함께 제왕적 노동단체와 시민단체도 정리되어야 한다. 〈전교조, 민노총〉 등은 분명히 노동조합이다. 노동조합은 근로자들의 근로조건 향상을 주(主)목표로 한 단체이다. 이들 단체들이 근로조건의 향상이 아니라 정치투쟁·이념투쟁을 주(主)목표로 한다면 이들은 더 이상 노동조합이 아니기 때문에 적법절차에 따라 〈중앙노동위원회〉의 판결로 해산되어야 한다. 전교조와 민노총도 이제는 자신들의 정체성 – 이념적 정책적 정체성 – 에 대한 자기입장을 정리하여야 할 것이다. 노동조합의 길을 갈 것인가, 이념적 정치집단의 길을 갈 것인가, 입헌주의와 법치주의가 서지 못하면 민주주의는 허구가 된다.

대법원에서 이적단체로 판결 받은 범민련 등 13개 단체가 입법불비를 기화로 아직도 활동하고 있다. 국회는 이같은 이적단체를 강제해산시킬 수 있는 법률을 시급히 제정해야한다.

제18-1: 제왕적 대통령에 대한 통제

현행 헌법은 과거 권위주의적이었던 제4, 5 공화국의 대통령권한을 약화시킨 권력구조를 규정하고 있다. 그럼에도 불구하고 대통령이 총리나 장관 등 고위공직자 임명할 때 부적격자임명을 강행하고, 책임을 물어 사퇴시켜야할 자를 비호하는 등 헌법과 법률을 무시하는 행태를 보이고 있다. 그리고 여당의 공천과 인사에 개입하는 반(反)헌법적 행태를 보여왔다. 그래서 야당과 여당 일부에서도 대통령권력을 분산시키기 위한 이원집정부제 등 헌법개정의 필요성을 주장하게 되었다. 현행 헌법이 잘못된 것이 아니라 헌법에 규정된 대로 직무를 수행하지 않는 대통령의 책임이 큰 것이다. 국무위원 임명에 국무총리의 제청권을 보장하고 국정 중요현안에 대해 국무회의의 실질적 심의권을 보장하는 등 기관 내 통제를 하고, 국회 특히 여당이 대통령의 권력남용을 견제해야하고, 헌법과 법률을 위배하여 직무를 행할 때는 국회가 탄핵소추를 의결하는 등 기관 외 통제를 강화해야 할 것이다.

제18-2: 의회권력과 시민사회권력의 제왕화(帝王化)

우리 대한민국 국민포럼은 민주주의가 성공하려면 〈정부권력〉과 〈의회권력〉이 균형을 잡아야 한다고 생각한다. 〈선출직〉(의회)은 민주적 정당성은 강하나 국정운영의 전문성은 약하고 포퓰리즘의 포로가 될 위험이 크다. 반면에 〈임명직〉(정부)은 정당성은 약하나 국정운영의 전문성은 강하다. 그러나 권위주의에 빠질 위험이 크다. 지금 대한민국에서는 정부권력이 약화되고 있고, 의회권력과 시민사회권력이 제왕화(帝王化)되고 있다. 따라서 국회법 개정, 시민운동법 제정 등을 통하여 국회와 시민단체의 제왕화를 막아야한다.

(1) 국회법 개혁을 추진하여 의회의 권한을 제한하여야 한다. 헌법이 보장한 다수결원칙을 부정하고 국회의 권능을 마비시키는 국회법(이른바 국회선진화법)을 즉시 개정하여야한다.

(2) 관료개혁을 통해 정부의 국정운영을 강화하여야 한다. 즉 정부의 국정운영의 효율성과 생산성을 높여야 한다. 그래서 공무원들이 신바람 나게 사명감을 가지고 일할 수 있도록 만들어야 한다.

(3) 시민사회를 비(非)이념화하여야 한다. 시민사회는 공동선을 추구하는 시민의 자발적 민주적 조직이 되어야 한다. 특정 이념 혹은 정파에 봉사하는 직업운동가들의 비(非)민주적 조직이 되어서는 안 된다. 이 둘을 구별하여 보호와 억제정책을 함께 사용하여야 한다.

제18-3: 사법개혁

법치주의와 사법정의를 정면으로 침해하는 이른바 전관예우와 연고주의라는 전근대적 비민주적 행태를 척결해야한다. 법관징계법과 검사징계법을 개정하고,「고위공직자 비리수사처(공수처)」를 설치하여 판검사를 비롯한 고위공직자에 대한 수사와 기소를 독립적으로 수행하도록 해야 할 것이다.

제19: 정치개혁의 기본과제: 정당개혁으로부터

우리 대한민국 국민포럼은 정치의 무능(無能)과 저(低)생산성을 극복하려면 정당개혁부터 시작하여야 한다고 생각한다. 우리의 정당이 근대적 〈이념정당〉〈가치정당〉〈국가전략정당〉〈정책정당〉〈세계관정당〉〈역사관정당〉으로 거듭나야 한다고 생각한다. 정당의 근대화, 선진화가 선행하여야 개혁의 시대가 요구하는 〈강력한 이념과 정책〉 그리고 〈강력한 정치리더십〉을 정당에서 만들어 낼 수 있다.

주지하듯이 우리나라에는 근대적 정당이 없다. 전근대적 붕당(朋黨)과 사당(私黨)만 있다. 그래서 모든 정치가 소수 정치인들의 〈개인비지니스(private business)〉가 되고 있다. 개인의 〈이미지 관리〉〈스토리 관리〉와 〈여론 관리〉가 정치의 主(주)가 되고 있다. 국가비전과 국가전략은 부차적인 정치의 액세서리가 되고 있다. 그러니 정치가 더 이상 공덕(公的)사업(public enterprise) – 국가경영형 정치 – 이 아니게 되고 있다.

한마디로 대한민국의 정치는 소수 정치지도자들에게 사유화(私有化)되어 버렸다. 〈친박, 친노〉라는 시대착오적인 계파명이 의미하는 것이 무엇인가, 또한 국민의 당을 중도정당이라고 부르지 않고 안철수 당이라고 부르는 언론의 관행이 무엇을 보여주고 있는가는 대한민국 정치가 이념과 가치, 그리고 비전과 정책 경쟁이 아니라, 소수집단의 사유물(私有物), 개인비지니스가 되었다는 것을 보여주는 것이다.

제20: 정당개혁의 핵심 과제

우리나라 정치가 왜 생산성이 낮고 소수 정치인들의 사유물이 되었는가? 가장 중요한 이유는 정당의 부실(不實)때문이다. 근대적 공당(公黨)의 부재 때문이다. 어느 나라든 국가비전과 전략을 만들어 내는 곳이 정당이다. 훌륭한 정치리더십을 길러 내는 곳도 본래는 정당이어야 한다. 그런데 대한민국에는 근대적 공당이 없고 정당이 부실하니 국가비전도 훌륭한 리더십도 나오지 않는 것이다. 결국 정치개혁은 정당개혁부터 시작하여, 선거제도 개혁 그리고 의회개혁 그리고 권력구조개혁(헌법개정)으로 나가야 한다. 그러면 우선 시급한 정당개혁의 핵심은 어디에 있는가? 어디서부터 출발하여야 하는가? 한마디로 정당과 정치를 〈국민 속으로〉〈역사 속으로〉 들어가게 만드는데서 시작하여야 한다. 여의도에는 정당과 정치가 있는데 국민과 역사 속에는 정당도 정치도 없다.

국민과 역사 속으로 들어가는 정당을 만들려면 다음의 세 가지가 필수이다. 첫째는 이념의 깃발을 세워야 한다. 국민도 역사도 변화와 개혁을 요구하는 시대이다. 변화와 개혁의 이념을 확실히 세워야 한다.

둘째는 정무(政務)와 당무(黨務)를 분리하여야 한다. 선출직/국회의원은 당무를 맡아서는 안 된다. 당의 운영은 〈전문적 당관료〉가 맡아야 한다. 그래서 정무대표(원내대표)는 국회의원들의 국회활동을 지원하고, 당무대표는 당의 활동을 맡아서 국가비전개발 정책개발, 당원의 조직과 훈련, 차세대양성과 선출직 후보자개발, 진성당원관리와 지지자 네트워크(network) 관리 등등에 올인 하여야 한다. 그래야 국민과 역사 속으로 들어

가는 근대적 공당(公黨)을 만들 수 있다.

지금은 당(黨)의 정무(政務)기능은 있는데 당무(黨務)기능이 거의 제대로 집행되지 않고 있다. 이것이 당 부실의 원인이다.

셋째는 당내(黨內)민주주의를 대폭 확대하여야 한다. 중앙당이 직접 조직 교육 관리하는 진성당원들을 획기적으로 확대하고 이들 한 사람 한 사람을 〈이념적 정책적 동업자〉로 만들어야 한다. 이들을 당의 이념과 정책에 대하여 확신을 가진 동업자로 만들면서 당의 정책적 결정에 참여의 폭을 넓혀야 한다. 궁극적으로는 모든 공천은 진성당원이 하여야 한다. 당내 민주주의의 확대와 더불어 〈당의 개방화〉도 추진하여야 한다. 즉 개방형 지지자 네트워크를 다양하게 확대하여야한다.

근대적 공당을 만들기 위한 정당개혁운동이 기존의 정당내부에서 나올 수 있으면 가장 바람직하다. 그러나 기존의 정당이 변화를 거부하고 기득권에 안주한다면, 제도권 밖에서 개혁적인 제3당 제4당이 등장하여 새로운 정당의 모델 - 새로운 조직과 운영체계 - 을 보여주는 것이 불가피할 것이고 또한 바람직할 것이다.

제21: 정치개혁의 기본방향: 〈애민(愛民)과 선공후사(先公後私)에 기초한 국가경영형 정치〉를 향하여

우리 대한민국 국민포럼은 대한민국의 국가개조개혁과 선진통일을 위하여 우리나라 정치가 혁명적으로 혁신되어야 한다고 생각한다. 〈이익정치〉에서 〈가치정치〉로 〈권력투쟁형 정치〉에서 〈국가경영형 정치〉로 〈지역과 연고〉의 정치에서 〈국가비전과 정책경쟁〉의 정치로, 〈인기영합〉의 정치에서 〈세계관과 역사관〉을 가진 정치로 크게 환골탈퇴 되어야 한다. 이를 위해선 3가지가 필요하다.

첫째는 정치리더십의 〈정신적 혁신〉〈도덕적 혁신〉이 있어야 한다. 정치인들의 애민(愛民)과 위민(爲民)의식이, 그리고 선공후사(先公後私)의 공인(公人)정신 그리고 솔선수범(率先垂範)하는 노블리스 오블리주의 자세가 크게 높아져야 한다. 지금 우리 정치에서 이 부분이 제일 약하다. 그래서 정치가 국민의 불신을 받고 있다. 정치는 결코 사익(私益)을 위한 개인의 비지니스가 아니다. 국가발전과 국리민복을 위한 공적인 사업, 공업(公業)임을 마음속 깊이 각인하여야 한다.

둘째는 앞에서 이야기한 〈정당개혁〉이 반드시 있어야 한다. 근대적 공당이 우뚝 서야 정치개혁이 시작될 수 있다. 사당(私黨)과 붕당(朋黨)이 지배하는 구조를 이대로 두고 정치개혁을 기대하기 어렵다. 정당개혁 후에는 선거개혁 그리고 의회개혁 등을 해내야 한다. 그래서 〈애민(愛民)의 국가경영형 정치지도자〉가 성공할 수 있는 정당질서와 문화, 선거질서와 문화를 만들어야 한다.

셋째는 일반 국민의 공민(公民)의식 – 민주시민의식 – 이 크게 높아져야 한다. 권리주장과 책임의식이 같이 가야하고, 개인의 이익과 공동체의 이익을 조화할 수 있어야 한다. 소위 공익(公益)을 외면하고 자기이익만을 주장하는 폭민주의는 성숙한 민주주의로 가는 길에 큰 장애(障碍)가 된다. 성숙한 민주시민의식 없이는 자유민주주의는 성공할 수 없다.

제22: 헌법개정 논의에 대하여

결론부터 이야기하면 우리 대한민국 국민포럼은 오늘날 대한민국에 필요한 것은 〈강한 대통령제〉라고 생각한다. 왜냐하면 북한의 기습적 도발에 제대로 대응하고, 국가개조와 선진통일을 이루어 나갈 수 있기 때문이다. 지금의 여건에서 〈분권형 대통령제〉는 국가능력만을 약화시킬 위험이 크다. 분권형 대통령제 - 이원(二元)집정부제이든 내각제이든 - 를 실시하여 국회의원들을 내각에 입각시키면, 국가능력이 과연 올라갈까?

주지하듯이 국회의원들은 아직 정책전문성도 약하고 선공후사(先公後私)의 정신도 약하다. 공공선택이론에 따르면 본래 선거를 통하여 뽑으면 최선이 아니라 즉 〈중간 이하〉가 당선된다고 한다. 이러한 선거제의 약점을 보완하는 것이 〈정당〉이다.

정당이 건실하면 일관성 있는 국가비전과 국가 전략도 세울 수 있고 출중하고 유능한 정치리더십도 정당을 통하여 길러낼 수 있다. 그래서 〈강한 정당〉이 있으면 내각제를 하여도 큰 문제가 없다. 그러나 불행히도 우리나라는 그러한 근대적 정당이 없다. 정당이 모두 전근대적인 사당(私黨) 붕당(朋黨)이 되어 있다.

또한 국회의원들이 내각에 참여하여도 국가능력이 약화되지 않으려면 〈직업공무원제도〉가 건실하게 정착되어 있어야 한다. 그런데 우리나라의 직업공무원제도는 아직 정치권의 무분별한 포퓰리즘을 견제할 정도로 강건하지 못하다. 더구나 아직 이원집정부제나 내각책임제를 할 정도로 금도(襟度)와 절제의 정치인도 정치문화도 없다. 분권형 대통령제는 정치적으로 〈권력 나누기〉로 끝날 위험이 많다.

특히 통일을 적극적으로 맞이하여야 할 대한민국에선, 또한 일련의 국가개조개혁을 하여 선진화를 이루어야 할 대한민국에선 〈강한 대통령제〉, 그리고 유덕하고 유능한 〈직업관료제 정부〉가 필요하다고 본다. 지금은 헌법개정을 논의 할 때가 아니라고 본다. 머지않아 한반도가 통일과정으로 들어가면 반드시 통일헌법에 대한 논의와 준비가 필요하게 될 것이다. 지금부터 〈통일헌법〉에 대한 준비는 필요하지만, 현재 진행되고 있는 개헌논의 - 국내 상황만 반영하고 특정 정파의 이익만 고려한 논의 - 는 한반도

전체의 역사의 흐름과 가까이 닥칠 통일의 문제를 외면한 논의가 될 것이다.

다만 한 가지 첨언하다면 통일과 국가개조개혁을 위하여 권력은 정부에 집중하되 - 강(强)한 대통령제 - 권력의 행사는 반드시 협치(協治)형 내지 집단공치(集團共治)형으로 하여야 한다. 이제 단치(單治)로 국가경영을 할 수 없는 시대이다. 대통령 혼자 할 수 없다. 가까운 몇 사람만 가지고도 안 된다. 천하의 인재를 모아 - 천하의 집단지성을 모아 - 그들의 지혜와 경륜에 의지하여 나라를 경영하여야 한다. 〈강한 정부에 넓은 인재〉가 필요한 시대다.

시장자본주의

제23: 시장자본주의・국민경제를 살리고 발전시키는 과제

우리는 대한민국 국민포럼은 향후 대한민국이 풀어야 할 제3의 국가과제는 우리나라의 국민경제를 어떻게 살릴 것인가, 그래서 시장자본주의를 어떻게 발전시킬 것인가 하는 문제라고 생각한다. 이를 위해선 가장 중요하고 시급한 과제는 〈고(高)성장과 선(善)분배〉를 동시에 이룰 수 있는 성장과 분배가 선순환을 할 수 있는 길을 찾는 것이다. 지금까지 우리나라의 경제사도, 인류의 경제사도 모두 고성장은 선분배 - 분배개선 - 와 함께 하고, 역으로 저성장은 분배악화와 함께 하는 경우가 지배적 현상이었다. 그래서 성장과 분배를 양자택일하려는 생각은 잘못이다. 양자는 동전의 양면이다. 둘을 함께 추구하여야 지속가능한 정책이다. 분배개선형

성장정책(스마트 성장)이 정답이다.

우리 사회일각에서는 바람직한 경제정책의 방향으로 〈복지확대〉와 〈경제민주화〉를 주장하는 이야기들이 많다. 〈복지확대〉는 본래 분배개선을 목표로 하는 정책이나 우리나라에서의 실증적 결과는 복지재정을 확대하였을 뿐 분배개선효과는 별로 없는 것으로, 아니 오히려 분배를 악화시키는 역진(逆進)적인 것으로 나타나고 있다. 예컨대 1997년 사회복지지출이 GDP의 3.6%였으나 2014년에는 10.4%까지 급격히 증가시켰다. 그러나 동기간 중 소득불평등도를 나타내는 지니(Gini)계수는 0.23에서 0.33으로 크게 악화되었다. 분배개선에 크게 기여하지 못하고 방만한 복지확대만 있었던 것이다. 그래서 필요한 것은 무조건의 복지확대가 아니고 전달체계(delivery system)의 개혁부터 시작하는 것이다. 과연 꼭 필요한 사람들에게 필요한 수준의 복지가 제대로 전달되었는가 하는 문제부터 점검해야 한다.

헌법 제119조 제1항은 대한민국의 경제질서는 경제상의 자유와 창의를 존중함을 기본으로 한다는 〈자유적 시장경제〉를 규정하고 있다. 동조 제2항은 국민경제의 성장과 적정한 소득분배를 유지하고 공정한 시장질서를 보장하고 경제의 민주화를 위해 국가가 개입하는 〈사회적 시장경제〉를 규정하고 있다. 자본주의적 자유시장경제를 기본으로 하면서 복지와 사회정의원리를 도입한 사회적 시장경제질서를 채택하고 있다. 경제민주화가 이론적으로 〈사회적 시장경제〉를 의미한다면 그 내용은 이미 우리 헌법 제32조, 제34조, 제119조②항, 제23조 ②항 등 여러 조항에 다 들어있다. 해방 후 지금까지 우리나라는 〈자유적 시장경제〉와 〈사회적 시장경제〉를 결합하는 경제정책을 세우고 추진하여 오고 있다. 새로운 것이 아니다.

지금 일부에서 〈자유적 시장경제〉를 기본으로 한다는 헌법 제10조, 제

119조①항, 제23조①항과 ③항의 시장경제의 대원칙은 외면한 채, 〈무조건 복지확대〉와 〈재벌 비판내지 공격〉의 깃발로 경제민주화를 거론하는 것으로 보인다. 듣기는 좋으나 결국은 대기업 활동만 위축시켜 대기업 근로자는 물론 대기업에 연계된 중소기업에 소득감소 효과만을 주게 된다. 그리고 급격한 복지확대는 복지전달체계의 개혁은 없고 개혁없는 방만한 복지의 양적 확대만 가져와 결과적으로 성장위축과 분배악화를 함께 초래하게 된다. 복지국가도 경제민주화도 다 좋은 이야기이지만 좀 더 이론적 고찰과 실증적 분석이 뒷받침되어야 할 것이다. 그렇지 못하면 포퓰리즘적 구호에 머무르게 된다.

우리 대한민국 국민포럼도 복지정책도 재벌규제정책도 꼭 필요하고 대단히 중요하다고 본다. 그러나 무상복지와 단순한 재벌공격이 그 해법은 아니라고 생각한다. 그 방향과 내용은 이들 〈좌파 포퓰리스트〉들과는 크게 -180도- 다르다. 뒤에 후술한다.

제24: 시장개혁-시장질서 개혁의 시급성

〈고(高)성장과 선(善)분배〉을 위하여 가장 시급한 것이 〈시장질서 개혁〉이다. 특히 4대 시장질서 -상품 · 서비스 · 금융 · 노동시장- 를 〈자유롭게〉〈공정하게〉〈투명하게〉 만드는 것이다. 역사적으로 보면 어느 시대이든 어느 지역이든 반(反)자유, 반(反)공정, 반(反)투명시장은 자원의 효율적 흐름을 막아 성장률을 낮추고 분배의 악화에도 주원인이 되어 왔다. 대표적인 것이 사회주의(社會主義)경제이고 수입대체(輸入代替) 단계의 후진국 경제였다. 따라서 성장과 분배를 동시에 이루어 내기 위하여 가장 시급한 것이 시장질서를 자유롭고 공정하게 그리고 투명하게 바로잡는 것이다.

우리나라는 산업화를 국가주도와 대기업주도로 하여 왔기 때문에, 시장질서가 관치와 특혜로 왜곡되어 과도한 독과점 체제와 분식회계로 인하여 자유롭고 공정하고 투명하지 못한 경우가 많았고 아직도 잘못된 과거의 제도와 관행과 문화가 많이 남아 있다. 선진국으로 나가려면 이들의 과거의 제도와 관행 등을 대대적으로 광정(匡正)하는 것이 시급하다. 이 근본문제를 풀지 않고 복지만 늘리면 성장도 분배도 좋아 진다는 것은 단견(短見) 중의 단견이다.

시장질서개혁 – 4대 시장개혁 – 을 하여야 두 가지 문제가 풀린다. 하나는 〈성장의 문제〉가 풀린다. 저성장을 극복할 수 있다. 21세기 진행되고 있는 세계화, 지식정보화, 제4차 산업혁명시대에 부합하는 경제성장을 위해서는 – 새로운 혁신적 창업을 위해서도 기존기업의 혁신노력의 촉진을 위해서도 – 〈혁신적 기업생태계와 산업생태계〉를 만드는 것이 필수적이다. 그런데 이러한 〈기업혁신의 생태계〉는 바로 자유롭고 공정하고 투명한 시장질서 속에서만 자란다. 반(反)자유, 반(反)공정, 반(反)투명의 시장질서 속에서는 기업혁신의 생태계는 결코 나오지 않는다.

그리고 다른 하나는 〈분배개선의 문제〉가 풀린다. 우리 시장질서의 공정성 투명성을 높이면, 지금의 중소기업, 자영업, 중소기업노동자, 비정규적 노동자 등이 처한 상대적으로 열등한 시장에서의 지위를 크게 개선할 수 있다. 그래서 분배개선을 위해서도 시장에서의 생산질서 (1차 분배질서)를 바꾸는 시장질서개혁부터 시작하여야 한다. 이 부분 – 시장의 불공정성 불투명성 – 이 사실 분배의 불평등을 만들어 내는 가장 큰 원인이 되고 있기 때문이다. 조세와 복지를 고치는 재분배질서 (2차 분배질서)의 개혁은 앞에서도 보았지만 실증분석결과 분배개선 기여도가 그렇게 크지 않다. 따라서 분배개선(상대빈곤)은 시장개혁에 맡기고, 복지개혁은 절대빈곤을 구제하는데 집중하는 것이 바람직하다.

제25: 新(신)산업정책과 복지개혁

우리 대한민국 국민포럼은 고(高)성장과 선(善)분배를 위해선 우선 주(主)정책으로 〈시장질서개혁-4대 시장질서개혁〉을 추진하고, 다음으로 고성장을 위한 보조전략으로 동태적으로 국가적 차원에서 새로운 비교우위를 만드는 〈신(新)산업정책〉을, 그리고 분배개선 특히 절대빈곤층의 해소를 위한 보조전략으로서 〈복지개혁〉을 추진하여야 한다고 생각한다.

산업정책은 선 후진국을 막론하고 어느 시대 어느 나라나 다 있는 법이다. 그 내용이 시대와 나라에 따라 다를 뿐이다. 1960~1970년대의 산업화 시대의 구(舊) 산업정책과 달리, 21세기 〈신(新) 산업정책(혁신정책이라고 불리기도 한다)〉은 다음의 두 가지 특징을 가진다. 하나는 그 방식이 관주도(官主導)가 아니라 민관협치(民官協治)여야 한다. 민과 관 간의 국내외의 경제상황, 미래산업 – 새로운 비교우위분야 – 의 종류와 특징, 민간주도의 혁신생태계 형성을 도울 수 있는 정부의 역할 등에 대한 대화·소통·정보교류로부터 시작된다. 다른 하나는 특정산업이나 기업을 선정하여 정부가 직접 지원 – 예컨대 재정금융지원 등 – 을 하려 하지 말고 미래산업이나 기업의 발전환경 – 혁신생태계의 형성 – 을 도울 수 있는 분야, 특히 정부지원이나 투자의 외부효과(externality)가 큰 교육과 훈련, 기초과학과 기술개발 등에 지원과 투자를 하여야 한다. 요약하면 민관협치(民官協治)와 정부의 간접(間接)지원이 신 산업정책의 두 축이 된다.

다음은 분배개선의 보조전략 – 정확하게 이야기하면 절대빈곤층 해소전략 – 으로서의 〈복지개혁〉이다. 시장질서개혁으로 제1차 분배질서를 바로 잡은 후에는 제2차 분배질서, 즉 재분배질서의 개혁으로 들어가야 한다. 이것이 소위 복지개혁이다. 우선 복지개혁의 문제는 지금의 복지재정이 제대로 쓰이고 있는가하는 문제부터 시작해야 한다. 진정으로 필요한 계층에 필요한 재화와 서비스가 제대로 전달되는가 하는 문제이다. 지금의 상황은 정치적 포퓰리즘으로 우선 복지재정은 크게 확대하였으나 그 집행(delivery system)의 비효율과 불공정이 많아 복지정책이 소득분배의 개선에 기여하지 않고 오히려 악화시키고 있다는 문제까지 있다. 복지재정이 가지 말아야 할 중(中)소득자 들에게 불필요하게 가고 저(低)소득자 중에는 전혀 복지혜택을 못 받는 소위 사각(死角)지대가 많다는 이야기이다. 이러한 비효율과 불공정을 고쳐서 절대빈곤층 해소에 기여하는 것이 복지개혁이다.

제26: 시장개혁−4대 시장 혁명적 개혁

우리 대한민국 국민포럼은 우리나라의 고성장과 선(善)분배를 위한 시장질서개혁을 위하여 우선 다음의 개혁이 있어야 한다고 생각한다.

(1) 일체의 대기업의 〈독과점과 카르텔 구조〉를 혁파하여야 한다. 독과점과 카르텔은 경제성장에도 분배개선에도 모두 역기능을 하기 때문이다. 이를 위해 공정거래정책을 대폭 강화하여야 한다. 후술할 〈경제적 법치주의〉 수준으로 높여야 한다. 엄정하고 예외가 없어야 한다.

(2) 관습화된 기업들의 탈세와 절세구조를 혁파하고, 분식회계와 비자금 등 모든 〈회계불투명성〉을 척결하여야 한다. 그래서 시장질서의 투명성을 확실하게 확보해야 한다. 시장경제 자본주의에 대한 신뢰성을 높이는 결정적 계기가 될 것이고 더 나아가 사회적 자본(social capital)을 높이는 전기가 될 것이다. 미국에서 2001년 분식회계가 문제가 되었던 엔론의 CEO는 1심에서 징역 24년 형을 구형 받았다.

(3) 〈모든 마피아 구조〉 − 관(官)피아, 법(法)피아, 정(政)피아, 학(學)피아 − 를 혁파하는 것이다. 이제는 끼리끼리 담합구조 − 일종의 〈특권구조〉 − 를 이대

로 방치하고서는 시장질서의 공정성도 효율성도 확보할 수 없다. 선진경제도 남북통일도 이룰 수 없다. 물론 각종의 마피아구조에는 일정한 합리적인 부분 – 예컨대 정책적 실무적 전문성의 활용 등 – 이 있는 것도 사실이다. 그러한 부분을 살리려면 인사과정과 절차를 철저히 합리화 객관화 하여야 한다. 단순히 〈정치적 영향력〉을 사고파는 관계가 되어선 시장의 자유경쟁 공정경쟁을 정면으로 부정하는 반(反)시장적 망국적 관행이 된다.

(4) 정부의 규제정책과 정부의 지원정책으로 생기는 일체의 〈특혜구조〉 중 특히 〈비합리적 특혜구조〉를 혁파해야 한다. 정부규제는 피(被)규제자를 불리하게 만들고, 규제를 받지 않는 자를 유리하게 만든다. 정부의 지원정책은 지원을 받는 자를 유리하게 만들고 지원을 받지 못하는 자를 불리하게 만든다. 한마디로 특혜구조를 만들어 낸다. 처음에는 규제든 지원이든 합리적 이유에서 시작한다. 그러나 쉽게 이권화 되어 〈비합리적 특혜구조〉로 변질하기 쉽다. 그렇게 되면 시장의 효율성과 공정성 모두를 크게 해하게 된다. 뒤따라 부패구조도 등장한다.

(5) 각종 이익집단들의 공익(公益)파괴행위는 철저히 근절하여야 한다. 지역이익, 직종이익 등을 중심으로 모여서 시장의 경기규칙(rule of game) 즉 자유 공정 투명한 교환질서 자체를 왜곡시키는 모든 행위는 확실하게 척결되어야 한다. 경쟁규칙(경제적 법치주의)을 무시하거나 바꾸어 사익을 도모하는 행위는 처벌되어야 한다.

(6) 모든 전(前)근대적 권위주의적 갑(甲)질 문화는 근절해야 한다. 평등하고 수평적이어야 할 시장질서가 수직적인 지배복종관계가 되어서는 시장질서의 자원배분상의 효율성도 공정성도 확보될 수 없다. 반(反)시장적이다.

이상의 6가지의 모든 비(非)자유, 반(反)공정, 반(反)투명의 시장관행과 질서는 확실하게 혁파되어야 한다. 그래야 고성장 선분배가 이루어 질 수 있다. 이 시장질서 개혁은 4대 시장(상품·서비스·금융·노동) 개혁의 핵심이 되어야 한다. 상품시장과 서비스시장에서의 시장질서개혁은 앞에서의 6가지 왜곡된 질서와 관행을 고치면 된다.

그러나 금융시장과 노동시장에는 별도의 추가적이며 근본적인 문제가 있다. 우리나라 금융시장질서는 〈정부 관료〉와 〈금융기관〉과 〈특혜 대기업〉, 3자의 끼리끼리 봐주기 카르텔 - 유착관계 - 이 가장 큰 문제이다. 이 때문에 우리나라 금융산업이 세계적으로 가장 낙후된 금융산업의 하나가 되었다. 주기적으로 나타나는 부실기업정리 금융부실은 모두 이 카르텔 구조 때문이다. 따라서 금융시장질서를 자유, 공정, 투명하게 하기 위하여 관료 - 금융인, 대기업인 사이의 반(反)시장적 카르텔 - 유착관계를 깨야 한다.

노동시장도 고질적이고 근본적인 문제를 가지고 있다. 지금 대기업과 공기업의 노동조합은 일종의 특권적 카르텔을 형성하여 과(過)보호 - 고임금과 특혜적 근로조건 - 를 요구하고 또 실현해 왔다. 그래서 〈특권적 귀족노조 층〉을 형성하고 있다. 반면에 중소기업노조나 비(非)정규직 등의 경우는 과소(過少)보호 - 저임금과 열악한 근로조건 - 되어 왔다. 노동시장질서 개혁을 위해선 귀족화된 대기업과 공기업노조의 과(過)보호를 깨야 하고, 중소노조와 비정규직의 과소(過少)보호를 대폭 개선해야 한다. 이 또한 지난(至難)한 일이다. 강력한 개혁적 리더십 없이는 어려운 일이다.

이 같이 모든 시장 질서 - 상품시장, 서비스시장, 금융시장, 노동시장 등 - 를 자유롭고 공정하고 투명하게 만드는 것 - 일체의 특권과 특혜, 부정과 비리를 없애는 것 - 이 시장질서개혁이고, 이 〈혁명적 시장질서개혁〉이 바로 21세기 초(超)세계화 초(超)지식정보화 시대 그리고 제4차산업혁명의 시대에 대한민국의 시장자본주의를 구하고 〈성장과 분배를 함께 높이는 지름길〉이 될 것이다.

제27: 재벌의 문제

우리 대한민국 국민포럼은 한국재벌이 국가와 국민의 적극적 지원 아래 성장한 존재라고 생각한다. 그러면서 대한민국의 선도적 핵심 성장동력으로 경제성장에 적지 않은 기여를 하여 왔다고 본다. 그러나 오늘날 재벌이 문제가 되는 것은 단순한 기업조직을 넘어 정치·경제·사회·전반에 큰 영향력을 행사하는 거대한 조직이 되고 있다는 사실이다. 그리고 그 영향력은 갈수록 더 커지고 있다. 재벌은 이제 정당, 행정부, 언론, 더 나아가 법조계, 학계까지 막대한 영향력의 네트워크를 구축하고 있다. 그리고 단순한 경제영역을 넘어 국가 – 입법부·행정부·사법부 – 의 〈의사결정과정〉과 학계·언론의 〈여론형성과정〉에 깊은 영향력을 미치고 있다. 그렇다면 국가정책의 중립성·자율성·공정성 유지가 불가능하게 된다. 이것이 큰 문제다. 이것은 자유민주주의와 시장자본주의에 대한 크나큰 도전이 된다.

역사적으로 보면 자본주의의 병(病), 부작용은 항상 민주주의가 고쳐왔다. 그런데 우리나라 재벌체제 하에서 민주주의가 자본주의에 포획되면 민주주의가 자본주의 부작용을 고칠 수 없게 된다. 그러면 〈민주 자본주의체제〉의 효율성·공정성·도덕성은 추락하고 결국은 자본주의도 민주주의도 모두 실패하게 된다. 따라서 재벌의 대(對) 정치 대(對)사회 영향력을 차단하고 규제하는 강력한 제도와 정책이 나와야 한다. 그래서 재벌들은 기술혁신과 국제경쟁력 제고에만 혼신의 노력을 하도록 만들어야 한다. 그렇게 하는 것이 그들의 자부심이 되고 국민들의 존경심의 기반이 되도록 만들어야 한다.

그리고 시급한 것은 현재 우리 재벌의 〈소유 지분〉과 〈지배 지분〉의 과도한 차이를 적극 축소해 나가야 하는 것이다. 자신이 보유한 자본보다 5배 10배 큰 규모의 기업지배권을 재벌과 재벌후세들이 가지고 있는 것이 현실이다. 〈상호출자〉〈순환출자〉 등으로 가공(架空)자산을 키웠기 때문이다. 소수(少數)지분으로 과대(過大)지배를 하고 있는 구조를 재벌의 2~3대까지 지속적으로 보장하여 주는 것이 과연 공정한가?

그 이전에 과연 효율적이고 합리적인가? 만일 재벌들의 가공의 지배력이 확대될 때 이들의 경영판단의 잘못으로 생기는 거대한 사회적 경제적 피해는 어떻게 할 것인가? 소위 오너의 판단착오로 선단(船團)식 경영의 재벌체제가 한꺼번에 흔들릴 경우, 그 사회경제적 비용과 부작용은 어떻게 할 것인가? 본래 〈자기책임원리〉는 소유지분에 한정되는 것이기 때문에 이러한 경우 발생하는 사회경제적 폐해는 누가 책임지도록 할 것인가? 대마불사(大馬不死)여야 한다고 또 국민세금으로 부담하여야 하는가? 자유주의적 시장질서의 중요 기둥의 하나인 〈자기책임원리〉가 파괴되는 것이다.

그래서 자기책임원리에 역행하는 가공의 지배권 확대는 확실하게 막아야 한다. 이를 위하여 상호출자, 상호보증 및 순환출자제도는 확실하게 금지하여야 한다. 앞으로의 출자만 아니라 지금까지의 출자도 단계적으로 축소하여 나가도록 제도적으로 유도하여야 한다. 상호출자 등을 줄여 나가면 재벌 후세들이 지금처럼 전 계열사의 지배권을 모두 상속받기는 어려울 것이다. 그래서 재벌 계열기업들이 점진적으로 계열에서 분리하여 독립된 기업으로 발전되어 갈 것이고, 재벌후세는 일부 기업만 소유경영하고, 그룹 전체로서는 전문경영인체제가 불가피하게 본격적으로 도입될 것이다.

제28: 대한민국의 3가지 복지문제

우리 대한민국 국민포럼은 대한민국 복지문제는 3종류가 있다고 생각한다. 첫째는 북한의 주민의 기아와 빈곤과 질병을 극복하고 남북의 격차를 줄여야 하는 〈민족복지〉의 문제이다. 세계에서 빈부격차가 가장 심한 지역이 한반도의 남과 북 사이이다. 북한 동포들의 기아와 빈곤과 질병의 문제는 세계에서 최악이다. 남한의 삶과 비교할 때 같은 민족으로 참 부끄러운 일이다. 이 남북격차에 대한 관심이 〈민족복지〉의 문제이다. 우리나라 복지주의자들이 자주 간과하는 것이 바로 이 선진통일의 문제이다. 둘째는 국민전체의 소득수준을 높이어 선진일등국과 우리나라간의 소득격차를 줄여야 하는 〈국민복지〉의 문제이다. 한마디로 고(高)성장의 문제이다. 셋째는 사회적 경제적 약자에 대한 사회적 최소한(social minimum)을 보장하는 〈약자(弱者)복지〉의 문제이다. 약자복지의 문제는 상대빈곤(소득분배의 개선) 보다는 절대빈곤층을 줄이는 정책이다. 이 3가지 문제를 종합적으로 균형있게 보는 것이 복지문제를 보는 올바른 시각이다. 특히 안타까운 것은 우리나라에서 복지문제를 거론하면서 민족복지의 문제, 북한 동포에 대한 문제의식과 고민이 거의 없다는 점이다.

제29: 세계경제의 저성장과 양극화의 구조적 원인

우리 대한민국 국민포럼은 지구촌 전체가 저성장과 양극화에 시달리고 있고 한국의 경우도 예외가 아니라고 생각한다. 우선 왜 저성장이고 양극화인가? 저성장의 이유는 세계 총수요의 부족/세계 총공급의 과잉구조 때문이다. 1990년대 이후 약 25억 명의 새로운 저임금 노동력이 공산주의 경제와 신흥 개발국으로 부터 시장자본주의 경제에 참여하게 되었다. 저임금에 기초한 노동집약적 상품이 대량 공급되기 시작하였다. 이것이 공급과잉(과소소비)의 가장 중요한 원인이다. 여기에 더하여 인구의 노령화가 추세적으로 소비를 낮추어 과소소비를 부추기고 있다. 그래서 저성장이 구조화되는 경향을 가진다.

그러면 왜 양극화인가? 세계화와 기술발전으로 소위 중간기술(mid-skill)이 불필요하게 되었기 때문이다. 중간기술자는 개도국의 싼 인력으로 대체될 수 있을 뿐 아니라, 자동화와 로봇 등의 기술발전으로 대체될 수 있기 때문이다. 결국 최첨단의 고급기술과 전통적 하급기술 – 호텔, 택시운전 등 대인(對人)서비스 분야 – 에 대한 수요만 증가하게 된다. 중간기술은 사라진다. 이제 평균의 시대는 끝났다(Average is over)고 할 수 있다. 그래서 대학에서 평균적 인재만 많이 만들면 결국 대졸 실업자만 양산하게 된다.

제30: 대한민국의 저성장과 양극화 극복 대책

우리 대한민국 국민포럼은 우리나라가 저성장과 양극화를 극복할 길은 두 가지 길이 있다고 생각한다. 하나는 〈역사를 바꾸는 길〉이고 다른 하나는 〈국가시스템을 바꾸는 길〉이다.

전자(前者)는 선진통일의 길이다. 다른 나라가 가지지 않은 우리 대한민국에만 축복이 될 수 있는 길이 – 저성장과 양극화 극복의 길이 – 바로 한반도 통일이다. 새로운 경제영토의 확대, 새로운 투자수요와 소비수요의 증대, 새로운 해외자본의 유입, 새로운 노동인력의 진입 등으로 한반도 경제는 크게 도약할 것이다. 이를 계기로 동북3성의 경제가 함께 발전할 것이고 연해주, 시베리아 등 극동러시아 경제가 활성화될 것이다. 산동성과 한반도의 서해안이 그리고 한반도의 동해안과 일본의 서해안이 각각 환(環)

경제권을 형성할 것이다. 아마 한반도 중심의 동아시아가 21세기 세계에서 가장 역동적인 경제발전지역이 될 것이다. 이러한 과정에서 대한민국의 저성장과 양극화는 옛 이야기가 될 것이다.

다른 하나는 지금까지 강조해 온 국가시스템 개조, 즉 국가개조개혁을 성공시키는 길이다. 뒤에 설명할 국가개조개혁 즉 4대 선진화 개혁 – 교육개혁·시장개혁·정부개혁·지방개혁 – 을 성공시키는 길이다. 4대개혁을 통하여 〈혁신적 기업및 산업생태계〉를 만들어 나가고 〈국가의 성장잠재력〉을 획기적으로 높여 나가야 한다. 그래야 저성장과 양극화를 동시에 극복할 기반을 만들 수 있다.

좀 더 상론하자. 저성장을 극복하려면 어떻게 하여야 할까? 3가지 복합전략을 세워야 한다. (1) 시장개혁 (2) 교육개혁 (3) 신산업정책 의 3가지 전략이 함께 추진되어야 한다. 생각해보자. 저성장을 극복하기 위하여 가장 중요한 것이 (1) 기업가정신의 제고/활성화이고 (2) 국가경제 전체의 성장잠재력을 높이는 것이다. 우선 새로운 창업이 수없이 일어나고 기존 기업들도 혁신형 경영으로 올인하여야 한다. 기업인들이 앞장서 새로운 시장개척, 새로운 국내외 분업체계구축, 새로운 상품개발과 기술개발, 확대재투자, 새로운 경영기법의 도입 등을 해내야 한다. 이를 위해선 〈혁신적 기업환경〉〈혁신적 기업 및 산업 생태계〉를 만들어 주는 것이 우선적으로 중요하다. 그런데 이 혁신적 기업환경을 만들어 주려면 두가지 핵심적 요소가 필요하다. 그것이 바로 〈시장주의〉와 〈법치주의〉이다. 우선 시장질서가 〈자유·공정·투명〉하여야 한다. 이것이 시장주의이다. 독점과 특권과 끼리끼리 문화가 난무하면 어떻게 새로운 혁신적 창업, 혁신적 기업전략이 가능하겠는가? 그리고 사적재산권에 대한 보호 – 예컨대 지적재산권 보호 – 등 경제적 활동에 대한 법적보호가 확실하여야 한다. 이것이 법치주의이다. 법치주의가 서야 혁신적 창업과 혁신적 기업이 나타나게 된다. 따라서 저성장을 극복하려면 시장주의와 법치주의의 강화 한마디로 〈시장법치주의〉가 그 첫 해답이다.

다음 성장잠재력을 높이는 문제는 4대 국가개조개혁을 성공적으로 추진하는 문제가 된다. 자세한 내용은 후술하겠으나 교육개혁·시장개혁·정부개혁·지방개혁을 하는 목적이 사실은 대한민국의 국가운영시스템을 바꾸어 국가의 〈성장잠재력〉을 높이려는 데 있다. 그래서 이 4개 국가개조개혁이 성공적으로 추진되어야 저성장을 극복할 수 있다.

요약하면 (1) 시장개혁, 시장질서개혁 – 시장주의와 법치주의의 실현 – 을 통하여 혁신적 기업환경을 만들어 기업가정신을 활성화하고, (2) 4개 국가개혁 – 특히 교육개혁 – 을 통하여 현재 추락하는 성장잠재력을 획기적으로 높이는 것이 전제되어야 저성장의 문제를 해결할 수 있다. 추가로 시장법치주의의 강화와 더불어 신(新)산업정책 – 21세기 형 민관협치(民官協治)의 혁신정책 – 을 반드시 도입하여야 하다. 그래야 저성장 극복이 빠르다. 구체적 내용은 앞에서 언급하였지만 외부효과(externality)가 높은 분야인 교육 R&D 각종 Infra 등에 정부가 투자하여 혁신적 창업 및 기업생태계 등장을 돕는 조건과 환경을 적극적으로 만들어 주어야 한다.

양극화의 극복은 어떻게 할 것인가? 3가지 복합전략을 세워야 한다.

(1) 시장개혁 (2) 교육개혁 (3) 복지개혁이 동시에 추진되어야 한다.

첫째는 시장개혁, 즉 시장질서개혁 – 시장주의과 법치주의 – 을 강화하는 일이다. 이것이 가장 중요하다. 시장자본주의 경제, 시장질서의 성격에서 비롯되는 제1차 분배가 분배구조 전체를 결정하는 가장 중요한 요인이 된다. 시장이 공정하여야 하는데 시장에 걸림돌이 많고 굴곡이 심하면 – 독점, 특권, 끼리끼리, 노동시장의 2중성 등등 – 아무리 노력하여도 공정한 결과 - 정의로운 분배 - 가 나오지 않는다. 모두가 열심히 뛰어도 도중에 걸림돌에 걸려 넘어지는 사람들이 많으면 그 시장적 결과는 대단히 불공정하게 된다. 분배의 악화이다. 개개인의 능력이나 생산성 차이와는 무관한 불공정한 시장질서와 시장관행에 의한 분배의 악화이다. 그래서 시장을 평평하게 하는 노력, 즉 시장질서를 자유·공정·투명하게 만드는 노력인 시장법치주의의 강화가 시급하다. 이것이 양극화를 고칠 수 있는 가장 중요한 제1의 정책이다.

둘째와 셋째는 교육개혁과 복지개혁이다. 교육개혁은 후술할 것이고 복지개혁은 전술하였음으로 이로 대신한다. 이상과 같이 〈시장개혁〉과 〈교육개혁〉과 〈복지개혁〉 3개의 복합전략이 세워져야 양극화의 문제가 해결된다고 본다. 양극화 문제를 복지정책의 확대나 무상복지로 푸는 나라는 전 세계에 없다. 신(神)의 한 수가 없다. 올바른 정책을 세우고 꾸준히 성실하게 추진하여야 개선의 효과가 있게 된다.

4대 국가개조 개혁

우리 대한민국 국민포럼은 향후 대한민국이 풀어야 할 제4의 국가과제는 〈4대 국가개조 개혁〉을 성공시키는 일이라고 생각한다.

제31: 교육개혁

4대 국가개조 개혁 – 선진화개혁 – 의 첫째 과제는 교육개혁이다. 교육개혁의 기본방향은 (1) 교육이념을 바로 잡는데서 시작되어야 한다. 〈사회주의적 획일화·평준화 교육이념〉을 넘어서 〈자유주의적 다양화·개방화 교육이념〉을 확실하게 세워야 한다. 대한민국의 교육실패의 주요원인의 하나는 사상과 이념의 혼란에서 온다.

자유주의를 기본으로 하여 수월성을 높이고, 형평성을 위해선 공동체주의로 보완하여야 했다. 그런데 자유주의 교육을 과도한 경쟁이라고, 기득권층의 귀족교육이라고 폄하하면서, 그 대신 사회주의적 평준화 교육을 강요한 바람에 학생들의 30~40% 이상이 교실에서 자고 있고, 사교육비 부담이 증가되고, 우수인재의 공급은 제한적이 되어 왔다.

(2) 다가오는 선진통일의 시대를 맞이하여 남과 북의 교육을 어떻게 선진화의 방향으로 개혁하고 통합하여 나갈 것인가 하는 〈남북교육 선진화개혁에 대한 비전〉 그리고 〈남북교육 제도 개혁안〉을 준비하여야 한다.

(3) 초세계화·초정보화 그리고 제4차산업혁명의 시대에 걸맞게 교육내용이 세계화되어야 하고 교육방식이 창의적 자기주도적 협동적이 되어야하고 정보기술이 대대적으로 활용되어야 한다. 그리고 교육의 결과가 대량생산시대처럼 중간수준(mid-skill)의 인재를 길러내는 데 머물러서는 안 된다. 이제 중간·평균의 시대는 끝났다. 다양한 분야에서 최고의 수준(high-skill)의 인재를 길러내야 한다. 그래야 대졸자의 창업률과 취업률을 높일 수 있다.

(4) 교육개혁의 성공적 추진을 위해선 지금의 대학과 중등학교의 소위 학교의 거버넌스(governance: 지배구조)를 유연한 혁신(革新)지향형으로 바꾸어야 한다. 세계경영환경, 과학기술환경, 노동시장환경의 변화에 창의

적으로 대응하는 교육내용 교육제도가 되려면 학교자체가 끊임없이 창의적으로 혁신적인 자기변화를 할 수 있어야 한다. 지배관리구조가 그만큼 유연하고 가변적이어야 한다. 따라서 지금 같은 관료적이고 권위주의적이고 현실안주적인 학교 거버넌스 가지고는 교육혁명을 성공시키지 못한다.

제32: 시장개혁 재론

4대 국가개조개혁의 두 번째는 시장개혁이다. 시장개혁의 구체적 내용에 대하여는 앞에서 이야기했기 때문에 줄인다. 다만 시장개혁이 성공하려면 〈시장주의〉라는 이념 – 시장은 개인의 이기심(돈을 벌기 위한 개인적 목표)을 사회적 이타적 결과(좋은 상품의 생산)로 바꾸는 제도라는 신념 – 의 힘이 필수적이다. 이 사실의 중요성을 강조하고자 한다. 그리고 사회적 이타적 결과라는 선(善)한 결과(좋은 상품의 생산)는 시장질서가 자유·공정·투명할 때만 나타난다는 이해가 필요하다. 역으로 시장질서가 자유·공정·투명하지 못하면 사적 이기심은 공적으로 선한 결과를 만들지 못하고 사회적 악을 초래한다는 이해도 필요하다.

그래서 시장질서의 반(反)자유 – 독과점 – 와 불(不)공정 – 특혜 비리, 불(不)투명 분식회계, 비자금 – 에 대하여는 강력한 법적규제를 하여야 한다. 철퇴를 내려야 한다. 한마디로 경제적 자유주의(시장의 자유질서)는 경제적 법치주의 – 시장의 자유·공정·투명성 지키기, 법의 지배 – 와 반드시 함께 가야 한다는 사실이다. 그리고 이러한 자유·공정·투명한 질서가 전제될 때에는 모든 사적 이윤추구행위는 사회적으로 대환영이라는 신념도 필요하다.

제33: 정부개혁

4대 국가개조개혁의 세 번째는 정부개혁이다. 정부개혁의 기본방향은 ⑴ 우선 가장 중요한 것이 21세기는 경제 환경, 안보 환경 등에서 불확실성이 대단히 높고 변화의 속도가 대단히 빠른 시대이므로 정부의 〈기획능력, 전략능력〉을 크게 높여야 한다. 어떻게 하여야 할까? 이를 위한 구체적 방안으로서는 우선 20세기 산업화 시대의 경제기획원(EPB)모델을 21세기 버전으로 바꾸어 정부 핵심부서로 〈국가기획원〉을 두어야 한다. 그리고 동시에 20세기 산업화 시대의 한국개발원(KDI) 모델을 21세기 버전으로서 확대 개편하여 21세기 국가 think tank로서 〈국가전략원〉을 두어야 한다. 국가전략원에서는 외교·안보·정치·경제·교육·문화 등 모든 국정분야를 총괄하는 〈국가대전략(nation's grand strategy)〉을 짜야 한다. 그리고 국가기획원을 도와야 한다.

⑵ 증가하는 집단이기주의와 포퓰리즘을 막기 위하여 올바르고 강한 〈법치정부〉를 만들어야 한다. 동시에 국민과의 소통능력을 높여 국가정책을 사전 사후에 올바로 설명하고 이해시키고 그리고 정책을 확실하게 리드하는 〈효과적인 책임정부〉, 그리고 중재능력을 높이여 증대하는 각종 갈등을 효과적으로 조정하는 〈신뢰정부〉를 만들어야 한다.

⑶ 정부가 할 일과 하지 말아야 할 일을 구별하면서, 관(官)의 영역의 확대가 아니라 민간과 시장의 역할을 확대하여 나가야 한다. 큰 방향을 이야기하면 개인 – 민간과 시장 – 이 잘 할 수 있는 영역은 개인에게 맡기고, 잘 할 수 없는 영역만 지자체(地自體)가 개입하고, 지자체가 잘 할 수 있는 영역은 지자체에 맡기고 지자체가 잘 할 수 없는 영역만 중앙정부가 나선다는 것이 대원칙이어야 한다. 물론 이러한 시장의 확대(민간 역할과 자율의 증대)와 더불어, 정부의 가장 중요한 역할의 하나는 자유·공정·투명

의 질서정책을 지키는 경제적 법치주의 – 시장에서의 법의 지배 – 를 확실하게 정착시키는 것이다.

(4) 정부개혁에서 가장 중요한 것은 〈유덕하고 유능한 공무원〉을 확보하고 이들이 국가발전을 위한 뜨거운 사명감을 가지고 신바람 나게 뛰게 만드는 일이다. 혼신의 노력을 하도록 만드는 것이다. 이를 위해 공직자의 모집, 채용, 보상, 교육훈련, 평가 시스템 모두에 대한 근원적 수술이 필요하다. 기본방향은 능력주의 내지 실공주의(實功主義)여야 한다.

제34: 지방발전–광역분권형 국가경영

4대 국가개조개혁의 네 번째는 지방발전 개혁이다. 올바른 지방발전문제는 균형발전이 아니라 발전균형이어야 한다. 각각의 지방이 능력껏 창의적으로 자유롭게 발전하고 – 그러한 조건을 만들어 주어 각자가 마음껏 뛰게 만들고 – 그 결과로서 발전과 균형이어야 한다. 처음부터 균형을 목표로 하면 균형도 발전도 안 된다. 지방의 발전균형정책은 지금까지의 〈중앙집권적 국가경영〉을 〈광역분권형 국가경영〉으로 바꾸는 데서 답을 찾아야 한다.

21세기는 지역과 지방 – 광역분권형 지방정부 – 이 세계경영과 세계경쟁을 선도해야 국가가 발전하는 시대이다. 국가발전의 원동력이 〈지역과 지방정부〉 그리고 이들의 중심에 있는 〈거대 도시권(mega city 권)의 등장〉에서 오는 시대이다. 그래서 우리나라도 (1) 현재 지방정부의 크기를 확대 조정하여 〈집중과 집적의 이익(economies of agglomeration)〉을 누리며 세계경쟁을 할 수 있는 규모와 단위로 바꾸어야 한다. 일반적으로는 적어도 인구가 500만 내지 1,500만 규모가 되어야 세계경쟁을 할 수 있다. (2) 그리고 이들 지방정부에게 각종 인허가권 · 규제권 · 재정권 · 경찰자치권 · 교육자치권 등을 확실하게 이양하여야 한다. 재정 · 행정 · 교육 · 산업 · 국토개발 등의 국가정책의 상당부분을 지자체로 이전시켜야 한다. 철저히 분권화하여야 한다. 단순한 지방분권이 아니라 〈지방주권(地方主權)〉, 〈준영방제(準聯邦制)〉의 수준으로 분권화하여야 한다. (3) 광역분권형의 지방정부의 중심에는 지방의 중소도시를 묶어서 거대도시권(mega city 권)을 만들어야 하다. 그리고 거대도시권의 중심에 〈핵심대학들〉이 있어야 한다.

그래서 광역분권형 〈지방정부〉, 〈거대도시권〉, 〈핵심대학〉이 함께 세계경영 세계경쟁에 나서야 한다. 예시를 하여보면, 서울 경인 경기지방의 일부를 중심으로 가칭 경인주(京仁州), 경기도 나머지와 강원도 및 금강이북의 충청도지역을 포괄하는 가칭 중부시(中部州), 경상남북도로 이루어지는 가칭 남동주(南東州), 전라남북도와 금강이남의 충청도 그리고 제주도를 포괄하는 남서주(南西州) 등의 4개 정도 주(州)로 나눈다. 그래서 경인주는 세계전체를 경쟁대상으로 하고, 중부주는 중국 러시아 등 대륙을 대상 세계경영을 추구하고, 남동주는 일본과 대평양을 대상으로 그리고 남서부는 남중국과 동남아를 대상으로 세계경영과 세계경쟁을 추구한다. 그리고 통일 후에는 북한지역을 2~3개 주로 만들어 한반도 전체를 6~7개 주로 이루어지는 경제적 준(準)연방국가를 만드는 청사진을 가지고 나가는 것을 생각할 수 있다.

국가공동체

제35: 국가공동체성 유지

우리 대한민국 국민포럼은 향후 대한민국이 풀어야 할 제5의 국가과제는 대한민국의 국가공동체성을 유지 강화하고 발전시키는 일이다. 지금 대한민국 공동체는 표류와 해체의 위기에 있다. 두 가지 병이 나타나고 있다. 하나는 대한민국의 역사와 가치공동체성에 대한 부정적 시각이 너무 많다. 우리나라처럼 자기나라를 남의 나라처럼 비판하고 부정하고 매도하고 공격하는 나라는 지구촌 위에 별로 없다 소위 반(反)대한민국 병(病)이다. 그리고 두 번째의 병은 한없는 〈분열주의 병(病)〉이다. 정치인과 지식인들이 앞장서서 서울과 지방을 나누고, 또 서울은 강남과 강북으로 나누고 지방은 동과 서로 나눈다. 그리고 대졸자와 고졸자를 나누고, 대졸자는 SKY대학(서울대, 고려대, 연세대)와 비(非) SKY로 나눈다. 그러면서 내가 어려운 것은 남 때문이라고 생각한다. 지방경제가 어려운 것은 서울이 잘되기 때문이고, 고졸자가 어려운 것은 대졸자가 잘 나가기 때문이라고 생각한다. 아니 이러한 분열주의를 조직적으로 전파하는 그룹까지 있다.

이 두 가지 병 – 반(反)대한민국 병과 분열주의 병 – 이 격화되면 대한민국이라는 공동체는 공동체성(공동체의 의미·가치·목표 등)을 잃게 된다. 그래서 국가에 대한 자긍심도 애국심도 모두 사라진다. 결국 대한민국은 정신적으로 해체의 위기에 놓인다.

제36: 국가공동체성 회복을 위한 3가지 대응방향

국가공동체성 강화를 위해 첫째, 국민들 개개인의 〈자유주의적 개인주의〉가 올바로 서야 한다. 개인이 우선 올바른 인생관·국가관·세계관을 바로 세워야 한다. 〈강한 개인〉이 있어야 〈강한 공동체〉가 될 수 있기 때문이다. 우리 사회 일각에 공동체를 강조하면서 – 실제는 공동체가 아니라 집단주의와 전체(全體)를 강조하면서 – 그것을 빌미로 개인의 〈개체적 주체성〉을 약화시키는 경향이 있는 데 이는 잘못된 풍조이다. 이러한 경향은 우리사회에서 특히 사회주의적 민족주의적 사고를 하는 경향 속에 많이 남아 있다. 아직 자유주의 혁명이 더 요구되는 대한민국이다. 자유주의적 개인주의의 교육을 더 강화하여야 한다.

둘째, 시대가 요구하는 선진과 통일을 위한 국가개조 개혁을 확실하게 공격적으로 추진하여야 한다. 리더십의 부재이든 기득권의 반발이든 변화와 개혁이 진전되지 않으면 국민들은 국가공동체의 의미·가치·목표에 대하여 회의하기 시작한다.

도대체 국가적 과제, 국민적 어려움을 해결하지 못하는 나라는 누구를 위한 무엇을 위한 나라인가? 국가공동체의 의미와 가치에 대한 회의가 좌절과 분노로 나올 수밖에 밖에 없다. 그리고 그 좌절과 분노는 갈등으로 그리고 종국에는 반(反)공동체적 분열로 발전한다. 국가공동체가 시대적 국민적 과제를 올바로 풀지 못하면 당연히 그 공동체의 공동체성은 약화된다.

셋째, 헌법교육을 강화하고 역사교육을 바로 세워야 한다. 올바른 〈헌법학습운동〉 그리고 〈헌법사랑운동〉 등을 일으켜 우리의 헌법적 가치 - 자유·인권·시장·법치·평화 등 - 를 중심으로 국민 모두가 공유하고 동의할 수 있는 〈국민공동의 가치〉를 찾아야 한다. 그리고 그 가치를 중심으로 국민통합, 즉 국가공동체의 가치통합을 이루어야 한다. 동시에 〈균형사관(均衡史觀)사관의 역사관운동〉 - 대한민국의 역사적 공(功)과 과(過)를 함께 공평하게 보는 운동 - 을 확산시켜, 일반인들과 차세대들 사이에 팽배해 있는 1980년대 운동권적 NL적 편향(偏向)사관 - 대한민국의 공(功)은 부정하고 過(과)만을 침소봉대하는 - 을 교화·순화시켜 나가야 한다.

새로운 역사를 위하여

제37: 우리의 깃발

우리 대한민국 국민포럼은 다음과 같은 〈우리의 깃발〉을 세우고자 한다.

한반도 분단 상황 속에서 통일이 될 때 까지는 우리 대한민국의 민주주의는 불가피 방어적 민주주의(defensive democracy)의 요소를 가질 수밖에 없다. 즉 민주주의 가치를 부정하는 사이비 민주주의자들을 대한민국의 민주주의가 보호할 수 없다. 대한민국의 헌법적 가치를 행동으로 부정하는 자들을 우리의 법이 보호해서는 안 된다.

우리 대한민국 국민포럼이 전폭적으로 지지하는 대한민국의 이념가치는 인간존엄과 자유민주주의와 시장경제와 법치주의 그리고 세계평화주의이다. 한반도의 통일도 바로 이 이념과 가치 위에서 이루어져야 한다고 믿는다.

21세기 대한민국의 국가목표(韓國夢(한국몽))는 선진통일과 세계국가의 건설이다. 이를 위하여 우리 대한민국 국민포럼이 제시하는 우리의 사상(범 보수 + 범 중도의 사상)은 공동체를 사랑하는 자유주의이다. 즉 공동체자유주의이다. 건강한 자유주의적 개인주의를 기본으로 하되, 국가공동체 · 가족공동체 · 이웃공동체 · 역사공동체 · 자연공동체를 사랑하는 – 배려하고 강화하는 – 자유주의. 이것이 우리가 추구하는 선진화와 통일을 가능하게 하는 사상이다. 자유주의는 우리의 〈국가발전의 사상〉이고, 공동체주의는 우리의 〈국민통합의 사상〉이기 때문이다.

앞으로 우리는 내부적으로는 4대 개혁과제((교육 · 시장 · 정부 · 지방)를 중심으로 국가개조개혁 – 선진화개혁 – 을 성공적으로 해내야 한다. 그리고 외부적으로는 선진통일을 반드시 성취하여야 한다.

우리가 지지하는 대한민국의 국가개조개혁 – 선진화 개혁 – 의 방향과 정책원리는 두 가지이다. 하나는 〈시장주의〉이고 다른 하나는 〈법치주의〉이다. 〈자유·공정·투명한 시장질서〉의 실현과 그의 확장을 통하여 〈경제발전과 분배개선〉을 동시에 이루어 낸다. 그리고 〈정의로운 법치주의〉 – 정치적 사회적으로 엄정한 법과 질서의 수립 – 를 통하여 민주주의 발전과 사회안정을 도모한다.

이러한 내부개혁 – 국가개조개혁 – 을 추진하면서 우리는 선진통일 – 한반도 전체를 선진화하는 통일 – 에 대한 중대한 국가공동체 수준의 결단을 하여야 한다. 우리가 통일을 열망하는 의지와 결기가 있어야만 우리는 통일을 할 수 있다. 통일은 결코 댄스파티가 아니다. 일정한 부담과 고통과 각오가 따르기 때문이다. 그래서 국민의 일부는 소극적이다. 반(反)통일세력들은 이 소극성을 부채질 한다. 그러면 통일하지 못한다.

선진통일을 위해서는 – 아니 국가개조개혁을 위해서도 – 우리 지도자들이 확실한 〈비전과 리더십〉을 가져야 하다. 그리고 지도자와 국민 모두가 상당한 수준의 〈역사의식〉을 가져야 한다. 빛나는 내일을 위해 – 우리 후손들의 영광을 위해 – 우리 세대가 오늘의 어려움을 감수할 각오를 하여야 한다. 그것이 역사의식이다.

그러면 대한민국은 국가개조·개혁과 선진통일 모든 분야에서 성공하여, 21세기 중엽에는 〈국민국가〉의 틀을 벗고 〈세계국가〉로, 수 천년의 〈세계변방국가〉의 역사를 던져 버리고 〈세계중심국가〉로 우뚝 서는 새로운 역사를 창조하게 될 것이다. 한반도의 역사의 신(神)은 그 날이 오기를 기다리고 있을 것이다.

국가개조와 보수혁신[29]

대한민국의 꿈 – 선진통일강국

대한민국의 꿈은 무엇인가? 어디서 와서 어디로 가고 있는가? 아니 가야 하는가? 우리나라는 1948년 정부수립 이후 두 산을 넘어 왔다. 하나는 [산업화의 산]이고 다른 하나는 [민주화의 산]이다. 그래서 21세기 초 우리는 경제적·정치적 근대화에 모두 성공한 중진국 선두주자가 되었다. 앞으로 2048년 대한민국 건국 100년이 되기 전에 우리는 두 개의 산을 더 넘어야 한다. 하나는 [선진화의 산]이고 다른 하나는 [통일의 산]이다. 선진화란 성숙한 산업화 성숙한 민주화를 이루어 세계모범국가 세계존경국가가 되는 것이다. 통일은 물론 단순히 분단 이전으로의 복귀가 아니라 분단을 넘어 완전히 새로운 이상적 통일국가를 창조하는 과정이 될 것이다.

세계일등국가

이 선진화와 통일이라는 두 산을 넘어 2048년까지 우리는 [세계일등

---

29) 2014년 12월 5일 여의도 국회의원회관 대회의실에서 새누리당 보수혁신 특별위원회가 주최한 "대한민국 국회 혁신을 위한 국민대토론회"에서 기조발제한 것임.

국가], 즉 [선진통일강국]을 만들어야 한다. 더 나아가 세계중심이 동아시아로 이동하는 21세기 전반부에 우리가 주도적으로 동아시아 시대를 열어 통일한반도가 [세계중심국가]가 되어야 한다. 2012년 영국의 Economist지는 통일한반도가 2050년에는 일인당 국민소득이 세계 1등을 한다고 예측하고 있다. 지수로 표현하면 2050년 예상되는 대한민국의 일인당 국민소득이 105 미국이 100 독일이 88 일본 58 등으로 나오고 있다. 전문가들이 보고 있는 이 이론적인 가능성을 역사적 현실로 만드는 것이 대한민국의 꿈이다. 주지하듯이 중국은 건국 100년이 되는 2049년까지 대동세계(大同世界), 중국적 이상사회를 만든 것이 중국의 꿈이다. 우리의 꿈은 건국 100년이 되는 2048년까지 세계일등의 선진통일강국, 홍익인간의 세계중심국가, 한마디로 세계모범국가 세계존경국가를 만드는 것이다.

세계중심국가

우리 꿈 속에는 중국의 꿈과 다른 것이 하나 있다. 즉 우리는 세계1등국가만이 아니라 [세계중심국가]가 되고 싶은 오래된 염원이 있다. 한반도는 고구려가 멸망한 이후 1894년 청일전쟁에서 청나라가 패할 때까지 사실 상 중국의 변방이었고, 일제 36년 동안은 일본의 변방이었다. 그리고 해방 후에는 북한은 소련의 변방, 남한은 미국의 변방이었다. 우리 민족에는 [세계변방의 역사]를 끝내고 [세계중심의 역사]를 만들고 싶은 오래된 염원이 있다. 약 1,400년 전에 자장율사가 선덕여왕에게 건의하여 건립한 황룡사 9층탑에 바로 이러한 염원이 서려 있다. 황룡사 9층탑을 쌓으면 백제와 고구려를 통일할 수 있을 뿐 아니라 이웃의 아홉 나라 – 일본 · 한족 · 예맥 등 – 가 통일신라에 와서 조공을 바칠 것이라는, 즉 신라가 세계중심국가가 된다는 염원이 있었다.

  앞으로 우리가 선진화와 통일을 이루면 한반도를 중심으로 하여 만주의 동북3성, 극동시베리아, 산동성과의 환(環)서해권 경제, 일본서쪽과의 환(環)동해권 경제 등등으로 한반도 통일의 정치경제적 효과가 퍼져 나가면서 동아시아 전체가 급속한 번영과 평화의 시대를 열어 나갈 것이다. 이러한 변화 속에서 통일한반도는 단순히 세계1등국가가 되는 것으로 끝나지 아니하고, 21세기 전반부 세계에서 가장 역동적으로 성장할 동아시아의 중앙에 위치하고 있어 자연스럽게 우리는 [세계중심국가]가 될 것이다. 그래서 1,400년의 오랜 꿈을 이룰 수 있게 될 것이다. 당당히 통일한반도가 되어 중국과 일본과 어깨를 나란히 할 수 있는 나라가 되어 동아시아의 사극(四極) – 중국 한반도 일본 동남아시아 – 중 일극(一極)을 이루어 나갈 것이다. 이것이 2048년 대한민국 건국 100주년이 되기 전에 우리가 이루어야 할 대한민국의 꿈이다.

왜 국가개조인가?

  산업화와 민주화라는 두 산을 넘는 것이 결코 순탄하지 아니했다. 앞으로 선진화와 통일이라는 두 산을 넘는 것도 대단히 어려운 과정이 될 것이다. 그런데 점점 선진화와 통일이라는 두 산이 큰 하나의 산으로 변화하고 있다. 즉 선진 없이 통일 없고, 통일 없이 선진의 완성이 어려워지고 있다는 것이다. 그래서 우리 대한민국은 한반도 전체를 선진화하는 [선진통일]이라는 큰 산을 하나 앞에 두고 있다고 할 수 있다. 우리 앞에 놓인이 [선진통일의 산]을 넘어야 할 지금, 우리는 4가지 큰 국가적 과제 내지 국가적 위기에 당면하고 있다. 이 4가지 과제/위기를 돌파하여 나가기 위하여 우리는 총체적 국정개혁, 국가시스템의 개혁, 즉 [국가개조]가 필수적이다. 그래서 우리에게 [선진통일]이 목적이고 [국가개조]는 수단이다. 어떠한 4가지 과제·위기에 우리는 당면해 있는가를 살펴보자!

통일의 위기

우리는 과연 통일을 할 수 있는가? 통일에 성공할 수 있는가? 지금 한반도의 주변 국가들은 우리 대한민국이 똘똘 뭉쳐서 통일하겠다고 나서면 이를 적극 반대하고 나서기 어려운 상황으로 가고 있다. 아니 수용할 수밖에 없는 상황으로 가고 있다. 한반도의 분단이 고착화되어 북한의 중국화 즉 중국의 변방 속국화가 진행되는 것을 우리 대한민국도 미국도 일본도 다 반대하지만 사실은 중국에게도 장기적으로 큰 재앙이 될 것이다. 그래서 중국에서도 한반도가 통일되는 것이 한반도의 미래는 물론 중국을 포함한 동아시아의 평화와 번영에 크게 기여할 것으로 보는 전문가들이 빠르게 늘고 있다. 문제는 우리의 의지와 준비이다.

우리는 북한이 개혁·개방의 길을 선택하고 남한과 북한이 점진적·단계적 통일의 길로 가는 것을 희망한다. 그러나 불행하게도 전문가들은 북한의 개혁·개방은 사실상 불가능하고 급변의 가능성이 급속히 높아지고 있다고 보고 있다. 그렇다면 우리는 북한의 급변에 대하여 제대로 준비하고 있는가에 대해 자문해야 한다. 북한의 급변이 저절로 통일로 연결되는 것은 결코 아니다. 얼마든지 새로운 분단으로 갈 수도 있다. 따라서 북한의 급변을 통일로 연결시키려면 북한동포의 묵시적 수용을 끌어내야 하고 중국의 자의적 개입을 막아야 한다. 과연 이를 위한 준비를 제대로 하고 있는가? 중국의 불개입을 설득하는 노력을 하고 있는가? 북한동포의 마음을 잡는 노력을 하고 있는가? 급변 시 북한의 안정화는 우리의 군과 민이 직접 책임져야 하는데, 과연 구체적 준비와 각오가 되고 있는가? 북한의 개혁·개방의 가능성이 25%이고 급변의 가능성이 75%라면, 우리의 지금의 인적 물적 통일자원의 75%를 급변에 대비하여 써야 하는 것은 당연한데 과연 지금 잘 대비하고 있는가?

주지하듯이 북한은 지금 이 순간에도 핵 개발을 계속하고 있다. 이대로 방치하면 2014년에 20개, 2016년에 34개, 2018년에 43개로 늘어 날 수 있다는 추계가 있다. 우리에게 과연 북한의 비핵화 전략이 있는가? 북한이 핵개발과 그 실전배치에 완전히 성공하면 한반도의 군사균형은 깨지게 되는데 그 다음은 어떻게 할 것인가? 미국의 도움으로 북한의 핵사용을 막는다고 하여더라도 북한의 핵공갈은 막지 못할 것이다. 그러면 결국 남한이 북한의 핵인질이 되지 않겠는가?

통일과정에서 또 하나의 과제는 앞에서도 잠깐 언급하였지만 중국의 한반도 개입이 불가능하고 불필요하도록 만드는 것이다. 그리고 중국, 미국, 일본, 러시아 등 이웃 4 강들이 모두 한반도 통일을 지지하도록 만드는 것이다. 이를 위해선 우리의 통일의지 뿐 아니라 통일 후 한반도의 비전 - 이웃나라들과 친화적인 비핵 평화국가가 되겠다는 비전 - 을 이웃나라들에게 충분히 사전에 설득해야 한다. 지금 우리는 민관이 하나가 되어 이 작업을 충분히 대비하고 있는가?

모든 외교는 내치의 연장이라고 하는데 과연 우리는 지금 대한민국 내부의 분열과 갈등 - 좌우간 지역간 국론분열 - 을 어떻게 순화하고 조화하고 통합하고 있는가? 과연 가능한가? 아니 어디까지 통합하는 것을 목표로 하는 것이 현실적인가?

민주주의의 위기

지난 기간 우리는 산업화와 민주화라는 두개의 산을 넘어 왔는데 과연 민주화 이후 대한민국의 민주주의는 성공하고 있는가? 군사독재가 없어졌다고 민주주의가 저절로 성숙하고 발전하는 것은 아니다. 생각해 보자. 우리는 1987년 대통령 국민직선이라고 하는 [절차적 민주주의]에 성공했다. 그러나 국민이 뽑은 지도자들 – 대통령과 국회의원들 – 이 국가와 국민의 이익을 위하여 일을 할 때 비로소 [실체적 민주주의]가 성공하는 것이다. 그래야 민주주의의 완성이다. 그런 의미에서 민주주의가 내용면에서 진실로 민본주의 – 국민의 이익을 우선하는 정치 – 가 될 때 비로소 민주주의가 성공했다고 볼 수 있다. 그런데 지금의 우리의 민주주의가 과연 국가와 국민의 이익을 위하여 – 즉 국가발전과 국민행복을 위하여 – 작동하고 있는가? 아니면 우리의 민주주의가 당리당략과 분열과 무능의 정치만을 양산하여, 국가발전의 발목을 잡고 국민행복과 국민통합을 흩트려 놓고 있는가?

지금 대한민국의 민주주의는 두 가지 큰 병에 걸려 있는 것 같다. 하나는 대중성/인기영합성은 과도한데 정책 전문성과 국가 전략성은 너무 허약하다는 병이다. 인기영합성이 과다하고 국가전략성이 과소하다. 그러니 장기적 국가이익보다 단기적 포퓰리즘 정책이 난무하게 된다. 정치인의 인기영합주의와 민간의 집단이기주의, 폭민주의(暴民主義)가 결합되면, 국정운영은 산으로 올라간다. 지금 대한민국의 정치가 그러하다.

또 다른 하나는 권력의 원심력은 커지는데 구심력이 약화되고 있다는 병이다. 국가권력의 원심력이 과대하고 구심력이 과소하다. 그러니 국정운영의 중심이 표류하고 있다. 한마디로 이제는 더 이상의 [제왕적 대통령]의 시대가 아니다. 이제는 [제왕적 국회], [제왕적 시민사회]의 시대가 활짝 열렸다. 대통령과 정부에게 장기적 안목을 가지고 국정운영을 할 수 있는 힘이 없다. 예산과 법률은 모두 국회의 권한이고 대통령은 인사권 정도 행사하고 있는데 그것도 국회의 인사청문회의 문턱 때문에 제대로 행사하기 어렵다. 과거 국회를 장악하고 좌지우지하던 제왕적 대통령의 시대는 이미 아니다.

이렇게 민주화를 통하여 국회와 시민사회의 권력이 엄청나게 커졌는데 그들의 정책능력과 국가전략능력 그리고 국정책임능력은 아직 한없이 낮다. 그러니 대한민국 전체의 국정운영이 잘 될 수 없다. 여기에 여야는 지역·이념에 기초한 기득권 양당제에 의지하여 장기적 국가비전과 가치보다는 단기적 당리당략을 위한 정치에 함몰되어 있다. 그래서 승자의 승자독식과 패자의 무한투쟁이 서로 맞물리면서 국가정책이 무엇 하나 제대로 되는 것이 없다.

민주주의가 위과 같은 두가지 병에 걸리면 그 나라가 자신의 문제를 풀 능력, 즉 국가의 문제해결 능력 환언하면 국가능력(state capacity)은 지속적으로 떨어지게 된다. 그렇게 되면 나라가 제대로 운영될 리가 없다. 국정이 표류하고 정책이 산으로 올라간다. 어떻게 국가와 국민의 이익이 실현될 수 있는가? 결국 [민본주의 없는 민주주의], 허구의 민주주의로 추락한다. 이것이 우리가 당면한 민주주의의 위기이다.

자본주의의 위기: 세계화의 빛과 그림자

자본주의 시장경제가 그리고 세계화가 대한민국이 산업화와 민주화의 두 산을 넘는 데 결정적 기여를 하였다. 당시는 세계 총수요가 빠르게 늘어나고 세계시장화도 빠르게 진전되는 때여서 수출주도의 개방경제를 추구한 우리에게는 큰 기회였다. 그런데 21세기 초(超)세계화의 시대에 들어오면서 세계는 빠르게 저성장 구조의 심화와 격차확대의 시대를 맞고 있다. 그래서 많은 나라가 저성장, 취업불안, 양극화 등에 시달리고 있다.

왜 저성장과 양극화인가? 돈이 없어서인가? 돈은 넘쳐 나는데 투자할 곳이 없기 때문이다. 좋은 물건을 만들 기술·노동·자본은 있는데 물건을 만들어도 팔리기 않기 때문이다. 한마디로 21세기에 들어와 세계가 본격적으로 [총수요 부족/공급능력 과다]의 시대로 들어가고 있기 때문이다. 중국 동구 등 사회주의권과 인도 브라질 등 후진국이 세계화에 참여하면서 – 약 25억 명의 인구가 세계시장화하면서 – [총공급 과다]의 시대(age of oversupply)가 열렸다. 여기에 세계인구가 급속히 고령화하면서 소비가 줄고 저축이 늘어나고 있다. 여기에 1950~1970년대의 복지정책으로 선진국의 재정적자가 구조화되어 재정지출의 여력도 없다. 기업들도 1990~2000년대의 부채투자의 시대를 지나 이제 부채를 털어내기 급한 시대이다. 그러니 소비도 투자도 재정도 모두가 줄어들어 지구촌 전체가 [총수요 부족]의 시대를 맞이하고 있다.

그러면 왜 양극화인가? 세계화와 기술발전 때문이다. 세계화로 인하여 중간기술(mid-skill)이 불필요하게 되었다. 후진국의 싼 인력으로 대체할 수 있기 때문이다. 기술발전으로도 중간기술은 불필요하게 되었다. 자동화와 로봇트에 의한 대체가 그리고 ITC를 통한 해외전문가의 활용이 가능하게 되었다. 예컨대 인도의 의사가 미국의 X-ray를 판독해 주는 시대이다. 결국 고급기술과 하급기술 – 음식점 택시운전 등 대인 서비스 기술 – 에 대한 수요만 남게 되고 있다. 그 결과가 양극화이다.

그러면 결국 저성장과 양극화를 극복할 길은 무엇인가? 3가지를 생각할 수 있다. 단기적으로는 확장적 재정금융정책이다. 우선 급한 고통을 줄이는 노력이다. 중기적으론 구조개혁(structural reform)이다. 즉 공급능력/

국제경쟁력을 높이기 위한, 환언하면 생산성을 높이기 위한 시스템 개혁이다. 가장 중요한 것이 교육개혁, 노동개혁, 복지개혁, 시장개혁, 공공개혁, 금융·재정개혁, 그리고 각종 규제완화이다. 특히 교육개혁이 중요하다. 역사적으로 볼 때 일반적으로 교육개혁의 속도가 기술개발보다 늦으면 격차는 커진다.

그러면 장기적으론 어떤 정책이 있을 수 있을까? 경제의 뉴프론티어(new frontier)를 찾는 것이다. 새로운 산업을 개발하든가 새로운 시장을 개척하는 것이다. 다행히 우리 대한민국에는 통일이라는 새로운 경제영토, 새로운 시장을 열 수 있는 기회가 다가오고 있다. 북한이라는 새로운 경제영토가 통일을 통하여 열리면 엄청난 투자수요·소비수요가 일어날 것이다. 흔히들 통일비용이라고 하는데 이것은 잘못된 이름이다. 통일비용이 아니라 대부분이 남한과 북한의 경제격차를 줄이기 위한 통일투자이다. 그리고 그 투자의 55% 정도는 해외에서 투자할 것이다. 외국의 전문가들은 세계적 저성장과 양극화의 질곡에서 벗어나는데 대한민국은 통일이라는 기회가 큰 축복이라고 보고 있다.

그러면 대한민국의 저성장과 양극화를 극복하기 위해 우리는 확장적 재정금융정책도 구조개혁정책도 추진할 수 있고, 더 나아가 통일정책도 활용할 수 있다. 문제는 해결의 길이 없어서가 아니다. 저성장과 양극화를 풀 수 있는 국가전략이 없어서가 아니다. 문제는 지금의 우리의 국가능력 – 정치능력 그리고 행정능력 등 – 이 모든 국가전략을 체계적으로 일관성있게 추진하여 소기의 성과를 만들어 낼 수 있는가, 그래서 대한민국의 자본주의를 지속가능하게 만들 수 있는가 이다. 지금 우리는 그러한 민주주의를 가지고 있는가 하는 것이다.

국민도덕/국가가치의 위기: 국가공동체의 위기

대한민국은 어떠한 가치와 도덕을 가진 사람들이 모여 사는 나라인가? 그리고 대한민국이란 나라는 어떠한 가치와 도덕을 소중히 하는 나라인가? 이것이 문제이다. 우선 대한민국의 가치혼란과 대립이 심각하다. 그 주된 이유의 하나는 압축성장 자체에서 온다고 볼 수 있다. 압축고도성장 때문에 세대 간 자신들이 경험한 세상과 문화가 너무나 다르기 때문이다. 1960~1970대는 집단주의(예컨대: 국가주의) 영웅주의적 경향이 많았다면 30~40대는 개인주의 이기주의적 경향이 많았다. 또한 60~70대는 부패와 비리에 대하여 상대적으로 수용적이라면 30~40대는 비리와 불공정에 대하여는 참지 못한다. 또한 60~70대는 보이는 가치인 경제 안보 등을 중시한다면 30~40대는 보이지 않는 가치인 문화 예술 생명 등을 중시한다. 그러나 이러한 세대 간의 가치관의 상이와 대립은 세대간 대화를 통하여 그리고 시간이 가면서 풀 수 있다.

더 큰 문제는 [가치대립(價値對立)]이 아니라 [가치부재(價値不在)]가 문제가 된다. 본래 국가와 국민은 가치공동체이다. 공동의 목표와 가치를 공유하는 집단이 국가이고 국민이다. 그런데 언제부터인지 우리사회에는 공(公)이 없어지고 – 공동의 목표와 가치가 없어지고 – 개인의 이익과 욕심만이 난무하는 사(私)의 세상이 되어 버렸다. 심지어는 대한민국의 가치집단들 – 종교, 시민사회, 학교, 정당, 언론 등 – 도 빠르게 이익집단화하고 있다. 그러니 가치공동체로서의 국민국가가 그 가치성을 잃고 가치파산을 하고 표류하고 있다. 그러면 왜 우리는 대한민국을 사랑해야 하는지 그 의미를 상실하게 된다. 국민들도 마찬가지로 모두 파편화·부유화(浮遊化)하고 있다. 하나의 공동체의 구성원으로서의 가치적 도덕적 연대를 느끼기 어렵게 되고 있다.

공(公)의 상실 즉 공적 가치의 부재는 지도자들의 경우 더 큰 문제이다. 옛날부터 지도자는 대중보다 공적가치를 보다 더 소중히 하고 지키며 공적가치를 위하여 기꺼이 희생하는 사람들이다. 그래서 지도자들이 국민의 존경을 받는 것이다. 그런데 지금은 지도자들이 공(公)을 지키지 않고 사(私)를 추구하는 것 같아 도저히 지도자답지 않다. 그래서 국민들이 지도자를 존경하고 싶은데 존경할 수 없다. 왜 이렇게 되었을까?

한마디로 해방이후의 근대화－산업화와 민주화－가 서구화(西歐化)로 치달으면서 소위 물질자본(physical capital)과 리스트(F. List)가 이야기한 정신자본(mental capital)간의 괴리가 너무 커졌기 때문이다. 19세기 말 서구에서 근대화의 물결이 몰려 올 때 우리 선조들은 '물질이 개벽하니 정신을 개벽하자'고 주장하여 왔다. 그러면서 물질자본과 정신자본의 균형을 위하여 동도서기(東道西器), 법고창신(法古創新) 등을 주장하여 왔다. 서양의 물질문명을 동양의 정신문화에 통합하자는 주장이었다. 올바른 방향이었다고 생각한다. 그러나 이러한 주장은 일제의 식민지화 속에서 유실되었다. 그리고 2차대전 후 근대화는 서구화의 방향으로 일방적으로 폭주하게 되었다. 그래서 우리는 전래의 동양의 정신의 좋은 전통과 가치를 모두 잃게 되었다. 그래서 [국혼이 없는 산업화], [국혼이 없는 민주화]에로 치달아 왔다.

이제라도 우리는 전래의 동양의 정신을 특히 선비정신을 부활시켜야 한다. 선비는 순수한 우리말로서 정치적이면서도 동시에 정신적 내지 영성적(spiritual)인 지도자를 의미한다. 최초의 선비는 단군이다. 그 이후 화랑도 그리고 조선의 유학자들이 모두 선비들이다. 이렇게 한반도의 역사 속에서 면면히 흘러오는 선공후사(先公後私)와 금욕(禁慾)과 청빈(清貧)의 [선비정신]을, 우리의 지도자 정신을 다시 살려야 한다. 그래서 정치가들과 기업인들 속에 선비정신이 살아 움직이는 [선비민주주의], [선비자본주의] 등이 나와야한다. 그리고 선비정신을 가진 [선비학자] 선비정신을 가진 [선비언론] 등도 나와야 한다. 그래서 대한민국에서 공(公)을 다시 살려나가야 한다. 이러한 정신혁명을 어떻게 정책화하고 제도화하고 국민 운동화할 것인가? 그래서 다시 왜 대한민국이어야 하는가? 왜 대한민국의 국민이어야 하는가? 하는 대한민국의 국가정체성, 국민의 가치정체성을 바로 세워 나갈 것이다.

왜 보수혁신인가?

이상에서 대한민국이 [선진통일의 산]을 넘기 위하여 당면하고 있는 4가지 위기적 상황, 그러나 반드시 풀어야 할 국가적 도전 과제를 살펴보았다. 그러면 이상의 4가지 과제/위기에 대한 해결책은 있는가? 우리가 이 많고 어려운 문제를 재대로 풀고 선진통일의 산을 넘어 갈 수 있는 답을 가지고 있는가? 나는 이 모든 문제에 정답은 있고 그 정답을 찾을 수 있다고 확신한다. 역사는 반드시 인류가 풀 수 있는 문제만 제기한다. 그래서 모든 과제를 풀 올바른 국가정책 올바른 국가전략은 있고 찾을 수 있다고 믿는다. 우리나라의 학자 등 이론 전문가들과 공무원 등 실무 전문가들이 머리를 맞대고 논의하면 6개월 안에 모든 문제에 대한 정답을 다 만들 수 있다. 답을 찾는 전문가들이 사심(私心)을 버리고 오직 공익(公益)을 생각하며 – 오로지 국가이익과 국민행복만을 만을 생각하며 – 답을 찾으려 노력하면, 그리고 그 연구과정에 즉흥적인 여론과 단기적 당리당략의 개입만 없으면 우리는 모든 문제에 대하여 정답을 찾을 수 있다. 이것이 바로 이율곡 선생께서 주장한 공익(公論, public judgement)이다. 이 공론(公論)은 여론(輿論)과 다르다. 전문가들의 진지한 고민과 연구의 결과가 공론이다. 그래서 이러한 공론을 바로 세우는 것이 나라 발전에 기본이 되기 때문에 그는 이 공론이 바로 나라의 원기(元氣)라고 하셨다.

지금 대한민국의 고민은 문제의 답을 몰라서가 아니다. 올바른 정책을 몰라서가 아니다. 문제의 답을 찾아도, 전문가들이 올바른 공론을 세워도, 이를 추진할 정치세력이 없다는데 가장 큰 고민이 있다. 답을 알아도 이를 추진할 역사적 정치적 세력이 너무 약하다. 과거에는 달랐다. 산업화 시대에도 경제발전을 위하여 몸을 던지는 산업화의 주체들이 있었다. 군부, 고급 공무원, 대기업 임원 등 산업화를 위하여 혼신의 노력을 다 하였다. 민주화의 시대에도 역사의 주체가 있었다. 찬바람 맞으며 민주화를 위하여 뛰는 야당 지도자, 학생 운동가, 재야인사들이 있었다. 이들이 몸을 던져 우리나라의 민주화를 이루어 냈다. 그런데 지금은 선진화와 통일의 시대인데 이 선진통일을 위하여 몸을 던지는 역사의 주체가 보이지 않는다. 선진통일과 국가개조를 위해 혼신의 노력을 하는 정치적 세력, 역사적 주체가 보이지 않는다.

여기서 [보수혁신의 필연성 내지 필요성]이 등장하는 것이다. 우리가 보수혁신을 해야 하는 가장 중요한 이유는 바로 시대가 요구하는 국가개조를 해 낼 [새로운 역사적 정치적 주체세력]을 만드는 데 있다. 새로운 역사의 주체 없이 새로운 역사가 창조될 수 없다. 그런데 일반적으로 역사적 정치적 주체들이 모이는 곳이 정당이다. 따라서 보수혁신의 핵심은 정당의 근본적 개혁이다. 지금의 기존의 보수 정당을 - 새누리당 - 국가개조을 위한 새로운 역사적 정치적 주체의 정당으로 대대적으로 개혁하는 것이 바로 보수혁신의 방향이고 내용이다. 그래서 우리는 보수혁신이야 말로 이 시대의 절체절명의 과제라고 생각한다. 국가개조를 통하여 통일과 선진의 시대를 열기 위하여 대한민국이 반드시 이루어야 할 역사적 대업(大業)의 하나라고 생각한다.

보수혁신을 통하여 만들어질 새로운 보수혁신의 정당, 즉 보수혁신당은 다음의 두 가지를 할 수 있는 정당이어야 한다. 첫째는 [통일의 시대를 열수 있는 정당], 즉 통일정당이어야 한다. 통일은 우리의 기대보다 빨리 올 수 있다. 따라서 통일정당으로의 개혁을 서둘러야 한다. 둘째는 [국가개조를 할 수 있는 정당]이어야 한다. 즉 국가개조를 위한 국가전략을 세우고 이를 강력하고 일관성 있게 추진할 수 있는 정당이어야 한다. 지금의 대한민국의 정치에서는 누가 집권을 하던 일관성 있는 국가전략의 체계적 추진이 불가능하다. 다시 강조하지만 지금 대한민국의 정치세력의 관심에는 통일과 국가전략이 빠져 있다.

보수혁신당이 통일의 시대를 열려면 당이 이념과 가치 면에서는 물론 조직과 교육면에서도 북한을 안정화시키고 발전시키고 통합할 준비를 하여야 한다. 북한동포를 가치적으로 이념적으로 포용하고 그들을 민주적으로 재교육하고 조직화할 수 있어야 한다. 북한동포 속에서 민주적 대표를 찾아 그들의 육성을 지원해야 하고, 그들과 함께 북한개발과 남북 통합계획을 세우고 함께 추진할 수도 있어야 한다. 그래서 새로운 통일한반도를 만들어 나갈 수 있어야 한다. 그러한 통일신당의 내용과 조직으로의 준비가 필요하다. 또한 보수혁신당이 국가개조를 선도하려면 우선 당이 국가전략을 가진 정당이 되어야 한다. 그리고 국가전략을 가진 정당이 되려면 당이 가치집단·이념집단으로 세계관과 역사관을 가진 정책집단으로 거듭나야 한다. 본래 올바른 국가정책과 국가전략은 사실은 가치와 철학 - 세계관과 역사관 - 에서 나오는 법이다. 인기영합이나 민중주의(民衆主義)에서는 올바른 국가전략이 나오지 않는다.

선진통일의 시대에 국가개조의 의지와 국가전략이 없으면 그것은 국민을 위한 정치가 아니다. 진정한 민주주의 즉 민본의 정치가 아니다. 그런데 지금 같은 이미지 정치, 포퓰리즘 정치를 이대로 두고는, 지금과 같은 지역주의에 안주하는 카르텔 정당구조, 소수 정치 보스에 과도하게 의존하는 붕당적 내지 사당적 정당구조, 정책보다는 정략, 그리고 가치보다는 이익에 흐르는 정당문화를 이대로 두고는 국가전략이 가능하지 않다. 진정한 민본적 민주주의도 통일과 선진화의 대업도 이루어 낼 수 없다.

보수혁신, 어떻게 할 것인가?

[통일시대를 열 수 있는 정당] 그리고 [국가개조를 할 수 있는 정당]을 만드는 보수대혁신을 위해선 무엇보다 새누리당이 이익을 중시하는 [당리당략당]이 아니라 비전과 꿈을 가진 [국가전략당]이 되어야 한다. 이를 위하여서는 3가지를 하여야 한다.

우선 선명한 당의 이념과 가치의 깃발을 들어라.

무엇보다 먼저 당의 이념과 가치 그리고 당의 세계관과 역사관을 확실히 하여야 한다. 선진통일의 새로운 시대에 맞는 보수혁신당의 이념과 가치의 깃발을 선명히 들어야 한다. 선진통일시대에 보수혁신당의 이념으로는 2005년 한나라당의 이념이었던 [공동체자유주의]를 발전적으로 계승하는 것이 바람직하다고 생각한다. [공동체를 소중히 하는 자유주의] - 여기서의 자유주의는 개인적 자유주의이고 공동체는 사회국가공동체, 역사문화공동체 그리고 자연생태공동체를 모두 포함한다 - 야 말로 통일과 선진의 시대가 요구하는 국가발전과 국민통합/민족통합이라는 두 가지 목표를 동시에 달성할 수 있는 이념이기 때문이다. 발전은 자유에서 오고 통합은 공동체에서 온다고 보기 때문이다.

본래 보수의 가치는 [자유와 공동체]이다. 이를 잊어서는 아니 된다. 개인의 자유과 국가공동체/민족공동체를 소중히 하는 것이 보수의 가치이다. 반면에 진보의 가치는 평등과 약자보호 내지 약자연대이다. 진보는 평등과 연대를 소중히 한다. 그래서 본래 올바른 보수의 가치와 올바른 진보의 가치는 상호보완적이라고도 볼 수 있다. 다만 대한민국에서는 필요 이상으로 적대적이고 일관성이 없고 혼란스럽다. 지금과 같은 이념혼란의 시대에 대한민국의 보수혁신당은 본래의 보수의 가치와 정신인 [자유와 공동체]의 가치를 확실하고 선명하게 들고 나가야 한다. 본래 국가전략은 올바른 이념과 철학 위에서 일관성 있게 지속적으로 추진될 때 성공한다. 이념과 가치가 혼란스러우면 정책이 춤을 추고 전략이 유동한다. 따라서 성공적 국가개조를 위해선 정책과 전략이 올바른 가치와 철학 위에서 있어야 하고, 반드시 체계적이고 일관성있게 추진되어야 한다.

다음으로 당의 목표는 무엇으로 할 것인가? 보수혁신당이 제시하는 국가비전 내지 국가목표는 당연 [선진통일]이 되어야 할 것이다. 그리고 이를 이룩하는 것이 당의 목표가 당의 존재이유가 되어야 한다. 21세기 세계 일등의 선진통일강국을 이루어 내는 것 그래서 세계의 중심국가가 되어 지구촌이 존경하는 홍익인간의 사회를 성취하는 것이 21세기 대한민국의 꿈이어야 하고 이를 이루어 내는 것이 당의 목표가 되어야 한다는 것이다.

그리고 당의 노선으로는 [혁신적 보수], [개혁적 보수], [중도적 보수노선]이 바람직하다고 본다. 혁신보수 개혁보수란 무엇인가? 기본적으로 자유과 공동체를 소중히 하는 보수이나 기득권에 안주하지 않고 공동체-국가공동체와 역사공동체-의 발전을 위해 자기희생에 앞장서는 보수이다. 선공후사와 금욕의 선비정신을 가지고 앞에서 이야기한 선비민주주의와 선비자본주의를 이 땅에 실현할 수 있는 보수가 혁신보수 개혁보수이다. 그러면 중도보수란 무엇인가? 중도보수란 자유와 공동체를 기본으로 하지만 평등과 약자보호의 가치도 함께 소중히 하는 보수이다. 왜냐하면 자유도 소수의 자유로 끝나지 않고 다수의 자유가 되려면 당연히 평등의 가치를 소중히 하지 않을 수 없다. 또한 공동체가 건강하려면 당연히 그 속의 약자나 소수자에 대한 각별한 보호가 함께 가야 한다. 그래서 올바른 보수는 중도적 보수여야 한다.

요약하면 보수혁신당의 이념은 공동체자유주의가 바람직하고 당의 목표는 한반도의 선진통일이 되어야 한다. 그리고 당의 노선은 혁신적 보수 개혁적 보수 혹은 중도적 보수가 바람직하다. 이러한 당의 이념 가치 목표 노선 등을 선명하게 들고 나가는 것, 선명한 깃발을 세우는 것이 보수혁신의 일차 사업이 되어야 한다.

당이 국회에서 나와 국민 속으로 들어가야 한다.
―당의 거버넌스(governance)를 이원화(二元化)하라―

당이 국가개조에 앞장서려면 당이 먼저 지금의 [이익정당·지역정당·보스정당] 구조에서 [가치정당·전국정당·당원정당 구조]로 바뀌어야 한다. 이를 위해선 당의 중심을 국회 내에서 국회 밖으로 끌어 내야 한다. 그리고 [국민 속으로, 역사 속으로] 들어가야 한다. 국민 속으로 역사 속으로 들어가기 위해선 우선 지금의 [국회의원중심·원내중심]의 당조직을 [당원중심·원외중심]의 당조직으로 바꾸어야 한다. 당을 원내와 원외로 나누고 당을 원외중심으로 다시 재창조하여야 한다. 당이 여의도 정치에서 벗어나 국민 속으로 역사 속으로 들어 가려면 원외중심의 당구조가 크게 강화되어야 한다. 원내가 중심이 되는 지금과 같은 여의도 정치에 매몰되어있는 한 대한민국의 정당정치가 새로운 시대를 열 수 없다. 당이 국민과 일상적으로 소통하는 역사의 주체가 되어 국가개조도 선진통일도 담당하기 어렵다.

그래서 지금의 당을 정무(政務)대표와 당무(黨務)대표로 이원화하고, 당의 사실상의 조직운영은 당무(黨務)대표가 중심이 되어 맡아야 한다. 국회 내 '의원의 모든 활동', 즉 입법활동과 재정활동은 모두 정무대표(지금의 원내대표)가 관장하지만 '당의 모든 활동'은 즉 국민소통, 당원의 확보, 조직과 교육, 차세대육성, 당의 자금모금, 국가전략의 개발, 의원평가와 후보자 공천관리 등은 모두 당무대표가 맡도록 이원화해햐 한다. (1) 당무대표 아래 국가비전과 국가전략을 개발하는 (2) [당이념정책연구원장]과 (3) [사무총장]을 두고 사무총장이 당의 조직 교육, 공천 자금 등을 맡아야 한다. 그리고 당 3역인 당무대표 이념정책연구원장 그리고 사무총장은 모두 국회의원이 아니어야 한다. 오로지 당무에만 전념하는 전문당료나 당원 중 원외전문가들을 초빙하는 것이 좋다. 그래서 당이 정책·조직·교육·자금 등을 맡아야 하고 의원들은 이들 문제로부터 자유롭게 만들어 직접 지구당관리 등을 하지 않고 오로지 국회의 입법과 재정활동에 전념할 수 있도록 해야 한다. 그래서 국회에서의 본인의 노력과 성과에 따라 공천이 확보될 수 있도록 해야 한다. 국회의원은 벼슬이 아니다. 헌신과 희생의 직책이고 당이 개발한 이념과 정책을 입법과 재정활동을 통하여 국정에 반영하는 것이 주된 사명이다. 그리고 그 일을 훌륭히 하는 의원들은 자연 공천이 확보될 수 있어야 한다.

한마디로 당을 이원화하고 [공직-당직 분리제] 혹은 [선출직-당직 분리제]를 도입하여야 한다. 그래야 당이 클 수 있고 국민과 역사 속으로 들어갈 수 있다. 지금처럼 단기적 이해관계 – 공천과 재선 – 에 연연할 수 밖에 없는 선출직들에게 맡겨서는 장기적 안목에서 당의 이념과 가치, 국가비전과 전략을 발전시키기 어렵고 국민과 당원들과의 지속적 교류 소통의 관계를 발전시키기 어렵다. 그래서 공직과 당직을 분리하지 않으면 당이 국민 속으로 들어가면서 새로운 당원의 확보 교육 등을 통하여 그리고 차세대 지도자의 양성을 통하여, 새로운 시대를 개척할 정치적 역사적 주체를 만들어 나가기가 구조적으로 어렵다. 이래선 통일의 시대 국가전략의 시대를 열 수 없다. 국민 속으로 역사 속으로 들어가려면 정당을 적어도 50~100년 가는 [강한 정당]으로 바꾸어야 한다. 지금의 구조는 [강한 국회의원-약한 정당구조]이다. 이를 바꾸어 [강한 국회의원-강한 정당구조]로 만들어야 한다. 그러한 방향으로 [당의 거버넌스]를 바꿀 때, 당이 선진통일을 위한 국가개조를 해 낼 정치적 역사적 주체로 우뚝 등장할 것이다.

그래서 당은 원내대표의 사무실만 여의도에 두고 당무대표가 운영하는 당사는 여의도를 떠나 국민 속으로 들어가야 한다. 예컨대 전국적으로 국민들과의 소통이 편한 어떤 지방대도시를 생각할 수 있다. 그리고 다음의 몇 가지 개혁을 함께 하여야 한다.

첫째는 당의 사무국 조직국 교육국 등이 중심이 되어 1년 내내 국민들과 소통하고 국민들 속에서 이념을 같이할 당원들을 찾아 – 특히 대학 campus를 찾아 젊은 당원들을 – 조직하고 교육하여야 한다. 이것이 당이 1

년 내내 하여야 할 가장 중요한 일상사업이다. 그리고 그 과정에서 광범위하게 각종 지역집단 직종집단 시민단체 문화단체 등등과 네트워크(network)형 소통과 협력구도를 갖추어 나아야 한다. 풀뿌리 민주주의를 위한 당의 조직의 저변을 크게 확대하고 강화하여야 한다. 그래야 당원과 국민 속에 뿌리를 깊은 [강한 정당]이 될 수 있다.

둘째는 당원제도를 [진성(眞性)당원]과 [지지자]로 나누어 조직하여 가되, 진성당원 중심의 당 조직 운영체제를 강화하여야 한다. 진성당원들이 평등한 투표권을 가지고 당내의 각종 의사결정 과정에 효과적으로 참여할 수 있는 길이 열려야 한다. 예컨대 진성당원이 당의 예산과 결산운영에 참여해야 하고 정책생산과 유통에 참여할 수 있어야 한다. 권리와 더불어 의무도 가져야 한다. 한마디로 당내 민주주의가 확보되어야 한다. 우리나라의 정당제도에서 특히 보수정당의 관행 상 진성당원의 확보는 쉽지 않은 일이다. 그러나 지금은 선진과 통일을 위한 국가개조의 정치적 주체세력을 만드는 역사적 사명을 가지고 있는 비상의 시기이기 때문에, 이제는 당의 이념과 가치를 사상적으로 철저히 무장한 개혁투사들, 보수혁신의 투사들이 당의 중심에 모여야 하고 이들 진성당원이 중심이 되어야 당이 역동성과 투쟁성과 사명감을 가지고 국가개조를 위한 역사적 난제들을 확실하게 풀어나갈 수 있다.

물론 현실적 어려움이 있어 [진성당원화]는 단계적으로 접근해야 할지 모른다. 그러나 우리의 목표는 반드시 진성당원 중심의 보수혁신당을 구축하는 데 두어야 한다. 그리고 진성당원도 후원자/수혜자 구조로 엮어진 진성당원보다는 이념적 철학적 진성당원을 중시하여 나가야 한다. 아니 사실은 초기에는 이해관계로 엮어진 진성당원도 종국적으로는 이념적 진성당원으로 만드는 것이 당의 해야 할 역할이어야 한다. 여하튼 이 진성당원 – 이념적 가치적 동조자 – 을 중심으로 당을 재구축하여 나가되, 그 진전의 정도를 보아가며 당의 결정의 중심을 단계적으로 진성당원 중심으로 옮겨 가야 할 것이다.

셋째는 [당의 이념정책연구원]이 앞장서 당의 이념과 가치, 당이 내세우는 국가비전과 목표를 제시하여야 하고, 주요 국가개조사업의 과제와 정책을 연구 제시하여야 한다. 이러한 당의 이념 국가비전 국가개조정책 등은 전국적인 당 조직을 통하여 당원들에게 교육하여야 한다. 그리고 당이 가지고 있는 각종 민간의 지역조직 직종조직 시민단체 문화단체들과의 네트워크(network) 조직을 통하여 국민들과의 정책소통과 설득, 그리고 비판과 현장 의견 수렴의 장이 만들어져야 한다. 이와 함께 각종 정책연구 과정에서 중요한 것은 기존의 정책연구 전문가 집단들과 정책 네트워크(network)를 조직하는 일이다. 대학의 연구소는 물론이고 각종 정부와 민간의 정책연구소들과 횡적인 정책 네트워크(network)를 강화하여, 광범위하게 전국적 정책 전문인력의 지식과 경륜을 최대한 활용하여야 한다. 또한 전직 장차관 전직 국회의원 등 국정운영의 경험이 있는 정책전문인력의 지혜와 경험도 모두 네트워크(network)할 수 있어야 한다.

이는 결국 당의 이념정책연구원이 사실은 전 대한민국에 있는 다양한 [정책세력], [정책 브레인]들을 네트워크(network)화하는 사실상의 전국적 중심(national center)이 되어야 함을 의미한다. 그런데 이 일을 효과적으로 하려면 이념정책연구원이 당으로부터 조직적으로 그리고 경제적으로 독립되는 것이 바람직하다. 그래서 독자의 기금을 가지고 자율적으로 운영되는 것이 바람직하다. 물론 지금 당장은 어렵겠지만 중장기적으로 연구원의 독립을 목표로 하는 것이 옳다. 그래야 전국의 다양한 정책세력과 정책브레인들을 네트워크(network)하기 훨씬 용이할 것이기 때문이다. 그리고 당에 대하여도 비판적 연구를 할 수 있다. 물론 비록 독립하였다고 하여도 당의 이념과 연구원의 이념은 같아야 하고, 공동의 국가비전을 가지고 긴밀한 협력관계를 유지해야 한다. 독일의 각 정당의 연구소과 각 정당과의 관계가 이러한 [상대적 독립의 관계]이다. 우리가 배워야 할 것이다.

넷째는 공천제도는 [당원에 의한 공천]이 원칙이어야 한다. 그리고 당에서 상당기간 당의 이념과 가치, 정책과 노선에 공감하고 현장에서 활동하여 온 그리고 당의 활동 속에서 성장하여 온 진성당원자격을 가진 인사들 중에서 공직후보자를 선출하는 것이 원칙이어야 한다. 이렇게 하려면 당이, 당무(黨務)대표가 앞장서 평소에 차세대 지도자를 체계적으로 키워야 한다. 지금처럼 차세대지도자를 기르지 않고 있다가 선거 때가 오면 급하게 외부의 인기 탤랜트를 차출하는 식이 많아서는 안 된다. 이것은 이념과 가치를 가진 공당이 할 바가 아니다. 물론 진성당원제도가 안착하기까지는 시간이 걸릴 것이다. 그래서 일정기간 당의 지도부에 의한 외부에서의 전략적 영입이 불가피할 수도 있다. 또한 그것이 바람직한 면도 있다. 그러나 원칙은 진성당원 중에서의 진성당원이 뽑은 공천이 중심이 되어 나가야 한다. 그 방향으로 노력해나가야 한다.

그런데 좀 더 깊이 생각하면 사실은 형식적으로 위에서부터인가 아래로부터인가 보다 더 중요한 것이 있다. 그것은 위로부터의 전략적 영입이든 내부에서의 아래로부터의 공천이든, 그 당이 공천과정에서 바람직한 [공천의 기준과 원칙]을 얼마나 바로 세우고 이를 철저하고 확실하게 지키느냐가 더 중요하다. 어떠한 기준과 원칙을 가지고 공천을 하여야 당의 가치와 이념 그리고 당의 비전과 전략을 몸을 던져 국정에 실천할 수 있는 인재를 찾아 낼 것인가? 그리고 실제의 공천과정에 그 원칙과 기준을 얼마나 철저히 지키고 관철시키는가? 이것이 공천의 형식보다 실제는 더 중요한 문제라고 본다. 국가개조에 몸을 던질 수 있는 유능(有能)하고 유덕(有德)한 인재를 가장 효과적으로 찾는 방법, 즉 기준과 원칙을 세우는 것이 올바른 공천제도의 시작이 될 것이다. 그리고 정당보스들의 개인적 이해관계를 벗어나, 그 기준과 원칙을 철저하게 관철시키는 것이 올바른 공천제도의 완성이 될 것이다. 우리 사회 일각에서는 그 동안 공천과정에 소수 보스들의 개인적 정치적 이해관계가 많이 작용하여 폐해가 많았으니 아예 국민들의 인기투표로 공천을 결정하자는 주장이 있으나 이것은 가치와 철학을 가진 공당이 택할 길은 아니다.

당의 운영구조를 [단일성(單一性) 집단지도]로 바꿔라.

기본적으로 당의 운영구조를 집단공치(集團共治) 내지 협치구조(協治構造)로 바꾸어 나가야 한다. 일인통치(一人通治)의 시대, 즉 단치(單治)의 시대는 끝났다. 과거처럼 예컨대 산업화나 민주화 시대처럼 당의 목표가 비교적 단일할 때는 단치체제(單治體制) 즉 단일성 일인지도체제가 나름대로 효과적이었다. 그러나 이제는 선진화와 통일의 시대이다. 국정운영이 대단히 복잡하고 전문성도 많이 요구되고 있다. 국민들의 요구도 다양하고 유동적이다. 따라서 이제는 일인지도(一人指導)가 바람직하지 않다. 당도 국가도 마찬가지이다. 따라서 당의 운용부터 단일성은 유지하되 집단지도체제로 바꾸어 나가야 한다. 당에서 그러한 집단지도의 경험, 공치(共治)와 협치(協治)의 경험을 쌓으면 뒤에 정권을 획득하여 국가운영을 책임지게 될 때에도 공치와 협치라는 집단지도의 관행과 지혜를 유지시켜 나갈 수 있을 것이다. 이것은 대단히 바람직한 일이다.

좀 더 구체적으로는 보면 당의 상부기관은 5~7인 위원회 혹은 9인 위원회의 [합의제 공치구조(合議制 共治構造)] – 예컨대 과거의 조선조 시대의 재상 합의제나 신라시대의 화백제도 등과 유사한 구조 – 로 바꾸고, 필요하면 외부 인사 중 진성당원인 경세가를 모셔 와야 한다. 예컨대 당대표 중심으로 단일성을 유지하되 정무(원내)대표, 정책위의장, 당무대표, 당이념정책원장, 사무총장 등의 5인의 집단공치체제를 두는 것도 생각해 볼 수 있고 여기에 1~3인정도의 외부인사를 추가하는 것도 가능할 것이다. 중요한 것은 구성권들 간의 분업과 협업의 원칙과 각자의 권한과 책임의 원칙이 확실히 정해져야 한다. 그래야 전문성을 중시하는 집단지도의 장점을 살릴 수 있다.

그리고 앞에서도 주장하였듯이 당의 중심조직은 국민 속으로 들어가야 한다. 당 밖의 전문가 집단, 시민사회 문화단체 등과 일상소통이 가능한 [개방형 네트워크형 정당구조]로 만들어 나가야 한다. 이제 21세기는 국가경영의 시대이고 국가전략의 시대이다. 당부터 운영원리가 상층지도부에서든 국민과의 만남의 장에서든 집단지혜와 집단지성을 모으는 방향이 되어야 한다.

맺는 말: 이제 부터의 길

여기서 주장하는 이러한 방향으로의 정당개혁은 사실 단순한 정당개혁이 아니라 [정당개벽]이다. 지금까지의 보스정당·지역정당·이익정당의 틀을 깨고 당원정당·이념정당·가치정당으로, 그리고 국회의원 중심의 정당구조를 당원중심/국민중심의 정당구조로 완전히 혁신하는 방향이다. 이러한 [정당개벽]이 가능하려면, 첫째 우선 정치지도자들이 기득권을 깨는 아픔을 감수해야 한다. 큰 정치적 리더십을 보여야 한다. 특히 지금의 국회의원들이 자신들이 가지고 있는 기득권을 깨는 아픔 없이는 진정한 정치개혁은 안 된다. 시대가 요구하는 기득권의 파괴는 반드시 자기희생적 정치리더십이 나와야 가능할 것이다.

둘째는 정당개벽은 지금의 정치적 기득권 구조의 기반이 되고 있는 [거대 양당제]를 깨는 노력이 반드시 함께 해야 한다. 현재 기득권 양당제의 기반이 되는 [소선거구제]를 근본적으로 바꾸어야 한다. 주지하듯이 지금의 소선거구제가 바로 지역구도, 이념구도의 정치·양극화의 정치·승자독식과 무한투쟁의 정치·분열과 무능의 정치의 제도적 기반이 되고 있다. 그래서 선거제도의 개혁이 필요하다. 최소한 독일제도에 가까운 단순다수의 소선거구 지역대표(50%)와 정당명부식 비례대표(50%)를 결합한 혼합형으로 하든가, 아니면 한 발 더 나아가 당기이양식 중대선거구제(50%)와 권역별 정당명부식 비례대표제(50%)를 결합한 혼합형으로 하든지, 여하튼 지금의 소선거구제를 근본적으로 개혁하여야 한다.

중요한 것은 이러한 선거제도 개혁을 통하여 지역주의를 극복하고 [온건다당제]가 가능하여야 당내와 당 대 당(黨 對 黨) 간에 정책능력 경쟁과 정치능력 경쟁이 좀 더 치열하고 공정하게 일어날 수 있고 우리나라 정치도 비로소 정책경쟁 국가전략경쟁의 시대로 들어갈 수 있다. 또한 그래야 단순한 [권력투쟁의 정치] - 승자의 승자독식과 패자의 무한투쟁 - 가 아니라 민본을 중시하는 [국가경영형 정치]가 시작될 수 있다.

특히 지역주의의 극복문제는 통일의 시대를 맞이하기 위하여서도 대단히 시급한 과제이다. 지금의 지역정당구조를 가능한 빨리 혁파하지 않으면 통일 후 우리는 북한에도 새로운 지역정당 - 예컨대 평안도당, 함경도당 등 - 의 등장을 맞이하게 될지 모른다. 지금의 지역당 구조를 이대로 두면 아마 필연적으로 북한에도 지역당들이 등장할 것이다. 이것은 민족통합의 과정이 되어야 할 한반도의 통일에는 재앙이 될 것이다. 이를 막기 위해서는 남쪽이 스스로 먼저 지역정당구조를 해체하여 이념과 가치 중심으로, 정책과 국가전략중심으로 전국정당화해 나가야 할 것이다.

앞으로 새누리당은 두 가지를 하는 것이 바람직하지 않을까 생각한다. 하나는 현재의 [보수혁신위원회]가 활동기간이 끝나면 당 상설의 [당개혁위원회]로 바꾸어 나가는 것이 어떨까 생각한다. 그래서 여기에 전권을 주고 2015년 중반까지 새로운 당 개혁의 구체적 청사진을 그리도록 하는 것이 어떨까? 그리고 2015년 중반 이후부터 실제적 당의 개혁에 착수 즉 당의 환골탈퇴에 진력하는 것이 어떨까? 생각한다. 다른 하나는 당 안에 2015년 초에 [국가개조위원회]를 만드는 것이 바람직하다고 본다. 그래서 선진과 통일의 시대를 열기 위한 국가개조과제를 선별하여 각각의 개혁의 로드맵을 만들어야 한다. [당이념정책연구원]이 중심이 되어 이 작업을 선도하되 여러 대학과 정부출연연구소와 민간정책연구소의 전문 인력과의 광범위한 협력적 네트워크체제를 구축하여 이 작업을 추진하여야 한다. 이 국가개조의 청사진도 내년 중반까지 그 밑그림을 끝내야 한다. 그래서 2015년 중반 이후 하반기부터는 정부와 그리고 야당과 협의하면서 각 부문별 국가개조에 착수할 수 있어야 한다.

결국 앞으로 당은 [당개혁위원회]와 [국가개조위원회]를 쌍두 마차로 하여 선진통일의 산을 넘어야 한다. 그래서 한편에서는 선진통일의 시대를 이끌고 미래로 나아갈 새로운 정치세력 새로운 역사주체를 만들어야 하고, 다른 한 편에서는 이들 새로운 세력이 추진하여야 할 국가개조의 청사진과 국가전략의 청사진을 제시하여야 한다. 그래서 결국은 당개혁의 실적과 국가개조개혁의 청사진을 가지고 – 그 일부는 이미 실적이 나오겠지만 - 2016년 총선과 2017년의 대선을 준비하게 되어야 할 것이다.

대한민국의 역사는 지금 큰 기로에 서 있다. 하나는 [선진통일강국]이 되는 길이다. 세계일등국민이 되고 세계중심국가가 되는 길이다. 다른 하나는 통일과 선진에 실패하고 [3류 분단국가]로 추락하는 길이다. 전자(前者)로 가면 우리뿐 아니라 이웃나라들에게도 모두 축복이 될 것이다. 동아시아에 번영과 평화의 시대가 열리기 때문이다. 그러나 후자(後者)로 가면 동아시아는 제2의 냉전, 갈등과 대립, 전쟁과 퇴행의 역사가 본격화될 것이다. 우리를 위해서나 이웃나라를 위해서, 더 나아가 동아시아를 위하여 우리는 반드시 통일을 하고 선진을 이루어 내야만 한다.

그런데 과연 우리나라가 통일을 제대로 해 낼 수 있을까? 과연 우리 정치가 국가개조에 앞장설 수 있을까? 국민들의 걱정이 많다. 위기의식이 확산되고 있다. 나는 위기의식까지는 좋으나 비관론은 안 된다고 생각한다. 나는 선진과 통일은 우리에게는 필수이고 필연이지, 선택이나 우연(偶然)이 될 수 없다고 생각한다. 따라서 우리는 반드시 선진통일을 이루어 내야 한다. 나도 적지 않은 위기의식은 가지고 있지만 그러나 결과는 낙관한다. 한반도의 '역사(歷史)의 신(神)'은 우리에게 우리 한민족은 100% 통일할 것이고, 100% 선진일등국민이 될 것이라고 이야기하고 있다고 믿는다. 그리고 이 믿음은 우리나라 국민들과 지도자들의 선진통일과 국가개조을 향한 개혁의지에 대한 신뢰에서 온다.

우리 민족은 본래 성품에 역동성과 성취욕이 남다르게 많다. 과거 1907년 국채보상운동 때의 선언문을 보면 "우리나라도 언젠가는 [세계상등국가]가 될 것을 희망하노라"하는 글로 끝을 맺고 있다. 3년 후 일본의 식민지가 될 정도로 대한제국의 국운이 쇄잔 한 시기에서도 우리 선조들은 언젠가 우리나라는 세계상등국가 - 요즈음로 말하면 세계선진국가 - 세계일등국가라 될 것이라는 꿈을 그러한 희망을 버리지 아니했다. 이처럼 민족의 저력이 우리에게 있다.

또한 지금까지 우리는 – 내 자신도 포함하여 – 우리나라 정치권을 기득권 집단이라고 이익집단이라고 비판하여 왔다. 그러나 나는 이러한 기득권집단이라고 매도를 당하는 우리나라의 정치권 속에서 분명 [새로운 개혁적 리더십]이 나올 것을 기대한다. 시대적·국민적 요구가 반드시 선진통일과 국가개조를 위한 개혁적 리더십을 새로운 [보수혁신의 리더십]을 만들어 내리라고 믿는다. 그래서 대한민국 역사에 크나 큰 승리의 시대를 만들어 낼 것을 믿는다. 그래서 감히 대한민국의 국가개조와 보수혁신을 꿈꾸는 정치지도자들에게 조언하고자 한다. 더욱 대담하시라! 더욱 분발하고 대담하시라! 그러면 역사는 당신들의 편이 될 것이라고!

왜 역사교과서 정상화인가?[30]

들어가는 말

 한반도에서는 지금 거대한 생각의 싸움, 사상의 싸움이 벌어지고 있다. 이것은 남북 분단에서 시작된 남한과 북한의 사상전의 일환이다. 남북은 그 동안 3가지 전쟁을 벌려 왔다. 경제전, 군사외교전 그리고 사상전을 벌려 왔다. 이 중 사상전이 사실상 가장 중요하다. 그 사상전이 지금 역사전쟁의 형태로 진행되고 있다. 주지하듯이 북한은 사상국가(思想國家)이다. 북한에서 사상이 무너지면, 즉 사상전에서 지면 북한은 무너진다. 그래서 그들은 백년전쟁이라는 이름으로 남한의 사상 – 대한민국의 역사적 정통성과 정당성 그리고 헌법적 가치와 원칙 – 을 무너뜨려 대대적인 역사전쟁을 벌여 왔다.

 역사교육은 단순히 과거에 대한 기억의 문제가 아니다. 과거의 문제가 아니라 미래의 문제이다. 어떤 미래를 만들 것인가, 앞으로 어떤 비전과 가치를 가진 나라를 만들어 나갈 것인가를 결정하는 문제이다. 그래서 조지오웰의 1984년에는 〈과거를 지배한 자가 미래를 지배한다〉라는 주장을

---

30) 2015년 12월 12일 국가비전포럼이 주최한 정책토론회 기조발제문임.

했다. 빅 브라더스(Big Brothers)의 슬로건이다. 그렇다. 과거를 보는 눈이 미래를 건설하는 사상이 된다는 것이다. 대한민국을 부정하는 역사관을 가지면 대한민국을 부정하는 미래를 만들려 할 것이다. 반(反)대한민국적 역사관을 가지고는 친(親)대한민국적 역사를 만들 수 없다.

지금 대한민국은 남북의 사상전에서 특히 역사전쟁에서 과연 이기고 있는가? 아닌 것 같다. 지금 대한민국은 대한민국의 역사의 정통성과 정당성을 정면 부정하는 극좌편향의 역사병에 걸려 있다. 이들 반(反)대한민국 역사학자들은 대한민국이 한반도 분단의 책임이라고 본다. 한반도 분단의 원흉이 대한민국의 등장이라는 것이다. 그래서 태어나지 말아야 할 나라라고 공격한다. 6·25 전쟁이 반드시 남침이 아니라고 주장한다. 처음에는 북침이라고 강변하다가 냉전이 끝나고 남침이라는 역사적 증거들이 나오자 이제는 6·25 전쟁은 민족해방전쟁이기 때문에 누가 일으켰느냐는 중요하지 않다고 주장한다. 또한 산업화와 경제발전의 역사는 한국경제의 해외자본에의 종속의 심화과정이고 매판자본에 의한 노동자에 대한 무한착취과정이었다고 폄하하고 있다. 그리고 민주화에 대하여는 진정한 민중해방 즉 민중이 주인이 되는 세상을 만들지 못했다고 비판한다.

이러한 극좌적 민중사관 계급사관에 기초한 역사교육이 중고등학교에서 확대재생산 되고 있고, 이미 우리사회 각계각층 – 정계 학계 언론계 종교계 예술문화계 등등 – 에 광범위하게 확산되어 있다. 이 문제를 올바로 치유하지 못하면 대한민국의 미래역사가 반(反)대한민국의 방향으로 반(反)자유주의의 방향으로 갈 위험이 커진다. 특히 차세대가 이러한 극좌편향의 역사병에 걸리면 대한민국의 미래는 더 더욱 위험하다.

지금 우리사회에 나타나는 극좌편향의 역사병에 대한 대응은 두 가지로 나누어 생각해야 할 것이다. 하나는 단기 현안으로서의 중고등학교의

〈좌편향적 교과서를 정상화〉하는 문제이다. 다른 하나는 중장기 과제로서의 우리사회에 나타나고 있는 〈좌편향적 역사관을 정상화〉하는 문제이다.

교과서 정상화의 문제

오늘의 문제는 교과서의 국정화가 목표가 아니다. 〈교과서의 정상화〉가 목표이다. 문제의 핵심은 극좌편향의 민중사관 계급사관에 기초하여 만든 반(反)대한민국 역사교과서, 전교조 운동권의 역사교과서가 너무 오래 방치되어 왔다는 데 있다. 어느 나라든 역사교육이란 자기나라 역사의 정통성과 정당성을 가르치고 자국역사에 대한 자긍심을 길러주는 것이어야 한다. 그런데 대한민국을 태어나지 말아야 할 나라로 가르치는, 그래서 국가공동체를 해체하고, 국민을 분열하는 반(反)대한민국적 역사교육을 우리 정부는 한없이 모르쇠로 일관하여 왔다.

그래서 사실은 무엇보다 먼저 대한민국을 주도하여 왔던 여당과 정부의 책임자들은 국민과 역사 앞에 석고대죄 하여야 한다. 대학교수들과 학자들이 2003년부터 지금의 역사교과서의 문제점을 제기하였고 2005년에는 〈교과서포럼〉을 만들어 〈대안교과서〉까지 만들면서 극좌편향의 역사교과서를 비판하여 왔다. 그런데 그 동안 대한민국 정부와 여당은 10여 년 동안 무엇을 하였는가? 한마디로 무관심과 무책임 그리고 무사안일로 일관하였다. 그래서 뜻있는 국민들을 불안하게 만들었고 자라나는 차세대들을 혼란스럽게 만들었다.

우리사회에 일부 국민들과 자유주의적 지식인들은 현대사 교과서에 문제가 많다는 것은 인정하지만 구태여 정부까지 나설 필요가 있는가, 자유시장의 자유경쟁과 자율에 맡기어 문제를 풀면 되지 않는가, 현 검인정 체제하에서도 정부가 검정관리만 강화하면 되지 않는가라고 주장 할 수 있다. 일견 합리적으로 보이는 주장이다. 그러나 이것은 한마디로 현장을 모르는 견해이다. 내 자신도 2001~2002년 경 〈안민정책포럼〉에서 대한민국의 현대사 역사책을 만들려는 노력을 하여 보지 아니했다면 현장의 사정을 몰랐을 것이다. 당시 시중에 현대사 관련 책들의 좌편향이 너무 심하다고 보아 균형적 시각으로 – 자유주의의 입장에서 – 현대사를 정리한 책을 몇 권 만들려고 했었다. 그때 우리나라 현대사 역사학계에 좌편향이 얼마나 심한가를 뼈저리게 느낄 수 있었다.

한마디로 대한민국에서는 지금 검인정을 강화하는 것으로 역사교과서 문제가 풀 수 없다. 그 이유는 3가지이다. 첫째, 현대사(現代史)부분의 국사학자들의 경우 절대다수가 극좌편향의 민중사관/계급사관을 가지고 있다. 반(反)대한민국적 역사관을 가진 분들이 80% 정도 된다. 이들이 대단히 공고한 하나의 〈이념적 카르텔〉〈민중사관 카르텔〉을 형성하고 있다. 따라서 이들이 검인정체제하에서 여러 권의 책을 쓴다고 하여도 그 내용은 다 획일적일 수밖에 없다. 포장지만 다르지 내용물은 다 같게 된다. 그리고 집필기준과 검정기준을 만드는 사람들은 물론이고 심지어는 검정심사위원들의 경우도 대다수가 초록은 동색이다. 반(反)대한민국의 민중사관 역사학자들이다. 물론 참고서 문제집들의 경우는 전혀 검인정의 대상이 되지도 않고 있다.

학교에서 어떤 교과서를 쓸 것인가 하는 교과서 채택은 전교조 내지 전교조적 성향이 강한 역사담당 교사들이 한다. 따라서 집필자를 결정하는 출판사들은 이들의 이념적 카르텔 속에 들어 있는 좌편향의 대학교수 혹은 역사교사들을 집필자로 모셔와 책을 만든다. 그래서 현대사 집필자 36명 중 31명이 좌편향이라는 상황이 나돈다. 그래야 책이 학교에서 채택되고 팔릴 수 있기 때문이다. 그래서 어떤 좌편향의 교사는 수권이 다른 역사교과서의 집필자로 참여하고 있다. 그러니 검인정 교과서가 여러 권 나와도 그 내용은 다양하지 않고 획일적이다. 이것이 현실이다.

둘째, 반(反)대한민국의 민중사관적 역사관을 가진 학자와 교사들은 이념적(理念的)으로 결속되었을 뿐만 아니라 이권적(利權的)으로도 뭉쳐있다. 교과서시장 참고서시장 학원시장은 거대한 이권이 걸려 있는 시장이다. 이들 시장에서 강력하게 독과점구조를 만들어 기득권과 이권을 나눈다. 거대한 〈이념적 기득권 카르텔〉을 형성하고 있다. 좌편향의 현대사학계의 끼리끼리 유착관계는 대단히 조직적이고 광범위하다. 대학에서는 교수의 채용 승진에도 〈민중사관적 사(史)피아〉가 작동한다. 이 공고한 〈사(史)피아 카르텔〉에서 벗어나려 하면 온갖 불이익을 당한다. 이번에 집필을 거부선언에 참여한 교수들 중에도 적지 않은 수는 반드시 자의(自意)가 아닐 수도 있다.

셋째, 이 〈이념적 기득권(理念的 旣得權) 사(史)피아 카르텔〉은 자성(自省)이 쉽지 않다. 전술적 후퇴는 있어도 진정한 자기변화·자기개혁이 어렵다. 왜 그럴까? 〈자유주의 역사학자〉들과 〈극좌 민중사학자〉들과의 기본적 차이는 역사를 보는 시각과 태도에 있다. 자유주의 역사학자들은 역사는 진실과 사실을 탐구하는 문제로 본다. 그러나 극좌 민중사학자들은 역사는 정치투쟁과 이념투쟁의 단순한 수단으로 본다. 진실과 사실은 별로 중요하지 않다. 그래서 새로운 역사적 사실을 가르쳐주어도, 새로운 사실(史實)에 기초한 새로운 집필 지침을 주어도, 그 지침의 준수를 거부한다.

아니면 종래의 편향된 내용을 살리며 표현만 교묘히 바꾼다. 그리고도 안 되면 법원으로 달려가 소송으로 문제해결을 지연한다.

이상의 3가지 측면을 살펴보면 결론은 검인정기준을 강화하여도 교과서 정상화는 되지 않는다는 사실을 알 수 있다. 지금의 현실에서 검인정으로는 〈극좌편향의 민중사관〉을 넘어서 〈자유주의적인 균형사관〉에 기초한 친(親)대한민국적 교과서를 만들 수 없다. 그래서 현재로서는 국정화(國定化)는 불가피한 선택이고 일종의 〈긴급피난〉이다.

생각해 보자. 시장의 자유와 자율에 맡기어 문제를 풀고자 하나, 시장 자체가 이미 심하게 독과점(카르텔 화)되어 효율적이고 공정한 결과가 나오지 않으면, 불가피 독과점을 깨는 정부의 개입이 필요하게 된다. 그래서 어느 나라나 반(反)독점의 공정거래법이 있다. 지금 현대사 교과서 시장도 마찬가지이다. 민중사관으로 무장한 〈이념적 기득권 카르텔〉 〈사피아 카르텔〉 때문에 검인정체제에 맡기면 반(反)대한민국 교과서만 양산되지 교과서 정상화가 되지 않는다. 그래서 정부가 나서야 하고 이러한 일을 바로 잡는 것은 정부의 기본의무이다.

교과서 정상화작업 어떻게 할 것인가?

정부는 다음의 몇 가지를 하여야 한다.

첫째, 정부가 진솔한 자기반성부터 하여야 한다. 차세대들에게 반(反)대한민국적 역사교육을 방치해 온 사실에 대한 철저한 반성과 사죄부터 하여야 한다. 교과서문제를 바로 잡은 후 반드시 그 동안에 이 문제를 방기한 정부 관련부처 책임자들과 그 방기과정에 대한 감사원의 특별 감사가 필요하다고 본다.

둘째, 학부모들에 대해 〈왜 교과서 정상화인가〉에 대한 정책설명회를 전국적 규모로 열어야 한다. 그래서 우선 현행 교과서의 문제가 무엇인지, 자세한 자료와 표를 만들어 이해하기 쉽게 설명하여야 한다. 얼마나 역사적 사실을 왜곡하면서 북(北)을 찬양미화하며 – 적어도 북한의 전체주의에 정치적 도덕적 판단 능력을 마비시키며 – 혹은 남한을 부정 폄하하여 왔는지 그래서 얼마나 극좌편향을 결과하고 자라하는 청소년들을 철지난 시대착오적 사상으로 오염시켰는지를 자세히 설명하여야 한다. 그리고 나아가 지금의 극좌편향의 역사교과서를 왜 검인정체제로는 고칠 수 없는지에 대한 구체적 사정을 밝히고, 왜 국정화가 불가피한지를 자세히 설명하여야 한다.

셋째, 어떻게 친(親)대한민국 역사책을 어떻게 〈자유주의적 균형사관〉에 기초한 모범적 역사책을 만들 것인지 그 국정화의 계획을 설명하여야 한다. 예컨대 (1) 원로 사학자들을 삼고초려하여서라도 모셔 오겠다. (2) 국사학자뿐 아니라 정치학·경제학·사회학 그리고 세계사와 동양사 분야에서 대한민국의 현대사에 다대한 연구성과를 내신 최고의 전문가들을 모셔와 학제적으로 조화되고 균형있는 〈최고의 현대사 교과서〉를 만들겠다. (3) 그리고 이 일을 지금 상대적으로 가장 잘 할 수 있는 곳이 국사편찬위원회이나 앞으로 국편을 보다 보강하여 지금보다도 더 잘 할 수 있는 체제로 만들겠다는 것에 대한 설명을 하여야 한다. 그리고 중고등학교의 역사교육장은 학술토론하는 장이 아니라는 사실이 분명히 이야기하여야 한다. 바로 국민 모두가 동의하는 환언하면 〈대한민국의 헌법적 가치를 소중히 하는 균형 잡힌 통일된 교과서〉를 가르치는 곳이어야 한다. 다양성이란 이름으로 사실이 편향·왜곡된 단일 사관 즉 극좌적 민중사관을 주입하는 곳이 중고등학교 교육현장이 되어서는 안 된다고 분명히 이야기 하여야 한다.

넷째, 이러한 〈역사교과서 정상화 개혁설명회〉에는 총리가 중심이 되어 내각차원에서 추진하여야 한다. 물론 교육부 장관이 선두에 서야 하지만 각부 장관들도 자기 일처럼 나서야 한다. 전국을 순회하면서 설명회를 개최하여야 한다. 집권여당의 당대표도 최고 위원들도 적극 나서야 한다. 전국을 돌아야 한다. 국회의원들도 지역별로 긴급당원대회를 열어 〈교과서정상화 정책설명회〉를 가져야 한다. 그리고 모든 공무원들과 당원들도 나서서 국민들에게 호소하여야 한다. 우리 부모들이 자녀들이 배우는 현대사 교과서를 반드시 읽어 주십사하고 고언(苦言) 드려야 한다. 학부모들이 자녀들이 배우는 현대사 교과서 참고서 문제집 등을 읽어 보시면 왜 교과서 개혁을 해야 하는지 백문이 불여일견이 될 것이다.

역사관의 정상화 문제

역사교과서만 바꾸면 모든 문제가 풀리는가, 역사전쟁이 끝나는가, 사상전쟁이 끝나는가 아니다. 아마 시작에 불과할 것이다. 대한민국 안에 반(反)대한민국 역사관, 극좌적 민중주의 사관은 사실 대단히 광범위하게 퍼져 있다. 이에 대한 본격적 치유가 시작되어야 한다. 생각해 보라. 교과서가 바뀌었다고 하여도 가르치는 〈역사교사의 마음〉이 바뀌지 않으면 반(反)대한민국 역사관을 확대 재생산하는 교육현장은 쉽게 바뀌지 않는다. 그래서 이제 시작이라는 것이다.

　사상전쟁·역사전쟁의 역사는 1945년 분단이후 계속되어 왔지만, 특히 노태우 정부 이후 민주화의 공간이 크게 확대되는 1980년대 말부터 본격화되었다. 극좌적 민중주의 역사관의 생산과 확대는 1986년 역사문제연구소, 1988년 한국역사연구학회, 1988년 구로역사연구소(현 역사학 연구소), 1989년 시작된 오늘의 민족문제연구소 등의 등장이 전기가 되어 본격화되어 왔다. 이미 25년~30년이 되어 가고 있다. 이들의 노력으로 우리사회 곳곳 정치계·경제계·사회계는 물론 언론계·출판계·노동 문화예술계 등등에 광범위하게 친북적 민중주의적 운동권 역사인식이 확산되어 있다. 이 반(反)대한민국적 운동권역사인식을 이대로 두고는 대한민국은 끊임없는 정신적 사상적 내출혈의 상태를 벗어날 수 없다. 이대로 두면 대한민국의 역사발전을 막는다. 결국 대한민국의 선진화도 통일도 어렵게 된다. 통일을 생각해 보자. 다시 강조하지만 북한은 사상국가이고 통일은 사상전이다. 사상이 무너질 때 북한은 무너진다. 수령절대주의와 3대 세습독재를 사상적으로 이겨야 자유주의 통일이 가능하다. 그런데 극좌편향적 민중사관을 가지면 수령절대주의와 3대 세습독재를 옹호하도록 만들지 그들의 반(反)문명성과 반(反)인륜성을 극복하게 만들지 못한다. 〈자유주의적 균형사관〉을 가져야 우리는 〈자유주의적 통일〉을 할 수 있다. 이 점을 잊어서는 안 된다. 모택동은 "권력은 총구에서 나온다. 그런데 그 방아쇠를 당기는 것은 이념이고 사상이다"라고 하였다. 바로 그 이념과 사상의 기초가 역사관이다. 청소년들에게 반(反)대한민국 반(反)자유주의 역사관을 주입하며 대한민국은 태어나서는 안 된 나라라고 가르치면 그들은 대한민국을 반대하고 자유주의 통일을 반대하면서 인민민주주의 통일 즉 적화통일을 바람직하다고 볼 수도 있다. 그러면 반(反)대한민국의 민중주의적 운동권사관을 어떻게 자유주의적 균형사관으로 대한민국의 헌법적 가치를 소중히 하는 〈대한민국 역사관〉으로 바꿀 것인가?

역사관 정상화 노력 어떻게 할 것인가?

어려운 일이다. 그러나 하나의 길은 정부출연으로 〈한국현대사 연구소〉를 만드는 일에서부터 시작할 수 있다. 그래서 원로사학자 그리고 정치·경제·사회 그리고 세계사 분야의 최고 연구자들을 모셔 특정 이념적 편향 – 극좌 극우 등 – 에 기울어지지 않는, 자유주의적 균형시각에서 오로지 역사적 사실만을 생명으로 하는 〈학제적 역사연구의 기관〉을 만들어야 한다. 여기서 최고의 양질의 현대사 연구가 나오고 축척되기 시작하여야 한다. 현대사는 대부분이 진행형이다. 그래서 결론을 빨리 내려 하지 말고 다양한 최고의 양질의 역사연구가 축척되기를 기다려야 한다. 다양한 균형적 연구결과가 상당히 축척되어 가면 자연스럽게 전문가 사이에 그리고 나아가서는 국민들 사이에 〈역사적 가치판단의 공감대〉가 형성될 것이다. 그러면서 서서히 〈국민 통합적 균형적 역사관〉이 등장하게 된다.

그래서 먼저 학계에서 양질의 역사연구의 축척을 통하여 대한민국의 헌법적 가치를 소중히 하는 대한민국의 정통성과 정당성을 소중히 하는 자유주의적 균형사관의 등장을 선도하여야 한다. 그러면 새로 등장한 자유주의적 균형사관이 서서히 대한민국 모든 국민의 보편적 역사이해와 역사상식이 되어 갈 것이다. 그러한 단계를 지나야 비로소 우리사회에 팽배하고 있던 극좌적 민중사관은 균형적 자유주의사관에게 그 자리를 넘기고 역사의 뒤편으로 물러서게 된다. 상당한 시간이 걸리는 일일 수 있다. 사실 이와 유사한 노력이 정부 차원에서 과거에도 있었다. 김영삼 문민정부 시대 1997년 좌편향의 현대사 연구가 너무 급증하는 것을 보고 〈균형적 역사관〉이 필요하다는 시각에서 당시 〈세계화추진위원회〉가 〈한국현대사 연구소(초대소장 연세대 한흥수 교수)〉를 설립하여 정신문화연구소에 두기로 하였다. 그래서 합리적인 중도적 인사를 중심으로 국민통합적 현대사 연구를 시작하였다. 약 2년간 많은 연구성과를 내었다. 앞에서 본 각종 좌파 운동권연구소들이 양산하는 역사왜곡을 바로 잡는데 큰 기여를 하기 시작하였다. 그러나 대단히 애석한 일은 김대중 정부로 바뀌면서 정신문화연구소를 구조조정한다고 이 연구소를 없앴다는 사실이다. 지금도 많은 전문가들은 그 때 그 연구소가 지금까지 계속되어 왔다면, 그래서 자유주의적 균형사관의 입장에서의 역사연구가 많이 축적되어 왔다면 우리사회에 팽배하여 온 극좌적 민중사관의 병폐가 많이 교화되지 아니했겠는가 하고 안타까워 하고 있다.

한국의 정당차원에서도 유사한 노력이 있었다. 2005년 노무현 정부가 여러 〈역사청산위원회〉를 만들어 역사의 개별적 사건과 사실을 재해석하고 재평가한다고 나설 때, 당시 야당인 한나라당은 그래서는 역사전쟁만 확대하고 국민갈등과 국민분열만 증대시킨 것이라고 인식했다. 그래서 한나라당은 여야가 함께 〈현대사조사연구소〉를 만들어 비정파적인 최고의 학자들이 객관적으로 현대사를 정리하도록 하고 – 우리는 역사청산이 아니라 역사정리라고 보았다 – 이들의 연구결과를 보고 그 이후 정치권이 나서 필요한 조치를 취하자고 제의하였다. 그래서 한나라당이 당시 〈현대사 조사연구를 위한 기본 법률안〉을 발의하였다. 당시 여당은 이를 무시하였고 역사청산위원회의 활동을 더욱 강화해 나갔다. 김영삼 정부 때 필자는 세계화추진위원회를 맡은 정책기획수석이었고 노무현 정부 때는 한나라당 정책위의장이었기 때문에 그간의 사정을 비교적 잘 알고 있다. 지금도 대한민국의 역사관을 바로 세우려면 누구나 공감할 수 있는 비정파적이고 객관적이며 공정한 균형적 역사연구의 축적이 선행하여야 한다고 믿는다. 그래야 비로소 다수 국민의 역사이해가 바로 설 수 있다고 본다.

맺는 말

교과서만 바꾸어서 안 된다. 이것은 시작이다. 결국은 생각을 바꾸어야 한다. 대단히 오랜 시간이 걸리는 일이다. 그래서 이 싸움은 오래 간다. 잘못하면 통일이 완성될 때까지 갈지도 모른다. 국내에서만도 반(反)대한민국 민중사학자들이 이 싸움을 25년~30년 이상 준비하여 온 싸움이다. 이들의 생각을 순화하려면 상당기간 치열한 싸움을 할 각오가 필요할 것이다.

영국에서도 유사한 역사전쟁이 있었다. 대처수상 때였다. 대처수상은 영국의 가장 자랑스러운 시기인 산업혁명 그리고 빅토리아 시대를 가장 암울한 시대로 가르고 영국의 세계인류발전에의 기여(자유주의, 삼권분립, 법의 지배, 자유무역 등 등)를 폄하하며, 인도 등 식민지에서의 영국의 잘못만을 과장하여 영국을 부끄러운 나라로 포장하는 영국좌파들의 역사교육은 중단되어야 한다고 주장하고 나섰다. 그래서 교사들이 마음대로 주제를 정하여 제멋대로 교육하는 역사교육을 금지시켰다. 대처수상은 역사교육은 민간자율과 민간자유에 맡길 수 없다고 보았다. 그래서 1981년부터 1988년까지 약 7년 걸려 역사전쟁을 수행하였고 1988년 교육개혁법을 통과 시켰다. 그리고도 사실은 완전한 시행을 하는 데는 또 7년이 걸렸다. 14년이 걸린 셈이다. 대한민국은 사상적으로 분단된 나라이다. 그래서 앞으로 적어도 10년은 보고 나가야 한다. 그래야만 교과서만 아니라 역사관이 바로 설 수 있을 것이다. 또한 대한민국이 선진과 통일의 시대를 열어 나갈 수 있을 것이다.

끝으로 한 가지만 더 지적하고자 한다. 역사전쟁 사상전쟁을 해 나가는 데 우리사회 안에 한 가지 생각의 혼란이 있는 것 같다. 즉 중도(中道) 혹은 중용이라는 말이다. 그리고 국민통합을 위한 포용(包容)이라는 말이다. 내 자신도 중도개혁을 많이 주장하여 왔다. 〈개혁보수〉인 신(新)보수와 〈합리진보〉인 신(新)진보가 힘을 합쳐야 한다고, 선의의 경쟁을 하여야 한다고 많은 주장을 하여 왔다. 그러나 확실히 해 둘 것은 남북 사이에 중도는 없다는 사실이다. 〈자유사회〉와 〈노예사회〉 사이에는 중도가 없다. 수령절대주의와 자유민주주의 사이에 중도는 없다. 이 점에서 적지 않은 지식인들이 혼란스러워 하는 것 같다. 남한의 장점과 북한의 장점을 결합하자는 주장을 하는 혼란이 있다. 이는 크게 잘못된 생각이다. 그러나 자유사회와 노예사회 사이에는 중도는 없지만 자유사회 안에서 성장우선이냐 분배우선이냐, 친(親)기업이냐 친(親)노동이냐 사이에서는 중도(中道)가 있다. 여기서 중도는 성장도 분배도 기업도 노동도 함께 고려해야 하다는 주장이다. 그래서 많은 경우 중도의 주장이 바람직할 수도 합리적일 수도 있다. 필자가 주장하는 신(新)보수와 신(新)진보 간의 협력 그리고 중도적 관점의 강조는 모두 바로 〈자유사회 안〉에서 용인되는 이야기이다. 물론 북한동포들에 대한 무한 포용은 옳은 일이다. 그러나 북한정권에 대한 포용, 수령절대주의에 대한 포용을 중도라고 보는 관점을 크게 잘못된 생각이다. 우리사회에 이 점에 대하여 필요이상의 혼란이 있어 지적해두고자 한다.

지금 대한민국은 큰 갈림길에 서 있다. 건국·산업화·민주화를 찬양·지지하는 시대를 열 것인가, 그리고 그 연장선 상에서의 한반도 위에 선진화와 통일의 역사를 창조할 것인가, 아니면 건국 산업화 민주화를 공격 부정하는 시대를 열 것인가, 그래서 북한을 중국화(中國化) 시키고 남한은 3류 분단국가로 추락시키는 퇴행의 역사를 허용할 것인가? 그 갈림길에 있다. 여기서 모두가 대동단결하여 새로운 선진통일의 역사를 만들려면 반드시 남과 북의 사상전쟁 역사전쟁에서 대한민국이 반드시 승리하여야 한다. 〈극좌적 민중사관〉을 넘어서 〈자유주의 균형사관〉을 세워나가야 한다. 〈반(反)대한민국의 역사관〉을 넘어 〈친(親)대한민국 역사관〉을 세워야 한다. 우리 모두가 건곤일척의 각오로 나아가야 한다. 이것이 〈선진통일-세계국가〉라는 새로운 역사를 창조해야 할 이 시대를 사는 국민과 지식인들의 역사적 사명이고 시대적 소명이라고 생각한다.

양극화가 아니라 성장추락이 문제이다[31]

1. 요즈음 양극화에 대한 논의가 갑자기 많아지고 있다. 양극화란 한마디로 소득분배가 악화되고 있다는 것이다. 소위 상위 20%는 잘 나가는데 하위 80%는 어렵다는 것이다. 청와대는 이 양극화를 시한폭탄이라고 하면서 앞으로 남은 2년간 이 문제 해결을 위하여 올인 하겠다고 했다. 정부는 양극화 해소를 위해 증세를 하거나 아니면 세정을 강화하여 세금을 안내던 사람들로부터 더 많은 세금을 걷겠다고 기염을 토하고 있다.

2. 양극화를 이 시대의 국가적 과제로 설정하는 것은 과연 올바른 선택인가? 어느 사회이던 그 사회가 당면한 과제를 무엇으로 보느냐는 대단히 중요하다. 이 과제설정(agenda setting) 내지 선택에 그 나라 국정운영세력의 철학과 역사관이 담겨있기 때문이다. 또한 같은 문제도 어떻게 문제를 설정하느냐에 따라 그 해결방법이 크게 달라지기 때문이다. 예컨대 오늘날 우리사회에는 중소기업의 퇴출, 중산층의 몰락, 실업의 증대와 빈곤의 확대가 뚜렷하게 나타나고 있다. 이러한 현상을 놓고 이를 소득분배

---

[31] 이 글은 2006년 월간조선 게재용으로 쓴 것으로 보임. 이 글의 파일제목이 월간조선(06년 4월호)_박세일.hwp로 되어 있고, 비슷한 내용이 월간조선 2006년 4월호에 권두시론 "양극화는 경제로 풀어야 한다!"로 게재된 것이 확인됨.

의 악화문제 즉 양극화의 문제로 보느냐, 아니면 경기하락과 성장추락의 문제로 보느냐 하는 것은 국정운영세력의 경제철학과 역사관이 깊이 관련되어 있다. 또한 어느 문제로 보느냐에 따라 그 문제의 해결방식이 크게 달라진다.

3. 노무현대통령과 집권여당은 우리사회가 당면한 가장 큰 문제를 소득분배의 악화 즉 양극화의 문제로 파악하고 있다. 결론부터 이야기하면 이것은 크게 잘못된 문제파악이고 문제설정이다.

첫째는 우리나라의 소득분배 그 자체는 세계적으로 보아 결코 나쁜 편이 아니다. 소득분배는 비교적 양호한 편이다. 2005년 UN 통계를 보면 114개국 중에서 26번째로 양호하다. 우리가 아는 미국, 영국, 프랑스, 캐나다, 스위스 등도 모두 우리보다 소득분배가 나쁘다. 중국과 인도는 말할 것도 없다. 그런데 인구의 25%가 절대빈곤의 상태에 빠져 있고 우리보다 소득분배가 훨씬 나쁜 인도의 재무부장관은 금년의 예산안을 의회에 제출하면서 "성장이야말로 빈곤의 문제를 해결하는 가장 좋은 해독제"라고 보고하고 있다. 그리고 "빈곤과 실업과의 싸움을 위해서는 경제성장, 세금인하 그리고 투자증대 등이 최선의 방법"이라고 제시했다. 인도의 집권세력이 그러한 올바른 경제철학을 가지고 있기 때문에 최근 인도의 성장은 눈부시다. 작년에 8.1%의 성장률을 달성하였고 금년에 10%의 성장률을 목표로 하고 있다.

둘째, 우리가 당면한 문제를 소득분배의 악화나 양극화의 문제로 보면 잘못된 정책방향이 나온다. 우리의 문제를 양극화의 시각으로만 보면 (1) 빈곤의 문제를 풀기 위해선 소득재분배를 강조하게 되고 (2) 실업의 문제를 풀기 위하여선 공공부분의 고용창출, 소위 사회적 일자리를 강조하게 된다.

그런데 이 두 가지가 다 이미 다른 나라에서 실패한 정책들이다.

빈곤의 문제를 양극화라는 시각에서 보면 당연 "평등주의적(平等主義的)인 해결책"이 나온다. 결국 앞서가는 기업이나 부자들에게 세금을 더 걷어서 뒤에 있는 사람들을 지원한다는 답이 나온다. 그런데 이러한 평등주의적인 방식은 결과적으로 경제를 더욱 후퇴시키고 그 결과 소득분배를 더욱 악화시킨다. 결국 어려운 사람을 더 어렵게 만들게 된다. 그것이 인류 역사의 교훈이다. 20세기 사회주의의 역사가 이것을 가르쳐주고 있다. 또한 20세기 남미(南美)의 아르헨티나, 브라질 등의 포퓰리즘의 역사가 이를 증명하고 있다. 포퓰리즘은 경제를 살리는 데는 주력하지 않고 재분배만을 강조하여, 정치적으로 대중의 인기는 얻었지만, 경제를 더욱 침체시켜 결과적으로 가난한 사람들을 더욱 가난하게 만들었다.

남미의 포퓰리즘 정권들도 입만 열면 우리 정부처럼 소위 "동반성장"이라는 말을 자주 내세웠다. 그러나 말과 달리 행동은 항상 반(反)기업적이었고 평등주의적이었다. 결국 국가실패를 가져왔다. 우리는 이 역사의 교훈을 잊어서는 안 된다. 또한 양극화 시각에서 실업문제를 보면 경제를 살려서 민간부문의 일자리 창출을 통해 실업을 줄이려는 "시장주의적(市場主義的) 접근"을 경시하게 된다. 그 대신 공공부문의 일자리, 소위 사회적 일자리 창출을 통해 실업을 줄이려는 "국가주의적(國家主義的) 해결"을 도모하게 된다. 현 정부는 바로 이 사회적 일자리 창출을 주요정책으로 내세우고 있다. 그러나 이러한 국가주의적 시도는 대부분 실패하였다. 유럽의 20세기형 복지국가의 고용정책이 실패한 것이 바로 그 때문이다. 민간경제의 활성화보다 공공부분의 일자리 창출로 실업의 문제를 해결하려다가 엄청난 재정적자와 지속적인 경제침체로 결국 두 손을 든 것이 바로 20세기 유럽 복지국가의 실패경험이다.

셋째, 우리나라가 당면한 문제는 소득분배의 악화가 아니라 사실은 경제성장의 부진이고 성장잠재력의 추락이다. 그리고 그로 인한 신(新)빈곤층의 증대가 문제이다. 어느 시대 어느 나라든 빈곤의 증대와 분배악화의 가장 큰 원인은 경기부진과 성장의 추락 때문이다. 우리나라의 자료를 보아도 1960년대나 1980년대와 같이 경제가 발전할 때는 빈곤층이 줄었고 소득분배도 개선되었으나, 2000년대와 같이 경제가 후퇴할 때는 빈곤층도 늘고 소득분배도 악화되었다. 따라서 최근 수년간의 신(新)빈곤층의 증대와 소득분배의 악화는 부자와 중산층이 세금을 덜 내서가 아니라 사실은 경제성장의 추락에 그 근본원인이 있다.

4. 다시 강조하지만 우리나라의 당면문제는 양극화가 아니라 경제발전의 부진과 성장추락으로 인한 신빈곤층이 문제이다. 신빈곤층은 과연 누구인가? 구(舊)빈곤층은 산업화시대의 산물이라면 신(新)빈곤층은 세계화시대의 산물이다. 신(新)빈곤층은 세계화시대의 과학과 정보기술의 혁신, 경영환경의 변화 등으로 산업이나 기업에 요구되는 "구조조정의 속도"가 빨라지는데 반하여, 그에 적응하는 "국가제도나 정책"의 변화속도가 늦어서 발생하는 빈곤이라고 정의할 수 있다. 정부의 산업정책, 기업정책, 교육정책 등이 빠르게 세계변화를 수용하고 적극 대처하는 방향으로 움직이면 신빈곤층은 줄어들지만, 반대로 정부정책의 대응이 더디거나 혹은 우리나라처럼 변화에 역행하는 정책을 쓰면 신빈곤층은 늘어나지 않을 수 없다. 결국 세계화시대에 국가의 정책실패가 만들어 내는 빈곤층이 신빈곤층이다.

5. 우리나라에서 왜 경제발전은 부진하고 성장은 추락하며 신빈곤층은

증대하고 있는가? 그 이유를 밝히고 이를 바로잡는 것이 바로 이 정부가 하여야 할 시급한 국정과제이다. 아니 그래야 신빈곤층도 줄고 소득분배도 개선될 수 있다.

첫째, 이 정부에는 일관성 있는 경제발전전략이 없다. 자유와 경쟁, 글로벌 스탠더드와 개방 등을 중시하는 "자유주의적 정책"은 적고, 분배와 균형, 반(反) 기업과 반(反) 시장의 "평등주의적 정책"이 과다하다. 이 정부는 7% 경제성장률을 공약하고 등장하였다. 그러나 지금 성장률은 4% 수준으로 떨어져 있다. 동북아 중심, 정부혁신 등 그럴듯한 구호는 많았지만 불쑥불쑥 나오는 평등주의적 개혁정책으로 사실상 기업의 투자욕구와 사업의지를 많이 죽여 왔다. 국민들의 소비심리도 크게 위축시켜 왔다. 지난 기간의 투자증가율을 보면 단적으로 나타난다. 1990년대 전반의 투자증가율은 10%였다. 1990년대 후반은 IMF사태 등으로 낮아져 투자증가율이 5%였다. 그러나 지난 3년간은 더욱 낮아져 0.3%에 불과하다. 미래가 불안하다는 이야기이다.

둘째, 이 정부의 교육정책은 시대 역행적이다. 선택과 경쟁, 자율과 책임의 원리가 작동하지 않는다. 그러니 세계화 시대가 요구하는 경쟁력 있는 인재들을 양성하지 못하고 있다. 평준화라는 덫에 걸려있고 관치교육이라는 구시대적 유물이 교육혁신을 막고 있다. 그러니 우리나라 최고의 대학이라는 서울대학교도 세계 100대 우수대학 순위에서 겨우 93위에 머무는 상황이다. 그런데도 수능등급제의 강요 등 이 정부는 대학까지 평준화하려는 시도를 하고 있다.

세계는 지금 교육개혁을 가지고 경쟁하는 시대이다. 어느 나라가 교육개혁을 더 잘 하느냐가 그 나라 미래의 성패를 결정하기 때문이다. 그런데 우리나라는 21세기가 요구하는 "교육의 자유화 개혁"은 하지 않고 "교육의 평준화 개혁"만을 고집하고 있다. 그 결과는 인적 경쟁력 부진으로 인한 중소기업의 몰락, 대졸자 실업과 신빈곤층의 양산이다.

셋째, 우리나라의 복지정책은 낭비와 비효율 위에 서 있다. 우선 복지정책의 수립과 집행이 분권적이지 않고 중앙집권적이다. 국민의 혈세로 만든 복지재원이 필요한 곳에 가지 않는 경우가 많고, 가는 도중에 낭비도 심하다. 현장의 요구나 변화가 고려되지 않는 탁상복지행정이 많다. 또한 복지정책이 교육훈련정책과 직업알선 등의 노동시장정책과 유기적으로 연계되어 있지 못하다. 그래서 비효율이 심하다. 과거 20세기 유럽의 복지국가가 실패한 중앙집권적 모델을 그대로 답습하면서 돈만 부족하다고 한다. 이런 상황에선 복지재정을 아무리 늘려도 현장에서 피부로 느끼는 복지개선은 어렵다.

국가정책이 이상과 같은데 어떻게 경제가 발전하고 경기가 회복되며 실업과 신빈곤층이 줄어들겠는가? 그래서 지난 수년간 동아시아 여러 나라들은 대부분 높은 성장률을 보이는데 우리나라만 성장부진이 나타나고 있다. 금년에 들어서도 우리나라 성장률은 동아시아 10개국 중에 8위를 한 것으로 나타났다. 일본과 싱가포르를 빼놓고 중국, 홍콩, 대만, 베트남, 태국, 말레이시아 등등 모든 나라들보다 성장률이 떨어지는 것으로 나타나고 있다. 그렇다면 그 성장부진의 원인은 해외에서가 아니라 국내에서 찾아야 하고, 그에 대해 가장 먼저 책임을 져야 할 세력은 집권세력이다. 그런데 집권세력이 적반하장 격으로 자신들에게는 책임이 없다고 강변하고 있다.

이들은 오늘의 분배악화의 원인을 박정희 시대의 고도압축성장 때문이라고도 하고 혹은 IMF 금융위기 때문이라고도 하며 지난 정권들의 잘못으로 그 책임을 돌리고 있다. 그런데 사실 박정희 시대야말로 고도성장과 더불어 빈곤도 줄고 소득분배도 크게 개선되던 성공의 시기였다. 그리고 IMF 금융위기의 경우도 위기 직후에는 성장과 분배가 일시적으로 크게 악화되었으나 곧 반등하여 모두 회복하기 시작하였다. 그러던 것이 이 정부 들어, 다시 성장과 분배 모두 급속히 악화되어 오고 있다. 따라서 두 가지 책임회피 모두가 역사적 사실에 맞지 않는 틀린 주장이다.

6. 집권세력은 왜 국정운영책임은 회피하면서 양극화라는 문제설정을 고집하는가? 왜 성장부진의 문제는 굳이 외면하면서 양극화만을 부각시키는가? 거기에는 경제적 논리적 이유보다 정치적 의도가 더 큰 것 같다. 한마디로 그 이유는 적극적·공격적 포퓰리즘(populism)이다. 포퓰리즘은 일부 정파가 자신들의 부분이익을 위해, 대중의 일시적 인기에 영합하여, 국가의 이익(전체이익)을 희생시키는 정치 내지 정책을 의미한다. 그러나 최근에 우리나라 포퓰리즘은 소극적 인기영합의 단계를 넘어서 적극적으로 대중인기를 조작하고 공격적으로 대중정서를 선동하는 단계로 접어들고 있다. 이 단계에서 사이버 여론몰이, 마녀사냥, 기존 관치 언론수단의 동원 등이 자주 활용되고 있다. 그것으로도 부족하면 국민의 선량인 국회의원들을 포퓰리즘의 선전선동에 앞세우기도 한다.

최근 집권여당의 당 지도부가 소속위원 143명 전원에게 실업계 고교에서 일일 교사로 강의하라고 지시했다. 그리고 집권여당의 원내총무가 실업계 고교에 가서 "부자 부모를 만난 학생들은 비싼 과외로 공부를 하여 좋은 학교에 가고 사회적으로 성공하는 기회도 많고, 부자 부모를 못 만난 아이들은 비싼 과외를 못하여 좋은 학교에 못가고 계속 못살게 되는 현상이 양극화다"라고 강의했다고 한다. 그러면서 "잘사는 사람은 계속 자기들끼리 잘 살고, 못사는 사람은 점점 어려워질 수밖에 없는 사회는 잘못된 것이고 결국은 망하게 된다."고도 이야기했다고 한다. 이것이 도대체 무슨 소리인가? 한마디로 참 한심하고 심히 부끄러운 일이다.

최근 대표적인 "정책 포퓰리즘"은 수도이전 내지 수도분할이었다. 대통령 선거에서 특정지역의 몰표를 얻기 위해 국가이익은 전혀 고려하지 아니하고 무책임하게 급조된 정책이 수도이전이고 수도분할이었다. 왜 공주, 연기만 지원하느냐고 다른 지역에서 불만을 이야기하니 이제는 정부 산하의 170여 개의 공공단체를 전국에 강제로 나누어 주는 정책을 추진하고 있다. 전국의 땅값을 들쑤셔 놓든, 국정운영의 비효율과 낭비가 극심하든, 국토발전의 장기적 체계성이 파괴되든, 그러한 문제들은 전혀 안중에 없다. 우선 정파적·정치적 이익의 극대화만이 목표이다. 그러니 수도인구의 과잉집중을 막기 위하여 50만의 신 행정도시를 만들겠다고 하는 정부가 8·31 부동산대책에서는 서울지역에 120만이 더 살 수 있는 신 아파트를 추가 공급하겠다고 발표하고 있다. 앞과 뒤가 전혀 맞지 않는 이야기이다.

수도분할에서 재미를 본 현 정권은 이번에는 정치적 지지를 동원하기 위한 또 하나의 "정책 포퓰리즘"으로 양극화를 선택한 것 같다. 따라서 이들에게는 양극화는 경제이슈가 아니라 정치이슈이다. 다가오는 선거계절에 대비하여 국민을 20 대 80으로 나누어 서로 대립갈등하게 하면서 80의 정치적 지지를 얻기 위한 수단이지, 진정으로 이들 어려운 사람들의 문제를 해결하기 위한 노력이 아니다. 그래서 경제적으로 가장 효과적인 정책수단을 찾는 것이 아니라 정치적으로 가장 인기 있는 선동수단을 찾고 있다. 이는 문제의 해결이 목적이 아니라, 문제의 이용이 목적이기 때문이다.

7. 그런데 좀 더 깊이 생각해보면 이들이 양극화를 주장하는 사고의 밑바닥에는 단순한 포퓰리즘 이상의 문제가 숨어 있다. 즉 이들의 사고와 사상의 저변에는 수정주의적 역사관(revisionism)이 있다. 한마디로 신(新) 좌파적 역사관이 문제이다. 수정주의적 역사관은 역사를 대외적으로는 민중과 외세의 투쟁의 역사로 인식하고 국내적으론 "가진 자"와 "못 가진 자" 간의 갈등과 대립의 역사로 이해한다. 이러한 역사관을 가지고 우리 대한민국의 역사를 보면 대한민국은 친일파와 민족분열주의자가 세운 나라이고 우리의 산업화는 "가진 자"가 미일(美日)의 외국자본과 결탁하여 우리 노동자를 착취하는 신(新)식민지 매판경제로 이해하게 된다.

이러한 수정주의적 역사관에서 오늘을 보면 당연히 우리사회가 당면한 가장 큰 문제는 성장의 추락이 아니라, "가진 자"와 "못 가진 자" 간의 양극화의 심화이다. 그 양극화의 정도가 다른 나라에 비하여 크지 않다든가, 그 발생의 원인이 경제성장과 교육개혁의 부진 때문이라든가, 혹은 보다 직접 원인은 평등주의적 정부정책 때문이라든가 하는 문제제기는 이들 수정주의자들에게는 전혀 설득력을 가지지 않는다. 그들이 가지고 있는 신 좌파적 역사관이 오늘의 현실을 신 좌파적으로 해석하게 만들고 우리의 미래를 신 좌파적으로 계획하고 구상하게 만들기 때문이다. 결국 잘못된 역사관에서 잘못된 세계관과 경제사회관이 나오고 그 결과 잘못된 경제철학과 정책론이 나오는 것이다.

따라서 지금의 양극화 논의는 하나의 시발점에 불과할 것이다. 앞으로는 경제의 양극화뿐 아니라 모든 국정과제를 양극화의 문제로 단순화하고 구호화(口號化) 할지 모른다. 정치의 양극화, 사회의 양극화, 교육의 양극화, 문화의 양극화, 국토의 양극화 등등으로 국민들을 분열 대립시켜 나갈지 모른다. 왜 이렇게 국가와 국민을 분열시키고 국가이익을 스스로를 해치는 일을 하는가 하는 질문은 그들에게 통하지 않을 것이다. 왜냐하면 수정주의 역사관에서는 국민을 분열 대립시키는 것이 역사적 선(善)이고 역사적 정의(正義)이기 때문이다.

8. 그러면 어떻게 할 것인가? 오늘날 우리 대한민국의 역사는 기로에 서있다. 선진화로 가느냐 아니면 추락하는 중진국이 되느냐이다. 포퓰리즘이라는 유사(類似)민주화가 더욱 기승을 부리면 선동정치, 폭민정치가 되고, 국민의 분열과 갈등은 격화되어 자유민주주의는 실패하게 된다. 그리고 이것은 곧 세계화와 시장경제의 실패를 불러오게 된다. 그러면 우리나라는 선진국 진입에 실패하고 영원히 정치적, 경제적 후진국으로 전락하게 될 것이다. 이 잘못된 역사의 진행을 어떻게 막을 것인가? 이를 고칠 수 있는 세력은 누구인가?

결국 망국적 포퓰리즘을 막고 수정주의적 역사관을 광정(匡正)하기 위하여 국민 모두가 일어나야 한다. 누구에게 맡길 수 있고 기대할 수 있는 한가한 때가 아니다. 국민 모두가 깨어 있는 국민이 되어야 한다. 사상의 힘과 행동의 힘을 가지고 역사의 수레바퀴를 돌려놓아야 한다. 함석헌 선생께서 "생각하는 국민이어야 산다"고 했는데 지금은 "깨어 있는 국민", "행동하는 국민"이어야 사는 시대이다. 우리사회 지식인들 속에서도 국민의 각성을 촉구하고 앞장서는 "전투적 자유주의자", "개혁적 자유주의자"들이 많이 나와야 한다. 그리하여 국민들과 함께 나라를 살리는 구국운동을 벌여야 한다. 대한민국을 지키고 대한민국을 선진화시키는 국민운동을 벌여야 한다. 우리 사회 각계각층과 이 나라 방방곡곡에서 올바른 역사관, 올바른 세계관, 올바른 경제철학을 세우는 자성과 자각의 소리가 우렁차게 나와야 한다. 그때에야 비로소 우리는 21세기 선진 대한민국을 꿈꿀 수 있을 것이다.

저작 목록: 저서, 논문, 대담, 인터뷰 등

저서

- 한국의 임금구조, 박훤구·박세일 공저, 한국개발연구원, 1984.
- 정부투자기관의 보수수준 및 구조분석, 한국개발연구원, 1986.
- 아담스미스 연구 (공저), 민음사, 1989.
- 노동운동 이념 연구: 국제 비교론적 관념, 박세일·선한승 공저, 한국노동연구원, 1991.
- 체제비교의 경제학: Perestroika에 대한 바른 시각 정립과 제3의 길의 모색을 위하여, 국민경제제도연구원, 1991.
- 법경제학, 박영사, 1994. 4. 초판, 2000. 9. 개정판.
- 소비자주권의 교육 대개혁론: 21세기 한국교육의 방향을 제시한다, 나라정책연구회 편, 길벗, 1995.
- 하이에크 연구 (공저), 민음사, 1995.
- 도덕감정론, 아담 스미스 저, 박세일·민경국 공역, 비봉출판사, 1996. 4. 초판, 2009. 11. 개역판.
- 사법과 법집행, 박세일·김일중 공편, 법문사, 2001.
- 대통령의 성공조건 (공저), 동아시아연구원 대통령개혁연구팀, 2002.
- 자율과 책무의 학교개혁: 평준화 논의를 넘어서, 박세일·우천식·이주호 공저, 한국개발연구원, 2002.
- 정치개혁의 성공조건: 권력투쟁에서 정책경쟁으로, 박세일·장훈 공편, 동아시아연구원, 2003.

- 자율과 책무의 대학개혁: 제2단계의 개혁, 박세일 · 이주호 · 우천식 편, 한국개발연구원, 2004.
- 나라 선진화와 당의 이념: '공동체자유주의'를 향한 21세기 혁신적 중도보수의 길, 여의도연구소, 2005.
- 대한민국 선진화전략: 누가 선진화를 이끌 것인가?, 21세기북스, 2006.
- 한미 FTA 대한민국보고서 (공저), 선진화국민회의, 2006.
- 21세기 대한민국 선진화 4대 전략, 박세일 · 나성린 공편, 한반도선진화재단, 2007.
- 선진화혁명, 지금이 마지막 기회: 10년의 반성과 10년의 설계 (공저), 한반도선진화재단, 2007.
- 공동체자유주의: 이념과 정책, 박세일 · 나성린 · 신도철 공편, 안민정책포럼 기획, 나남, 2008.
- 대한민국 국가전략: 대한민국 세계전략, 선진화혁명, 그리고 공동체자유주의, 21세기북스, 2008.
- 60 PEOPLE 60 KOREA 역사, 미래와 만나다 2 (공저), 서강애드넷, 2009. 대한민국 길을 묻다 1 (공저), KBS미디어, 2009.
- 창조적 세계화론: 대한민국 세계화전략, 서울대학교 출판문화원, 2010.
- 위대한 선진 행복한 통일: 박세일 칼럼집, 한반도선진화재단, 2011.
- 우리 시대 성찰과 전망 (공저), 합포문화동인회, 2011.
- 이 나라에 국혼은 있는가: 박세일의 삶과 세상 이야기, 종이거울, 2011.
- 선진통일전략: 박세일의 통일강국론, 21세기북스, 2013.
- 공동체자유주의가 답이다, 한반도선진화재단, 2015.
- 대한민국의 국가정신: 공동체자유주의(공저), 한반도선진화재단, 2015.
- 국가재창조 3대 전략, 박세일 · 이주호 · 강성진 편, 한반도선진화재단, 2015.

- 한국교육의 미래전략, 박세일·이주호·김태완 편, 한반도선진화재단, 2016.
- 민주주의 3.0, 박세일·강원택·김용호·윤성이·황성돈 편, 한반도선진화재단, 2017.

논문, 대담, 인터뷰 등

- 한국제조업의 임금함수 추정, 가정배경·학력·임금의 관계, 한국개발연구 제3권 제1호 (1981.3)
- 노동시장의 구조변화와 노동시장 정책, 경영과 마아케팅 제162호 (1982.5)
- 여성노동시장의 문제점과 남녀별 임금격차 분석, 한국개발연구 제4권 제2호 (1982.6)
- 노동시장의 구조변화와 노동정책의 재정립〈대담〉(박세일 외), 상의주보(商議週報) 제615호 (1982.8)
- 우리나라 교육투자수익률 분석, 한국개발연구 제4권 제3호 (1982.9)
- 여성인력 활용상의 문제점과 정책방향〈특집〉, (월간)여성=Women's Voice 제193호 (1982.12)
- 고등교육 확대가 노동시장에 미치는 영향 Ⅰ, 한국개발연구 제4권 제4호 (1982.12)
- 고등교육 확대가 노동시장에 미치는 영향 Ⅱ, 한국개발연구 제5권 제1호 (1983.3)
- 노동조합이 임금 및 생산성에 미친 영향 분석: 섬유, 금속, 전자, 화학 산업을 중심으로 (박세일·장창원), 한국개발연구 제5권 제2호 (1983.6)
- 학력별 임금격차의 발생원인과 변화과정 분석, 한국개발연구 제5권 제3호 (1983.9)

- 한국의 임금분배의 추이, 1967~81: 논평, 한국경제학회 제32권 1호 (1984.봄)
- 공무원 보수의 수준 및 구조분석: 민간 보수와의 비교를 중심으로, 한국개발연구 제6권 제2호 (1984.6)
- 미국에서의 법경제학의 연구 동향, 법학 제58 · 59호(합) (1984.10)
- 임금 결정 원리와 한국적 특질, 정신문화연구 제24호 (1985.3)
- 국제 경쟁시대의 노사관계를 모색한다 - 논평 2: 성장, 분배에 대한 발상전환, 월간 경영계 제96권 1호 (1985.10)
- 산업안전보건법과 산재보상보험법의 문제점, 산업안전 제26호 (1986.8)
- 노사가 공존공영 하려면, 재경춘추 제24호 (1986.9)
- 산업재해의 예방 및 보상제도의 문제점과 개선방향, 국회보 제239호 (1986.9)
- 코-스 정리의 법정책학적 의의, 법학 제66 · 67호(합) (1986.9)
- 최저임금제의 대상과 운용, 노동경제논집 제9호 (1986.12)
- 정부투자기관의 보수수준 및 구조, 한국개발연구 제9권 제2호 (1987.1)
- 개방경제 시대 임금정책 방향: 노동생산성이 임금의 기준이 돼야, 재정 제315호 (1987.3)
- 공인중개사 제도의 문제점과 개선 방향, 법학 제71 · 72호(합) (1987.12)
- 한국의 노사관계 제도의 특징 및 정책과제, 전기공업정보 제14권 제4호 (1988.4)
- 근로자의 의식구조와 노동조합 운동의 과제: 노사조직의 재점검, 경영계 제124호 (1988.5)
- 경영참여 제도의 한국적 개발, 일터 제8호 (1988.9)
- 경제민주주의를 위한 기본과제와 정책방향, 경제논집 제27권 제4호 (1988.12)
- 공인중개사 제도의 문제점과 개선방향, 공인중개사 제1호 (1989.6)
- 일본 자동차 공업의 노사관계, 노동동향분석 제2권 제2호 (1989.6)

- 전후 일본 노동운동에 있어 경제주의의 성립과정: 1940 -50년대 정치주의로부터의 전환을 중심으로, 현대노사 제73호 (1989.11)
- 산업재해의 예방 및 보상제도에 관한 연구: 법경제학적 접근을 통한 문제제기 및 대안제시, 법학 제79 · 80호(합) (1989.12)
- 최저임금제의 효과분석 및 향후 개선방향, 노동법학 제2호 (1989.12)
- 정부의 노사관계 정책 무엇이 문제인가, 한국논단 제7호 (1990.3)
- 산업평화의 조기정착을 위한 노사정의 역할정립 방향, 경영계 제147호 (1990.4)
- 우리나라 노동조합 운동의 이념적 발전방향 (상), 현대노사 제82호 (1990.8)
- 우리나라 노동조합 운동의 이념적 발전방향 (하), 현대노사 제83호 (1990.9)
- 특집토론: 90년 노사관계의 결산과 새해 전망, 경영계 제155호 (1990.12)
- Friedrich A. Hayek에 있어서의 법과 경제, 법학=Seoul Law Journal 제83 · 84호(합) (1990.12)
- 선진국의 노사관계 정착경험, 한국노동연구원 연구보고서 1991-001 (1991.4)
- 임금제도의 발전방향: 노사관계, 어떻게 발전되어야 하는가, 나라경제 제3호 (1991.2)
- 정치자금과 제도개혁: 한국정치, 개혁의 초점, 민족지성 제63호 (1991.5)
- 90년대 노사평화를 위한 정부의 역할: 사회적 회의(會意)와 정부 역할, 산업관계연구 제1권 (1991.6)
- German Neo -Liberals and the Social Market Economy 〈서평〉, 법학=Seoul Law Journal 제85 · 86호(합) (1991.8)
- 돈 안 드는 정치, 신뢰회복이 급선무 〈좌담〉 (남재희 외), 신동아 제385호 (1991.10)
- J. S. Mill의 사회개혁론, 법학=Seoul Law Journal 제87 · 88호(합) (1991.12)

- Perestroika: 신중상주의에서 신자유주의로, 경제학연구 제39권 제2호 (1991.12)
- 경제발전과 노동정책: 한국의 경험과 중국에의 제언, 노사관계연구 제2호 (1991.12)
- 산업 활력을 위한 새로운 노사관계 정립 방안, 경영계 제167호 (1991.12)
- 정당정치와 돈, 무엇이 문제인가 〈좌담〉 (금호진 외), 전망 제62호 (1992.2)
- 공공부문의 노사관계, 산업관계연구 제2권 (1992.6)
- 국제화 · 지구촌경제 시대의 대응 방안, 관세 제265호 (1992.10)
- 한국 사회의 도덕성 제고를 위한 진단과 처방: 경제 성장과 노동 철학, 철학사상 제2권 (1992.12)
- 경제성장과 노동철학, 철학사상 제2호 (1992.12)
- 미국은 21세기를 어떻게 대비하고 있는가?, 나라의길 제13호 (1993.11)
- 개방화 시대, 한국경제의 돌파구를 찾자!: 경쟁력강화를 위한 의식의 국제화 어떻게 할 것인가, 경영계 제194호 (1994.3)
- 국가발전과 노사관계전략: 노사정 관계의 새로운 지평, 산업관계연구 제4권 (1994.6)
- 기업관련 제도: 논평, 한국국제경제학회 하계정책세미나 발표논문집 (1994.6)
- 근대국가의 위기: 한국의 딜레마 〈대담〉 (권태준 외), 대화 제2호 (1994.7)
- 세계화 시대의 교육개혁 기본방향, 노동동향분석 제7권 제3권 (1994.10)
- 국제화 · 세계화의 의미와 개혁의 기본방향, 법과사회 제10호 (1994.11)
- 현 시기 개혁진단과 새로운 모색 〈좌담〉 (박세일 외), 나라의 길 제25호 (1994.11)
- 일본의 행정규제 완화, 지역연구 제3권 제4호 (1994.12)
- 21세기 한국 노사관계의 발전방향 (김경동 외), 경영계 제202호 (1994.12)
- 기업의 국제화와 노사관계의 개선 (박세일 외), 노무관리 제77호 (1995.1)

- 대통령의 세계화구상, 대통령 비서실 (1995.1)
- 우리나라 노사관계의 개혁방향: 인사노무 리엔지니어링과 인본주의적 기업상, 노동법률. 제44호 (1995)
- 개혁 2막의 톱 브레인: 박세일 대통령정책기획수석 (지재원 취재), 신동아 제425호 (1995.2)
- 지방의 세계화, 그 과제와 전략 (박세일 외), 지방행정연수 제35호 (1995.6)
- 민족의 세계화 전략으로서의 통일문제, 비교경제연구 제3호 (1995.8)
- 삶의 질의 세계화: 한국형 복지공동체의 구축, 광업진흥 제61호 (1996.5)
- 박세일 청와대사회복지수석 인터뷰 "노사개혁, 기업과 승부게임 아니다" (김학순 취재), 뉴스메이커 제172호 (1996.5)
- '노사개혁' 주역 박세일 대통령사회복지수석 인터뷰 "재벌 총수들과도 만나기 시작했다, 친노동 일변도는 아니다" (김창기 취재), 주간조선 제1412호 (1996.7)
- 박세일 청와대사회복지수석 인터뷰 "노사개혁 멈추면 삶의 질도 없다" (서명숙 취재), 시사저널 제351호 (1996.7)
- 청와대 입궁 교수들 YS시대 조광조 되는가: 이각범·박세일 수석, 개혁 일변도 달리다 '사면초가' (서명숙 취재), 시사저널 제352호 (1996.7)
- 한국형 복지공동체 구축을 위한 삶의 질의 세계화, 관세 제310호 (1996.7)
- 「삶의 질 세계화」의 의의 및 정책과제, 국회보 제365호 (1997.3)
- 박세일 전 청와대수석비서관 인터뷰, "YS개혁, 세력 확보 못해 실패": "새 정부과제는 '구조개혁'… 재벌개혁 정보 새나가 좌절" (신정록·최유식 취재), 주간조선. 제1493호 (1998.3)
- 법적 정의와 경제적 효율, 법학 제106호 (1998.5)
- 소송제도의 경제 분석, 저스티스 제31권 제4호 (1998.12)
- Managing Labor Reform: Lessons from the Korean Experience: 1996-97,

한국개발연구원 조사보고서 2000-01호 (2000.1)

- Managing Education Reform: Lessons from the Korean Experience: 1995-97, 한국개발연구원 정책연구 2000-01호 (2000.3)
- Labor Market Policy and the Social Safety Net in Korea: One Year After 1997 Crisis, 한국정책학회보 제9권 제2호 (2000.9)
- 21세기의 국가, 시장, 그리고 시민사회: 제2세대 개혁의 기본방향, 국제지역연구 제10권 제1호 (2001.3)
- 한국 사회 어디로 갈 것인가?: 21세기의 국가, 시장, 그리고 시민사회, 시민시대 통권 201호 (2001.7)
- 공동선(공익)을 어떻게 찾아야 하는가?, 철학과 현실 통권 50호 (2001 가을)
- 불교와 직업노동 그리고 시민정치: [불교와 사회과학] 서설, 참여불교 통권 5호 (2002.2)
- Private Sector Development and Upward Mobility: The Case of Korea from 1962 to 2000, 노동정책연구 제2권 제2호 (2002.6)
- 21세기 한국의 정치개혁: 분열과 감성의 정치에서 통합과 합리의 정치로, 내 나라 제12권 제1호 (2003)
- '박세일 보고서'가 참고서?: 청와대 개편방향 등 노무현 국정 청사진과 닮은 점 많아 '주목' (이숙이 취재), 시사저널 통권 691호 (2003.1)
- 노 정권의 '교과서'는 '대통령의 성공조건': 박세일 전 정책수석 등 학자 11명 공저... (이교관 취재), 주간조선 통권 1748호 (2003.4)
- 21세기형 한국정치를 위한 제언: 분열·감성의 정치 버리고 통합·합리의 정치로 거듭나라, 신동아 제46권 제6호 통권 525호 (2003.6)
- 청소년 참여의 의의와 방향: 성찰적 참여를 위하여, 오늘의 청소년 제18권 제5호 통권 180호 (2003.6)
- 청와대 조직개편 기초 제공한 박세일 서울대 교수의 충고: 청와대, 믿어도

됩니까? 〈인터뷰〉 (윤길주 취재), 월간중앙 제29권 제7호 통권 332호 (2003.7)

- 정치적 중립성과 정책적 전문성이 관건, 국회보 통권 441호 (2003.7)
- 청소년 참여의 의의와 방향, 통일로 통권 184호 (2003.12)
- 정치개혁: 무엇을 어떻게 고쳐야 하나?, 세계헌법연구 제8권 (2003.12)
- 정치개혁, 무엇을 어떻게 고쳐야 하나: 범국민정치개혁협의회 개혁안의 배경과 주요내용, 국회보 통권 446호 (2003.12)
- 박세일 범국민정치개혁협의회 위원장 인터뷰 "정치개혁의 지침서 우리 손으로 만든다" (윤석진 취재), 월간중앙 제30권 제1호 통권 338호 (2004.1)
- 박세일 한나라당 공동선대위원장 인터뷰 "의원 자산 신탁제 입법 추진할 계획" (조성관 취재), 주간조선 통권 1800호 (2004.4)
- 보수 세력과 북한의 대화를 제안한 선대위원장 박세일 교수… '거대여당 견제론'을 역설하다: "한나라당 대북 정책 바꾸자" 〈인터뷰〉 (김보협 취재), 한겨레21 통권 503호 (2004.4)
- 박세일 한나라당 당선자 인터뷰 "더 이상 투쟁할 시간 없다" (소종섭 취재), 시사저널 통권 761호 (2004.5)
- 21세기 법경제학의 새로운 지평, 법경제학연구 제1권 제1호 (2004.6)
- 21세기 「법과 경제」의 새로운 지평, 경제법연구 제3권 (2004)
- '뉴한나라 이데올로그' 박세일 의원 인터뷰 "보수는 진보의 문제제기에 귀 기울이라", 말 통권 216호 (2004.6)
- 따끈따끈한 '로드맵' 나옵니다: 한나라당은 '박세일 사단'을 중심으로 '선진화'를 향한 당 비전과 이념 정립에 나서다 (박창식 취재), 한겨레21 통권 517호 (2004.7)
- 박세일 의원 인터뷰: "노무현 정부는 시장지향적, 그러나 정신성향이 문제": 수구세력과 과거사 청산, 말 통권 220호 (2004.10)
- 박세일 한나라당 정책위의장 인터뷰 "정치는 전문성과 대중성이 균형 이뤄

야: 먹고 살 것이 없어, 돈을 벌기 위해 정치를 하는 것은 아니지 않습니까? 정당은 이념과 비전의 공동체라고 생각" (유인경 취재), 뉴스메이커 제14권 제8호 통권 613호 (2005.3)

- '소신' 위해 '배지' 버린 박세일 전 정책위의장 인터뷰 "소신 못 지켰으니 물러나야 마땅하다. 수도분할법은 경제성 외면한 것… 정책 가볍게 보는 사람은 국민을 가볍게 여기는 사람" (정장열 취재), 주간조선 통권 1848호 (2005.4)

- 동북아균형자론 원조는 박세일 전 의원?: 2004년 9월 포럼서 노대통령 균형자론과 유사 구상 제안 관심 (조신 취재), 주간한국 통권 2071호 (2005.5)

- 3대 정권 정책브레인 3인 '양극화' 문제 놓고 격돌: 해소방안엔 '사회적 대타협' 한 목소리 (이지성 취재), 정경뉴스 통권 68호 (2005.11)

- 무능한 정부에 책임 있다: 잠재성장력 키우고 교육개혁 이뤄야, (월간)헌정 통권 281호 (2005.11)

- 세계화와 양극화: 원인과 대책, (월간)NEXT 통권 26호 (2005.12)

- 한국사회 이념운동의 새로운 패러다임: 대한민국 60년 「역사공동체」가 21세기 비전의 바탕, 20세기 이념투쟁 시대를 넘어 21세기 정책경쟁 시대로 〈대담〉 (남시욱·박세일), 자유공론 제41권 제4호 통권 469호 (2006.4)

- 21세기 국가목표로서의 선진화, 통일로 통권 214호 (2006.6)

- 평등보다 자유가 더 중요: 대한민국 선진화전략, (월간)뉴미디어 제20권 제7호 통권 235호 (2006.7)

- '중진국 증후군' 극복을 위한 21세기 미래전략: 「대한민국 선진화전략」, 박세일 저 〈서평〉 (이재교 평), 시대정신 제32호 (2006년 가을)

- 21세기 한국사회의 새로운 사상적 좌표 〈대담〉 (남시욱·박세일·복거일·황태연 토론; 금영호 사회), 시대정신 제32호 (2006 가을)

- 「웰빙 정당」 한나라당이 거듭나는 길: 사이비 좌파, 인기영합주의를 당에서 몰아내라!, 월간조선 제27권 제10호 통권 319호 (2006.10)

- 대한민국 선진화전략: 21세기 국가목표 '선진화'의 길과 걸림돌: 좌파 수정주의 사관과 포퓰리즘에서 벗어나야, 자유공론 제41권 11호 통권 476호 (2006.11)
- 좌파적 역사관, 획일적 평등주의, 포퓰리즘으론 선진국 진입에 성공할 수 없어, 전경련 통권 제504호 (2006.11)
- 21세기 국가비전: 대한민국 선진화의 길로, 비평 통권 16호 (2007 가을)
- '국가경영형 정치'에로의 대혁파, (월간)헌정 통권 306호 (2007.12)
- 대외 경제정책의 이상과 현실: 지역균형발전과 국가경쟁력, 한국국제경제학회 30주년 기념논문집 (2007.12)
- 로스쿨 12년 논란의 전말: 「법조 귀족주의」 타파에서 출발, 「법조 특권」 지역할당으로 끝… "전국 25개 대학에 로스쿨 인가하면 교육의 질을 확보할 수 없고 「반쪽 로스쿨」이 속출한다" (정혜연 취재), 월간조선 28권 12호 통권 333호 (2007.12)
- 박세일 한반도선진화재단 이사장의 '대선 쓴 소리': "정당이 이익집단으로 변해 혼탁, 선거판에 정책은 없고 탐욕만 넘친다" 〈인터뷰〉 (소종섭 취재), 시사저널 통권 947호 (2007.12)
- 대통령직 인수위원장 후보 3인 내정: 정운찬(전 서울대 총장), 박세일(서울대 교수), 어윤대(전 고려대 총장) (허만섭 취재), 신동아 51권 1호 통권 580호 (2008.1)
- 자유주의와 공동체주의, 얼마나 현실과 조응하는가?: 「공동체자유주의: 이념과 정책」, 박세일·나성린·신도철 저 〈서평〉 (김원평 평), 서평문화 제71집 (2008 가을)
- 박세일 한반도선진화재단 이사장 "철저한 반성, 자기 개혁, 대안 제시로 가야": "지금 보수는 미래세력이 못 된다" 〈인터뷰〉 (안수찬 취재), 한겨레21 통권 736호 (2008.11)
- 「대한민국 국가전략」, 박세일 저 〈서평〉 (강정모 평), 시대정신 제42호 (2009 봄)
- 국가 선진화와 한국 불교의 역할, 한국교수불자연합학회지 제15권 제1호

(2009.6)

- 좌파적 역사관, 획일적 평등주의, 포퓰리즘으론 선진국 진입에 성공할 수 없어, 전경련 통권 제504호 (2009.6)

- 선진국, 우리가 괴롭지만 '속'을 보자 (주간조선특별취재팀 취재), 주간조선 통권 2061호 (2009.6)

- 보수를 위한 보수의 쓴소리: 꼴통 사이비 보수는 가라!: 이익 아닌 철학으로서 '자유 –시장 –법치 –세계 –진화' 갖춰야 진짜 보수, 주간동아 통권 694호 (2009.7)

- 21세기 국가비전: 대한민국 선진화의 길로, (계간)비평 제16호 (2007.8)

- 선진국 진입 위한 5대 조건들, (월간)헌정 통권 328호 (2009.10)

- 한반도 선진화를 위한 세 가지 조건: 창조국가, 조화사회, 통일한국, 노사공포럼 통권 제16호 (2009)

- '세종시' 문제로 의원직 사퇴한 박세일 한반도선진화재단 이사장 인터뷰 "세종시, 퍼주기식 문제 해결은 역포퓰리즘" (배진영 취재), 월간조선 30권 12호 통권 357호 (2009.12)

- 포퓰리즘, 정파투쟁 극복해 선진화 및 민족통일 달성해야: 국민통합포럼, 한반도선진화재단 이사장 초청 특강 (박경수 정리), 국회보 통권 517호 (2009.12)

- 보수의 고언… 박세일 한반도선진화재단 이사장: 기득권 맛 본 좌파들이 여체질 못 바꾸면 못 살아 남는다 〈인터뷰〉 (이필재 취재), 월간중앙 36권 2호 통권 411호 (2010.2)

- 서울시장 당락은 교육감 후보에 달렸다?: 사실상 러닝메이트 역할… 표 득실에 큰 영향 미칠 듯 (정장열 취재), 주간조선 통권 2095호 (2010.3)

- 한국이 추구해야 할 5가지 선진화, (월간)헌정 통권 334호 (2010.4)

- 한국 보수담론의 정치-사회적 배경: 박세일의 〈창조적세계화론〉에 대한 비판 (홍성민 평), 미래와 희망 통권 3호 (2010 여름)

- 박세일 선진통일연합 창립준비위원장 인터뷰 "조금만 더 뛰면 선진국 진입, 기회 놓치면 3류 국가 전락, 현실정치에는 참여 안 할 것"〈조성관 취재〉, 주간조선 통권 2133호 (2010.11)
- 5년마다 떴다 사라지는 보수단체: 정치·사회 시민운동 역량·경험 부족… 2012 대선 앞두고 '헤쳐 모여'〈정용인 취재〉, Weekly경향 통권 901호 (2010.11)
- 통일운동 나선 '보수의 대부' 박세일 한반도선진화재단 이사장 인터뷰 "통일이 되지 않으면 선진화가 될 수 없어요"〈신동호 취재〉 Weekly경향 통권 905호 (2010.12)
- 박세일 '광폭행보'가 눈에 띄는 이유?: 포럼과 단체 잇따라 창립 대중운동 선언… 보수세력 결집 큰 꿈 꾸나?〈배수강 취재〉, 주간동아 통권 767호 (2010.12)
- 사회변화와 법률가의 역할, 저스티스 통권 121호(특집호) (2010.12)
- 한반도 선진화 통일론: 서울대학교 박세일 교수 강연 내용〈조형조 정리〉, 시민시대 통권 314호 (2010.12)
- 대한민국의 '보수 브레인'들이 만나 이명박 정부의 공과, 통일정책, 2012년 보수 재집권 전망 등을 논하다: "내일 당장 선거하면 보수가 진다"〈윤여준·박세일 대담; 박형숙 진행·정리; 김경희 녹취〉, 시사IN 제175호 (2011.1)
- 박세일 한반도선진화재단 이사장 인터뷰 "공동체 통합 노력 부족… MB가 뒤로 빠져 개헌 되겠냐"〈배수강 취재〉, 주간동아 통권 775호 (2011.3)
- 신동북아 시대의 한반도 통일, 국가전략연구=Global Affairs 제11권 제1호 (2011 봄)
- '보수진영의 거두' 박세일 한반도선진화재단 이사장 인터뷰 "보수·진보 합친 거대 '1.5당' 필요, 야권연대는 '야합'"〈조현주 취재〉, 시사저널 통권 1126호 (2011.5)
- 보수논객 3인이 말하는 보수정권 재창출 방정식: "보수가 한나라당을 버릴 수도"〈좌담〉〈윤여준·박세일·이상돈 토론; 박성현 사회·정리〉, 월간중앙 제37권 제5호 통권 426호 (2011.5)

- 한반도 통일과 불교의 역할, 한국교수불자연합학회지 제17권 제1호 (2011.6)
- 선진통일연합 발족한 박세일 인터뷰 "나는 정치할 능력 없다"(배진영 취재), 월간조선 통권 제376호 (2011.7)
- 박세일 한반도선진화재단 이사장 인터뷰 "대한민국 주류의 가치 지킬 수 없다면 한나라당은 문 닫아라"(김대현 취재), 주간조선 통권 2171호 (2011.8)
- 박세일 선진통일연합 상임의장, 선진 대한민국, 통일 한국을 위해 신민운동의 깃발 높이 들다 (박세일·최종동 대담), 선진한국 통권 167호 (2011.8)
- 박세일 선진통일연합 상임의장 인터뷰 "북 내부에 '선진통일세력' 만들어야 통일도 가능, 북 일반 간부들 과거 묻지 말고 선진통일 위해 함께 가자 설득해야"(한기흥 취재; 김용훈 정리), NK Vision 통권 27호 (2011.9)
- 박세일 신당, 보수분열의 씨앗?: 한나라당과 보수사회서 우려의 목소리 (최영진 취재), 주간경향 통권 952호 (2011.11)
- '중도신당' 추진하는 박세일 한반도선진화재단 이사장 인터뷰 "한나라당 많은 의원들 신당에 관심 가질 것"(권순철 취재), 주간경향 통권 952호 (2011.11)
- 미래한국 지도자포럼: 국민 80%를 묶는 보수통합신당 만들겠다, 한국논단 통권 제266호 (2011.11)
- 박세일 한반도선진화재단 이사장의 진단 인터뷰 "한나라당 위기? 시대정신에 맞는 비전과 정책 부재 탓"(김대현 취재), 주간조선 통권 2185호 (2011.12)
- 대한민국의 길, 청년들 지성에게 길을 묻다 3 (고세훈 편, 전망) 게재, (2012.2)
- 박세일 국민생각 대표 〈인터뷰〉 "성장·고용 빠진 복지정책 지속할 수 없다"(이필재 취재), 이코노미스트=Economist 통권 1127호 (2012.3)
- 새로운 대한민국의 길: 2013년 [국가도약의 시대]를 열기 위하여, 선진한국 통권 172호 (2012.11)
- 박세일 한반도선진화재단 이사장 인터뷰 "변화와 개혁 방향타 국가전략부터 세워라! 국가전략원 신설 고려해 볼 만"(배수강 취재), 주간동아 통권 876

호 (2013.3)

- 정치발전과 불교의 역할, 불교평론 제15권 제1호 통권 53호 (2013 봄)
- 공론(public judgment)을 제대로 세우는 것이 국가전략의 시작, 선진한국 통권 174호 (2013.5)
- 왜 '국가전략'인가?: 한반도 대변화와 국가전략, 선진한국 통권 175호 (2013.8)
- 박세일 한반도선진화재단 이사장 인터뷰 "초반 어려움 잘 극복… 가치 통합해야 국민통합": (배수강 취재), 주간동아 통권 902호 (2013.9)
- 종합적 외교 안보 전략 추진할 때, (월간)헌정 통권 378호 (2013.12)
- 통일 이루지 못하면 다시 중국 변방국가 신세 된다, 조선pub (2013.12.14)
- 대한민국의 미래 〈좌담〉 (박세일·이상희 좌담; 이종혁 사회), 여연시선 제1호 (2014. 봄)
- 한국경제학은 어디로 가고 있는가?, 한국경제포럼 제7권 제1호 (2014.4)
- 왜 공동체자유주의인가?, 유학과 현대 제15집 (2014)
- 북의 정상국가화 위해 꼭 해야 할 3가지 과제: 두 개의 먹구름-북핵 그리고 중국예속화, (월간)헌정 통권 383호 (2014.5)
- 왜 상생과 통일인가? I, 선진한국 통권 180호 (2014.7)
- 왜 상생과 통일인가? II, 선진한국 통권 181호 (2014.8)
- 한반도 통일, 성공과 실패 갈림길에 섰다 I, (월간)헌정 통권 388호 (2014.10)
- 한반도 통일, 성공과 실패 갈림길에 섰다 II, (월간)헌정 통권 389호 (2014.11)
- 왜 한반도는 통일해야 하는가? 한중관계를 중심으로, 통일과 법률 통권 20호 (2014.11)
- 박세일 한반도선진화재단 이사장 인터뷰 "한반도의 꿈은 선진통일, 세계중심국가로 도약하자: 통일은 의지, 북한 동포의 마음, 그리고 통일외교가 필요하다" (신상훈 취재), 폴리피플 통권 67호 (2015.2)

- 민주주의 3.0을 주창한다: '선비민주주의'를 목표로, 한국경제포럼=The Korean Economic Forum 제8권 제1호 (2015 봄)
- '선진통일 강국론' 기수 박세일 대담 "우린 몽골 〈대원제국〉과도 싸운 나라, 동아시아 고슴도치돼야"(박세일·구해우 대담; 송홍근 정리), 신동아 제58권 제3호 통권 666호 (2015.3)
- 박세일 서울대 명예교수 대담 "통일은 대박, 설명 필요한 때"(박세일·박상철·박종국 대담; 임윤희 정리), 더리더=The Leader 제8호 (2015.4)
- 국가개조와 혁신 1, 선진한국 통권 184호 (2015.4)
- 국가개조와 혁신 2, 선진한국 통권 185호 (2015.6)
- '21세기 한국 자본주의 대논쟁'의 향후 발전방향, 경제논집=Korean Economic Journal 제54권 제1호 (2015.6)
- 국가개조와 혁신 3, 선진한국 통권 186호 (2015.8)
- 왜 공동체자유주의인가?, 선진한국 통권 187호 (2015.10)
- 통일한국의 길, 영웅=The Hero 제1호 (2015.11)
- 국가개조와 혁신 4, 선진한국 통권 188호 (2016.2)
- 총선의 의미와 국민선택 〈좌담〉(유종일·최태욱·이상돈·이철희 좌담; 박세일 정리), 선진한국. 통권 188호 (2016.2)
- 국가발전과 지도자, 영웅=The Hero 제9호 (2016.7)
- 국가발전과 지도자 I, 선진한국 통권 190호 (2016.7)
- 중국 공산당과 경쟁할 수 있는 '강한 정당' 만들자!(배진영 정리), 월간조선 통권 437호 (2016.8)
- 국가발전과 지도자 II, 선진한국 통권 191호 (2016.10)
- 4차 산업혁명기의 한국의 진로『홍익국부론』:「홍익국부론」, 강정모 저 〈서평〉(박세일 평), 시대정신 제76호 (2017.2)
- 보수의 대표 지성 박세일 유고 '지도자의 길': "공치, 협치해야 팀워크 작동해"

(송홍근 정리), 신동아 제60권 제4호 통권 691호 (2017.4)

* 저작 목록의 원문은 한반도선진화재단 홈페이지(http//www.hansun.org)설립자 소개의 아카이브를 참조하세요.

편집후기

2016년 1월 13일 위공 그가 도피안사 모란 숲에 잠들던 날 우리 모두는 약속했다. 모란이 피는 날 꼭 찾아뵙겠다고. 그러나 1년 반이 지나도록 그 약속을 지키지 못하고 있다. 온갖 불법과 불의가 난무하면서 자유, 민주, 공정의 정의조차 왜곡되고 역사와 민족의 정체성마저 부정되는 암울한 시간들의 흐름 속에서 그저 무기력한 방관자일 뿐이다. 위공이 마지막 순간까지 외쳤던 혁신과 통합의 시대정신을 지켜내지 못한 아쉬움에 가슴을 친다.

그러나 우리는 지금 더는 뒷걸음질 칠 수 없는 천길 벼랑에 서 있다. 옷깃을 여미고 전열을 가다듬어야 한다. 짧지만 굵게 살다간 경세가(經世家) 위공은 과연 우리를 어디로 끌고 가려했고 우리에게 무엇을 요구했던 것일까. 그의 부재를 안타까워하기 전에 그의 생전 주장을 다시 한 번 체계적으로 천착하지 않으면 안 되는 절체절명의 순간이다.

이를 위해 우선 유가족, 선후배, 제자, 뜻과 행동을 같이 했던 소중한 분들의 도움으로 그의 방대한 분량의 저서, 논문, 강연, 대담, 인터뷰, 기사 등을 분야별로 정리했다. 그 전체를 '위공 박세일 모음글'(한반도선진화재단 홈페이지)의 형태로 내보냈다. 언제나 후학과 함께 하려했던 위공의 뜻이기도 하다.

2017년 6월 하순, 편집위원회는 수많은 귀중한 국가비전, 정책, 전략들을 포함하는 언설 중에서 저서, 학회지, 언론기고 등으로 출판된 것은 제외하고 그의 사상과 대안을 대변할 수 있는 미발표 논문을 골라 윤문과 교열 작업을 시작했다. 연말 경에는 위공이 행동하는 지성의 선두에서 현실정치와 인연을 맺기 시작했던 2004년 이후로 한정하고 분야별 논문의 최종정리 작업에 들어갔다.

그리하여 최근 10여년 한반도 격동의 시대, 선진화와 통일 담론을 주도하고 국민적 컨센서스를 형성해 온 그의 행적을 몇 시기로 구분하고 어젠더 중심으로 분류하여 '위공 박세일 유고집'으로 묶게 되었다. 나의 인생 이력서에서 독자들은 인간 박세일이 우리 민초들의 일부요 전부였음을 느낄 것이다. 각자의 일생을 되돌아보며 위공이 살아온 선공후사(先公後私)의 삶과 죽음의 의미를 함께 나누기를 바라는 마음 간절하다.

이익정치와의 결별을 선언한 전무후무한 수도 분할 반대와 의원직 사퇴의 순간과 외침은 우리 모두를 숙연하게 만들고 있다. 그의 사상적 기원인 공동체자유주의 연구 본산이요 우리사회 최초의 집단 지성 네트워크 조직인 민간 싱크탱크 한반도선진화재단 설립과 운영, 공동체자유주의 확산을 위한 경향각지 세미나 활동과 제안이 어떻게 오늘에 투영되고 있는지를 새삼 되새겨 본다. 선진통일전략 구상과 이를 실행할 모체로서의 선진통일건국연합 창립과 통일교육, 비록 실패로 끝났지만 혁신 보수와 합리적 진보를 아우르는 민본정치 실천기구로서의 국민생각 창당과 정강정책은 위공이 국가 재편 설계를 진두지휘했던 전략가요 현장사령관이었음을 알게 한다.

그는 마지막 순간까지 선진통일의 꿈을 꾸었다. 한반도 주변 4강으로부터 대한민국이라는 국가가 통일의지가 없다는 비난을 받고 있을 즈음 사비를 들여 4강의 핵심세력들과 분주히 접촉하고 통일대박의 불씨를 지폈다. 입버릇처럼 '통일이 가까웠다'며 체계적이고 종합적이면서도 전략적인 바른 대응을 주문했었다.

마지막으로 우리는 위공의 사상, 정책과 전략의 근원인 공동체자유주의에 당도한다. 그는 왜 공동체자유주의여야 한다고 외쳤을까? 그리고 그의 저작 목록을 실어 후학들이 안민학에 정진할 수 있도록 배려했다.

와병 중 집필한 '지도자의 길'은 단순한 정치지망생만이 아니라 이 나라 리더의 조건을 명시해 준 준엄한 교육칙서가 아닐 수 없다. 그리고 개인 위공의 사생관도 눈에 띤다. 위공의 사생관은 매일 매일의 삶 속에서 실천해 나가면서 완성하여야 하며, 〈마음공부의 완성〉, 〈세계 개조의 완성〉이 이루어질 때까지 계속되어야 함을 강조하고 있다.

미발간 논문 등을 발굴, 교열작업을 진행하고 아카이브를 제작하느라 수고해 주신 신도철, 조영기 위원과 한반도선진화재단 민지영 연구원에게 감사드린다.

편집위원들은 거목의 일생을 가까이서 멀리서 함께 한 도반(道伴)으로서 언설의 한 줄 한 줄 행간의 의미를 읽고 또 읽었다. 그러나 혹여 편집상 본인에게 누가 되지는 않았을까 지금도 걱정되고 아직도 살아서 우리 곁에 계신 것만 같아 유고집이라는 용어 자체가 망설여진다. 아무쪼록 위공 선생의 꿈과 뜻은 가치혼돈의 우리사회에 빛과 소금이 되어 이 나라가 후세에 길이 남을 '나라다운 나라'로 거듭나기를 간절히 소망한다.

2018년 7월 중순
위공 박세일 유고집 편집위원 일동
김도형 김영빈 김윤섭 박수영 이용환
손용우 신도철 장창원 조영기 홍순영 황인희